아산재단 연구총서 제459집

지역공동체 참여의 이론과 현실

지속가능하고 포용적인 공동체를 위한 대안의 모색

지역공동체 참여의 이론과 현실: 지속가능하고 포용적인 공동체를 위한 대안의 모색

This Edition was published by Jipmoondang in 2019, Seoul, Korea.

아산재단 연구총서 제459집

지역공동체 참여의 이론과 현실

지속가능하고 포용적인 공동체를 위한 대안의 모색

한 상 일

집문당

한상일(韓相一) 연세대학교 행정학과 졸업
미국 USC 솔 프라이스 공공정책대학원 졸업(행정학박사)
현재 연세대학교 글로벌행정학과 교수

아산재단 연구총서 제459집

지역공동체 참여의 이론과 현실
지속가능하고 포용적인 공동체를 위한 대안의 모색

2019년 12월 30일 1판 1쇄

저자 | 한상일
발행인 | 임동규
발행처 | **(주)집문당**
등록 | 1971. 3. 23. 제2012-000069호
주소 | 03134 서울시 종로구 돈화문로 82, 5층
전화 | +82-1811-7567
이메일 | sale@jipmoon.com
홈페이지 | www.jipmoon.com

ISBN 978-89-303-1860-0 94330
978-89-303-1500-5(세트)

가격 19,500원

머리말

"주민들이 참여하게 하려면 어떻게 해야 하죠?"

이 질문은 저자가 재직 중인 학교에서 KOICA의 지원으로 운영하는 지역개발 석사과정에 재학 중인 개발도상국가 공무원 경력을 가진 학생들이 수업을 마칠 때 자주 하는 말이다. 개도국의 지역개발과 관련된 어떤 주제를 논의해도 결론은 참여로 이어지는 경우가 많다. 지역 발전을 위한 대안을 모색하거나 사업을 집행할 때 선행 조건이 되는 것은 결국 지역주민들의 참여라는 것이다. 저자는 한국의 지역사회 활동가들을 대상으로 한 면접조사에서도 같은 생각을 확인할 수 있었다. 이들이 지역공동체의 지속가능성과 포용적 발전을 위해 자주 말하는 단어도 참여와 학습이다. 지역의 문제해결과 지속가능성을 위해서 중요한 것이 구성원의 참여라는 것이다. 주민들이 참여하면서 공통의 문제에 공감하고, 해결방안을 함께 배워나가는 과정이 사회문제 해결에 필요하다고 설명한다. 그렇다면 한국의 지역 주민들은 지역사회 문제해결과 발전을 위해 자주 참여하는가? 이 책에서의 분석결과에 따르면 한국에서 지역공동체 참여의 빈도는 그리 높지 않은 것으로 확인된다. 현대사회에서 경제생활의 중요도가 높아지면서 지역문제 해결에 참여할 시간을 찾기 어려워지고, 사회적 다양성과 문화적 차이가 커지면서 원활한 참여의 통로를 접하기 어려워진 것이 현실이다. 이런 상황 속에서 "한국에서 주민들이 더 많이 그리고 더 진지하게 참여하기 위해서는 무엇을 해야 하며, 한국에서 지역공동체 참여의 효과는 어떻게 나타나고 있는가?"

이 질문에 답하기 위해 저자는 지역공동체 참여에 필요한 요소는 무엇이며 참여는 어떤 효과가 있는지 분석하고자 하였다. 구체적으로 지역에서 참여하는 사람들은 누구이며, 이들의 개인적 특성, 사회적 자본, 역량은 어떤 차이가 있는지, 지역 조직은 주민들의 참여에 어떤 의미를 주는지, 지역학습은 어떻게 구성되며 사회혁신에 어떤 효과가 있는지가 이 책의 주제이다. 이 주제를 연구하기 위해 지역공동체와 참여에 대한 이론을 정리하고 사례와 조사결과를 분석하였다. 주민들이 많이 참여하는 것으로 알려진 지역의 사람들을 만나 의견을 청취하였고 국내외 여러 사례를 검토하였다. 사회적 자본, 역량개발, 상호작용, 거버넌스, 사회적 기업, 지역학습 등 지역공동체 연구의 전통적 주제부터 최근 주제까지 망라하여 살펴보고자 하였다.

저자가 이 책의 집필을 기획한 시점은 아산사회복지재단의 학술연구 지원 사업에 응모했던 2009년이었다. 지금으로부터 10년 전 저자는 박사학위 논문의 연구대상이었던 지역공동체에 관한 그간의 연구결과를 정리하고자 하였다. 그런데 2009년부터 2019년에 이르는 10년 동안 한국을 포함한 전 세계의 지역 공동체에 많은 변화가 있었다. 지역의 환경이 변했고, 공동체의 대응도 다양해졌다. 한국에서는 사회적 경제와 사회혁신이 반향을 일으켰고, 글로벌 차원에서는 국제연합이 2012년을 협동조합의 해로 선포하고 2015년에 지속가능발전목표를 발표하면서 발전에 대한 성찰이 이루어졌다. 이런 변화를 반영하면서 책의 구성이 많이 달라졌고 출판이 10년이나 지연되었다. 그러나 출판이 지연되는 동안 다양한 지역 공동체 활동과 사례를 발굴하면서 자료를 분석할 수 있었고, 책의 분량도 기획 당시보다 늘어나게 되었다.

이 책은 총 6부, 14장으로 구성되었다. 제1부는 서론으로 제1장에서 지역공동체와 지역공동체 참여의 개념을 설명하였고, 제2장에서 한국의 지역공동체 참여의 발전과정을, 제3장에서 미국과 영국의 지역공동체 참여정책의 발전과정을 각각 서술하였다. 이 책의 총론에 해당하는 부분이다. 제2부는 지역공동체 참여의 이론으로 구성하였다. 제4장은 철학적 배경을, 제5장은 일곱 가지 이론모형을 제시하였다. 제3부는 개인적 차원의 논의이다. 제6장은 한국에서 지역 공동체에 참여하는 사람들의 특성을 분석하였다. 제7장은 지역주민의 사회적 자본과 참여의 관계에 대하여, 제8장은 참여와 역량 그리고 지역발전에 대한 효과를 아프리카 케냐의 사례를 통해서 설명하였다. 제4부는 조직적 차원에서의 논의이다. 제9장에서 한국의 의료복지사회적협동조합의 사례를 활용해서 지역 조직의 조직화과정에서 나타난 상호작용 방식이 참여의 양식에 어떤 영향을 주는지 분석하였다. 제10장에서는 사회적 기업에의 참여가 조직성과에 어떤 영향을 주는지를 분석하였다. 제5부는 전체 공동체 차원에서의 논의이다. 제11장에서 지역의 사람, 공간, 기관을 활용하여 발전을 이루어갈 것을 권하는 자산기반지역공동체 발전전략을 미국 로스앤젤레스의 두 공동체 사례로 확인하였다. 제12장에서는 지역사회 거버넌스 개혁을 통해 주민들의 목소리를 청취하는 근린의회의 제도화 과정을 미국 네 도시 사례를 통해 분석하였다. 제13장에서는 참여와 지역학습, 사회혁신의 관계를 한국에서의 설문조사 결과를 통하여 분석했다. 제6부는 결론으로서 정책적·제도적 함의를 도출하고 미래연구의 방향을 제시하였다. 이 책의 여러 장은 이미 학술대회에서 발표되거나 학술지에 게재된 논문의 일부를 발췌 및 수정한 것이다. 함께 집필한 논문을 게재하는 데 동의해주신 연세대학교 글로벌행정학과 이현옥 교수님과 한국행정연구원의 정소윤 박사님께 감사드린다.

이 책의 집필 기간이 길었던 만큼 많은 분들의 도움이 있었다. 10년이라는 긴 시간, 원고의 지연을 감내해주신 아산사회복지재단의 배려와 지원에 감사드린다. 저자를 지역 공동체와 마을에서의 참여라는 중요하고 흥미로운 연구주제로 이끌어주신 지도교수님 연세대학교 안병영 명예교수님께 마음 깊은 곳으로부터 감사드린다. 박사과정 중 참여이론과 현실의 균형을 항상 일깨워주신 미국에서의 지도교수님 USC의 Terry Cooper 명예교수님께도 깊은 감사를 드린다. 부족한 동료교수를 항상 배려해주시고 믿어주시는 연세대학교 미래캠퍼스 글로벌행정학과 교수님들께도 감사드린다. 이 책의 원고를 완성하는 과정에서 소중한 의견을 주신 한국행정연구원의 정소윤 박사님, 서울연구원의 김고운 박사님, 서울시 사회적경제 지원센터의 권소일 박사님과 연세대학교 글로벌행정학과 BK21플러스 사업팀의 이가람 · 김보경 박사님께도 감사드린다. 꼼꼼하게 교정을 수행해준 연세대학교 대학원 행정학과 박사과정 박민정, 석사과정 전지민 학생에게도 감사의 마음을 전한다. 마지막으로 언제나 변함없는 사랑으로 아들을 격려해주시는 부모님, 20년이라는 짧지 않은 기간 부족한 남편을 감싸주고 힘이 되어준 아내, 이제 막 대학학문의 세계로 접어든 딸 준희를 포함한 모든 가족에게 깊은 감사의 마음을 전한다.

2019년 12월
한상일

| 차 례 |

• 제3부 •

지역에 사는 사람들과 그들의 참여

• 제4부 •

지역 조직과 주민들의 참여

• 제5부 •

지역공동체에서의 자산 활용, 거버넌스 그리고 지역학습

• 제6부 •

결 론

| 표 차례 |

| 그림 차례 |

제1부

서 론

⋮

제1장 지역공동체와 지역공동체 참여

1. 지역공동체 참여를 연구하는 이유

1) 다양한 사회수요에 대응하기 위한 사회혁신을 위하여

> "행복한 가정은 모두 모습이 비슷하고, 불행한 가정은 모두 제각각의 불행을 안고 있다."(Tolstoy, 2009: 13)

위의 대사는 러시아의 대문호 톨스토이가 쓴 명작소설 [안나 카레니나]의 첫 구절이다. [안나 카레니나]는 여러 가지 조건을 두루 갖춘 러시아 상류사회의 주목을 받은 여인이지만 남편과의 불화로 인해서 생을 마감한, 한편으로는 불행한 여인의 이야기를 그린 소설이다. 이 소설 첫 구절의 의미는 행복해지기 위해서 필요한 모든 조건을 다 갖출 때 비로소 진정한 행복이 찾아온다는 것이다. 행복한 가정이 비슷해 보이는 것은 행복의 조건을 모두 갖추고 있기 때문이라는 설명이다. 반면 불행한 가정이 불행한 이유는 경제적 풍요로움, 화목한 가족관계, 부부관계, 자녀교육 문제를 비롯한 많은 행복의 조건 가운데 하나라도 충족되지 않으면 행복하기 어렵기 때문이라고 설명한다.

이 내용이 널리 알려진 것은 제러드 다이아몬드가 쓴 [총, 균, 쇠]라는 저술에서 가축화의 조건을 설명하며 인용된 이후부터이다. 지구상에는 수많은 동물들이 있지만 그중에서 가축으로 기르게 된 동물의 종류는 그리 많지 않고, 가축으로 기르게 된 소, 돼지, 닭을 비롯한 몇 가지 종류의 동물은 가축화에 필요한 여섯 가지 조건을 모두 갖추었고, 그 조건들 중 한 가지라도 충족하지 못하는 동물은 가축이 될 수 없었다. 안나 카레니나의 법칙은 모든 조건을 두루 갖출 때 달성 가능한 목표를 설명할 때 다양한 방식으로 활용된다.

과연 행복한 가정은 무엇인가? 행복한 지역은 무엇인가? 행복한 지역과 국가를 만들기 위한 조건은 무엇인가? 지역의 발전도 경제, 사회, 보건, 교육, 환경을 비롯한 모든 영역에서 달성될 때 이루어질 것이며 한 가지 영역이라도 충족되지 못한다면 발전을 이루기 어려워진다. 최근 들어 지역이 직면한 문제는 매우 다양해지고 있다. 그런데 하나의 지역이 성공적으로 발전하려면 다양한 문제가 모두 해결되어야 하고 그러기 위해서는 지역사회가 선도적이고 적극적으로 대응해야 한다. 이처럼 다양한 지역의 수요와 문제를 지역이 스스로 해결하는 데 중요한 요소가 지역공동체 참여이다. 그렇다면 한국의 지역은 어떤 수요에 직면하고 있으며 어떤 방식의 대응이 필요한 것인가?

한국사회는 1997년과 2008년의 글로벌 경제위기를 겪은 이후 사실상 저성장 사회로 진입했고, 산업화 시기부터 진행된 인구구조의 변화와 고령화가 빠른 속도로 진행되면서, 다양한 위험에 직면하게 되었다.[1)] 경제위기가 유발한 실업과 비정규직 일자리의 증가로 인해 소득

1) 실제로 1970년대에 2.21%이던 인구성장률이 2019년에 0.20%로 크게 감소한 반면, 고령화는 가속화되어 2000년에 7.2%를 차지하던 65세 이상 인구가 2018년 현재 14.3%까지 상승하였다. 1970년대에 경제성장률의 중간값이 10.5%이었으나, 1997년 외환위기와 2008년 경제위기 사이의 경제성장률의 중간값은 4.9%, 2008년과 2014년 사이의 경제성장률 중간값은 2.9%로 하락했으며, 시도별 연평균 지역내총생산(GRDP) 성장률도 전국의 거의 모든 지역에서 하락했다.

불평등과 경제적 위기가 심화되고, 교육 및 사회문화적 기회의 불균등이 유발하는 계층 간, 세대 간 갈등으로 인한 사회적 위험과 불확실성도 커지고 있다. 이러한 고령화, 저성장, 고위험 사회가 유발하는 사회문제는 과거와 같은 방식으로 해결할 수 없으며, 보다 혁신적이고 효과적인 대응이 필요하다는 시각이 설득력을 얻고 있다(정무권, 2012; 박진희, 2015). 산업화 시기에는 경제발전이 중앙집권적으로 이루어진 가운데, 사회문제의 해결에 국가 관료제의 역할이 중시되었다(양재진, 2005). 그러나 산업화 과정에서 나타난 지역불균등 발전의 부작용이 저성장과 고령화 추세와 맞물려 더욱 심화된 이후, 지역에서 당면하고 있는 다양한 문제들을 해결하기 위해 지방자치단체와 지역사회의 역할이 중시되고 있다(미우라 히로키, 2013; European Commission, 2013).

그렇다면 지역이 새로운 문제해결의 주역이 될 수 있는가? 지역공동체가 중심이 되어 저성장, 고령화, 고위험 등의 문제를 해결하기 위해서는 창의적이고 다양한 대안을 스스로 모색하는 지역에서의 학습과 혁신이 활성화되어야 한다. 그런데 학습과 혁신을 활성화하기 위해서는 지역 주민들이 스스로 참여하면서 지역의 문제를 인식하고 해결하기 위한 노력을 기울여야 한다. 실제로 유럽국가에서는 지역공동체 중심 사회적 경제의 기반에 창의적 지역공동체(creative community)의 개념을 접목하여 일상생활 속에서 경험하는 사회적 욕구를 자발적이고 창의적인 방법으로 해결하는 사례가 발견되고 있다(허정연, 2015). 유럽의 경우 사회적 경제 조직이나 전통적인 비영리 조직에 자원봉사자, 학생, 노년층, 실직자 등이 참여하여 안전한 주거환경, 건강한 먹거리, 편리한 운송수단 등을 제공한다.[2] 최근에는 개발도상국가에서도

2) 유럽의 사회혁신사례는 아이디어의 실험실로 불리며 새로운 행동양식이 실험되고 있다. 건강한 먹거리를 위한 로컬푸드, 노년층의 안전한 주거를 위한 공동주거, 자

지역사회 구성원이 스스로 발전의 주역이 되는 포용적 성장(inclusive growth)전략이 주목받고 있다(김진경, 2015).[3] 이러한 성장전략의 성공을 위해서는 무엇보다 지역주민들을 동기유발하고 참여를 활성화시키는 것이 중요하다. 따라서 지역공동체 참여에 대한 이론적인 기반은 무엇이며, 참여가 활발해지는 조건이 무엇인지를 이해할 필요가 있다. 나아가서 참여가 활성화될 경우 어떤 결과를 얻을 수 있는지에 대한 연구를 통해 지역공동체 참여를 위한 동기유발 요인을 찾을 수 있을 것이다.

2) 지속가능한 지역공동체 형성을 위하여

2015년 국제연합은 지속가능발전목표(sustainable development goals: SDGs)를 새롭게 채택하면서 새로운 발전의 비전과 과제를 제시하였다. SDGs는 환경의 지속가능성을 넘어서 사회적 포용성을 함께 고려하며 다양한 영역의 통합발전을 추구하는 방향으로의 정책기조 전환을 요구하고 있다. 지속가능성은 지역공동체의 발전에도 중요한 가치이다. 지역공동체가 지속가능하게 발전하기 위해서는 지역 주민들이 보다 적극적으로 참여하고 스스로 문제해결에 나서는 것이 중요하다.

1990년대 이후 미국의 지역공동체역량 형성에 큰 영향을 준 자산기반 지역공동체발전(asset-based community development: ABCD) 관점

전거 시장 활성화와 자동차 공유를 통한 편리한 교통수단 제공과 환경보전 등이 확산되고 있다.

3) 개발도상국가의 포용적 성장과 사회보호는 2015년 국제연합이 발표한 지속가능한 개발목표의 중요 요소로 선정되기도 하였다. 유엔개발계획(UNDP)에서는 평등한 사회에서 개발성과가 더 좋은 것으로 나타남에 따라 포용적 성장을 목표이자 수단이며, 모든 사회구성원이 의사결정 및 성장 과정에 참여할 수 있도록 보장하는 것으로 정의한다.

은 지역공동체에서 소외되었던 개인과 기관이 참여하고 공공장소를 충분히 활용할 때 지역사회가 지속가능하게 발전한다고 주장한다. 지역공동체가 정부나 기업에 의존하기보다 스스로 자원을 동원하고 활용할 때 지속가능한 지역발전이 가능하다는 것이다. 참여를 통해 개인의 재능(talents)과 기술(skills) 그리고 기관의 역량(capacity)을 발굴하는 과정에서 지역공동체의 부정적인 면보다 긍정적인 면에 주목하게 된다. 참여를 통해 자원을 공유하면서 지역공동체의 역량이 증가하고 환경의 변화에도 유연하게 대응할 수 있다. 따라서 지역공동체 참여의 과정은 다양한 개인과 기관들이 자신이 지역에 기여할 수 있는 요소를 파악하고 공유하는 과정이다. 이 과정에서 지역의 문제에 대한 이해와 비전에 대한 토론이 발생한다. 스스로 자원을 동원하고 공유하는 방식으로 발전의 방향을 모색할 경우 사회적, 경제적, 환경적 제도적 지속가능성이 높아진다.

따라서 지속가능한 지역공동체 발전방안을 모색하려면 지역공동체의 협력적 거버넌스를 통해 개인과 기관이 어떻게 참여할 수 있으며 지역사회 생태계는 어떻게 구성되는지를 이해하는 것이 필요하다. 결국 지역공동체의 참여를 위해 어떤 사회자본(social capital)이 필요하며, 구성원들은 어떤 방식으로 상호작용해야 하고, 지역의 역량은 어떻게 형성되어야 하며, 공식적인 참여의 통로는 어떻게 제도화되는 것이 바람직한지 검토하는 것이 중요하다. 아울러 참여를 통한 지역자산 활용이 이루어질 경우 실제로 지역사회가 지속가능한 방식으로 발전하는지, 지역 내에서 학습을 통해 대화와 토론이 발생할 때 혁신적인 대안이 도출되는지에 대한 연구도 필요하다. 즉 참여를 유발하는 요인과 참여의 효과에 대한 엄밀한 분석을 통해서 지속가능한 사회의 가능성을 모색할 수 있다.

3) 한국에서 지역공동체 참여 연구의 중요성

대한민국은 1970년대 이후 발전하는 과정에서 국가 관료제가 발전의 주역으로 기능하면서 정부주도 산업화 전략에 의거한 압축 성장을 달성하였다. 중앙정부가 중심이 되어 경제개발전략 수립, 사회간접자본 구축, 인적자원 개발, 지역집적 산업화를 이룬 성과는 국제적으로 주목받고 있다(임현진, 2006; 서문기, 2008). 그러나 발전주의 관료제의 정부주도 발전이 진행되는 동안 도시에서는 주거문제, 교육문제, 보건문제, 실업문제 등 다양한 사회문제가 발생하였고 농어촌에서는 지역산업의 경쟁력 약화에 따른 지역공동화와 인구고령화 문제가 발생하였다(윤영석 외, 2013; 심재권, 2008).

이런 상황 속에서 한국의 일부 지역에서는 시민사회를 중심으로 지역의 문제를 스스로 해결하려는 활동이 전개되었다. 1960년대부터 도시민들이 빈곤을 극복하고 자활하기 위한 도시공동체 운동이 발생했고, 농어촌 지역의 삶의 질을 높이기 위해 지역운동가가 중심이 되어 협동조합을 설립하고 지역 조직을 통해 지역문제를 해결하고자 하였다(정규호, 2012; 한상일·정소윤, 2014). 1980년대 도심 강제철거와 재개발이 진행된 이후에는 노동자와 주민들의 이익을 대변하기 위해 설립된 시민사회조직들의 활동이 본격화되었으며 현재는 안전한 먹거리와 육아, 교육 문제 등 시민들의 생활세계를 지키기 위한 활동이 활발해지고 있다(심보선·강윤주, 2010). 이처럼 한국의 여러 지역에서 산업화 시대의 문제를 극복하기 위한 지역사회 활동을 중심으로 참여를 통한 문제해결의 씨앗이 뿌려졌고, 21세기에 접어든 이후 발생한 새로운 사회문제의 해결을 위해서 창의성, 다양성, 지속가능성을 표방한 지역공동체 혁신이 시작되고 있다.

그렇다면 과연 대한민국의 지역사회에서는 지역사회 주도의 문제해결이 가능할 만큼의 참여와 상호작용이 활성화되어 있는가? 1980년대 후반 이후 한국사회에서는 민주성이 중요한 가치로 인식되었고 민주성을 실현하기 위하여 공공의사결정에서 시민들의 참여가 중시되었다. 특히 1990년대 지방자치제도가 본격적으로 시행된 이후 선거를 통한 정치 리더십의 변화를 경험하면서 지역공동체의 민주화가 기대된 바 있다. 그러나 한국의 대부분의 지역에서 민주적 의사결정이 이루어지지 못하고 있을 뿐만 아니라(진영평 외, 2003), 참여가 부족하고 한국에서는 참여의 경험을 가진 사람이 더 참여하지 않게 되는 참여의 악순환이 존재한다는 연구도 있다(장수찬, 2002). 즉 한국에서 형식적, 공식적 의미의 민주주의는 발전이 있었으나 실질적인 의미의 민주화는 여전히 공고화되지 않은 상태인 것으로 평가되고 있다. 선거를 통한 정권 교체 등으로 대표되는 정치사회의 형식적 민주화는 일부 진전이 있었으나 지역공동체의 참여를 기반으로 한 지역의 민주화 또는 사회적으로 중요한 이슈가 형성되는 시민운동단체 등으로부터의 참여는 여전히 미약한 상태로 남겨져 있기 때문이다(안병영·정무권, 2007). 21세기로 접어든 이후 사회혁신에 대한 세계적 차원의 관심, 청년층의 사회적 창업 열기, 퇴직자의 새로운 경력설계 등에 힘입어 한국에서도 지역공동체 형성에 대한 관심이 높아지고 있다. 그러나 이러한 관심을 뒷받침하기 위한 제도적 환경의 설계와 사회적 관계의 형성은 많이 발전하지 못했고 새로운 변화를 반영한 학문적 탐구가 필요하다.

그동안 지역공동체 참여에 대한 다양한 국내외 연구가 있었다(한상일, 2003; 이은경, 2013; 이지은 외, 2015). 그리고 대부분의 연구는 행태적인 측면을 설명하는 데 주력하고 있다.[4] 그러나 지역사회에서의 참

4) 특히 미국의 경우 건국초기부터 있었던 특유의 자발적 참여의 전통이 현대사회에서

여는 개인적 요소만으로 결정되지 않는다. 거시적인 제도 특히 역사적 배경과 공식적인 구조, 비공식적인 문화 등이 개인의 행태에 영향을 주고 개인의 취향과 선택에 의하여 결정되는 개인의 행위가 거시적인 제도를 형성하는 방식으로 미시적인 선택과 거시적인 제도의 상호작용에 의하여 다양한 참여의 양식이 나타난다. 따라서 지역공동체 참여를 분석하기 위해서는 다양한 이론적 배경과 현실적 맥락을 제시하면서 다양한 수준에서 분석하는 것이 바람직하다.

4) 지역공동체 참여 연구의 학문적 의미

지역공동체 수준에서의 참여는 학문적으로도 중요한 의미를 갖는다. 지역공동체의 문제는 주민들의 삶의 질에 직접적인 영향을 주고 있으며, 그 해결책도 주민들의 참여에 의해 제시되는 추세로 옮아가고 있다. 지역공동체 참여가 활발해질 경우 새로운 사회문제 해결이 쉬워지고 지속가능한 지역발전을 이룰 수 있다. 따라서 최근 주목받고 있는 사회혁신 · 지역학습을 위한 지역공동체 참여에 대한 다양한 이론과 현실을 정리하고 분석할 필요가 있다. 그런 의미에서 이 저술은 다음과 같은 몇 가지 학문적인 의미를 갖는다.

첫째, 이 연구를 통해 지역공동체 참여가 확산되고 심화되는 데 기여할 요인들을 이론적으로 밝히게 될 것이다. 그동안 진행되었던 지역공동체 참여에 관한 철학적, 이론적 논의를 정리함으로써 참여는 어떤

소멸되었다는 문제를 지적하고 그 해결의 단초를 재발견하고자 하는 연구가 진행되었다(Putnam, 1995). 그리고 사회과학계의 관심의 대상이었던 사회자본과 참여의 관계에 주목하거나 이미 형성된 사회자본을 지역공동체 참여의 출발점으로 삼고자 하는 논의가 활발하게 진행되었다(Dekker & Uslaner, 2001; Hooghe & Stolle, 2003).

이념과 가치를 바탕으로 발현되는지를 제시할 예정이다. 각각의 관점이 강조하는 참여의 영역을 지적하고 그것이 현대의 분석모형에는 어떤 영향을 주었는지도 설명하고자 한다. 고전적 민주주의 이론에서 사회혁신 이론까지 다양한 이론을 정리함으로써 다양한 연구의 이론적 기반을 확립하는 데 기여할 것으로 기대한다.

둘째, 이 연구를 통해 지역 구성원들의 참여를 활성화한 사례와 제도를 심층적으로 분석하여 지속가능한 참여가 보장되는 조건이 무엇인지 제시한다. 모든 지역공동체는 독특한 맥락이 있으며 그러한 맥락이 지속가능한 발전에 반영되기 위해서는 창의적이고 자발적인 참여가 중요하다. 이러한 참여를 활성화하는 데 효과성 높은 기존 사례와 제도들의 공통된 특징이 무엇인지 확인하는 과정을 거침으로써 새로운 대안을 모색하는 데 기여하고자 한다.

셋째, 연구의 방법에서도 참여자의 인식 차이를 분석하기 위한 다양한 분석기법들을 활용하여 지역공동체 참여 연구의 방법론적 발전에도 기여한다. 이 연구는 이론분석, 실증분석뿐 아니라 제도분석, 사례분석을 포괄한다. 향후 지역사회의 혁신과 학습이 활성화되면서 지역의 활동이 다양해지고 그에 따른 다양한 분석방법과 평가지표 개발이 중요해진 시점에서 이 연구의 다양한 방법론이 향후 지역공동체 참여 연구의 발전에 중요한 기여를 할 것이다.

2. 지역공동체의 개념과 지역공동체 참여의 중요성

지역공동체 참여는 민주주의와 직결되는 개념이다. 지역공동체에서 실질적인 참여가 발생하면 형식적 민주주의를 넘어 실체적 민주주의가 실현될 수 있다.[5] 특히 1970년대 이후에는 심의민주주의(deliberative democracy), 결사체 민주주의(associational democracy) 등 새로운 형태의 민주주의 개념이 발전하고(Cohen, 1989; Hirst & Bader, 2001) 세계적으로 사회혁신의 분위기가 확산되면서 민주주의의 중요성이 재인식되었다. 한국사회에서도 1980년대 이후 민주화가 빠른 속도로 진행되고 1990년대 이후 지방자치제도가 본격적으로 시행되면서 민주주의와 지역공동체에 대한 관심이 높아졌다. 21세기 이후에는 지역사회 활동이 점차 다양해지고 있다. 지역공동체에서 구성원의 참여를 기반으로 중요한 이슈가 형성되고 결정되는 실체적 민주화를 위해서는 다양한 정책적, 제도적, 문화적 발전이 필요하다.

1) 지역공동체란 무엇인가?

1990년대 이후에 본격적으로 도래한 신자유주의의 영향력이 강화되면서 경제적 가치와 효율성이 강조되고 민주주의의 중요성이 퇴색했으나, 2000년대 이후부터는 정책과정에서의 정보제공, 참여, 합의를 강조하는 공공성의 시각이 설득력을 얻었다(문태현, 2011; 정무권, 2011; 임의영, 2015). 지역공동체 참여의 개념을 올바르게 이해하기 위해서는 먼저 지역공동체의 개념을 정의하고 지역에서 정보를 얻고 토론하며 합의하는 지역공동체 참여의 개념을 구체적으로 검토하는 것이 중요하다.

지역공동체를 정의함에 있어서 공동체라는 용어는 "공동의 필요와

---

5) 실체적 민주주의는 높은 수준의 대중 참여, 분권화, 부의 형평성 있는 분배까지 이르는 높은 수준의 사회경제적 민주주의를 의미한다(Schmitter & O'Donnell, 1986). 사회경제적 민주주의까지 민주주의의 영역을 확대할 때 개인의 재산권과 자유의 수호, 권력과 부의 형평성 있는 분배를 위해 지역사회에서는 활발한 참여와 소통, 협력이 활성화될 수 있는 제도가 확립되어야 한다(Schmitter & Karl, 1996).

목적, 공동 가치나 선의 추구, 공유된 문화와 생활 그리고 이러한 것들의 구체적 내용을 설정하고 실현시키기 위한 의사소통 및 집합적 행동"을 의미한다(송창용·성양경, 2009: 115). 이러한 의사소통과 집합적 행동의 전제조건이 되는 지역공동체 참여를 구성하는 범위로서의 지역공동체(local community)는 "주민들이 거주하면서 서로 교류하는 공간적, 사회적인 영역"(Chaskin, 1997: 523)을 뜻한다. 따라서 지역공동체의 공간적인 의미와 사회적인 의미를 나누어 살펴보는 것이 중요하다.

(1) 공간적 영역으로서의 지역공동체

공간적 영역으로서의 지역공동체는 주민들이 인식하고 있는 특정한 경계에 속한 장소라는 의미가 있다(Sampson et al., 1999). 주민들이 주관적으로 인식하고 국가에 의하여 객관적으로 정해지는 경계가 설정되면서 개인의 활동영역이 결정된다. 공간적 의미에서의 지역공동체는 객관적인 동시에 주관적인 특성이 있다. 모든 개인은 자신의 지역을 나름대로 정의할 수 있으며 그 안에서 다른 구성원과의 교류가 발생한다. 그리고 그 활동영역은 지역공동체 비영리조직 등의 공식적인 제도가 발전하는 토대가 된다는 점에서 중요하다(Thomson, 2001). 그러한 공식적 제도는 정책형성 및 집행의 단위가 되고 사회적인 교류의 범위로 기능한다.

지리적인 공간을 공유하면서 지역 주민들은 사회적인 유대를 발전시킬 수 있다. 따라서 공간으로서의 지역에는 상호 교류가 가능한 지리적 인접성이 있어야 하며, 문화적 단일성, 생활의 통합성 등이 있어야 한다. 문화적 단일성과 생활의 통합성은 주민 간 유사성에서 유래하는 경우가 많고 그로 인해 공동의 문화를 발전시킬 수 있다.

그리고 공간으로서의 지역공동체에는 주민들이 함께 해결하고자 하는 문제들이 있다. 이 문제들은 지방정치 또는 행정을 통해서 다루어져야 하지만 직업정치인이 중시하는 문제와 주민들이 중시하는 문제가 다르기도 하고 주민들의 의사가 잘 전달되지 않기도 해서 지방정치행정에서 지역의 문제가 잘 다루어지지 않는 경우가 많이 나타난다. 여러 국가에서 그 점에 공감한 지역 주민들이 새로운 지역 거버넌스를 만들고 있다. 미국에서 활용되고 있는 근린의회 또는 인도, 파키스탄, 아프가니스탄 등 남아시아 국가에서 널리 활용되고 있는 지역공동체개발위원회가 바로 그런 사례이다. 지역에 따라서 다르게 운영되고 있지만 전반적으로 이 제도들은 지역주민들이 자신들의 문제를 위원회에서 스스로 논의하고 지방정부의 의사결정에 참여하거나 적극적으로 의견을 개진해서 주민들의 요구사항을 정부가 반영하도록 하는 방식으로 진행된다.

지역에 기반을 두면서 문화적 동질성을 갖고 있는 개념이 근린(近隣, neighborhood)이다(Chaskin, 1997; 이승종 외, 2015). 지역공동체가 공통의 관심사를 중심으로 상호작용하는 사회적 관계에 초점을 맞춘 개념이라면 근린은 특정한 지역의 특성과 수요 그리고 그에 따른 문제해결 노력을 중시하는 개념이다. 예를 들어 지역공동체는 특정한 지리적 경계 내의 주민들이 경제, 복지, 보건, 교육, 종교, 교통 등의 이슈를 중심으로 서로 상호 교류하면서 형성된다. 따라서 지역공동체는 특정한 행정기관과 시민사회 등을 중심으로 주로 형성된다. 근린은 산이나 하천, 도로 등 물리적 장벽에 둘러싸인 주거지역을 지칭하는 경우가 많다. 물론 그 주거지역에서 사회적 관계와 공통의 관심사가 발생하기 때문에 지역공동체와 근린지역이 상호 배타적인 개념은 아니다. 오히려 근린은 지역공동체가 발전하는 지리적 기반으로 이해할 수 있고, 주민들이 자신의 근린 지역을 어떻게 인식하는지는 지역공동체의 형성에도 중요한 요인이 된다.

근린의 개념은 1960년대 이후 미국의 세인트폴, 포틀랜드 등의 도시를 중심으로 근린의회(neighborhood council)가 형성되면서 주목받은 바 있다(Musso et al., 2011; Box, 2004; 한상일, 2003). 지방정치를 주도하는 직업정치인이 근린의 이익을 적절하게 대표하지 않는다는 문제의식을 바탕으로 지역 주민과 이해관계자, 지역소재 비영리조직이 형성하는 지역문제 논의의 새로운 장을 필요로 하게 되었다. 이처럼 장소를 기반으로 한 논의의 장에서는 기존 지방정치에서 논의되지 않는 다양한 이해관계가 표출될 수 있다. 그리고 산과 하천 등의 자연자원, 도로와 교량 등과 같은 사회간접자본, 학교와 도서관 등과 같은 지역공공기관, 종교기관이나 병원과 같은 편의시설 등은 모두 지역과 관련된 자산이다. 미국을 중심으로 발전한 근린의회는 다분히 장소에서 표출된 이익을 옹호하거나 지역의 발전을 도모하기 위해 지역에 속한 자산을 동원하고 외부의 자원을 끌어들이는 역할을 위해 설계된 새로운 거버넌스 체계이다(김정인, 2011). 아울러 중앙정부나 지역의 지원도 장소를 염두에 두고 진행되는 경우가 많다. 예를 들어 미국의 클린턴 행정부에서 낙후된 지역공동체를 발전시키기 위해 적극적으로 도입했던 권한이양 구역(Empowerment Zone) 사업도 바로 지역을 중심으로 한 발전전략이다.[6] 뿐만 아니라 도시지역을 고밀도로 개발하거나 기존 시설을 재활용하고 전통적 분위기를 재생하는 신도시주의(new urbanism)도 지역에 기반을 둔 발전전략이다(최병

6) 권한이양 구역은 낙후된 도시 및 농촌지역의 재생을 위해 정부가 보조금 지급, 세제 혜택, 공채발행 권한부여 등을 제공한 사업이다. 지역의 선정은 빈곤율과 인구의 감소 등을 기준으로 이루어졌다. 이 사업은 1994년 이후 시작되어 2013년 12월에 종료되었다.

두, 2002).[7)]

한국의 경우에는 최근 들어서 지역공동체의 공간적 특성을 강조하면서 그 자료를 축적해나가는 마을 아카이브 활동이 확산되고 있다. 지역의 정보를 수집하고 모아서 많은 사람들이 지역의 상황을 이해하는 것이 문제의 출발점이라는 생각에서 시작된 활동이다. 2000년대 이후부터 몇 지역에서 지역공동체의 환경, 역사, 문화, 생활을 기록하는 작업을 진행하기 시작하였다. 한국의 경우 부산 산복도로 공동체, 인천 차이나타운, 전라북도 진안군, 충청남도 홍성군, 경기도 안성군 등을 비롯한 다양한 지역에서 마을 아카이브 활동이 전개되고 있다. 이 활동은 주로 마을의 건축 환경, 문화유산, 문헌자료, 사진자료를 모으는 지역 아카이빙과 주민들의 생활을 기록하는 생활사 아카이빙 등으로 이루어진다. 이처럼 지역공동체의 다양한 자산이 지역 또는 근린이라는 지리적 배경을 중심으로 형성되고 표출되고 있다. 따라서 두 개념은 배타적으로 구별하기보다 상호보완적으로 이해하면서 지역발전을 위한 중요한 구성요소로 이해하는 것이 바람직하다.

(2) 사회적 영역으로서의 지역공동체

사회적인 영역으로서의 지역공동체는 공간적 경계로서 지역의 주민이나 이해관계자가 동일한 목적을 추구하는 공동체의 일원으로 스스

7) 신도시주의는 도시의 무분별한 확산에 대한 문제의식을 갖고 도시개발의 새로운 전환이 필요하다는 관점을 기반으로 1990년대 이후 체계적으로 발전된 운동이다. 주거단위는 용도와 인구에 있어서 다양하게 구성되어야 하며 보행자와 대중교통을 중시하고 물리적 공간으로서 공공공간과 지역공동체 시설을 중시할 것을 강조한다. 결국 기존의 도시성장에 대하여 성찰하고 도시를 재구성하여 인간과 환경중심의 공간으로 되살리려는 공공 및 민간의 정책결정권자, 설계전문가 그리고 시민들이 중심이 된 운동이다.

로를 인식하며 집단적 행동을 하는 활동영역이다(Berry et al., 1993).[8] 이 과정에서 구성원들은 같은 공동체의 구성원으로서 동일한 비전과 가치를 공유하며 공동체 의식을 갖는다. 이들은 동질성을 바탕으로 지속적인 상호작용을 하며, 이러한 상호작용은 지역 내의 주민들을 포함한 구성원들과의 애착으로 발전된다(Vanecko, 1969). 동일한 가치와 비전, 공동체 의식이 구현되는 정도에 따라서 상호 신뢰, 규범, 규칙 등의 사회자본이 형성된다. 일반적으로 지역에서 사회적인 교류가 활발해지고 공동체 의식이 높아지면 지역구성원들이 보다 잘 연결되고, 공감하고 새로운 문화를 만들어 나가게 된다. 그리고 지역공동체가 직면한 문제를 더 잘 해결할 수 있게 된다. 지역공동체의 구성원들, 지역공동체 조직들이 보다 효과적으로 협력하게 되고 이렇게 집단이 모여서 문제를 해결하는 활동이 활성화되면 지역의 문제에 효과적으로 대응할 수 있고 주민들의 삶의 질이 높아진다.

지역공동체의 구성원들이 같은 지역에 모여 살면서 비전과 목표를 공유하고 서로의 장점을 배워나가면 지역의 역량이 높아지고 지역은 혁신하게 된다. 지역의 역량이 높아진다는 것은 지역사회의 문제해결 능력이 커진다는 것을 의미한다. 참여하고 교류하면서 지역사회의 문제, 정책, 사회에 대한 이해력, 비판적 사고, 의사소통 능력이 확충된다. 참여를 통해서 더 많은 정보를 공유할 수 있게 되고 그렇게 공개된 정보를 바탕으로 민주적인 토론이 진행되면 합리적이고 창의적인 대안이 모색된다. 이렇게 지역사회의 개인과 조직의 역량이 커지면 더 혁신적인 문제해결이 가능해진다. 이 과정을 일반적으로 지역학습을

8) 그런 의미에서 모든 개인은 나름대로의 지역공동체 개념을 갖고 있으며 경계도 유동적이다. 이런 입장을 반영하여 미국 로스앤젤레스의 근린의회는 경계를 주민들이 자율적으로 설정하도록 배려하고 있으며 경계의 중첩을 허용하는 입장이다.

통한 사회혁신이라고 설명한다.

사회자본이 제도화되면서 협력적 의사결정의 효과성이 높아지고 다양한 집단화전략(collective strategy)이 활성화된다(Astley & Fombrun, 1983).[9] 따라서 사회적 영역으로서의 지역공동체에서 개인 간 사회자본과 조직 간 집단화 전략이 활성화되면 지역공동체가 직면한 문제에 보다 효과적으로 대응할 수 있고 결국 주민들의 삶의 질이 높아진다(Woolcock, 1998).

사회자본과 집단화 전략이 활성화되면 주민들은 상호교류를 활성화하게 된다. 상호교류의 과정에서는 사회화의 과정이 수반된다. 사회화를 통해 지역공동체 구성원들은 자신의 행동양식과 성격을 수정하고 새로운 문화를 습득한다. 이처럼 상호교류와 사회화의 과정을 거쳐 안정된 자아를 형성하고 서로 이해할 때 지역문제에 대한 공감대가 형성된다. 이렇게 형성된 상호공감은 우리로서의 의식, 소속감, 공동체의식으로 발전한다.

이처럼 지역공동체에는 공간적 의미와 사회적 의미가 동시에 있으며, 지역공동체 참여는 이러한 공간적, 사회적인 의미가 있는 지역의 집합적 의사결정 과정에 구성원들이 개입하는 다양한 활동이다(Sirianni & Friedland, 2001). 지역의 의사결정과정에 구성원들의 참여의 폭이 넓어지고 깊이가 깊어질 때 주민들을 대리하여 결정을 내리고 집행을 실행하는 지방정부의 대응성과 책임성이 높아지며, 의견대립을 효과적으로 중재할 가능성도 높아지고 시민사회 조직들의 역량이 증가하면

9) 집단화전략은 환경의 변화에 대응하기 위해 공동체에 속한 개인과 조직들이 상호작용하면서 자원을 공유하고 상호 행위를 조정하는 과정을 의미한다. 지역공동체 구성원들은 환경의 변화에 대응하기 위하여 동종 또는 이종 업종 간의 협력과 결합을 통해 유기적인 지역사회 생태계를 조성하는 시도를 할 수 있으며 협력의 과정과 단계에 따라 다양한 전략을 형성할 수 있다.

서 정책결정과 집행의 효과성도 높아진다.

2) 지역공동체 참여는 왜 중요한가?

지역공동체가 형성되면 지역사회의 새로운 문제를 해결하기 위한 사회혁신을 위해 지역공동체 역량강화(community capacity building)를 해야 한다(이영아, 2009; Simpson et al., 2003). 지역의 역량이 강화되면 다양한 기관들의 협력이 발생하고 지역의 문제를 주체적으로 해결하는 수준으로 발전할 수 있다. 지역사회의 문제를 해결하기 위해서는 지역공동체 스스로 정확하고 상세한 정보를 보유해야 하며 지역의 환경에 대한 엄밀한 분석을 수행해야 한다. 무엇보다도 지역사회 구성원들이 원하는 욕구가 무엇인지를 파악해야 하며 다양한 부분에서 협력관계를 강화해야 한다.

김필두 · 유영아(2008)의 연구에 따르면 지역공동체가 역량강화를 위해서는 1) 지역사회 구성원이 공동으로 추구하는 비전이 있어야 하며, 2) 보다 다양한 파트너를 확보해야 하고, 3) 이해관계자들이 참여를 통해 개인의 역량을 구축해야 하며, 4) 지역에 대한 정보가 적절하게 공개되어야 한다.

공동의 비전을 개발한다는 것은 지역공동체가 다양성과 새로운 변화에도 불구하고 공동으로 추구하는 목표를 설정하고 상호 존중하면서 발전의 전략을 모색하는 과정을 의미한다. 비전을 개발하는 과정에서 참여는 필수적이다. Bryson(2011)에 따르면 비전을 수립하는 과정에서 구성원과 이해관계자의 폭넓은 참여와 합의가 필요하고 구성원들의 토론 결과에 따라서 비전의 내용도 달라질 수 있다.

지역사회의 역량강화를 위해서는 다양한 파트너의 참여가 필요하다

(Ansell & Gash, 2008). 최근 지역공동체의 개발을 위해서 정부뿐만 아니라 지역사회 사회적 경제 조직들, 비정부조직, 교육기관, 일반 시민 등이 폭넓게 참여하고 있다. 실제로 이들의 역할이 중요하고 협력이 강화될수록 지역사회의 문제해결능력도 커진다. 이러한 파트너십을 강화하면 지역사회의 자산도 증가하고 책임성도 높아진다. 다양한 파트너의 협력을 강화하기 위해서도 구성원의 참여가 중요하다. 주민들이 참여함으로써 스스로를 서비스의 수혜자가 아닌 문제해결의 주체로 인식하게 되고 다양한 기관과 개인과의 연결망 확대에 기여할 수 있다. 무엇보다도 다양한 이해관계자의 참여를 통한 개별 구성원들의 역량강화가 중요하다. 지역주민들이 참여하는 과정에서 정책과 사업에 대한 이해력, 비판적 사고, 의사소통 능력 등을 확충할 수 있기 때문이다. 이러한 역량을 바탕으로 새롭고 다양하며 파급효과가 큰 사회혁신을 실현할 수 있다.

지역에 대한 정보와 지식의 공개는 지역공동체가 스스로 정책을 개발하고 집행하는 데 필수적이다. 지역의 문제를 인식하고 새로운 해결방안을 모색하기 위해서는 지역의 현황과 구성원의 인식에 대한 정확한 자료가 제공되어야 한다. 공개된 정보를 바탕으로 민주적인 토론이 진행되어야 합리적이고 창의적인 대안을 모색할 수 있다.

이처럼 지역공동체의 역량을 형성하는 과정에서도 지역공동체 구성원의 참여는 중요하다. 참여를 통해 비전을 개발하고 정보를 공유하며, 협력을 강화할 수 있기 때문이다. 이 과정에서 개인의 의사결정 역량이 제고되고 자신의 재능을 재발견할 수 있다. 활용되지 못하고 있던 재능을 재발견하고 지역사회의 자산을 발굴하는 과정은 불확실한 환경 속에서 지역공동체가 자생적으로 발전하는 데 필수적이다.

지역공동체에는 개별 구성원뿐만 아니라 지방정부, 공립학교, 공공

도서관, 경찰서 등을 비롯한 지역소재 공공기관 그리고 다양한 개인 사업체 등과 같은 기관들이 존재한다. 이들은 모두 동일한 지역에서 동일한 주민들을 대상으로 활동하는, 즉, 지역공동체를 활동범위로 한다는 공통점을 갖는다. 이 기관들은 지역과의 관계 또는 지역주민들과의 상호작용 속에서 존재하며 이들은 지역사회의 중요한 자산이기도 하다. 지역주민과 이러한 기관들이 주축이 되어 지역공동체의 발전을 위한 노력을 극대화하는 현상이 1980년대 이후 미국을 중심으로 나타났으며 유럽과 아시아 국가들도 글로벌 경제위기에 대응하기 위한 노력을 지역 내 다양한 기관들의 네트워크 형성에서부터 시작하고 있다. 특히 미국의 경우 지역의 구성원과 지역소재 공공기관, 기업 등을 중심으로 지역에 소재한 다양한 자산을 활용하여 지역의 발전을 도모하는 전략이 자산기반 지역공동체 발전전략으로 구체화되었다(Kretzmann & McKnight, 1993). 이 전략은 현재 지역공동체에 있는 자산을 중심으로 발전을 도모할 때 지역의 지속가능성이 높아진다는 시각을 표방하며 1990년대 이후 미국을 중심으로 주목받았고 현재는 개발도상국가의 발전에도 활용되고 있다(Ssewamala et al., 2010). 이러한 발전전략의 지리적 단위가 지역공동체가 되며 구성원들이 적극적으로 참여할 때 지역자산의 이해, 동원, 개발 등이 가능하다. 즉 한 지역사회에 소재한 개인과 기관의 활발한 참여가 지역사회의 지속가능한 발전을 위해 지역이 보유한 자산의 활용을 극대화하기 위한 전제조건이다. 따라서 어떤 제도적 조건에서 지역공동체 참여가 극대화되는지 그리고 어떤 개인적, 공동체적 특성이 참여를 극대화하는지에 대한 심층적인 연구는 매우 중요하다.

3. 지역공동체 참여는 활성화될 수 있는가?

한국의 다양한 지역에서 사회적 경제 네트워크를 형성하면서 지역에서의 혁신을 시도하고 있으며, 다양한 지역사회조직들의 상호작용과 연결망 구축을 통해 사회적 경제의 경제적·사회적 지속가능성 제고를 지향하고 있다(네모토 마사쯔구, 2014; 신명호·이아름, 2013). 그러나 한편으로는 지역공동체에서 아래로부터의 참여를 활성화하여 지역사회 문제를 해결하는 것은 낭만적인 희망사항에 지나지 않는다는 지적도 제기된다. 실제로 여러 가지 제약조건으로 인하여 현대사회에서 지역의 정책결정과정에 주민들이 참여하기 어려운 것이 현실이다. 따라서 지역공동체 참여의 가능성에 대한 다양한 관점과, 한국의 지역이 직면한 상황을 검토함으로써 한국에서 지역공동체 참여가 활성화될 수 있는지를 가늠하고자 한다.

1) 참여에 대해 회의적인 관점

이미 일부 고전적 철학자와 이론가들조차도 참여는 실현되기 어려운 이상이며 현명한 엘리트에 의한 합리적인 의사결정이 바람직하다는 의견을 표명하였다. 소크라테스의 제자였으며 아리스토텔레스의 스승으로 그리스 아테네에 아카데미아를 설립한 철학자 플라톤은 철인정치를 강조하면서 귀족정에서 철학과 지혜를 갖춘 지도자에 의한 국가를 이상적인 정치체제로 설명하였다. 그는 시민들이 집회에 나서서 정치가의 설득에 좌우되고, 사회적 의사결정을 다수결에 의해 결정하는 민주적인 절차는 신뢰할 수 없다고 밝히면서 참여에 대한 회의적인 입장을 표명한다(Dues & Brown, 2004). 현대사회에서의 혁신개념을 발전시킨 슘페터는 공익은 사회 속의 다양한 집단이 각기 다른 방식으로 규정하게 마련이며, 현실적으로 일반시민이 정치문제에 개입할 전문성을 갖추기 어렵고 자신의 이익을 실현하는 것은 불가능하다고 설명한다(Schumpeter, 1950). 미국의 정치학자 헌팅턴은 1960년대 이후 세계적으로 시민권 옹호운동과 인종분규가 발생하면서 발전한 다양한 민주화 현상을 과도한 민주주의(excess of democracy)로 평가한다(Huntington, 1975). 그는 참여 민주주의를 실현하기 위한 노력이 시민들을 오히려 정치에 냉소하게 만들고 정부에 대한 불신을 높여 정부와 정치제도를 약화시킨다고 주장한다. 나아가서 시민들이 정부의 의사결정에 참여하는 것은 관료의 전문성과 권위를 약화시킨다고 주장하였다. 정보통신기술이 발전하여 의사소통의 편이성이 높아지고 정보공개 정도도 높아진 21세기의 시점에서도 여전히 참여는 번거로운 절차이며 많은 사람들이 밀집하여 거주하는 도시지역에서의 참여는 현실적으로 실현되기 어려운 것으로 인식되고 있다.

2) 참여를 옹호하는 관점

반면 지역공동체 참여를 옹호하는 관점에서는 오히려 시민들의 참여가 민주주의의 확대와 심화, 그리고 정부의 역량제고에 기여하며 실제로 활성화될 수 있다고 주장한다. 이러한 관점은 루소(Rousseau)와 밀(J. S. Mill)을 비롯한 발전적 자유민주주의자들에 의해서 본격적으로 시작되었으며(Held, 1995), 현대 정치철학에서는 공동체주의자들에 의해 강화된다(Bellah et al., 1985). 1980년대 세계화와 글로벌 경제위기가 심화되고 지식기반사회로의 이행이 도래하면서 경제발전과 사회보호의 대안을 모색할 필요가 발생한 이후 지역공동체 참여는 중요한 의미를 갖게 되었다. 경제위기로 인해 정부의 재정역량이 점차 감소하고 시민사회의 공동생산, 지역사회의 자생적 발전방안 등을 모색하면서 이론적으로, 현실적으로 지역공동체 참여를 활성화를 위한 다양한 이론과 대안이 제시되고 있다.

Berry et al.(1993)은 지역공동체 참여는 중요할 뿐만 아니라 활성화될 수 있다고 주장하는 이유를 참여의 교육적 효과, 공동체 형성, 정부의 책임성 제고 등에서 찾고 있다. 첫 번째 관점은 참여의 교육적 효과를 강조하는 참여민주주의 이론에서 발견된다. 시민들은 참여하는 활동을 통해서 좋은 시민이 되는 법을 배우게 된다는 관점이다. 정치철학자 밀(1962: 79)은 "도덕교육은 시민의 참여에 의해서 가능하다"고 주장했으며, 참여의 과정에서 일반이익의 실현에 필요한 원칙을 적용하는 능력을 배양할 수 있고 갈등의 상황에서도 자신의 이익만을 따지지 않게 된다고 강조한다. 참여의 경험은 개인이 지역공동체 운영의 원칙과 규범을 학습하는 중요한 통로가 되며 다시 참여의 효과성은 높아질 수 있다는 것이다.

두 번째 관점은 공동체 형성의 시각에서 찾을 수 있다. 공동체는 공동의 필요와 목적 또는 공동 가치 추구를 위해 공유된 문화와 생활을 바탕으로 의사소통하는 집합적 활동주체(송창용·성양경, 2009)로 정의할 수 있다. 공동체주의자들은 지역공동체 구성원들은 참여할 때 공동체의 일을 돌보게 되고 그 과정에서 소속감, 공동체 의식 등의 의미를 발견할 수 있다고 주장한다. 공동체 의식을 확산함으로써 일정한 지역에 근거한 안정감과 정체성을 가질 수 있다는 점에서 지역은 지속가능성을 인식하면서 구성원들이 협력과 역할분담을 통해 자치 공동체로 기능할 수 있다(조명래, 2007).

세 번째 가능성은 지역공동체 참여가 정부의 책임성과 반응성

(responsiveness)을 높임으로써 보다 효과적인 참여가 가능해진다는 입장에서 찾을 수 있다(한상일·정소윤, 2014). 현대 국가의 대의제 정부체제는 책임성의 문제를 내포할 수밖에 없다. 그 대안적 체제로서 주류 사회과학에서 다양하게 발전한 다원주의 정부의 개념에 대해서도 이익집단 정치가 갖는 문제와 관료제의 대표성에 대한 의문이 지속적으로 제기되었다. 지역공동체 구성원들의 참여를 강조하는 입장은 기존의 정치행정 체제에 새로운 접근을 요구한다. 주민들이 주도하는 상향식 예산편성, 정책결정, 정책집행을 통해 정책 간의 연계와 조정을 강화하고 무엇보다 공간으로서의 지역의 이익을 보장할 수 있는 선순환 구조를 지향한다. 이러한 체제 속에서는 지역주민의 다양한 활동을 통합하고 정부와 시민사회의 협력관계를 통해 지역주민들에게 보다 많은 편익을 제공할 수 있게 된다.

3) 한국에서 지역공동체 참여의 가능성: 지속가능한 공동체 형성의 시각에서

한국정부는 1960년대 이후 산업화를 통한 경제발전을 위해 공간적 집중을 통한 성장전략을 수립하였다(김영·하창현, 2002; 김태일, 2009). 이에 따라 지역 간 불균형 성장의 문제가 발생하기 시작하면서 지역균형발전정책을 추진하였으나 그 실효성은 높지 않았다(김재훈, 2007; 김형빈, 2008). 정부주도적으로 발전한 하향식 참여정책이 주종을 이루는 과정에서 지역과 주민은 수동적으로 반응할 수밖에 없었다. 특히 계획의 수립과 집행의 주체가 중앙정부였으며, 구체적인 지역의 문제에 대한 객관적 인식과 적실성 높은 대책의 수립도 불가능하였다.

그럼에도 불구하고 한국사회가 발전하는 과정에서 직면한 변화와 도전에 대하여 지역사회 구성원의 참여를 기반으로 한 대응이 있었다. 그리고 그러한 대응은 향후 한국의 지역공동체 참여를 활성화하는 동력으로 기능할 수 있을 것으로 기대된다. 기술한 바와 같이 1960년대 이후 한국경제의 산업화는 소득의 불평등과 지역 간 격차를 유발하였다. 경제성장에 중점을 둔 성장전략으로 인하여 발전의 양상이 지역에 따라 큰 격차를 보이게 된 것이다. 일부 농어촌 지역에서는 인구감소와 고령화 현상이 심해졌으며 도시지역에서도 빈곤문제가 심화되었다. 이런 가운데 지역공동체 형성을 통한 자발적인 문제해결 노력이 나타나기 시작하였다. 강원도 원주, 경기도 안성, 성남 등의 지방도시에서 지역사회조직들의 활동이 활발해졌으며 서울을 비롯한 대도시 도심지역에서는 주민운동이 전개되었다. 이러한 사례들은 한국의 지역사회가 자발적으로 지역공동체 참여를 유도하고 산업사회의 고도성장 과정에서 나타나는 위계적 사회구조, 물질중심주의 등을 극복하면서 대안적인 사회를 모색하는 노력을 시도해왔음을 보여주고 있다.

1997년 외환위기를 비롯한 글로벌 경제위기는 대규모 실업을 유발했다. 자활지원센터를 포함해 실업 극복 활동에 참여한 시민사회 조직들은 정부에 지원을 요구했고 이에 대한 정부의 지원이 사회적 일자리의 형태로 나타나게 되었다.[10] 2003년부터 노동부가 사회적일자리 사업의 주체가 되면서 정부는 고용정책의 일환으로 이 사업에 접근하였으나(노동부, 2008) 사업집행의 주역은 지역에 자리 잡은 시민사회조직이었다. 그리고 사회적일자리 사업이 사회적 기업 육성정책으로 계승되면서 사회적 기업 및 협동조합의 수가 증가하게 되었고 지역사회

10) 사회적 일자리란 사회적으로 필요하지만 수익성 등으로 인하여 시장에서 충분히 제공되지 못하는 보건, 사회복지, 교육 등 사회서비스 부문에서 비영리법인 등이 창출하는 일자리로 정의된다(한국고용정보원, 2007).

기반 사회적 경제 조직의 기반이 확대될 수 있었다. 이런 배경 속에서 지속가능한 지역사회의 발전을 위해 지역의 다양한 기관과 주민들이 참여하는 사회적 경제의 토대가 일부 지역에서 나타나기 시작하였다.

한국의 지역에서 발전한 사회적 경제 조직들은 협동조합, 시민사회 조직, 자활사업조직, 기업주도 사회적 기업, 사회적 기업, 민간기업 등으로 구성되었고 지역의 주민들은 이들 조직의 주요 이해관계자로 참여한다. 한국의 사회적 경제는 급속한 고령화, 가족구조의 변화, 여성의 경제활동 참여 증가와 경제적 양극화 등이 유발한 복지, 보육, 간병, 가사 지원 등의 수요에 대응할 사회적 토대가 될 것으로 주목받고 있다. 사회적 경제의 지속가능한 발전을 위해서는 지역의 다양한 기관과 주민들의 참여가 필요하다. 실제로 다양한 지역의 사회적 경제 조직을 중심으로 활발한 주민참여가 발생하고 있다.

이처럼 한국의 일부 지역을 중심으로 산업화와 세계화 과정에서 발생한 새롭고 다양한 사회적 수요를 충족시키기 위한 지역사회의 노력이 진행되었다. 이러한 노력들은 한국의 지역사회가 지속가능한 발전을 지향하는 공동체로 발전하는 과정에서 정부와 시민사회가 협력하는 제도형성의 과정을 보여준다. 지역사회의 자생적 발전을 위한 노력, 정부의 지원 등이 주민들의 참여를 바탕으로 결합되는 과정에서 지역공동체의 선순환 구조가 형성될 수 있다는 가능성을 발견할 수 있다.

따라서 지역 주민들의 참여를 가능하게 하는 지역공동체의 형성은 과거의 지역공동체를 복원하거나 타 지역의 우수사례를 수용하는 것이 아니라 새로운 지역의 여건과 사회 환경을 고려한 협력체계와 지역 발전방향을 모색하는 방식으로 진행되어야 한다. 이 과정에서 동질성 보다는 다양성으로, 계층적 구조에서 네트워크형 구조를 지향하면서 협력관계에 의한 지속성을 확보하는 것이 바람직하다.[11] 즉 한국에서 지속가능한 지역공동체를 형성하는 것은 활발한 지역주민들의 참여와 지역사회 기관들의 협력에 달려있다. 따라서 한국에서 참여는 어떻게 활성화될 수 있으며 어떤 효과를 가져오는지를 적절한 이론모형에 따라서 분석하고 결과를 제시하는 것은 지역사회의 지속가능성 제고를 위해 중요하다.

4. 책의 구성

저자는 이 저술을 통해 지역공동체에서의 참여를 강조한 철학적 · 이론적 배경, 제도적 구조, 개인의 참여 동기 등을 설명하고자 한다. 특히 국내외에서 새롭게 주목받는 사회적 경제와 사회혁신의 개념을 연결한 지역공동체 참여의 가능성도 설명할 예정이다.

이 책은 총 6부로 구성되었다. 제1부는 이 책의 서론에 해당하며 제2부는 이론, 제3-5부는 이론과 분석, 그리고 제6부는 결론이다. 제1장은 지역공동체 참여가 중요한 이유, 개념 그리고 21세기의 새로운 환경에서 지역공동체 참여가 활성화될 수 있는 가능성이 있는지에 대해 논의한다. 제2장은 한국에서 지역공동체 참여의 전통이 발전한 과정과 현재 발생하고 있는 참여의 수준을 조사한 결과를 제시한다. 제3장은 지역공동체 참여를 지원하는 정책과 제도의 역사적 전개과정을 영국과 미국을 중심으로 설명한다. 영국, 미국에서 지역공동체 참여를 증진시키기 위한 정부정책의 변화과정을 비교분석함으로써 한국 정부가 보다 나은 정책대안을 어떻게 도입할 수 있는지를 설명한다.

---

11) 이러한 방향은 2015년 국제연합에서 발표한 지속가능발전목표와도 부합하는 것이다. 지역주민들의 참여는 지속가능발전목표에서 강조하는 포용적 성장에 매우 중요한 요소로 인식되고 있다.

제2부는 이론편이다. 제4장은 지역공동체 참여에 대한 철학적 배경을 설명한다. 고전적 민주주의, 자유주의 관점 등에서의 지역공동체 참여는 어떻게 이해될 수 있는지를 상세히 서술한다. 제5장은 지역공동체 참여에 대한 일곱 가지 분석 모형을 설명한다. 현대 사회로 접어들면서 지역공동체 참여에 대한 다양한 연구가 진행되었다. 여기서는 지역공동체 참여를 활성화하는 과정을 설명하는 모형과 참여가 발생할 때 나타나는 효과를 설명하는 모형을 제시한다.

제3-5부는 이론과 분석이다. 각 부를 개인, 조직, 공동체의 분석수준에 따라 구분하였다. 제3부는 지역공동체에서 생활하는 개인에 대한 이론과 분석이다. 제6장은 한국의 지역공동체에 참여하는 사람이 누구인지를 평균값 차이분석과 회귀분석으로 검토하였다. 제7장은 한국의 사회자본과 지역공동체 참여의 관계를 설명한다. 이 분석에서는 사회자본을 외부적 자본과 내부적 자본으로 구분하여 어떤 자본이 지역공동체 참여를 높이는 효과가 있는지 설명한다. 제8장은 역량과 발전의 개념을 참여의 시각에서 설명하였다. 개발도상국가에서의 역량개발 프로그램에 참여한 사람들이 실제로 삶의 질의 개선을 경험했는지를 분석하였다. 아프리카 케냐의 사례를 통해서 개발도상국가의 지역역량개발 프로그램이 경제적 상황에 긍정적인 영향을 주는 것을 확인하였다. 제6-7장이 참여를 유발하는 요소들을 탐색했다면 제8장은 참여로 인하여 발생한 효과를 분석하였다.

제4부는 지역공동체 조직과 조직 참여의 효과에 대한 설명이다. 제9장은 사회적 상호작용이론을 중심으로 지역의 시민사회조직에의 이해관계자 참여의 방식은 생성과 제도화의 과정에서 발생한 상호작용에 의하여 결정됨을 설명한다. 한국의 원주와 안성시의 의료복지 사회적 협동조합을 대상으로 상호작용의 과정을 사례분석 한다. 제10장은

사회적 기업가 정신과 지역공동체 참여가 사회적 기업의 조직성과에 주는 효과를 분석한다. 이 분석에서 사회적 기업가 정신 그리고 개인과 기관의 참여는 조직의 성과에 각기 다른 효과가 있는 것으로 밝혀졌다. 이 분석결과를 통하여 지역 조직의 성과를 높이기 위해 어떤 방식으로 참여가 이루어져야 하는지에 대한 정책적 함의를 도출할 수 있었다.

제5부는 지역공동체에서의 자산 활용, 거버넌스, 학습에 대한 주제로 구성된다. 자산 활용과 거버넌스가 참여를 촉진하는 요인이라면 학습과 사회혁신은 참여의 효과로 나타난 결과이다. 제11장은 지역공동체 자산 활용과 역량형성에서 나타나는 참여의 효과성에 대해 분석한다. 지역공동체 자산 활용은 지역사회 구성원들이 스스로 자원을 발굴하고 동원하는 개발방식이며 그 과정에서 자연스럽게 역량형성이 이루어진다. 지역에서의 자산 활용과 역량형성은 참여에도 중요한 영향을 준다. 따라서 미국 로스앤젤레스 지역의 사례를 통해 자산 활용과 역량형성의 과정을 분석하고 참여에는 어떤 영향을 주는지를 지역공동체별로 구분해서 설명한다. 제12장은 도시 거버넌스 개혁과 참여의 관계를 설명한다. 미국의 경우 다양한 도시에서 시의회와 별도로 근린의회를 설립하고 운영 중이다. 근린의회는 지역의 이익을 수용하고 지역의 구성원들이 시정을 논의하는 제도이다. 미국의 네 도시를 사례로 각기 다른 근린의회의 형태와 참여의 정도를 분석한다. 제13장은 학습지역화와 지역공동체 참여가 사회혁신에 어떤 영향을 주는지를 분석하였다. 학습지역을 구성하는 개념영역인 대화와 토론, 학습기회의 제공 등은 참여의 개념을 내포한다. 여기서는 학습에 참여하는 정도가 새롭고 창의적인 포용적 혁신에 어떤 효과를 주는지를 분석한다.

제6부는 결론에 해당한다. 지역공동체의 집단화전략, 지역공동체 사

회적 경제 형성을 통한 발전 등을 중심으로 향후 지역공동체 참여를 위한 함의를 도출하고 미래연구를 위한 과제는 무엇이 있는지를 논의한다. 이상의 논의는 〈그림 1-1〉과 같이 정리할 수 있다.

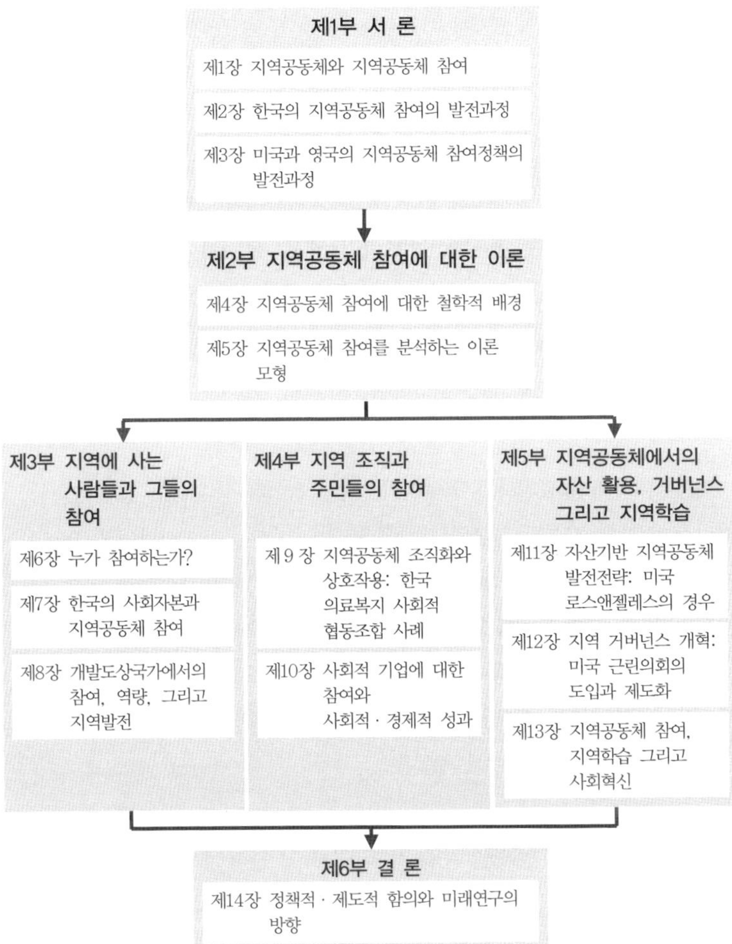

〈그림 1-1〉 책의 구성

제2장 한국의 지역공동체 참여의 발전과정

1. 지역공동체 참여의 시작과 발전

한국에서 지역 주민 스스로 지역의 문제를 해결하기 위해 참여하고 스스로 의사결정을 내리는 과정은 오래전부터 시작되었다. 조선시대 유학자였던 율곡 이이는 행정제도의 목적이 대동세계(大同世界) 건설에 있음을 밝히고 예기(禮記)를 인용하여 다음과 같이 설명하고 있다.

> 대도가 행해지니 천하가 공평하다. 이에 현인을 등용하고 능력 있는 사람에게 맡겨 신의를 가르치고 화목을 닦게 한다. 고로 사람들은 오로지 그 부모만을 부모로 섬기지 아니하며, 그 자식만을 자식으로 여기지 아니한다. 또 늙은이들에게는 돌아가 쉴 곳이 있으며 장년에게는 일 할 곳이 마련되어 있으며 유아에게는 자랄 곳이 있으며 홀아비, 과부, 고아, 자식 없는 늙은 이 병약자에게는 모두 봉양할 곳이 마련되어 있다 (신무섭, 1978: 160-161에서 재인용).

율곡의 위와 같은 설명을 현대적 의미로 표현하면 이상적인 공동체에 해당한다. 율곡은 [성학집요]에서 이상적인 공동체의 건설을 위해서는 의식주의 문제 즉 경제적인 문제가 해결되어야 함을 설명했으며 교육을 통해 사회규범을 익히고 발전하는 과정이 필요함을 강조했다.

유학의 이념에 바탕을 둔 조선의 지역공동체 자치조직은 면, 동, 리 등의 행정구역에 동회, 향약, 두레, 계 등의 자치조직을 형성하여 경제 문제와 사회문제를 해결하고자 하였다. 현재까지 존재하는 '면(面)'의 이름으로 지리적 구분을 하고 '동(洞)', '리(里)' 등의 작은 부락을 설치하여 호적관리, 치안, 소송 등의 공공서비스를 제공하였다.

지역 주민들의 본격적인 참여는 자연부락으로서의 마을을 바탕으로 한 자치조직을 통해서 이루어졌다. 대표적인 자치조직으로 두레, 계, 향약 등을 들 수 있다. 두레는 고대국가 시기부터 이어져 내려온 근로 공동체다. 마을에서 농사나 제방 등의 건설 사업을 집행함에 있어서 전체 구성원들이 업무를 분담하여 특정시기에 집중적으로 협력하는 조직이다. 연령조건과 리더십 그리고 지식을 갖춘 인물을 지도자로 선출하고 각 사업별로 현장에서 작업을 지휘하는 책임자들이 업무를 나누어 진행하였다. 계는 한국의 전통사회에서 가장 보편적으로 발견할 수 있는 협동조직이다. 상호부조, 친목도모, 공동출자 등의 역할을 수행하면서 금융기능을 수행하였다. 향약은 권선징악, 상부상조 등을 주된 규범으로 하는 자치규약이다.

이와 같은 지역에서의 제도가 현재의 지역공동체에서의 전통으로 기능하고 있는가? 유달영은 "계는 수명 이상 수백 명이 결합하여 동일한 목적 아래 일정한 규약을 정하고 공동으로 출자하여 상호 생활의 유지향상, 경제 개선, 사회복리를 도모하는 등 그 목적의 범위는 매우 넓었다."고 설명한다(유달영, 1998: 88). 계원들이 서로 차별하지 않고, 공동으로 출자하고, 스스로 규약을 만들어 공동생산에 나섬으로써 지역의 다양한 문제를 해결할 수 있었다. 최근까지도 계의 전통은 남아있었고 이러한 원리는 지역마다 결성된 신용협동조합의 기초가 되었다. 향약은 사회적으로 지역공동체의 규범을 강화하는 역할을 했으며 사대부나 지방관이 중심이 되어 실시한 경우가 많았다. 이러한 지역수준의 참여의 전통은 현대사회까지 이어져 협동조합과 각종 농민 조직 등의 형태로 발전하게 되었다.

이러한 호혜와 참여의 전통은 일제강점기에도 이어진다. 김기태(2013)에 따르면 1920년에 설립된 경성소비조합과 목표소비조합 등 협동조합의 설립이 시도되었다. 그러나 이러한 협동조합은 경영상의 어려움으로 지속되지 못한다. 유학을 다녀온 지식인과 종교지도자의 노력으로 협동조합운동이 확산되었고 1920년대를 거쳐 1932년에는 전국적으로 181개 조합과 3만 8천여 명의 조합원으로 구성된 농민공생조합이 결성되었다고 한다(김기태, 2013). 이렇게 어려운 농촌의 상황을 극복하고자 지역주민들이 조합원이 되어 협동조합운동에 참여하였으나 총독부의 강제해산과 폐쇄명령에 따라 완전히 소멸된다.

2. 산업화 시기 주민참여 조직의 발전

조선시대를 거쳐 일제 강점기의 억압적·착취적 지배체제로 진입한 이후에 한국에서는 협동조합의 형태를 갖춘 조직들이 설립되었으며, 해외 유학생들을 중심으로 결성된 YMCA 등의 시민사회 조직들이 도시와 농촌지역에서 시민계몽운동을 전개하였다. 그러나 일제 강점기가 종식된 이후 미군정 체제에서는 일부 지역에서 운영되던 협동조합 운동을 좌익운동으로 간주하면서 협동조합이 사회운동으로 충분히 발전되지 못했다. 반면 1945년부터 정부 주도적으로 낙후된 농촌의 부흥을 위해 미국의 4-H활동을 도입하여 청소년에게 활력을 불어넣고자 했으며 1950년까지 1,900여 개 마을의 5만여 명의 회원을 참여시켰다.[1)] 1950년 한국전쟁으로 중단된 이후 1962년 농촌진흥청이 설립되면서 정부는 4-H운동의 활성화에 조직적인 지원을 시도하였고 특수 지도자 제도의 도입, 민간단체 육성, 지도자 연찬회 등 다양한 활동이 진행되었다. 이 활동은 1970년대부터 본격화된 새마을 운동의 조직적 기반으로도 기여하게 된다.

1960년대에는 권위주의 정부가 수립되면서 과거부터 존재했던 농민조직들을 농업협동조합으로 재구성하면서 정부통제를 강화하고 집권적 구조를 형성하였다. 정부주도적인 농민조직을 형성한 것은 빈곤 극복을 위해 농민들의 농업활동을 도우려는 의도가 있었으나 한편으로는 정부정책에 대한 농업분야의 지원과 동원을 유도하려는 의도도 있었다. 정부는 1970년대 본격적으로 진행된 새마을 운동을 통해 지역사회를 조직화하고자 하였다.[2] 정부는 조선시대 이후 행정을 효율적으로 수행하기 위해서 설치된 오가작통제나 향회(鄕會)를 기반으로 반상회(班常會)를 조직화하였다. 도시지역의 반상회는 표면적으로는 이웃 간 친목도모와 상부상조, 지역공동체 개발에 대한 주민들의 참여와 협조 등을 표방하였다. 그러나 내면적으로는 국가정책을 주민에게 홍보하고 협조를 구하는 데 활용되었다. 실제로 반상회는 1976년 5월

---

1) 4-H운동은 1902년 미국 농업개발부의 주도로 미국에서 시작된 지역사회 청소년 교육운동이다. 4-H는 머리(head), 마음(heart), 손(hand), 몸(health)을 대표하는 이념이며 주로 농촌사회를 이끌어갈 전문 인력으로서의 자질을 배양하는 것을 목적으로 운영되고 있다. 4-H의 네 가지 구성요소는 향후 소개될 자산기반 지역공동체 개발전략에서도 중시된다. 즉 자신이 가진 네 가지 구성요소로부터 이끌어 낼 수 있는 개인의 재능을 극대화하여 지역전체의 발전에 기여할 수 있도록 발굴한다는 점에서 자산기반 지역공동체 개발전략과 연계된다.

2) 당시 새마을 운동은 1960년대 중후반 일본에서 시작된 '새 동네 가꾸기 운동'을 비롯하여 덴마크, 이스라엘의 농촌 개발사례를 참고하여 농촌 지역공동체 개발사업으로 설계되었다. 추진과정에서 정부의 많은 지원이 있었으며 지역공동체 개발 전담 인력을 정부와 지역별로 충원하고 새마을 중앙연수원을 설립하여 교육을 통해 리더십 배양과 지도자 양성을 추진하였다.

31일 오후 6시에 6월 1일 새마을의 날을 하루 앞두고 지정되었으며, 내무부가 설정한 장발단속, 새 주민등록증 휴대 등을 비롯한 8개 의제를 전달하는 방식으로 진행되었다(손용석, 2015).[3] 유신시대로 접어든 후 반상회는 정권 홍보와 주민 통제수단으로 변질되었고 1995년 지방자치제도가 시작된 후 서서히 폐지되기 시작하여 현재는 자율적으로 진행되고 있다.

1970년대에 농업협동조합이 중심이 되어 농민들의 생산과 유통을 지원하기 위해 형성된 조직이 작목반이다. 작목반은 특정한 작목을 중심으로 유통을 공동관리하여 규모의 경제를 실현하기 위해 조직화한 농민조직이다. 따라서 자연부락으로서의 마을의 범위를 넘어서는 경우가 많으며 경우에 따라서는 작물의 단지화(clustering)를 통해서 형성된 경우가 많았다. 1970년대에는 농산물 생산지를 중심으로 형성된 생산자조직이 육성되고 새마을 운동이 본격화되면서 정부가 공동체적 영농의식을 고취하였고 그 수가 획기적으로 증가하였다. 특히 농촌진흥청에서 형성한 농사개량구락부와의 합병을 통해 새마을 작목반으로 통합되었다. 작목반은 영세한 생산자가 갖는 거래교섭과정에서의 불리함을 극복하고 규모의 경제를 실현하여 비용절감효과를 실현하는 데 실질적인 기여를 하였다. 작목반은 기본적으로 농민들의 참여를 통해서 운영된 자치조직으로서 참여의 과정에서 농민들은 새로운 농업기술에 대한 정보와 자료를 공유함으로써 생산성을 높였고 유통과 판매에 관련한 역량도 계발할 수 있었다. 나아가서 선진 농업현장 견학, 외부강사 초빙 등을 통해 새로운 지식을 학습했으며 과거부터 전해져

---

3) 1976년 시작된 반상회는 전국 671만 가구, 25만 5천여 개 반에서 진행되었고 "이웃에 살면서 인사도 없었으니, 앞으로 서로 웃으며 인사하자"라는 구호를 표방하며 진행되었다. 출석확인을 하였고 불참 시 벌금을 부과하기도 하였다.

내려온 두레, 품앗이 등의 전통을 계승한 공동작업을 수행했다.

한국에서 1970년대 본격적인 산업화가 진행되면서 대한민국 정부는 많은 자원을 동원하여 산업화에 매진하였다. 산업화가 급속히 진행되면서 도농 간 소득격차가 커졌고 농어촌 지역의 발전은 지체되었다. 지방의 활동가나 종교지도자, 지역농민들은 소비자협동조합을 중심으로 소비자와 생산자를 직접 연결하는 시도를 통하여 시민들의 생활양식의 변화를 시도하였다. 일부 지역에서 협동조합 등의 활동이 활발해지면서 주민들의 참여도 확대되었다. 예를 들어 강원도 원주에서는 산업화 이후 상대적으로 낙후된 지역을 지속가능한 자족적 경제체제로 만들고 소외된 계층을 보호하고자 협동조합을 중심으로 한 사회적 경제의 형성을 시도하였다. 원주지역의 사회적 기업가들은 국제NGO의 원조와 지역사회 활동가와 지역주민의 참여를 기반으로 신용협동조합, 소비자생활협동조합, 의료생활협동조합 등을 설립하고 상호 출자의 네트워크를 형성함으로써 지역사회의 문제를 해결하고자 하였다(신명호·이아름, 2013; Han et al., 2014). 경기도 안성지역에서는 지역사회 보건문제를 해결하기 위해 서울지역에서 파견된 의료봉사 대학생과 지역농민회의 협력을 통해 의료생활협동조합을 설립하였다(김선희, 2009). 그 조직적 기반을 바탕으로 다양한 지역사회 활동들을 조직화하면서 주민들의 참여를 이끌어 내었고 산업화와 도시화가 유발한 사회문제에 지역 차원의 자체적인 대응방안을 모색하였다.

1980년대 이후에는 한국사회에서 민주화운동이 확산되었고 민주화운동에 참여한 학생운동가 및 사회활동가들이 지역사회 조직화에 가담하면서 지역공동체 조직들의 관리방식이 보다 체계화되었고 프로그램도 다양하게 발전하였다.[4] 그 결과로 다양한 지역사회 프로그램이

4) 1980년대부터는 지역을 배경으로 한 환경운동과 빈민운동 등이 시작되었다. 쓰레

설계되면서 주민들의 참여도 활발해졌고, 지역사회 기반 신용협동조합, 소비자생활협동조합, 의료생활협동조합 등에서는 총회, 대의원회, 각종 소모임 등을 통해 지역주민들이 지역사회문제에 대한 지식을 축적하고 안목을 높일 수 있었다.

3. 세계화 · 지방화 시대의 지역공동체 참여 전략

1980년대부터 한국사회는 민주화되었을 뿐 아니라 세계화와 지방화라는 새로운 추세에 직면하게 되었다. 민주화의 도래와 함께 시민사회조직들이 증가했으며 정부도 비영리조직의 활성화를 위한 다양한 지원을 시작하였다. 세계화시대에 주목을 받은 사회가치는 생산성과 효율성으로 정부에서도 신공공관리(new public management)론의 확산과 함께 효율적인 정부를 실현하기 위한 노력을 진행하였다.[5] 정부는 그동안 지방행정사무를 담당했던 읍면동 사무소를 주민자치센터로 기능전환하였다. 기능전환의 가장 중요한 목표는 신속한 행정을 수행하고 중복된 행정을 방지하여 행정의 효율성을 높이는 데 있었다. 또 다른 목표는 여유 공간에 주민자치센터를 설치하여 주민의 복지, 문화, 편익 시설을 확대함으로써 주민의 삶의 질을 향상시키고 지역의 공동체를 구성하고자 하였다. 이러한 전환은 궁극적으로는 공동체 의식을 높

기 매립장, 공해배출공장 건설에 대한 반대운동으로 산발적으로 시작된 환경운동은 1982년 한국공해문제연구소 설립을 통해 조직화되었다. 영산호 보존, 온산병 문제제기 등이 모두 1980년대에 발생했으며 한국의 시민운동은 유사한 시기에 농민운동, 빈민운동, 여성운동 또는 주민운동의 방식으로 발전한다.

5) 신공공관리론은 1980년대 후반 이후 영국과 미국에서 나타났으며, 작고 효율적인 정부를 추구하기 위해 경쟁과 효율성을 강조하고 민영화와 위탁계약을 통해 정부의 규모를 최소화하는 행정학 이론이다. 민간기업에서 강조하는 성과를 중시하고 관리자에게 자율성을 주는 대신 성과에 대한 책임을 강조한다.

임으로써 주민들이 지역의 문제에 관심을 갖고 스스로 해결할 수 있도록 참여의 기회를 제공하는 것이 1995년부터 시작된 지방자치제도 본연의 목표를 실현하는 중요하다는 관점에서 시작되었다. 주민자치센터는 각종 문화, 복지, 편익 시설과 자치와 관련된 각종 문제를 심의하고 결정하기 위해 읍, 면, 동 단위에 주민자치위원회를 설치하였다. 주민자치위원회는 위원장과 부위원장 각 1인을 두었고 30인 이내의 위원으로 구성하였다. 그러나 주민자치센터와 주민자치위원회가 주민들이 중심이 된 지역공동체에서 참여와 학습을 장려하는 공식 기관으로 기능하고 있는지에 대해 심층적인 분석이 필요할 것으로 판단된다.

1990년대부터는 지방화 외에도 정보통신기술과 교통의 발전으로 국가 간 교류가 활성화되었다. 특히 국가 간 통상 거래가 활성화되었고 자본과 노동의 이동도 활발해지는 등 세계화 현상이 강화되었다. 금융시장의 세계화가 진행된 이후 직면하게 된 1997년 금융위기는 한국사회에서 실업, 빈곤, 주거 문제 등 다양한 사회문제를 유발하였다. 실업이 급증하면서 그간 정부와 협력하여 공공근로사업을 제공하던 시민사회조직들은 사회일자리 사업을 통해 취약계층에 일시적인 고용을 제공하였다. 정부도 사회기업진흥법, 협동조합기본법, 사회적경제기본법 등의 제정을 통해 지역사회를 활성화하고 다양한 일자리를 제공하고자 하였다. 정부는 지역의 시민사회 조직들을 통해 서비스시장을 활성화하고 고용을 증대하려는 정책목표를 수립하고 사회기업을 양성하는 정책을 마련하여 인건비 지원, 사회보험료 지원, 생산품 구매 등을 비롯한 다양한 혜택을 제공했다. 이 조직들은 경제적으로 수익을 추구하면서 지역사회 취약계층을 고용하고, 사회가치를 실현하는 여러 가지 목표를 추구한다. 이렇게 다양한 목표를 달성하기 위해서는 지역공동체 구성원들과의 협력관계 형성이 매우 중요하다. 따라서 이 조직들이 지역에서 네트워크를 형성하면서 활발하게 활동할 때 사회자본, 협력적 거버넌스, 새로운 제도형성 등이 가능하다.

한국 사회적 기업의 지역별 분포는 〈표 2-1〉과 같다. 2016년 12월을 기준으로 한국사회적 기업진흥원의 인증을 받은 사회적 기업의 수는 총 1,905개이며 현재 1,713개소가 활동 중이다. 2007년 사회적 기업 인증제도를 시작한 이후 연평균 170여 곳의 사회적 기업이 인증을 받아 매우 높은 성장률을 보이고 있다. 전체 사회적 기업 중에서 291개소가 서울에서, 678개가 서울을 포함한 수도권 지역에서 활동

〈표 2-1〉 한국 사회적 기업의 지역별 분포(2016년 12월)

지역	인구(백분율)	사회적 기업		협동조합	
		수(백분율)	입지계수	수(백분율)	입지계수
서울	10,022,181(19.4)	291(17.0)	0.88	2,698(24.6)	1.27
경기	12,522,606(24.3)	286(16.7)	0.69	1,845(16.8)	1.01
인천	2,925,815(5.7)	101(5.9)	1.04	291(2.6)	0.44
세종	210,884(0.4)	9(0.5)	1.25	57(0.5)	1.25
대전	1,518,775(2.9)	43(2.5)	0.86	449(4.1)	1.41
충남	2,077,649(4.0)	79(4.6)	1.15	396(3.6)	0.90
전북	1,869,711(3.6)	108(6.3)	1.75	758(6.9)	1.92
광주	1,472,199(2.9)	88(5.1)	1.76	620(5.6)	1.93
전남	1,908,996(3.7)	76(4.4)	1.19	552(5.0)	1.35
제주	624,395(1.2)	40(2.3)	1.92	181(1.6)	1.33
경남	3,364,702(6.5)	78(4.6)	0.71	400(3.6)	0.55
부산	3,513,777(6.8)	97(5.7)	0.84	580(5.3)	0.77
울산	1,173,534(2.3)	57(3.3)	1.43	202(1.8)	0.78
대구	2,487,829(4.8)	64(3.7)	0.77	489(4.5)	0.94
경북	2,702,826(5.2)	112(6.5)	1.25	495(4.5)	0.87
충북	1,583,952(3.1)	78(4.6)	1.48	365(3.3)	1.06
강원	1,549,507(3.0)	106(6.2)	2.07	604(5.5)	1.83
합계	51,529,338(100)	1,713(100)	1	10,982(100)	1

중이다. 사회적 기업의 지역별 분포를 보다 엄밀하게 살펴보기 위해서 지역별 사회적 기업 수의 백분율을 지역별 인구의 백분율로 나누어 입지계수를 계산하였다. 입지계수가 높을수록 인구에 비하여 많은 사회적 기업이 활동하고 있음을 뜻한다. 한국에서 사회적 기업의 입지계수가 가장 높은 지역은 강원도이며 그 다음이 제주도, 광주, 전라북도 등이다. 입지계수가 가장 낮은 지역은 경기도, 경상남도, 대구 등이다. 한국사회적기업진흥원은 사회적 기업의 유형을 일자리 제공형, 사회서비스 제공형, 지역사회 공헌형, 혼합형, 기타형으로 구분하고 있는데 이 중 일자리 제공형이 1,194개소로 가장 많은 수를 차지한다. 서비스 분야별로는 문화・예술분야 사회적 기업이 206개소로 가장 많다. 공동소유와 민주적 운영을 원칙으로 조합원의 권익향상과 지역사회에의 공헌을 목표로 하는 협동조합의 분포와 입지계수도 〈표 2-1〉에 나열하였다. 협동조합의 입지계수가 가장 높은 지역은 광주, 전라북도, 강원도 순서이며 가장 낮은 지역은 인천, 경상남도, 부산 등의 순서이다.

정부의 적극적인 지원과 시민사회의 적극적인 대응을 통해 사회적 기업의 수는 급격히 증가했으며 이들 조직에 사회적으로 배제된 지역사회 구성원을 참여시키기 위한 노력이 확산되고 있다. 특히 2000년대 이후에는 지역사회 거버넌스의 개념이 확산되면서 새로운 서비스가 새로운 조직을 통해 제공되고 새로운 참여방식도 등장하였다. 지역공동체의 역량강화를 위해서는 지역주민들과 지역기업들이 참여하면서 지역의 자원의 동원을 극대화하는 노력이 필요하게 되었다. 사회적 기업을 포함한 사회적 경제 조직들은 지역공동체 수준에서 다양한 행위자들과 상호작용이 활발하고 주민들의 참여를 극대화시키기 좋은 조건을 갖추고 있는 경우가 많다. 지역사회 구성원이 사회적 경제 조직에 의사결정자로서 참여하는 경우가 많고, 고객집단도 지역구성원이 되는 경우가 많다. 무엇보다 사회적 경제 조직은 그 비전을 지역사회의 발전으로 수립하고 지역공동체와 함께 성장할 것을 목표로 삼는다. 따라서 많은 사회적 기업이 지역과 장기적인 파트너십을 형성한 가운데 사회자본을 확충시키고 지역사회 구성원의 참여와 학습을 장려하고 있으며 이러한 활동을 통해 수직적, 수평적 조정이 가능한 지역공동체 거버넌스를 구축할 수 있을 것으로 기대된다.

4. 한국 지역 주민들의 지역공동체 참여 현황

앞에서 살펴본 것처럼 한국에서는 지역에서의 참여를 활성화하기 위한 다양한 제도가 도입되었고 시민사회의 지역공동체 조직화 활동도 활발하게 진행되었다. 정부와 시민사회의 노력이 진행되는 동안 여러 지역에서 참여의 가능성이 확인되고 있으며, 앞으로 지역에서의 참여가 긍정적인 결과를 유발할 것으로 기대된다. 저자는 2015년 한국의 지역주민들이 지역공동체 활동에 참여하는 정도를 설문조사하였다.[6] 조사결과에 따르면 한국인들은 1년 평균 1.4회(표준편차 2.4) 참여하는 것으로 나타났다. 즉 1명의 주민은 평균적으로 1년에 1-2번의 회의나 행사에 참여하는 것이다. 조사결과에 따르면 응답자가 속한 지역에 따라서 평균값은 〈그림 2-1〉과 같이 다르게 나타난다. 조사결과에 따르면 충북과 광주지역의 평균값이 가장 높은 반면 대전과 부산 등의 수치가 낮은 것으로 나타났다.

---

6) 이 조사는 2015년 11월 온라인 설문조사로 진행되었다. 대한민국 전역의 총 600명의 응답자가 답하였다. 이 분석에는 "지난 1년간 귀하가 거주하는 지역사회의 회의나 행사에 몇 차례나 참여하셨습니까?"라는 문항이 활용되었다. 이 조사는 제7장의 분석에 활용된 조사와 동일하므로 표본의 자세한 구성과 조사방법에 대한 설명은 제7장에서 추후 설명될 예정이다.

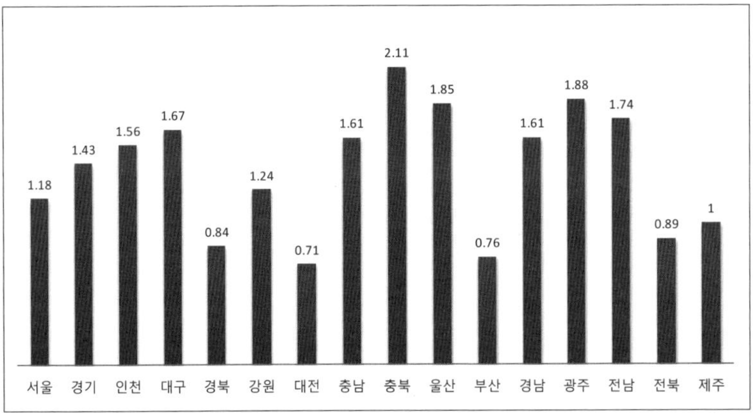

〈그림 2-1〉 한국 지역주민의 지역공동체 회의나 행사 참여횟수(2015년)

지역공동체 참여의 정도에는 인구통계학적 변수뿐만 아니라 사회자본자본, 상호작용, 학습의 정도에 따라서 다른 인과구조가 존재할 것으로 예상된다. 이 책에서는 이러한 인과구조에 대한 이론모형을 소개하고 실증적 분석을 시도할 것이다. 다양한 사례와 실증적 자료의 확인을 통해서 이론모형의 타당성도 검토하고자 한다.

제3장 미국과 영국의 지역공동체 참여정책의 발전과정

1. 미국의 지역공동체 참여정책

1) 혁신주의 시대: 지역공동체 참여를 위한 지역사회의 노력

일찍이 토크빌(Tocqueville)은 지역공동체 참여의 맥락에서 미국의 민주주의를 이해한 바 있으며 지역에서의 자발적인 결사와 평등한 참여가 지방자치와 민주주의의 형성에 핵심적인 조건임을 강조하였다. 그는 미국 시민들이 유럽과는 다른 지역단위의 소규모 정치현장에서 자신의 이익이 어떻게 공동체의 이익과 연결되는지를 이해할 수 있었고 그로 인해 자발적인 조직과 참여가 활성화될 수 있었다고 설명하였다. 이처럼 미국에서 지역공동체 참여는 미국의 민주주의가 확립되는 데 중요한 개념이었으며 그 전통은 현재까지도 이어져 내려오고 있다.

그런데 미국에서 민주주의가 발전하는 과정에서 지역단위에서 주민들의 참여가 제도적으로 뒷받침된 것은 19세기 후반 혁신주의 시대(Progressive era)로 거슬러 올라간다.[1] 혁신주의는 빈곤문제를 포함한

1) 혁신주의는 1890년에서 1920년 사이에 미국 정부와 정치체계의 부정부패와 비윤리적 관행을 바로잡고 효율적인 정부를 만드는 것을 목표로 나타난 사회운동 및 정치개혁 운동이다. 정부의 전문성과 과학성을 통해 효율성을 높이는 것을 중시했

제반 지역사회 문제에 대해서 개인에게 책임을 지우기보다 공동체의 사회적 조건에서 나타나는 문제해결을 촉구한다는 특징이 있다. 혁신주의자들은 동네 단위의 작은 지역들은 전체 지방자치단체와 구별되는 하위문화(subculture)를 갖고 있으며, 이 하위문화들이 존재하는 한 사회통합은 어렵다고 주장한다.

O'Connor(1999)에 따르면 지역의 문제에 대해서 혁신주의자들이 강조하는 입장은 다음의 세 가지로 정리할 수 있다. 첫째, 지역공동체의 문제에 대한 처방은 포괄적이고 충분해야 한다. 지역사회의 교육, 사회서비스, 일자리, 물리적 조건 등이 통합적으로 고려되어야 문제의 근원적인 해결이 가능하다고 주장한다. 둘째, 지역의 문제를 해결하기 위해서는 전문가와 시민의 협력이 필요하다. 20세기 초반 이후의 도시계획에서 이러한 현상이 많이 나타나는 것이 이와 같은 혁신주의의 입장을 입증하는 것이다. 셋째, 혁신주의자들은 시민들의 참여를 강조한다.

이러한 혁신주의 시대의 분위기는 현실적인 대안으로 나타났다. 주로 도시지역에서 나타난 인보관(隣保館, settlement house) 운동은 이를 잘 보여준다. 인보관 사업은 주로 영어교육을 위주로 한 성인교육, 보육서비스, 도서관 서비스 등의 기능으로 구성되었다. 사업의 대상은 주로 이민자들로서 그들이 새로운 환경에 적응하는 것을 돕는 것이 인보관의 주된 기능이었다. 인보관 운동에서 가장 선구적인 역할은 수행한 활동가는 제인 아담스(Jane Addams)와[2] 엘렌 게이츠 스타(Ellen

---

으며 정치·행정 분야에서 시민들의 권한강화를 추구하였다. 시어도어 루즈벨트, 우드로우 윌슨(Woodrow Wilson) 대통령, 언론인 중 허버트 크롤리(Herbert Croly), 사회활동가 중에서 제인 아담스 등이 대표적인 혁신주의자이다.

2) 제인 아담스는 대표적인 인보관 활동가이자 혁신주의자였다. 그는 혁신주의 운동의 관심을 아동, 공중보건, 세계평화 등과 같은 이슈로 확산시켰다. 나아가서 지역공동

Gates Starr)[3]이며 이들은 시카고 지역에 유명한 헐 하우스(Hull House) 인보관을 설립하여 이민자들에게 미국의 문화를 교육하고 새로운 사회에 적응하도록 돕는 데 주력하였다. 헐 하우스가 미국의 지역공동체 참여에서 중요한 것은 현재 헐 하우스 지역(Hull House Neighborhood)으로 불리는 곳과 가까운 관계를 형성했다는 점 때문이다. 이 지역은 시카고에서도 이민자들이 많이 유입되던 곳으로 헐 하우스는 모든 이민자들을 차별 없이 대우하면서 지역주민들의 현실적인 욕구를 충족시키기 위해 노력하였다. 특히 지역주민들에 대한 언어교육과 시민교육을 강화하면서 보다 계몽된 시민으로 발전할 수 있는 기회를 제공했다. 현재는 헐 하우스 연합으로 발전하여 시카고 지역 전역을 대상으로 사회복지 서비스를 제공하는 대규모 사회복지 비영리조직으로 발전하였다.

혁신주의 시대에 지역공동체의 문제는 도시지역에서만 발생한 것은 아니었다. 농촌지역의 경우 교육기회가 열악하고 농지의 독점화, 부족한 도로, 공중보건 서비스의 부재 등 도시지역보다 더 많은 문제에 직면했다. 농촌지역에 대한 관심이 높아진 것은 시어도어 루즈벨트(Theodore Roosevelt) 정부에서 1909년 다양한 농촌사회의 문제를 지적한 보고서를 출간하면서부터이다. 이 보고서의 제안에 근거하여 1914년

체를 발전시켜 살기 좋은 환경을 만드는 것을 강조했다. 특히 그가 설립한 헐 하우스 지역을 중심으로 지역주민들이 변화의 주역이 되는 시스템을 만들고 안전하고 안락한 지역을 만들어가는 운동을 주도했다. 결국 지역의 다양한 이민자들을 미국사회에 성공적으로 정착시키는 데 기여했으며 1931년 노벨평화상을 수상한다(Knight, 2005).

3) 엘렌 게이츠 스타는 미국 일리노이주의 락포드 대학(Rockford College)에서 제인 아담스를 만난 이후 함께 헐 하우스를 설립하면서 인보관 운동을 주도하였다. 그는 유럽을 여행하던 중 영국에서 벌어지는 인보관 운동의 성공에 감명 받아, 시카고 지역에 유사한 인보관을 설립할 것을 결심하고 헐 하우스를 설립하였다(Hoy, 2010).

협동지도소(Cooperative Extension Service)가 출범했다. 이 기관은 농촌 주민의 사회적, 경제적, 재정적 문제를 해결하기 위해 설립되었다. 이 기관도 혁신주의의 이념에 부합하도록 지역의 문제해결에 주민들이 직접 참여하도록 배려하였고 주민과 전문가의 협력을 강조하였다. 협동지도소는 농촌지역의 토지문제를 해결하기 위해 많은 전문가들의 견해를 청취했고 연구조사를 수행했으며 지역주민들의 욕구를 충분히 밝힐 수 있도록 참여를 적극적으로 장려하였다. 결과적으로 많은 주민들이 원하는 여가선용, 사회적 활동 등을 포함한 포괄적인 서비스를 제공하는 대안들이 제공되었다.

학문적으로는 지역사회의 조직화에 대한 다양한 지적인 바탕이 마련된다. 지역사회 조직화 분야에서 대표적인 학자인 로버트 파크는 도시의 문제는 사회가 다원화되는 과정에서 나타나는 자연스러운 현상이라고 지적하면서 지역사회에는 다양한 문화와 요구가 필요하다고 주장한다. 그는 이러한 과정이 필요한 것이지만 궁극적으로는 작은 지역별로 안정된 균형 상태를 유지하는 것이 중요하고 그러기 위해서는 사회 통합을 위한 제도적인 장치들이 필요하다고 주장한다(Park, 1915).

이 기간 동안의 지역공동체 참여를 장려하기 위한 사회운동과 정책들은 주류 사회에서 소외된 주민들을 통합시켜 사회의 일부로 편입시키는 데 초점을 맞추었다. 혁신주의 운동의 철학이 엘리트들의 전문성의 효과를 극대화하고 문제해결 가능성을 높이기 위해 빈곤층의 참여를 중시했기 때문이다. 혁신주의 운동의 그러한 철학적 배경으로 인해 일반대중과 전문가 계층 사이에 의존관계가 만들어지고 전문가의 영향력이 강화되는 결과를 초래한다는 우려도 있었다. 이 시기에 도시와 농촌지역 모두에서 지역주민들이 자치적인 주민 조직을 만들고 참여하는 기반구조를 만들기 시작한 것도 의존관계에 대한 우려 때문이었다. 주민 스스로 필요하다고 생각하는 서비스의 확산과 개선을 요구하고 삶의 질의 향상을 위해 필요한 과학적 정보의 취합은 지역공동체 조직을 통해서 가능하기 때문이다.

2) 뉴딜시대

1930년대에 프랭클린 루즈벨트(Franklin Roosevelt) 대통령이 주도한 뉴딜 사업이 시작되면서 지역공동체 참여에 대한 미국 정부의 정책도 달라진다. 뉴딜 사업은 일자리 창출, 주거문제 개선, 사회 인프라의 개선, 사회복지의 확충 등으로 대표되는 다양한 사업들을 포괄하였다. 그 중에서 지역공동체 참여와 관련해서 중요한 변화는 연방정부가 지역공동체의 문제해결 과정에 더 적극적으로 개입하기 시작했다는 점이다.

대표적인 변화는 1937년에 제정된 주택법(Housing Act)에서 찾을 수 있다. 이 법은 공공주거시설의 확충과 관련된 법률이다. 이 법에 의거하여 각 지역별로 지역 주택청을 설립하였고 이 기관에서 공채발행, 토지구매, 계약 등의 공공 주거시설과 관련된 업무를 도맡아 처리했다. 주로 도시지역의 슬럼을 재개발하는 과정에서 다양한 이해관계자들이 의견을 표명하기 시작한다. 그리고 뉴딜 사업을 상징하는 기관으로 공공사업진흥국(Works Progress Administration)이 널리 알려져 있다. 이 기관에서는 공공건물과 도로, 교량, 공원 등 인프라 건설과 관련된 공공근로 사업과 직업교육, 성인교육 등을 통한 기술개발 그리고 대규모 문화, 예술 사업들을 주관하였고, 1935년 기준으로 GDP 대비 6.7퍼센트에 해당하는 예산을 지출하였다. 이 사업도 낙후된 지역사회를 발전시키는 데 초점을 맞추었다.

뉴딜 사업이 진행되는 과정에서 연방정부가 보다 많은 영향력을 행사하게 되면서 더 많은 개입을 하게 된 계기가 된 것은 분명하다. 이러한 추세는 1940-50년대에 도심의 슬럼화가 가속화되고 빈부격차가 더 커지는 시기를 거친 후 1960년대에 새로운 사회운동이 등장하면서 더욱 강화된다.

3) 빈곤과의 전쟁

1960년대에 미국에서는 시민권에 대한 자각, 참여 민주주의의 추구, 빈부격차의 해소, 반전 등을 주장하는 정치운동이 대학가를 중심으로 확산되었다. 학계에서는 신좌파로 불리는 학자들이 기존의 권위구조를 비판하고 소외, 아노미, 권위주의 등을 해소하기 위한 목소리를 높였다. 그리고 학생들은 자유롭게 토론하고 다양한 문화를 지향하며 국제적인 인식을 높여가기 위한 다양한 활동을 기획했다.

린든 존슨(Lyndon Johnson) 대통령의 연방정부도 이러한 사회분위기를 반영하여 빈곤퇴치와 인종적 불평등의 해소를 목표로 하는 국내 사회개혁 사업인 위대한 사회(Great Society) 프로그램을 시작했다. 빈곤과의 전쟁은 위대한 사회의 일환으로 시작된 빈곤극복 프로그램이었다. 빈곤과의 전쟁에서 지역공동체 개발과 연관된 사업은 지역공동체 활성화 사업(Community Action Program), 모범도시(Model City), 특별 효과 사업(Special Impact Program) 등으로 구성된다.

이 중에서 지역공동체 활성화 사업은 지역공동체의 개발과 주민 참여에 직접적으로 연관된 프로그램이면서 가장 많은 논란을 불러일으킨 사업이기도 하다. 이 사업의 법적 기초가 되는 1964년 제정된 경제적 기회법은 공동체의 활성화를 해당 지역에서 최대한 많은 주민들의 참여를 통해서 개발하고 집행하는 방향으로의 개발을 강조하고 있다. 그러나 실제 빈곤계층으로부터의 참여가 얼마나 많이 보장되었는가에 대해서는 활동가, 관료, 정책결정자 등 다양한 집단 간에 인식의 차이가 있다.

뿐만 아니라 이 프로그램은 실제로 해결하기 어려운 문제를 정책목표로 선정한 결과 주민들의 기대를 충족시키지 못하는 결과를 낳았고 그것이 주요 도시의 폭동으로 이어졌다는 비판도 제기된다(Moynihan, 1969). 그리고 시민들의 참여를 보장한 법안은 지방정치인들에게는 위협으로 다가왔다. 시장을 비롯한 시 정부의 공무원들은 소수자들과 빈곤층을 대표하는 이미 결성된 동네조직 관계자들과의 협력에 더 익숙해져 있었다. 지역공동체 활성화 사업은 이들에게 더 많은 변화를 요구했고 빈곤한 지역에 대한 자원배분과 서비스 제공 방식에도 변화가 있을 수밖에 없었다. 그러나 대부분의 지방정부는 이 프로그램의 효과를 신뢰하지 않았기 때문에 실제 지역공동체에 기반을 둔 조직의 구성을 변화시키거나 의사결정 과정에 변화를 수용하지 않았다.

게다가 당시 미국 정부는 지역공동체를 활성화하기에 충분한 자금을 투자할 수도 없었다. 실제 지역공동체의 활성화에는 연방정부가 예상한 금액보다 훨씬 더 많은 금액을 필요로 했던 것으로 알려지고 있다. 그러나 당시 미국 연방정부가 베트남 전쟁에 개입한 이후 빈곤극복과 관련된 사업에 충분한 예산을 투입할 여력이 없었던 것은 분명하다.

지역공동체와 관련된 또 다른 사업인 모범도시 사업은 1966년에 제정된 시범 도시와 대도시 개발법(Demonstration Cities and Metropolitan Development Act)에 의거해서 진행되었다. 이 법은 연방정부가 주거여건을 개선하고 물리적 환경을 확충하고 저소득 지역에 사회적 서비스를 제공하기 위한 보조금을 시 정부에 제공할 근거를 마련하고 있다. 하지만 일각에서는 이 법안이 집행되는 과정에서 지역 개발에 주민들의 충분한 참여가 보장될 여지가 없었다고 지적한다.

지역과 관련된 또 다른 사업인 특별효과사업은 연방정부가 지역공동체 개발기업에 자금지원을 하는 프로그램이었다. 그리고 지역 개발기업은 그 지역의 발전을 위한 전략적 기획을 마련하고 집행한다. 지금은 많은 곳에 설립된 지역 개발기업 중에서 첫 번째 기업은 뉴욕의 브루클린 지역에 1965년에 설립되었다.

이 시기는 어떤 기간보다도 지역이 스스로 자신의 문제를 해결할 수 있도록 권한을 부여하고 많은 지원을 했던 시기이다. 하지만 많은 연구자들은 상대적으로 열악한 입장에 놓인 주민들의 참여를 독려하려고 했던 연방정부의 노력이 성공적이지 못했다고 평가한다.

4) 닉슨에서 레이건 행정부까지

닉슨 행정부는 신연방주의(new federalism)로 유명하다. 신연방주의 방침으로 인해 지역공동체와 관련된 미국 정부의 정책도 많이 변경되었다. 닉슨 행정부는 주정부와 지방정부에 권한을 부여함으로써 연방정부의 프로그램들을 재구성하였다. 대표적으로 1974년에 만들어진 지역공동체 개발 포괄보조금(Community Development Block Grant)이 이러한 입장을 잘 대변하고 있다. 그간 빈곤극복을 목적으로 만들어진 일곱 가지의 각기 다른 사업에 대해 개별적으로 지원하는 대신 하나의 계정으로 보조금을 묶어서 그 사용의 자율성을 지방정부에 부여한 것이다.

다만 연방정부는 지역공동체 개발 포괄보조금 제도를 도입하면서 다음 세 가지 사용목적을 명확히 밝혔다. 첫째, 저소득 및 중산층 가정에 도움이 되도록 사용해야 하며, 둘째, 도시 내에 슬럼을 없애거나 예방하는데 활용해야 하며, 셋째, 긴급한 지역공동체의 수요를 해결하는 데 우선적으로 사용해야 한다는 것이 그 목적이다. 이 보조금의 집행 규모는 매우 커서 30여 년간 연간 30억 달러가량이 지원되었으며 842개 도시, 147개 카운티가 그 지원대상이 되었다. 이 보조금을 받은 지방정부는 주로 낙후된 동네를 활성화하고 저렴한 공공주택을 공급하고 경제개발 및 지역공동체 시설과 서비스의 개선에 많은 투자를 할 수 있었다.

지역공동체 개발 포괄보조금을 받기 위해서 각 지역은 자금 사용 계획안을 제출하고 승인받아야 한다. 1980-90년대 동안 가장 많은 계획안은 공공주택의 건축을 위한 것이었다. 하지만 시간이 흐름에 따라서 경제개발 활동과 일자리 창출을 위한 용도로 다양화되는 추세로 변경된다. 미국 주택・도시 개발부의 보고서에 따르면 이 보조금을 통해서 창출된 일자리의 96%가 정규직이었고 89%가 4년 이상 고용을 유지해서 양질의 일자리를 공급한 성과가 분명히 나타났다고 한다 (Urban Institute, 1995).

레이건 행정부에서는 주정부가 소도시에 보조금을 집행하는 방식으로 이 보조금의 성격을 다시 변경하였다. 각 주에서는 연방정부보다 자신들이 보다 더 효과적으로 자원을 배분할 수 있다고 믿었으며 실제로 연방정부에서 배분할 때와는 다른 양상을 보이는 것으로 나타났다. 주 정부에서 배분한 이후로 가장 낙후된 지역에 집중지원하기보다 여러 지역에 골고루 나누어주는 방식으로 변화했던 것으로 알려지고 있다(Rich, 1993).

하지만 레이건 행정부 시기에 나타난 가장 큰 변화는 지역공동체 개발에 투입한 연방정부의 예산이 대폭 삭감되었다는 것이다. 특히 연방정부의 주택 및 지역개발부에서 낙후된 주택을 재건축하거나 새로운 공공주택 건축을 지원하는 예산이 많이 삭감되었고 그 영향은 지역공동체 개발기업을 어렵게 만들었다. 그럼에도 불구하고 지역의 비영리 조직들은 지역공동체 개발기업을 중심으로 다양한 자금원을 탐색하고 새로운 수익구조를 만드는 등 다양한 노력을 통해서 변화를 도모하게 된다.

1990년대 초반 미국 전역의 비영리조직들이 적극적인 자원동원 노력을 경주하고 새로운 사업을 모색하는 계기가 된 시기는 바로 레이건 행정부의 예산삭감과 연결된다. 이 시기에 활동가들과 공동체주의자들은 미국 전역에서 반향을 일으킨 공동체 참여 운동을 통해 주민들이 보다 적극적으로 개입할 것을 주창하였다. 결국 이 시기에 미국에서 활성화된 공동체 참여의 물결은 연방정부나 시장의 지원에 대한 냉소를 품고 지방정치인들에게 참여제도를 활성화할 것을 강력히 촉구하는 방향으로 발전한다. 대표적으로 자산기반 지역공동체 발전(asset-based community development)전략이나 각 지방정부를 중심으로 확산된 근린의회(neighborhood council)제도 등이 이러한 맥락에서 등장하게 된다.

5) 클린턴 행정부에서 오바마 행정부까지

클린턴 행정부에서는 권한이양 구역/기업적 공동체(Empowerment Zone/Enterprise Community) 사업을 추진하면서 침체된 지역공동체에서 경제적 기회를 극대화하는 데 역점을 두었다. 이 프로그램은 조세감면 혜택을 주고, 성과에 따른 보조금과 자금지원을 해서 일자리를 창출하고 새로운 사업에 착수하도록 유도하였다. 그리고 직무교육, 육아 및 교통비 지원 등을 통해 구직활동을 장려하였다. 권한이양 구역에 속한 고용주는 그 지역에 거주하는 사람을 직원으로 채용할 때마다 조세감면 혜택을 받는다. 그리고 감가상각비 처리나 유형자산의 구매 등에 대해서도 회계상의 혜택을 받을 수 있다.

이러한 혜택을 받기 위하여 각 지역공동체에서는 전략 기획안을 개발해야 하는데 그 안에 저소득층에 속한 주민들의 적극적인 참여를 담보할 수 있는 방안을 포함해야 하며 참여의 자격이 주어지는 지역은 빈곤율이 높은 지역으로 제한하였다. 이들 지역은 사회서비스 포괄보조금(Social Service Block Grant)에서 자금지원을 받았고 농촌과 도시, 대도시와 소도시에 이르기까지 다양한 지역의 공동체가 혜택을 받았다. 이 사업의 효과성에 대해서도 다양한 의견이 개진되고 있다. 연방정부는 1998년까지 이 사업을 통해 10,000여 개의 일자리가 창출되었고 14,000명의 근로자가 직무교육을 받았으며 사업이 종료된 이후에도 많은 기업들이 조세혜택이나 회계상의 혜택 없이 잘 운영되고 있으며 빈곤율 감소에도 상당한 긍정적인 영향을 주었다고 주장한다.

오바마 대통령은 1980년대 중반 시카고 남부지역의 지역공동체 활동가로 활동한 경력을 갖고 있다. 그는 1985년에서 1988년 사이 지역공동체 활성화를 주 기능으로 하는 가말리엘 재단에 소속되어 지역발전 사업(Developing Communities Project)을 진행하면서 직무교육, 세입자 권리 옹호 운동 등을 진행하였다. 이러한 경력은 지역의 저소득층 문제를 이해하는 데 도움을 주었고 비영리 영역 종사자들은 오바마가 대통령에 당선되자 소외된 지역 주민들을 참여시키고 지역을 활성화하는 정책적 대안이 제시될 것으로 기대하였다.

그는 대통령에 취임한 후 2009년에 미국의 회복과 재투자를 위한 법안(American Recovery and Reinvestment Act: ARRA)을 입안하여 의회에서 통과되었다. 이 사업은 15억 달러를 지역의 교통체계 개선 사업에 투자하고 80억 달러를 고속철도사업에 투입하는 등 주로 지역의 경제 개발과 연관된 법안이었다. 그리고 저소득층 밀집 지역의 주거위기를 극복하기 위한 방안으로 지역의 주거개선을 위한 저리 융자제도를 도입하였다. 도시지역의 저소득층 문제를 다루기 위한 기관으로 백악관에 도시문제국(Office of Urban Affairs)을 설치했고 이곳에서 지속가능한 공동체 사업(Sustainable Communities Initiative)과 동네의 선택사업(Choice Neighborhood Initiative)을 주도하였다.

2009년에 접어들면서 미국에서 시작되어 심화된 경기침체의 극복이 오바마 행정부의 주요 국정과제가 되었다. 금융기관의 재정건전성이 악화되고 주택버블이 붕괴되면서 경제전체의 신용경색을 가져왔을 뿐만 아니라 실업률도 높아졌다. 이런 상황 속에서 많은 국가 예산이 금융권의 부실과 파산방지를 위해 투자될 수밖에 없었고 예산과 재정운용에 많은 어려움을 가져왔다. 특히 2010년 중간선거 결과가 공화당의 승리로 돌아가면서 오바마의 각종 정책과 예산안은 의회의 지지를 얻기 어렵게 되었고 특히 확대 재정정책은 의회의 제동에 직면하게 되었다. 이러한 상황에서 지역개발분야에 대한 투자와 비영리 영역에 대한 지원 등은 삭감될 수밖에 없게 된다. 이러한 예산기조는 많은 지역공동체 활동가들의 비판과 저항을 불러일으켰다.

2. 영국의 지역공동체 참여정책의 발전

1) 영국의 지역사회 복지와 참여적 도시계획

영국에서의 지역사회 문제는 산업화가 진행되는 과정에서 발생하는 도시빈민의 문제와 연관되어 인식되었다. 지역사회 문제를 복지제도로 해결하고자 했던 영국 정부의 처방은 엘리자베스 구빈법에서 그 근거를 찾을 수 있다. 엘리자베스 구빈법은 16세기경에 제정된 것으로 빈곤의 극복을 위한 처방이 이 시기에 본격적으로 마련되기 시작했다.[4] 구빈법이 정한 내용 중 중요한 것은 무능력한 빈곤층을 위한 식량과 의복 등에 대한 지원이 수용시설을 통해서 이루어졌고 노령층의 수용을 위한 빈민구호소(almshouse)나 근로의욕이 없는 이들을 위한 교정기관 그리고 그 이후에 발생한 노역장 등이 지역사회의 문제를 해결하기 위한 체계를 형성했다는 점이다. 이 기관들은 국가나 지역사회가 빈곤의 극복을 위해 설치한 기관이었는데, 향후 발전과정에서 지역사회와 밀착된 서비스가 자발적으로 제공되는 계기를 제공하였다.

구빈법 체계가 본격적으로 정비되기 시작한 것은 빅토리아 시대로 불리는 19세기이다. 이 시기에 영국은 산업혁명으로 인한 산업발전과 도시화가 급속히 진전되었다. 인구가 급증했고 많은 사람들이 일자리를 찾아 나섰으며 주거공간은 부족했고 주택가격은 상승했다. 이러한 현상이 대표적으로 나타난 곳이 대도시 런던이었고 점차로 슬럼화가 시작되었다. 국가복지체계도 변화하여 노역장과 수용소가 증설되었다.

4) 영국의 경우 엘리자베스 구빈법을 통해 빈곤과 복지에 대한 정부의 대응이 체계화되기 시작했다는 의미가 있다. 이전에도 지역사회의 복지향상을 위한 처방들이 마련되어 있었으나 16세기 구빈법 이후 빈곤의 극복을 위한 시스템이 구축되기 시작한다.

대표적으로 인보관은 19세기에 이르러 본격화된 지역공동체 활성화 사업이었다. 인보관은 주로 빈곤한 도시공동체에 설립되었고 부유층의 기부재산을 토대로 중산층 자원봉사자들이 운영에 참여하였다. 인보관은 주로 미국에서 활성화되었지만 그 시작은 영국으로, 지역사회 주민들의 교류를 활성화하는 사회운동으로 발전되었다. 영국의 인보관은 19세기 중반 경에 시작된다. 여기서는 음식과 주거 공간 등 기초적인 복지서비스뿐만 아니라 교육서비스도 제공하였다. 이러한 서비스의 제공을 위해 일반 시민뿐만 아니라 고등교육을 할 수 있는 학자들도 널리 참여하였다. 지금은 인보관 사회운동 센터연합이라는 네트워크 조직이 결성되었고 토인비 홀, 옥스퍼드 하우스 등의 기관이 활발하게 활동하고 있다.

도시빈민의 사회적응을 돕기 위한 활동으로 인보관 운동이 진행되었다면 도시의 발전과 기획의 과정에 참여적 의사결정을 주장하는 사회운동도 진행되었다. 대표적으로 영국 스코틀랜드의 사회학자이자 도시 계획가인 패트릭 게데스(Patrick Geddes)의 참여적 도시계획 운동이 유명하다.[5] 그는 도시 계획의 전 과정에서 혁신과 참여를 주장하고 실현하였다. 그는 사회구조의 변화에서 공간구조의 변화가 중요하다고 생각했다. 이는 산업화가 인간의 삶의 양식을 변화시켰던 19세기 후반에서 20세기 초반으로 이행하는 시기에 매우 중요한 의미를 가진다.

---

5) 그는 도시 계획에 있어서 다음과 같은 원칙을 강조한다: 1) 피상적인 아름다움보다 인간의 삶과 에너지를 보존할 것, 2) 단계별로 순차적인 개발계획을 만들고 따를 것, 3) 건물에 적합한 토지를 구입할 것, 4) 교역과 상업을 증진할 수 있을 것, 5) 역사적으로나 종교적으로 중요한 건물은 보존할 것, 6) 유럽도시들을 모방할 것이 아니고 시민들의 자부심을 높일 수 있는 가치 있는 도시로 개발할 것, 7) 부자들에게만 접근가능한 공원이나 도로를 만들려고 하기보다 모든 주민들의 행복, 건강, 편안함을 존중할 것, 8) 미래에 필요한 조건을 적절하게 충족시키면서 미래의 성장에 대해서 통제할 것.

당시 그가 강조했던 개념은 보존적 수술(conservative surgery)이다. 이 개념은 계획가의 구상에 따라서 전면적으로 개발하기보다 지역의 발전 동력을 자생적으로 개발하는 것이 중요하다는 입장이다. 이러한 입장은 소규모 지역공동체에 적합한 개념으로 공동체 구성원들이 지역에 대한 인식과 발전에 대한 대안을 모색하도록 하는 과정을 강조한다. 이러한 입장을 실현하기 위해서는 시민교육이 매우 중요한 요소가 된다. 기술적인 문제에 주목하기보다 시민들이 직접 참여하고 경험함으로써 공동체의 발전을 위한 방안을 깨닫게 하였다.

그의 이론은 에딘버러의 구도심 지역에서 실현된다. 그는 주거공간을 건설하면서 아담 스미스나 존 러스킨과 같이 당대에 유명했던 인물들과 함께 협의체 조직을 만들고 협의와 참여에 의한 설계와 건축의 모범을 보인다. 여기서 만들어진 전망탑(outlook tower)은 그가 강조한 시민교육의 장으로 기능한다. 이곳은 그가 직접 구입하여 재건축한 곳으로 그는 이 공간을 지역의 역사, 과학과 예술을 보고 배울 수 있는 공간으로서 시민들이 자신들이 사는 공간에 대해 더 잘 이해할 수 있는 곳으로 발전시켰다. 전망탑은 다양한 전시회와 시민교육이 진행되는 장소로서 이상향은 바로 우리의 주변에 있고 스스로 참여하고 계획해서 만들어질 수 있다는 그의 생각을 실현하는 공간으로 기능하고 있다. 공간구조와 사회구조, 생태구조를 연계하는 그의 입장은 이후 도시학의 발전에 큰 영향을 미쳤고 영국 도시설계와 계획을 참여적으로 진행하는 전통의 형성에 기여한다.

2) 베버리지 보고서에 나타난 복지정책의 방향과 지역공동체

현대 영국의 지역공동체 발전을 위한 국가의 정책적 입장을 이해하기 위해서는 복지국가 형성의 토대가 되었던 베버리지 보고서의 내용과 전후 영국 정부의 복지국가에 대한 입장을 고려할 필요가 있다. 베버리지 보고서로 알려진 사회보험과 관련 서비스에 대한 부처 간 협력 위원회 보고서(Report of the Inter-departmental Committee on Social Insurance and Allied Services)는 경제학자 윌리엄 베버리지(William Beverage)의 주도하에 작성되었고 사회복지 체계의 확산을 통해서 다양한 사회문제를 해결할 것을 목표로 설정하고 있다. 영국의 지역공동체 참여를 장려하기 위한 정책 대안이 논의되기 시작한 배경도 1960년대의 사회혁신 속에서 찾을 수 있다.

3) 신우파에서 제3의 길까지

1973년 이후 국제적인 경기침체가 시작되고 영국의 복지지출의 과도한 증가가 변화에 대한 요구를 불러왔다. 미국에서는 레이거노믹스의 이름으로 영국에서는 대처리즘의 이름으로 신자유주의가 국가정책으로 나타났으며 국제통화기금과 세계은행의 각종 사업들도 그러한 이념을 뒷받침했다. 이 이념은 국가의 복지지출을 줄이고 민영화를 가속화하고 규제를 완화하는 보수적인 정치경제이념이었다. 그 최종적인 목표를 자유시장을 이루는데 두었으나 빈곤한 계층과 국가에는 매우 위협적인 정책기조였다. 이러한 이념이 영국에서 대처리즘으로 실현되면서 지역공동체와 연관된 국가정책에도 변화가 생긴다.

대처 정부에 이어서 등장한 블레어 정부는 제3의 길을 모토로 출범한다. 제3의 길에서 강조되는 것은 새로운 노동의 개념으로, 기존 노동당의 정책 노선은 글로벌 경제체제에 적합한 대안이 되지 못한다는 결론을 제시한다. 적극적인 복지국가를 벗어나 국제경쟁을 선도할 수 있는 신자유주의의 영향을 수용한 정책노선을 강조한다. 블레어 수상은 제3의 길을 설명하면서 공동체의 의미를 설명한 바 있다. 그는 "효과적인 공동체와 자발적 조직들을 보호하고 새롭게 발생하는 사회적 수요를 충족시키기 위해서 그들의 성장을 장려하면서 국가가 권능부여 역량을 활용하는 것이 혁신적 정치에 있어서 가장 중요한 도전"(Blair, 1998: 4)이라고 주장하면서 공동체와 국가의 상호협력을 중시한다. 이는 산업사회 이후에 현대사회에서 발생하는 다양한 수요에 주목하면서 그 수요를 충족시킬 중요한 기제로 공동체와 자발적 조직을 강조한 것이다. 그리고 국가는 직접 서비스를 제공하는 주체가 아니라 공동체를 활성화시키고 상호 협력하는 파트너로 자리매김하는 것이 바람직하다고 주장한다. 즉 제3의 길을 표방한 블레어 정부에 이르러 정부와 공동체의 파트너십이 강조된다.

이러한 맥락 속에서 지역의 발전과 개발은 정부 정책의 중요한 고려대상이 된다. 노동당 집권기 동안 지역사회에 대한 관심이 증가하면서 각 지역의 빈곤과 주거양식 등에 대한 체계적인 조사도 이루어지고 문제에 대한 전략적 접근이 시작된다. 1997년 노동당의 집권과 함께 총리실 직속 독립위원회로 결성된 사회적 배제 위원회(Social Exclusion Unit)의 보고서 [영국을 하나로: 동네 재생을 위한 국가전략(Bringing Britain Together: A National Strategy for Neighborhood Renewal)]에 따르면 영국의 3,000여 개에 이르는 동네가 매우 심각한 빈곤, 실업, 범죄, 쓰레기 투기, 기물파손 등의 문제에 빠져있었고 이들 지역은 보건과 공공서비스 전달체계, 교육, 상업 등이 매우 열악한 상태였다고 한다. 이 보고서를 토대로 빈곤한 동네를 되살리기 위한 전략이 국가적인 차원에서 시작되었다. 이 프로그램은 자신이 살고 있는 지역에 따라 사회적으로 차별을 받아서는 안 되며 불이익을 받아서도 안 된다는 원칙을 정하고 다양한 분야에 걸친 지역재생 노력을 시도한다.6) 이 사업에는 위에서 설명한 가시적인 분야를 넘어서 사회자본, 다문화, 공동체 의식 등과 같은 사회문화적인 측면을 개선하는 시도도 포함되었다는 특징이 있다.

그럼에도 불구하고 일각에서는 국가의 빈곤과 불평등, 기회균등의 왜곡 등에 대한 직접적인 처방 없이 형성된 정부와 공동체의 파트너십이 많은 정책적 오류를 낳았다는 반론도 제기된다(Calder, 2003). 지역사회의 다양한 문제에 대한 국가의 책임을 방기하고 지역공동체 스스로 대안을 모색하고 집행하도록 조장했다는 것이다. 또한 공동체주의에 입각한 수사를 활용하면서 국가는 무관용 치안정책, 반사회적 행위에 대한 적극적인 처벌규정, 쉼터를 원하는 빈곤층에 대한 징벌적 접근 등 권위주의적인 정책이 집행되었다고 지적한다.

특히 Burton(2003)은 정부와 공동체의 불평등한 권력관계, 하향적 의제선정, 자금지원 기준의 부적절성 등은 오히려 참여한 지역공동체에 좌절감을 유발할 수 있다고 지적한다. 최근의 한 연구도 블레어와 브라운의 노동당 정부가 강조하는 '참여(participation)'에 대해 영국 사회가 보다 더 비판적이고 분석적으로 접근하지 못했음을 지적하고 있다(Craig et al., 2011). 참여가 사회정의와 평등성을 이루는 과정으로 기능한 것이 아니라 개인의 삶에 대한 자기 책임성을 강조함으로써 국민들의 권리를 침식하는 결과를 초래했다는 것이다. 실제로 정부의 지역공동체와 비영리조직에 대한 지원은 매우 단기적인 관점에 따

---

6) 여기에 해당하는 프로그램으로 Single Regeneration Budget, Education Action Zone, Health Action Zones, New Deal for Communities, Sure Start, Excellence in Cities and Employment Zones 등이 포함된다. 이 사업들은 실직과 범죄를 줄이고 개인의 기술수준, 건강, 주거와 환경 등을 개선해서 사회적 격차를 줄이는 것을 목표로 하였다.

라서 이루어졌고 집행의 기준도 가시적인 결과와 기능에 따라서 정해졌다. 이러한 관행은 결국 장기적인 사회정의를 실현하기 위한 복지제도는 해체되는 결과로 나타난 것이다.

4) 빅 소사이어티를 통한 지역공동체 활성화

2010년 영국 총선의 결과에 따라 데이비드 카메론(David Cameron)의 보수당과 닉 클렉(Nick Clegg)의 자유민주당의 연립정부가 탄생한다. 보수당의 정책은 빅 소사이어티(Big Society)로 상징되는 국가권력의 분권화 그리고 지역공동체와 주민들에게 권력을 넘겨준다는 데 초점을 맞추게 된다. 이들은 주민들이 그들 자신이 살고 있는 공동체에서 적극적인 역할을 수행할 수 있도록 배려하고, 중앙정부에서 지방정부로 권한을 이양하며, 지역의 협동조합, 상호조합, 자선조직, 사회적 기업 등을 지원하며 정부의 자료를 투명하게 공개하는 것을 정책의제로 선정했다. 카메론 총리는 빅 소사이어티는 재정지출 삭감과 상관없으며, 손상된 사회를 회복시키는 것이고 그러기 위해서 사람들을 책임 있게 만들어 상처 입은 가정을 바로잡고 공동체에 권한을 위임하여 공공서비스를 줄이고 국가권력을 이양하고 자선과 기부활동을 증가시키는 것이라고 주장한 바 있다. 빅 소사이어티를 통해서 강조한 것은 "국민들에게 권력을(Power to People)"이었으며 시민들이 결정하고 집행할 수 있도록 권한을 부여하는 것이었다. 실제로 2010년부터 빅 소사이어티 네트워크(Big Society Network)를 조성하고 지역공동체에 필요로 하고 도움 되는 일을 시민들이 함께 할 수 있도록 새로운 아이디어를 만들고 개발하는 지원체계를 형성하였다. 그리고 이 네트워크는 사회 네트워크 재단으로 개명된 이후 복권기금과 공공부문으로부터 보조금을 지원받았다. 2011년에는 영국의 주요은행들이 협력하여 빅 소사이어티 캐피털(Big Society Capital)을 조성하여 지역사회의 자치적인 개발 활동을 지원하였다. 아울러 효과성 높은 지역공동체 개발 사례를 널리 확산하기 위해 빅 소사이어티 상(Big Society Award)을 시상하였다. 그러나 2014년 이후 빅 소사이어티 관련 사업을 집행하는 과정에서 자금 유용과 집행결과의 효과성 저하 등이 지적되었고 시민들의 인식이 긍정적이지 않은 것으로 나타나고 있다.

제2부

지역공동체 참여에 대한 이론

제4장 지역공동체 참여에 대한 철학적 배경

1. 개관

이 장은 공동체 참여를 이해하는 철학적 배경을 개관한다. 철학적 배경을 이해함으로써 지역공동체의 참여와 발전에 관한 현대이론의 지적인 연원을 발견할 수 있다. 철학적 배경은 시민의 덕목을 강조하는 관점과 개인적 자유를 강조하는 관점, 그리고 비판적 발전을 강조하는 관점으로 나누어 이해하는 것이 일반적이다. 첫째, 시민의 덕목을 강조하는 관점은 고대 그리스의 철학자인 아리스토텔레스의 폴리스에 대한 설명에서 찾을 수 있다. 그는 고향에 대한 충심과 그곳에서 발생하는 친근한 관계들이 사람들의 교제를 형성하고 그것은 시민의 덕을 배양하는 방식으로 발전할 수 있다고 설명한다. 이러한 아리스토텔레스의 관점은 마키아벨리를 비롯한 르네상스 도시 국가의 학자들에 의해 시민 공화주의로 재구성되면서 현대적 의미의 공화주의 이론의 토대를 형성한다. 둘째, 자유주의적 전통에서는 시민의 덕목에 주목하기보다 독립적인 자아의 자유롭고 공평무사한 행위를 강조한다.

2. 고전적 민주주의 관점에서의 지역공동체 참여

1) 아리스토텔레스의 공동체 개념과 시민의 덕, 그리고 참여

시민들의 참여를 강조하는 철학적 관점은 그리스의 폴리스 개념으로 거슬러 올라간다. 그중에서도 가장 혁신적이고 구체적인 제도적 장치를 마련해두고 있었던 것이 아테네의 폴리스이며 이 개념이 다양한 문헌에 기록되어 있다. 기원전 8세기에서 5세기 사이 그리스에서는 해안선을 따라서 작은 도시 공동체들이 형성되고 있었고 이 작은 공동체들은 주로 지역의 왕족이 통치하고 있었다. 그러나 이곳에서 교역이 발전하고 상업이 융성함에 따라서 부를 축적한 세력들이 등장하였고 이들이 군대유지에 중요한 역할을 담당하면서 폴리스의 정치체계에 변화가 발생한다. 상업의 발전과 함께 자유로운 시민들이 증가했고 이들이 생업 이외의 활동에 참여할 수 있게 한 바탕에는 노예경제의 형성이 있었다. 귀족들에게 예속된 노예들이 광업, 농업과 수공업 분야에서 고된 노동을 담당했고 시민들은 교양을 쌓고 지역문제에 참여할 기회를 얻어 지역공동체와 국가 공동체의 발전을 도모했다.

고대 그리스의 다양한 철학자 가운데 공동체의 개념과 시민의 덕을 강조한 아리스토텔레스는 고전적 민주주의를 선보인 그리스의 대표적인 도시국가 아테네 사람이 아니었다. 그는 기원전 384년 그리스 북부 스타기라 지방에서 마케도니아 왕의 주치의의 아들로 태어났다. 그는 18세에 비로소 아테네에 왔고 20년간 플라톤의 아카데미에 소속해 있었으며, 플라톤 사후에 아테네를 떠나 알렉산더 대왕의 왕자시절 스승을 맡게 되었다(Hamlyn, 1987). 알렉산더 대왕이 왕좌에 오르자 그는 아테네로 돌아왔으며 그의 학당 라이세움(Lyceum)을 설립하고 자신의 학문과 교육 체계를 완성한다.

그는 과학자의 시각에서 자연과 사물의 이치에 두루 관심이 있었다. 그는 인간과 정치, 참여의 문제도 사물의 이치라는 관점에서 바라본다. 그는 본성적으로 인간은 정치적이라고 진단했고 정치의 영역에서 발생하는 문제도 진단과 치유의 관점으로 바라보았다. 윤리와 정치를 연결해서 생각했던 그는 정치를 도덕적 수월성을 높이고 시민교육을 활성화하는 조건을 확립하는 기제로 이해하였다(Randall Jr., 1960). 과학자로서의 아리스토텔레스에게 공동선을 구현하는 것은 가치(value)의 문제라기보다 기술(art)의 문제였다. 인간이 선을 구현하는 것은 말하고 생각함으로써 담론과 추론의 영역인 로고스(logos)를 가질 수 있기 때문이다. 그래서 인간은 보다 지적으로 행동할 수 있으며 이는 인간이 덕(virtue)을 가질 때 더 잘 발휘될 수 있다. 따라서 인간의 선은 자신의 권력을 자신의 덕에 입각하여 지적으로 훈련된 형태로 발휘할 때 실현될 수 있다는 것이 아리스토텔레스의 주장이었다.

아리스토텔레스에게 이러한 인간의 덕이 발휘되는 조건이 폴리스였다. 폴리스에서 개별 시민은 자신의 행위에 대한 습관(habit)을 형성한다. 습관은 타고난 본성은 아니지만 두 번째 성격으로 형성되는 것이다. 폴리스 속에서 지적인 능력을 배양한 인간이 추론의 과정을 통해 지성을 발휘할 때 합리적인 동물, 정치적인 동물, 사회적인 동물이 되는 것이다. 요약하면 아리스토텔레스는 폴리스에서 말하고 생각하는 과정 속에서 지성과 덕을 배양하고 그것을 본성으로 구체화할 때 선을 수행할 수 있다고 보았으며 그것을 가능하게 하는 조건을 폴리스에서 구현한다고 주장했다. 따라서 최고의 폴리스는 모든 인간이 자신의 도덕적 수월성과 지성을 가장 잘 양성할 수 있는 곳이라고 설명한다.

사회계급의 시각에서 보면 아리스토텔레스는 왕족과 가까운 관계를 유지했기에 지배계급 중심의 사회구성을 당연시하면서 그러한 환경 속에서 자연스럽게 발전된 민주적 의사결정과정에 관심을 두었다. 아리스토텔레스는 당시 사회의 내부자로서의 시민과 외부자로서의 노예의 구분을 당연시하면서 국가, 공동체, 민주주의, 참여, 시민의 덕 등의 개념에 대해서 설명한다. 그는 정치에 대해 논의하기 전에 인간과 사물의 본성에 대한 탐구정신이 강하였고 국가와 인간의 본질에서 논의를 시작한다. 그는 몇 개의 가구와 마을이 모이면 국가가 되므로 국가는 매우 자연적인 산물이고 인간은 정치적인 동물이라고 정의한다. 그리고 모든 국가는 정치적 공동체이며 그 공동체는 그들이 생각하는 공동선을 얻기 위해 행동한다고 정의한다. 정치적인 동물로서의 인간은 선과 악을 분별하고 그것을 표현하기 위한 연설의 자유를 누려야 마땅하며 그들이 공동체에 참여해서 선과 악을 분별하고 공동선을 실현할 때, 즉 참여를 실행할 때 그들은 비로소 시민이 된다고 설명하였다. 따라서 그는 국가의 제도와 법을 만들 때는 시민들이 어떻게 참여할 수 있는가를 논의하여야 하며 그 과정에서 발휘되는 시민들의 탁월함(excellence)에 대해 충분히 고려할 것을 주장했다. 즉 아리스토텔레스는 지역에서 발생하는 정치과정에 시민들이 참여하여 그들의 덕을 발현시키고 참여의 습관을 양성하여 탁월함을 발휘하고 공동선을 실현하도록 설계하는 것이 중요하다고 주장한 것이다.

공동체 생활에서 아리스토텔레스가 주목했던 목적은 공동체에서의 행복한 삶이었을 것이다. 공동체의 일원으로서의 인간이 누릴 수 있는 행복은 고통을 줄이고 쾌락을 극대화하는 것이 아니라 덕에 일치하는 활동을 영위하는 것이었다. 즉, 정치에 참여해 자신의 언어능력을 통해 역량을 발휘할 때 실현되는 것이다. 이러한 역량의 발휘에서 중요한 것은 본인이 응분의 몫(desert)으로서 공직과 명예를 갖는 것이다.

따라서 그는 공동체에 가장 많이 기여한 시민이 가장 높은 공직과 명예를 누리는 것이 마땅하다고 주장한다. 아리스토텔레스의 관점에서 볼 때 공동체에서 누가 의사결정권한을 가질 것이며 그들의 권력은 어떤 기준으로 분배해야 할 것인가는 바로 누가 의사결정과정에 가장 많이 참여했는가가 된다.

요약하면 그리스 아테네의 고전적 민주주의와 아리스토텔레스의 철학은 참여를 통한 시민의식의 발전과 의사결정 역량제고를 강조하였다. 그런 관점에서 그의 철학은 루소를 비롯한 발전적 민주주의자들에게 큰 영향을 주었다(Held, 1995). 뿐만 아니라 현대사회에서 지역공동체 참여를 통한 교육적 효과와 발전적 가치를 중시하는 맥킨타이어 등의 공동체주의자의 관점과 학습지역 개념의 형성에도 아리스토텔레스의 덕의 윤리는 중요한 철학적 기반을 제공한다.

2) 로마 공화정과 키케로의 공화주의 그리고 지역공동체 참여

고대 그리스의 도시국가 체제가 종식되고 나타난 로마 공화정은 기원전 500년경 왕정을 폐지하고 약 450년간의 기간 동안 권력분립과 견제와 균형으로 이어져 온 정치체제를 의미한다. 로마의 공화정도 매우 우수한 정치체제로 칭송받고 있는 반면, 과두정에 바탕을 두고 집정관, 원로원, 민회가 견제와 균형을 유지하는 혼합정 체제로서 민주주의 체제와는 거리가 먼 정치형태로 알려져 있다. 로마 시민들은 주요 국사에 대해서 직접 투표를 하였으나 신성불가침의 권한을 가진 호민관과 종신직으로서의 자문기구였던 원로원이 상호작용하는 구조였다. 이러한 구조를 통해서 귀족계층의 전횡을 방지하는 법률과 제도를 발전시킬 수 있었고, 이는 향후 시민들의 자유와 권리 보호를 중시하는 보호적 민주주의 체제에 영향을 주었다.

로마 공화정의 유력한 공직자이자 정치가이자 유력한 학자였던 키케로는 기원전 100년경에 태어났고 매우 역동적인 인생을 경험한 인물이었다. 키케로 시대의 로마공화정은 정치적 갈등, 경제적 불평등에 따른 혼란이 심각했다. 키케로는 과정으로의 정의를 강조하였다. 혼란한 상황을 극복하기 위해서 절차와 의무를 정하고 그 가운데서 공동체의 의미를 발견한 것이다. 그는 과정으로의 정의를 다음과 같이 표현하였다. "공동의 이익을 중심문제로 생각하고 서로 간의 의무를 교환해야하며, 때에 따라 기술, 노동, 재능을 주고받음으로써 인간사회를, 인간과 인간의 결속을 공고히 해야 한다." 나아가서 "길 잃고 방황하는 자에게 친절하게 길을 가르쳐주는 사람은 마치 자신의 등불로 다른 사람의 등에 불을 붙여주는 것과 같도다. 그런데 남에게 불을 붙여 주었다고 해서 자신의 불빛이 덜 빛나는 것이 아니니라." 라고 설명하면서 인간의 의무는 공동체와 함께하는 삶이라는 점을 강조한다(키케로, 1989: 49). 여기서 키케로는 공동체의 의미를 자신의 덕성을 기반으로 구성되는 연합체라고 설명하면서 공동체 전체의 이익을 위해서 개인은 적극적으로 기여할 의무가 있다는 점을 강조한다.

키케로는 로마의 공화정을 군주, 귀족, 국민 등 다양한 세력과 집단을 포용하는 정치체제로 인식하였다. 그리고 그러한 혼합체제 속에서 다양한 구성원이 공존하고 조화하며 타협할 때 공동체가 유지된다고 믿었다. 즉 공화정 안에서 한 계층이 권력을 독점해서는 안 되며 각각 원활하게 균형하고 타협하는 기제가 마련되어야 한다고 주장하였다. 한 계층이 권력을 독점하는 경우 배제, 차별, 획일화가 발생하여 결국 전체 공동체의 불안정과 몰락으로 이어진다는 것이다. 그러나 건강한 긴장관계가 있을 경우 상호균형을 통해 정치체제의 유지와 발전이 가능하다고 주장한다. 결국 다양한 계층은 자신들의 정치적 공간을 필요로 하며 각각의 정치적 공동체 속에서 다양한 계층의 목소리를 낼 수 있어야 하고 그런 의미에서 참여는 다양한 세력이 자신들의 목소리를 내는 과정이 된다. 그 과정이 법치가 구현되는 핵심과정이며 법과 제도는 다양한 구성원이 운영되는 과정에서 필요하고 그 과정의 전제조건이 되는 것이 바로 참여라고 설명한다.

키케로는 "국가경영은 후견인의 일과 같아서 그것을 위탁한 사람들, 말하자면 전체 시민의 이익을 위해 수행되어야 하기 때문이다."라고 설명한다(키케로, 1989: 69). 이 설명을 통해서 키케로는 공공의 이익과 안녕을 지키는 것이 인간의 덕성이자 열정이라고 밝힌다(곽준혁, 2007). 즉 이익을 위해 공동체에 애착을 갖고 참여할지라도 공동체의 안위를 위한 열망이 공동체 구성원에게 자리 잡고 있음을 설명한 것이다. 따라서 시민들이 참여하는 것은 자신의 몫을 찾는 정도가 아니라 정의, 평등, 통합을 가능하게 만드는 과정이다. 따라서 키케로에게 있어서 자신의 공동체에 참여한다는 것은 정의에 대한 합의를 도출하기 위한 과정으로 이해해야 하며 그 결과로 얻을 수 있는 상태가 사회 통합이 된다.

따라서 로마 공화정의 전통에 입각한 키케로의 관점에서 평가한 참여는 시민들의 권리를 보호하고 나아가서 정의롭고 평등한 사회를 구성하는 과정으로 이해된다. 향후 로마 공화정은 보호민주주의와 미국 정치행정의 영역에서 매디슨 주의자들에게 많은 영향을 주었다. Held (1995)의 설명에 따르면 〈그림 4-1〉과 같이 그리스의 폴리스 체제와 로마 공화정은 현대 민주주의에 이론적 영향을 주었으며 발전적 민주주의, 보호민주주의뿐만 아니라 마르크스와 엥겔스의 비판적 관점에도 영향을 주었던 것으로 평가된다.

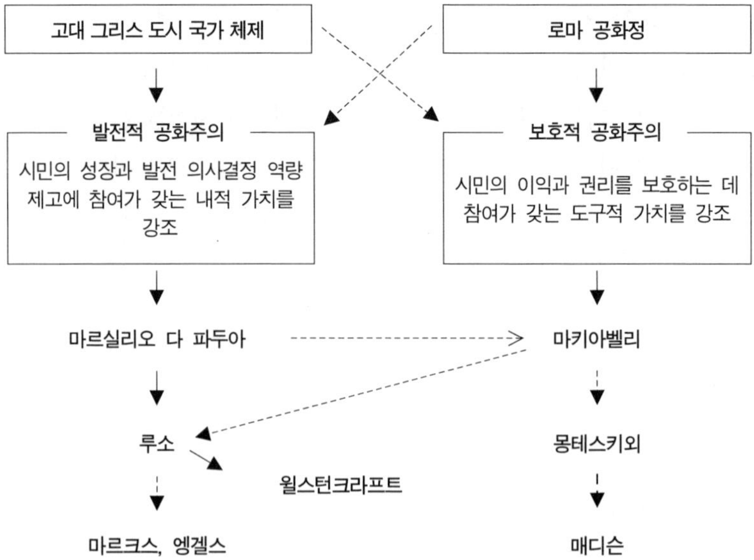

자료: Held(1995, 45).

〈그림 4-1〉 고대 그리스 폴리스와 로마 공화정의 정치체제

3. 자유주의 관점에서의 지역공동체 참여

1) 자유주의 정치철학과 지역공동체 참여

정치공동체에서 시민들의 참여가 본격적으로 논의되기 시작한 근대 자유민주주의 이론은 보호 민주주의(protective democracy)와 발전 민주주의(developmental democracy)로 구분되어 발전하고(Held, 1995) 지역공동체 참여에 대한 관점도 달리한다. 보호민주주의의 관점을 옹호하는 학자들은 국가가 '자연상태'(state of nature)에서[1] 발생하는 갈등이나

1) 홉스는 이러한 자연 상태를 외롭고, 궁핍하고, 더럽고, 거친 인간들의 원초적 삶으

외부로부터의 침입을 막기 위한 최소한의 수단을 제공하기 위하여 필요한 것으로 인식한다(Hobbes, 1981; Locke, 1997). 이러한 인식은 다양한 논의를 거쳐 국가가 치안, 국방 등의 서비스를 원활하게 제공한다면 시민들은 정치영역에 개입할 필요가 없고 경제활동을 영위하는 것으로 충분하다는 주장의 기반이 된다.[2] 따라서 이들은 지역공동체에 대한 참여의 장이 마련되더라도 사회경제적으로 우월한 위치에 있는 몇몇 구성원을 중심으로 제한적으로 발생하는 것이 바람직하다고 주장한다(MacPherson, 1962).

그러나 루소 등을 중심으로 논의된 발전 민주주의자들은 참여를 통해 시민들의 정치적인 학습과 성장이 발생하기 때문에 폭넓은 참여가 중요하다고 주장한다(Rousseau, 1968). 즉 참여의 과정 속에서 시민들은 정치적, 사회적인 상호작용을 경험한다. 그리고 의사결정의 과정에서 공공의 문제에 대한 시민의식을 키우고 다른 행위자의 협력을 얻어내는 능력을 키운다는 것이다(Cooper, 1999).[3] 발전 민주주의는 결국 참여를 하면 할수록 더 많이 참여하게 되고 참여 속에서 정치과정이 정당화되는 기반을 마련한다는 관점을 제시한다(Abizadeh, 2001).

나아가서 Mill(1859)은 지역공동체 수준에서의 참여를 구체적으로 언급하면서, 참여는 중앙수준에 한정되는 것이 아니고 지방에서 발전될 때 진정한 교육적 효과가 강화된다고 주장한다(Pateman, 1970). 그는 지역공동체에서 주민들이 참여할 때 대표자들의 활동을 평가하고 이해하는 기술을 발전시킬 수 있다고 강조한다. 실제로 시민들이 그들

로 묘사한 바 있다.

2) 보호민주주의자들의 주장은 공리주의적 관점으로 계승되어 최근 행정학 영역에 널리 확산된 공공선택론 등 공공경제학에 기반을 둔 참여개념으로 발전한다.

3) 이러한 과정을 루소는 참여의 '교육적 효과'로 표현했다.

의 삶을 중앙보다는 지방에서 영위하고 있으므로 교육적 효과가 발생하는 장은 지역공동체라는 것이다(서병훈, 2005). 그는 그것을 참된 민주주의라고 설명하면서 지방과 일터까지 민주주의의 영역을 확대하는 것이 중요하다고 주장한다. 이와 같이 발전민주주의의 관점에서는 지역공동체에서 참여가 유발하는 교육적 효과에 주목하였다. 정치과정을 경험한 시민들이 상호작용하면서 성장하고 결국 성숙한 정치공동체를 형성한다는 것이다.

2) 존 스튜어트 밀의 발전적 민주주의에서의 지역공동체 참여

공동체주의적 지역공동체 참여이론이 형성된 바탕에는 발전 민주주의의 개념이 내재되어 있다. 그러나 밀의 이론에서 참여는 순수한 보호적인 기능을 수행한다는 공리주의의 견해도 반영되어 있다. 예를 들어서 대의제 정부에서는 민주주의의 가장 큰 위험 중의 하나가 권력소유자의 사악한 이익추구에 있다고 한다. 따라서 지역이나 정부에서 고려해야 할 중요한 문제는 이러한 사악함을 어떻게 효과적으로 제어할 것인가였다. 그런데 밀의 관점에서 판단할 때 보호적 자유주의자 벤담(Bentham)이 제시한 '좋은 정부'는 적절한 대안이 아니었다.[4] 밀은 좋은 정부의 특성을 어떻게 하면 다양한 구성원들의 도덕적, 지적, 활동적인 능력을 이용하여 사회 문제를 효과적으로 관리할 수 있는가의 시각으로 접근하였다. 이런 관점에서 밀은 벤담의 정치적 이론을 비판

4) 벤담은 주기적인 선거를 통해서 국민들이 정부를 통제하고 정부를 장악한 정치적 엘리트가 권력을 사유화하는 것을 방지할 수 있다고 설명한다. 정치적 권력의 집중이 일정부분 불가피하다고 생각하면서도 선거를 통해 정부의 권력을 제어하는 방식을 구상한 것이다(Bentham, 2011).

한다.[5] 밀에게 있어 수단적인 관점에서의 정부의 기능은 그렇게 중요한 것이 아니었다. 보다 중요한 것은 인간의 마음을 움직일 수 있도록 영향을 주는 것이었다. 그런 측면에서 정치제도의 우수성을 판단하는 척도가 되는 것은 "지식, 선행, 실질적 활동, 효율성 등을 포괄한 공동체의 일반적인 정신적 능력을 향상시키는 정도"여야 한다고 설명한다 (Mill, 1910: 195). 따라서 밀에게 정부의 중요한 기능은 먼저 개인의 올바른 품성을 이끌어내는 것이고, 그것을 보장하기 위한 올바른 제도가 중요하였다(Robson, 1968: 102).

밀은 민주적인 정부를 '이상적으로 최선인 정치체제'라고 여겼다. 시민들이 적극적으로 능동적이고 공공적인 정신을 발전시킬 수 있을 것이라고 밀이 생각했던 방식은 참여이다. 참여민주주의의 기본적인 속성을 갖춘 민주적 정부에서 정치적으로 그리고 사회적으로 책임성 있는 행동이 정치적 행위를 규율하는 제도 속에서 발현한다는 것이다. 루소와 같이 밀은 이러한 개인적 자질이 참여에 의하여 발전되므로 그 정치체제는 자기 지지적(self-sustaining) 성격을 갖는다고 하였다. 밀은 개인이 오로지 자신의 문제에만 관여하고 공적인 일에는 참여하지 않으면 공적행위의 능력이 개발되지 않은 채로 남아 있을 것이라고 주장한다. 그러한 사람은 집단적인 이익이나 다른 사람과 함께 추구하는 목적을 생각하지 않고 다른 사람들과는 오로지 경쟁만 하며 그러면서도 다른 사람의 희생을 요구한다(1910: 217). 밀은 또한 대부분의 개인의 일은 개인이 가진 능력을 온전히 발휘하도록 하기보다는 대부분의 관심을 오직 그 자신과 가족들에게만 갖도록 하는 경향이 있다

5) 밀은 "그의 이론이 단순히 사회적인 장치의 업무를 조직하고 규제하는 것을 지시할 수 있다. 그는 인간의 일에서 업무라는 것이 전체라고 가정을 하는 실수를 하고 말았다."고 비판한다(Mill, 1963: 102).

고 설명한다(Robson, 1963: 230). 그러나 개인이 공적인 일에 참여할 경우 상황은 달라진다. 루소와 마찬가지로 밀도 개인이 공적인 의사결정에 참여할 때, 인식의 지평이 넓어지고, 공익을 고려하게 된다고 이해했으며 지역공동체에서 그런 현상이 나타날 수 있다고 보았다.

밀의 이론은 그런 의미에서 참여의 교육적 기능에 관한 루소의 이론을 강화하였다는 의미가 있다. 그러나 밀의 이론이 루소의 설명과 다른 점은 한 발 더 나아가 참여를 지역공동체를 비롯한 보다 넓은 사회에 적용하였다는 것이다. 밀은 토크빌의 [미국의 민주주의(*Democracy in America*)]의 지방정치제도로부터 많은 영향을 받았다. 밀은 토크빌의 집권 구조에 관한 논의에 주목했다. 밀은 그의 저서 [정치경제학 원리(*Principles of Political Economy*)]에서 민주주의 헌법은 중앙정부 수준의 민주적 제도에 의해서만 지지되는 것이 아니라고 설명한다. 중앙 정부에만 한정된 민주적 참여는 정치적인 자유를 보장하기 어렵다는 것이다. 그는 개인들이 거대한 정부에 효과적으로 참여하기 위해서는 지방의 수준에서 참여가 이루어져야 하며 실질적인 교육적 효과가 발생하는 곳도 지방수준이라고 설명한다.

현대 사회에서는 반드시 대의제 정부가 필요하다. 밀은 일반적으로 지식인은 사려 깊고 정의감 있으며 다른 사람과 교제함에 있어서 긍정적인 면을 갖고 있다고 생각하였다. 그리고 잘 교육받은 사람들이 모든 정치적 수준에서 중요한 직무를 맡아야 한다고 생각했다. 즉 그에게 민주주의 정치제도는 그 사회에서 배출된 최적의 사람이 항상 세속적인 권력과 도덕적인 영향력을 행사하는 상태 그리고 대다수의 사람들이 교육받은 소수의 사람들에 대한 신뢰를 갖고 있는 상태를 말하는 것이다. 그는 모든 시민들이 지역의 문제에 참여함으로써 무능한 일반대중이 유발하는 문제에서 벗어날 수 있다고 설명했다. 한편으로 엘리트주의자였으며 한편으로 참여민주주의자였던 밀에게 지역공동체에서의 참여는 엘리트와 시민 모두를 계몽시키고 정치체제를 안정화시키는 중요한 원칙에 속하는 것이었다.

4. 비판적 관점에서의 지역공동체 참여

계급구조에 따른 권력의 배분에 관심을 갖는 비판적 관점은 마르크스, 엥겔스, 헤겔 등의 관점에서 그 핵심사상을 찾을 수 있다. 근대 산업사회가 발전했던 19세기를 살았던 마르크스와 엥겔스는 자유시장경제와 자유주의 국가의 문제점을 비판하였다. 마르크스는 자본주의 생산체계에서 발생하는 자본에 대한 종속, 국가와 기업에 대한 종속에 주목한다. 따라서 이러한 종속의 구조를 극복하는 비판적 관점에서 마르크스주의의 핵심을 찾을 수 있다. 마르크스주의에 따르면 자본주의의 부르주아 민주주의는 내부적인 모순에 따라서 사회주의자가 통제하는 프롤레타리아 민주주의를 거쳐 공산주의 체제가 실현되는 방식으로 변화한다고 설명한다. 마르크스주의에서는 특정 계급이 일반대중을 통제하고 지배한다고 주장한다. 국가는 법률, 치안, 국방 등을 활용하여 일상적인 통제를 실행하며 이러한 통제의 양식은 사회 전반에 널리 확산되어 당연시되며 정당화된다는 것이다. 이러한 관점은 그람시의 헤게모니 관점으로 발전하여 지배계급의 통제는 문화적, 도덕적 영역으로 확산되며 강제를 통해 확보하는 지배구조보다 더 확고한 체제를 유지할 수 있다고 주장한다.

마르크스주의가 제시한 자본주의 체제의 모순을 극복하는 대안에서 공동체의 중요성을 발견할 수 있다. 1871년의 파리코뮨의 직접민주주의 모형에 바탕을 둔 직접 민주주의에 대한 강조는 평등과 소외를 극복하고 혁명적 체제변혁을 이룰 수 있는 공동체의 개념과 연결된다. 상품을 생산하기 위해서 생산수단이 필요하며 노동자들이 생산 공동체에서 생산수단을 온전히 운용하는 것이 바람직하다는 것이다. 그러나 도시 노동자들은 자본과 노동의 양식 그리고 효율을 스스로 조절할 수 없고 노동자들도 작물과 도구 등을 통제할 수 없으며 오히려 지배계급이 생산수단을 통제하는 경향이 있다. 이 경우 생산수단 공동체를 통해 피지배계급이 온전히 생산수단을 소유하는 사회구조를 실현하기 위해서는 지역공동체의 노동자들이 자각하는 것이 중요하다는 것이 마르크스주의의 관점이다. 마르크스의 관점을 공동체 민주주의로 발전시킨 레닌은 직접민주주의에 기반을 둔 다양한 국가 관료제 견제방식을 제시하였다. 그는 노동자계급이 공적 의사결정에 다양하게 참여하는 직접민주주의의 요소가 중요함을 강조하면서 보편교육, 문화수준의 향상을 위해 지역경제의 발전이 필요함을 강조하였다. 결국 공공영역에서의 협력의 원칙 하에서 갈등의 원천이 되는 사회적 · 문화적 차별을 철폐하고 분업체계를 없앤 직무순환체제의 형성을 강조하면서 사회적 변혁이 필요함을 설명하였다. 이러한 마르크스주의의 비판적 관점은 지역공동체 참여를 통한 기존 질서의 극복과 주민들의 해방을 지향한 주민운동의 전통과 참여민주주의의 전통에 일정한 영향을 준다.

제5장 지역공동체 참여를 분석하는 이론 모형

1. 지역공동체 참여에 대한 이론과 분석 모형

지역공동체 참여에 대한 이론과 일곱 가지 분석모형을 〈표 5-1〉과 같이 제시하였다. 지역공동체 참여에 대해서 다양한 고전적・현대적 철학적 관점이 영향을 주었으나 최근의 참여를 분석하는데 활용되는 이론 모형은 아래의 일곱 가지로 요약할 수 있다. 그 일곱 가지는 '사회자본론, 역량개발이론, 상호작용과 제도화이론, 사회적 기업가 정신 이론, 자산기반 지역공동체 발전 이론, 지역사회 거버넌스 이론, 학습지역과 사회혁신이론'으로 구분할 수 있다.

〈표 5-1〉 지역공동체 참여를 설명하는 일곱 가지 이론

이론	사회자본론	역량개발 이론	상호작용과 제도화이론	사회적 기업가 정신 이론	자산기반 지역공동체 발전 이론	지역사회 거버넌스 이론	학습지역과 사회혁신 이론
초점	신뢰, 규범, 규칙	발전기회와 역량계발, 지속가능 발전	역사적 발전과 생성 및 제도화 과정	고용창출, 사회서비스 제공, 지역발전	개인, 집단, 공동체	정부-시민사회 관계	대화와 토론 새로운 지식창조
사회 문화적 분위기	1980년대 이후 미국의 지역공동체 약화	지속가능한 발전목표의 수립	1990년대 이후 비형식적 제도연구 강화	글로벌 경제위기, 협력적 거버넌스 강화	1960-70년대 이후 국가로부터 자유롭고자 공동체 재발견	1990년대 지역정치 불신과 지역이익표출 및 정부개혁 분위기	21세기 지식기반사회 도래 지역경쟁력 강화 필요

이론	사회자본론	역량개발 이론	상호작용과 제도화이론	사회적 기업가 정신 이론	자산기반 지역공동체 발전 이론	지역사회 거버넌스 이론	학습지역과 사회혁신 이론
개인에 대한 관점	호혜적 인간	선택의 자유를 가진 역량개발 주체	제도를 구성하고 제도에 제약받는 행위자	경제적 수익과 사회적 가치창조의 주역인 기업가	재능을 가진 공동체의 주역	권리를 가진 시민	학습체계의 구성요소이자 혁신의 주체
공동체에 대한 관점	공동체 조직을 통해서 사회자본이 강화	개인의 기능과 역량개발의 기회를 제공하는 환경	상호작용으로 생성된 신념, 가치, 권력 체계	지속가능한 발전을 위한 영역 간 협력의 공간	자산을 보유한 장소	도시 거버넌스에서 협력의 파트너	지역발전을 위한 혁신 생태계
중요한 문제	사회적 관계의 약화	역량계발을 통한 더 나은 삶의 실현	지역사회가 직면한 공동의 문제해결	경제적, 사회적 목표의 동시 달성	정부와 기업에의 의존성, 자율성의 말살	지역이익 대표성의 저하, 비효율적 행정	지역사회 공동화, 정부역량 강화
해결 방안	사회자본 강화를 위한 공동체 회복	발전기회의 제공과 실질적 자유의 보장	상호작용, 제도형성, 제도의 발전	사회적 기업가 정신, 지역주민, 기관의 참여와 자산 활용	개인과 공동체의 자산 활용 극대화	근린의회, 참여예산제도	학습기회 제공, 임파워먼트, 학습생태계 형성
철학적 영향	고전민주주의, 발전민주주의, 토크빌, 합리적 선택 관점	고전적 민주주의 (아리스토텔레스), 발전적 민주주의, 베버	발전민주주의, 합리적 선택관점, 구성주의,	베버, 슘페터	고전적 민주주의 (아리스토텔레스), 발전적 자유주의 (루소, 밀)	보호적 공화주의, 보호민주주의	발전적 민주주의, 베버, 슘페터
분석 수준	개인, 조직, 공동체	개인, 조직, 공동체	조직과 공동체	개인, 조직	지역공동체	도시	지역

2. 사회자본론과 지역공동체 참여

사회자본은 1980년대 중반 이후 본격적으로 논의된 개념이다. 이 개념은 최근까지 사회현상을 설명하는 데 널리 활용되고 있으며 사회적 네트워크 속에서의 신뢰와 호혜성 등의 요소가 사회적 편익을 실현하는 데 기여한다는 관점이다. 초기 연구를 주도했던 학자는 부르디외(Bourdieu), 콜만(Coleman), 그리고 경제학자 노스(North) 등이다. 이들은 규범, 호혜성, 정보공유 등의 투입요소를 강조하였다.

사회자본이 강조된 배경은 1980년대 이후 현격히 약화된 미국의 지역공동체였다. 그런 가운데 학자들은 호혜적 인간이 형성하는 신뢰와 네트워크의 재발견 또는 재창조에 관심을 두고 그것이 지역의 문제를 해결하는 데 기여할 것이라는 이론을 발전시켜왔다. 이 관점에서는 공동체의 재발견이 매우 중요한 요소가 된다. 이러한 개념은 일찍이 지역에서 덕성을 가진 시민들의 참여를 강조했던 아리스토텔레스와 미국적 맥락에서 지역에서의 협력적 집단행동을 강조했던 메디슨과 토크빌 등의 관점에서도 나타난다. 현대사회에서 협력과 소통이 상실되고 사회적 결속력과 자발적 참여의 전통이 현대사회에서 소멸된 문제를 지적하고 그 단초를 재발견하고자 하는 연구가 1990년대 이후부터 진행되면서 이러한 논의가 지역공동체 참여와 연계되고 있다 (Dekker & Uslaner, 2001; Hooghe & Stolle, 2003).

3. 지역공동체 역량형성 이론과 지역공동체 참여

지역공동체 역량형성 이론은 1970년대 초반부터 국제연합을 비롯한 국제기구에서 개발도상국가의 제도형성을 강조하면서 시작된 개념이다. 1970년대 개발도상국가에 진출한 다양한 국제기구들은 보건, 농업, 기상, 영양보급 등을 담당할 기관을 필요로 했으며 이들의 조직화를 제도형성의 시각에서 접근하였다. 그러나 본격적으로 역량형성의 개념이 지역공동체의 맥락에서 활용되기 시작한 것은 1990년대부터이다. 유엔개발계획(UNDP, 2009)의 지역공동체 역량형성 전략의 첫 번째 단계가 이해관계자의 참여이다. 역량이 형성되기 위해서는 다양한 이해관계자가 모이고 논의하는 과정이 필수적이다. 그리고 자산과 욕구의 평가가 이어지며 그런 의미에서 자산기반 지역공동체 발전전략과 지역공동체 역량형성 전략은 서로 연관된다. 다음으로 역량개발 방안의 형성, 집행, 평가가 이어진다. 평가 결과는 다시 이해관계자들의 참여와 방안의 수립에서 고려된다.

지역공동체의 맥락에서 역량의 개념을 도입하여 분석된 연구는 Chaskin(2001)의 연구에서 찾을 수 있다. 그는 지역공동체의 특성과 역량 그리고 참여를 연계한 분석의 구조를 설계하였다. 다양한 환경적 요소가 지역공동체의 특성을 결정하고 공동체의 특성에 따라서 역량이 달라진다는 것이다. 따라서 역량의 제고를 위해서 다양한 환경적 요소가 고려된다. 역량이 제고되면 참여의 효과성도 높아진다.

4. 상호작용이론과 지역공동체 참여

사회적 상호작용이론은 1990년대 이후 신제도주의 이론이 설득력을 얻는 가운데 지역공동체의 구조에 주목하기보다 그 과정에 주목할 것을 설명한 이론이다. 이 관점은 1990년대 이후 신제도주의 이론에서 비형식적 제도에 관심을 가지면서 발전하였다. 이 이론은 미국의 농촌지역공동체의 발전과정을 설명하는 데 널리 활용되어, 농촌사회의 형성과 발전과정에서 개인의 이익, 조직의 구조, 지역의 구성 등의 요소를 넘어서 지역사회 구성원들이 어떻게 상호작용하며 자원을 동원하여 서로 협력하는가에 주목한 이론이다. 따라서 상호작용 이론이 지역공동체의 형성과 제도화과정에 적용될 때는 구성원들이 자원을 공유하는 방식의 차이를 설명하는 데 주안점을 둔다. 이 이론의 주된 논거는 상호작용이 역사적으로 생성되고 제도화되는 전개과정에 따라서 현재의 자원공유 방식과 지역공동체 구성원의 참여양식도 결정된다는 것이다. 결국 상호작용이론은 지역공동체 구성원이 참여하는 방식이 그 지역사회가 어떤 상호작용의 방식을 활용했는가에 따라서 달라진다는 결과를 보여주는 데 활용될 수 있다.

상호작용이론의 초점은 지역공동체의 역사적 발전과정과 생성 그리고 제도화의 과정이다. 지역공동체가 성장하는 과정에서의 주요 행위자, 그들의 상호작용방식, 그 상호작용방식이 고착되는 과정 등에 주목하며 그 과정은 지역의 정체성을 결정하고 참여의 방식에도 영향을 준다는 것이다. 결국 이 이론은 상호작용 과정에서 발생하는 다양한 제도들이 조직과 행위자에 영향을 주는 과정뿐만 아니라 상호작용으로 생성된 신념, 가치 그리고 권력체계를 설명하는데 유용하게 활용되었다. 상호작용의 관점으로 지역공동체를 이해할 때 보다 역동적이고 다양한 이해관계자의 참여방식을 구상할 수 있다. 따라서 지역의 특성에 기반을 둔 상호작용의 관점으로 지역의 문제를 고려함으로써 다양하고 독특한 사회혁신이 가능하게 된다. 즉 이 이론은 정부와 기업의 자원이 부족해지는 상황 속에서 지역성에 입각한 혁신을 유발하기 위하여 다양한 상호작용을 구상하는 데 기여할 수 있다.

5. 사회적 기업가 정신과 지역공동체 참여

사회적 기업은 경제적 성과와 사회적 성과를 동시에 추구하는 조직이다. 그 이론적, 실천적 기반에는 발전에 대한 다차원적 접근이 있다. 지역의 발전을 지속가능한 방식으로 달성하고 구성원의 삶의 질을 다양한 영역에서 높이기 위해서는 경제적 영역뿐만 아니라 사회적, 생태적 영역에서의 발전이 중요하다는 점에서 사회적 기업은 그 중요성이 높아진다. 사회적 기업 관련 논의에서 경제적, 사회적, 환경적 발전을 포괄하는 관점은 트리플 바텀 라인(triple bottom line)으로 설명되며 발전의 분석과 달성이 매우 어려운 것으로 인식된다. 따라서 지역의 지속가능한 발전과 사회적 기업의 다차원적 성과 제고를 위해서 지역사회 구성원과 시민사회의 활발한 참여가 중요하다. 지역공동체의 다양한 구성원이 사회적 기업 활동의 과정에서 재능을 발휘하고 협력할 때 성과를 높일 수 있다. 지역사회의 개인들을 참여시키고, 지역의 공간을 최대한 활용하고 지역의 다양한 기관과 조직과 협력체계를 구축할 때 지역을 지속가능한 방식으로 발전시키기 위한 대안을 모색하고 집행할 수 있다는 관점이다.

6. 자산기반 지역공동체 개발이론과 지역공동체 참여

자산기반 지역공동체 개발모형은 지역공동체의 지속가능한 발전을 위해 지역주민이 갖고 있는 재능과 지역공동체의 다양한 자산을 충분히 활용하여 스스로 발전을 주도하는 것이 바람직하다는 이론모형이다. 1993년 미국 노스웨스턴 대학교의 정책연구소 소속 존 맥나이트(John McKnight)와 존 크레츠만(John Kretzmann)이 주도하여 집필한 책 *Building Communities from the Inside Out: A Path Toward Finding and Mobilizing a Community's Assets*를 통해서 본격적으로 알려지기 시작하였다. 그 이후 다양한 지역개발 사업과 연구과정에 자산기반 지역공동체 개발 전략이 활용되었으며, 최근에는 개발도상국가의 개발에도 널리 활용되고 있다. 이 모형은 정부나 기업 등 지역사회 외부의 기관들의 도움에 지나치게 의존하기보다 지역공동체에 존재하지만 그동안 활용되지 못했던 요소들을 최대한 동원하는 것을 강조한다. 따라서 이 전략의 성공을 위해서는 지역사회 구성원들의 참여가 무엇보다 중요하다. 지역사회에 속한 개인들의 재능(talent), 결사체 조직들의 역량(capacity), 모두가 함께 사용하는 장소(public place), 그리고 공공기관이 가진 다양한 자산(asset)을 활용하기 위해서는 지역과 연관된 다양한 이해관계자들이 참여하는 것이 중요하다.

이 이론은 지역공동체에 대한 국가의 투자가 증가했던 1960-1970년대를 거친 후, 경기침체기로 접어든 1980년대를 지나 1990년대 이후 보다 자생적인 지역공동체를 형성하기 위한 노력이 확대되면서 본격화되었다. 공동체의 주역은 재능을 가진 구성원들이며 장소와 지역소재 기관과 결사체 조직들도 중요한 자산이 된다. 특히 기존에 활용되지 않았던 개인, 공간, 기관 등을 발굴해서 최대한 활용하는 것을 목표로 삼는다. 따라서 지역공동체 참여는 자산 활용의 맥락에서 이해되며 참여의 과정에서 개인은 자신의 재능을 공동체에 투자하면서 지역에서의 다양한 활동의 성과가 보다 향상되는 데 기여할 수 있다.

7. 지역사회 거버넌스 개혁과 지역공동체 참여

지역사회 거버넌스 이론은 지역의 구성원들의 참여를 위하여 지역의 의사결정과 정책집행을 위해 민주적이고 합리적인 거버넌스 체제가 형성되어야 하고 현재의 거버넌스를 지속적으로 개혁할 필요가 있다고 설명한다. 지역사회의 구성원들이 개방적인 구조 속에서 자유롭게 의견을 개진하고, 합리적인 규칙에 의하여 논의를 전개할 때 더 많이 참여할 수 있다는 것이다. 나아가서 이처럼 민주적이고 합리적인 거버넌스를 통해 보다 심층적인 논의가 가능하다.

지역사회의 거버넌스를 개혁하기 위한 노력은 선진국과 개발도상국가 모두에서 나타난다. 1960년대 미국에서 지역공동체의 의사결정을 위한 근린의회가 태동하기 시작하여 1990년대 이후까지 지속되는 과정에서 중소도시뿐만 아니라 대도시에서도 민주적인 거버넌스를 형성하기 위한 다양한 노력이 진행되었다. 이 과정에서 형성된 근린의회와 지역사회 결사체는 지역주민들의 참여에 의하여 지역의 주요 이슈를 해결할 방안을 모색하는 중요한 요소로 발전하였다. 지역사회 거버넌스 개혁은 인도, 파키스탄, 네팔, 아프가니스탄 등을 포함한 남아시아 개발도상국가에서도 진행되어 지역개발위원회(Community Development Committee: CDC)의 형태로 도입되고 있다. 이 위원회를 통해 지역사회 주민들이 참여하면서 지역의 중요한 자원배분, 교육 프로그램운영 등에 대한 의사결정을 내린다. 지역공동체의 여건에 따라서 어떤 거버넌스 제도의 설계가 의사결정과 정책집행의 효과성을 높이는지에 대한 다양한 논의가 진행 중이며 현실 속에서 다양한 제도의 도입을 통해 지속적인 실험이 이루어지고 있다.

8. 사회혁신과 지역공동체 참여

지역공동체 참여가 활발해질 때 나타나는 긍정적인 변화는 사회혁신이다. 사회혁신은 지역이 당면한 사회경제적 문제를 해결하기 위한 새로운 활동, 서비스 제공, 제도의 형성 등의 과정을 포괄한다. 한국에서도 많은 지역공동체가 사회적 위기에 대응하기 위한 새로운 시도를 하고 있으며 다양한 양식으로 발전하고 있다. 이러한 사회혁신은 지역의 다양성을 유발하면서 큰 파급효과를 가져오기도 한다. 사회혁신을 위해서는 지역의 다양한 구성원들이 협력해야 하며 그런 의미에서 지역공동체의 구성원들이 참여하는 과정은 매우 중요하다.

사회혁신에 대한 논의는 20세기 후반부터 진행된 글로벌 경제위기가 유발한 사회경제적 위기의 심화와 저출산, 고령화로 대표되는 인구구조의 변화현상에 대응하기 위한 노력에서 시작된다. OECD와 유럽위원회 등의 기관들이 지역에서의 학습과정을 바탕으로 혁신적인 아이디어의 발현과 새로운 제도의 설계를 장려하면서 다양한 국가에서 사회적 위험에 대비할 대안을 스스로 모색하기 시작하였다. 지역사회 구성원들의 참여, 협력, 토론, 상호학습의 과정을 통해 발생하는 사회혁신의 양상에 대한 연구가 진행되고 있으며 사회혁신을 장려하기 위한 정책적 대안도 모색되고 있다.

9. 지역공동체 참여를 유발하는 요인과 참여로 인한 효과

이 장에서 제시된 이론적 분석모형은 분석수준에 따라서 개인수준, 조직수준, 공동체 수준으로 구분되며 인과구조에 따라서 참여를 유발하는 원인을 설명하기도 하고 참여를 통해 나타나는 효과를 설명하기도 한다. 사회자본이 증가하고, 지역의 자산 활용이 많아지며, 구성원 간 상호작용이 활발해지고, 민주적이고 합리적인 지역 거버넌스가 형성되는 경우 참여가 활발해지는 경향이 있다. 이런 과정을 거쳐 지역공동체의 참여가 활발해지면 지역의 역량이 높아지고, 사회혁신이 활성화되며, 지속가능한 발전이 가능해진다. 이 과정을 〈그림 5-1〉과 같이 설명할 수 있다.

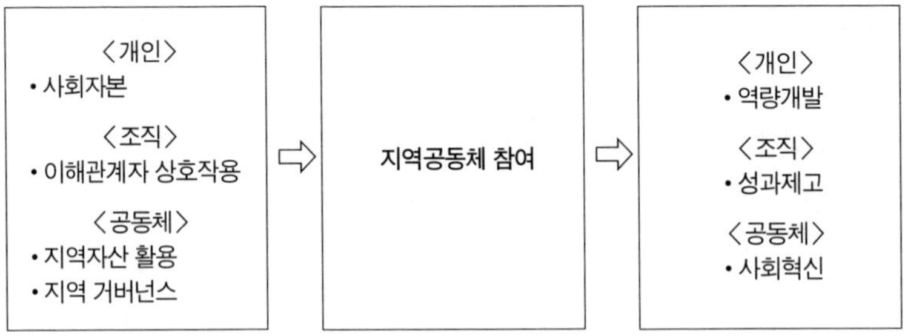

〈그림 5-1〉 지역공동체 참여를 유발하는 요인과 참여로 인한 효과

제3부

지역에 사는 사람들과 그들의 참여

제6장 누가 참여하는가?

1. 누가 참여하는가?

지역공동체 참여는 지역의 발전을 위해 주민들의 의견을 정부와 거버넌스에 투입하는 중요한 수단이 되며, 주민들의 역량을 발전시키는 과정이 된다. 그렇다면 지역에서의 의사결정 과정에 참여하는 사람들은 누구인가? 어떤 사람이 참여하며 의사결정의 과정에서 소외된 사람이 누구인지 분석하는 것은 한국에서의 의사결정과정에 누구의 영향력이 잘 반영되는지 판단하는 근거가 될 것이다. 전통적으로 사회경제적 배경은 참여를 결정하는 중요한 요인이 되는 것으로 인식되고 있다. 경제적 지위가 높은 사람, 교육을 많이 받은 사람, 나이가 많은 사람들의 참여도가 높은 것으로 알려지고 있지만 그 외에도 참여하는 사람에게 주어지는 경제적 인센티브나 지역 주민들이 갖고 있는 사회적 가치도 참여를 유발하는 중요한 요소임을 설명하는 연구도 나타나고 있다. 그렇다면 한국에서는 누가 더 많이 참여하고 있으며, 주민들이 공유하는 공감, 사회적 책무, 효능감, 사회적 가치는 참여에 어떤 영향을 주는지 분석할 필요가 있을 것이다.

2. 지역공동체 참여에 대한 관점

지역공동체에 참여를 많이 하는 사람은 어떤 사람인가에 대한 논의는 다양한 방식으로 꾸준히 논의되었다. 1960년대 미국의 존슨 행정부에서 빈곤과의 전쟁의 일환으로 지역공동체에 활력을 불어 넣기 위한 지원 프로그램인 공동체 활성화 사업(Community Action Program)을 의욕적으로 추진할 당시 그 미진한 결과에 대해 Moynihan(1969)은 빈곤계층은 아직 참여할 준비가 되지 않았다고 지적한다. 그 외에도 다양한 연구를 통하여 지역공동체 참여에 있어서 소수민족의 구성원들이 참여 역량을 갖추지 못한 경우가 많고 실제로 참여의 정도가 낮다는 사실이 확인되었다. 그리고 이러한 관점은 Burns et al.(1994)의 연구에 의하여 지역 주민들을 참여를 확대하기 위하여 도입된 제도가 실제로는 소외계층의 참여를 활성화하지 못했고, 오히려 사회경제적 수준이 높은 집단의 참여기회는 확대되었다는 연구결과로 확인되었다. 참여에 필요한 물리적, 지적, 심리적 자원이 풍부한 집단이 새로운 참여기회가 다가올 때 적극적으로 반응하며 그렇지 않은 계층은 낮은 참여도를 보인다는 것이다(Verba & Nie, 1972). 이러한 사실은 지역공동체 참여의 영역에서 널리 알려진 저술인 Berry et al.(1993)의 저술에서도 입증된다. Brady et al.(1995)은 사회적 참여에 중요한 사회경제적 특성은 교육수준이라고 설명한다. 교육수준과 참여에 투자할 시간, 경제적 수준, 사회적 역량 등이 서로 비례하는 경향이 있다는 것이다. 그 외 기존 연구에서 인종, 소득, 언어 등도 중요한 요소임이 확인된다(Verba & Nie, 1972). 이처럼 사회경제적 특성에 따라 참여의 정도에 차이가 있다는 사실이 확인되고 있으며 참여의 방식에 따라서 그 양상은 다르게 나타날 것으로 예상되고 있다.

사회경제적 특성의 수준에 따라 참여의 정도가 다르게 나타난다는 사실이 다양한 연구에서 확인된 반면 지역 주민이 갖고 있는 주관적인 생각과 자세, 의도가 참여를 유발할 수 있다는 관점이 있다. Ajzen (1991)의 계획된 행동이론에 따르면 특정한 결과를 도출하는 개인의 행위는 선행요인에 의해서 결정된다. 개인이 갖고 있는 규범은 자세와 행동통제로 이어지고 그 요인들은 의도를 유발하여 행동으로 나타난다는 것이다.

그렇다면 지역공동체의 문제해결을 위해서 참여하는 개인은 어떤 자세와 규범과 인식을 갖고 있는 것인가? Mair & Noboa(2006)는 공감, 도덕적 책무, 효능감, 사회적 지지 등을 가진 사람들이 사회문제의 해결을 위해서 활동한다고 설명한다. 다른 사람의 감정을 상상해 낼 수 있는 공감능력, 취약계층을 배려하고 사회문제에 대해서 도덕적 의무감을 갖는 도덕적 책무, 자신이 원하는 목적을 달성하려고 할 때 다른 구성원들이 도울 것이라고 믿는 사회적 지지 등을 갖춘 사람이 지역공동체에 더 많이 참여할 수 있다는 생각이다. 사회경제적 특성에 관계없이 개인이 갖고 있는 성향이 참여를 결정하는 데 중요한 요인

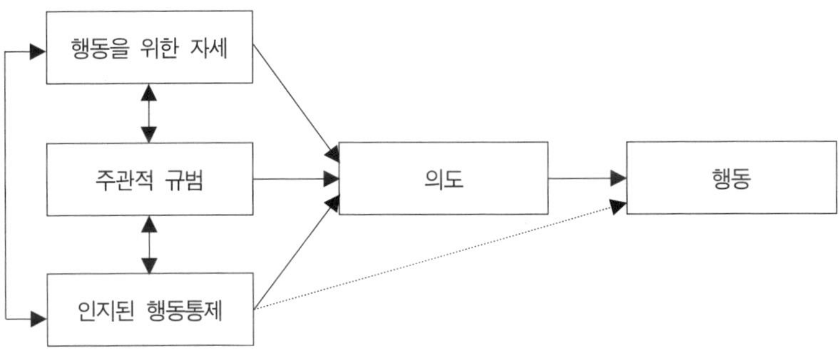

〈그림 6-1〉 Ajzen(1991)의 계획된 행동이론

이 될 수 있다는 것이다.

공동체 조직화운동이 전개되는 지역에서는 사회경제적 계층을 초월해서 형성되는 공동체 중심의 사회적 결사체가 확산되고 있다. 지역공동체 조직이 지역을 통합하는 사회적 자산으로 확산되는 경우 다양한 활동에 기여하는 연결망이 되고 상호작용의 통로가 된다. 이러한 상호작용 속에서 지역사회에 대한 신뢰가 커지고 공동체 의식이 확산된다. 지역사회 조직은 지역공동체가 갖고 있는 문화를 공유하는 촉매재의 역할을 하며 개별 구성원의 이익을 전체 공동체의 이익과 부합할 수 있도록 조절하는 역할도 할 수 있으며 그 결과로 공동체 활동에의 활발한 참여를 유발한다.

이처럼 지역공동체 참여에는 다양한 요인이 영향을 준다는 사실을 기존이론을 통해서 확인할 수 있었다. 첫째, 구성원의 나이, 학력, 소득을 포괄하는 사회경제적 특성이 중요한 영향요인이 될 수 있다. 둘째, 지역사회 구성원이 공유하는 인식과 자세로서의 공감능력, 책무, 효능감, 사회적 지지도 지역공동체 참여에 영향을 줄 수 있다. 마지막으로 지역사회 조직에 대한 신뢰와 참여정도가 중요한 요인이 된다는 관점도 기존 이론을 통해서 확인할 수 있었다. 그렇다면 각각의 요인 가운데 한국사회에서 참여에 중요한 요인은 무엇인지 실증적으로 분석할 필요가 있다.

3. 누가 참여하는지 확인하기 위한 연구 방법

지역공동체 활동에 참여하는 사람이 특정한 사회경제적 집단에 속한 사람인지, 바람직한 가치와 자세를 갖춘 사람인지, 아니면 지역공동체 조직에 긍정적인 생각을 갖고 실제로 참여하는 사람인지 밝히기 위해서 한국의 지역사회 주민을 대상으로 한 조사 자료를 분석하였다. 분석에 활용된 자료는 2015년 12월 한국의 지역주민 500명을 대상으로 조사한 결과이다. 이 자료의 응답자 중 다수가 40대였으며, 수도권 및 강원도 거주자로 대학교를 졸업한 연소득 2,000만 원에서 4,000만 원 사이인 남성이었다.

사회경제적 특성의 측정을 위하여 연령, 거주지역, 성별, 학력, 연소득을 묻는 질문을 활용하였다. 공감, 도덕적 책무, 효능감, 사회적 지지 등을 측정하기 위하여 Hockerts(2015)가 제시한 문항을 한국어로 번역해서 활용하였다. 문항은 리커트 5점 척도(전혀 그렇지 않다, 그렇지 않다, 보통이다, 그렇다, 매우 그렇다)로 답하도록 질문하였다. 조사는 전국 147개 기초지방자치단체에 거주하는 주민들을 대상으로 온라인으로 진행되었다. 측정 척도는 〈표 6-2〉에 제시되었다.

독립변수에 해당하는 측정 문항 가운데 대표값을 산출해서 변수로 활용할 다섯 가지 영역에 속하는 변수의 항목-총합 상관관계가 .30 이하에 속하는 변수들을 분석에서 제외했다. 일반적으로 항목-총합 상관관계의 수치가 .30보다 낮은 경우 개별 측정항목이 측정하는 개념이 전체 측정항목의 측정 영역과 다른 것으로 판단하여 대표값 산출에서

〈표 6-1〉 응답자의 사회경제적 특성

사회경제적 특성		빈도	백분율	사회경제적 특성		빈도	백분율
연령	20대	107	21.4%	학력	고등학교 졸업 이하	115	23.0%
	30대	124	24.8%		대학교 졸업	345	69.0%
	40대	137	27.4%		대학원 졸업	37	7.4%
	50대 이상	132	26.4%	연소득	연 3,000만 원 이하	138	27.6%
성별	남성	258	51.6%		연 3,000-6,000만 원	213	42.6%
	여성	242	48.4%		연 6,000만 원 이상	149	29.8%

〈표 6-2〉 지역공동체 참여에 대한 영향요인의 측정문항

영역	질문 내용	평균	항목-총합 상관관계
공감	나는 사회적 약자에 대해서 생각할 때 입장을 바꿔 생각해보게 된다.	3.78	.334
	나는 남들이 소외계층에 대해 어떻게 생각하는지 신경 쓰지 않는다.	3.56	.439
	나는 사회적으로 혜택 받지 못한 사람들을 보면 감정적으로 반응하는 편이다.	3.62	.378
	나는 사회적으로 배제된 사람을 생각할 때 정서적인 변화가 없는 편이다.	3.80	.505
	나는 소외된 계층에 대해 동정심을 느낀다.	3.95	.500
	나는 사회적 약자에 대해 동정심을 느끼지 않는다.	4.10	.551
도덕적 책무	나는 가난한 사람들을 돕는 것이 윤리적인 책임에 해당한다.	3.72	.679
	우리는 사회적 약자를 돕는 데 도덕적 책무가 있다.	3.86	.687
	사회정의를 위해 우리보다 불우한 사람들을 도와야 한다.	3.91	.648
	사회적 약자를 돕는 것은 사회적 원칙에 속한다.	3.93	.639
사회적 효능감	우리 각자가 사회문제 해결에 기여할 수 있다.	3.80	.528
	내가 관심만 가지면 사회문제를 해결하는 데 개인적으로 기여할 수 있다고 확신한다.	3.45	.546
	나는 사회가 당면한 문제해결에 도움이 되는 방법을 찾아낼 수 있다.	3.15	.506
	나는 내가 중요한 사회변화를 이룰 수 있다고 생각하지 않는다.	3.18	.443
사회적 지지	나는 어떤 조직이 문제를 해결하기 위해 투자자를 모을 수 있다고 생각한다.	3.59	.181
	만일 내가 소외계층을 돕기 위해 창업을 한다면 사람들은 나를 도울 것이다.	3.12	.403
	내가 중요한 사회문제를 해결하기 위해 계획을 세운다면 사람들은 나를 지지할 것이다.	3.22	.363
	나는 내가 사회적 기업을 창업한다고 해도 많은 후원은 기대하지 않는다.	2.82	.195
지역 조직 인식	나는 우리 지역의 공동체 조직을 위해서 여유자금을 기부할 생각이 있다.	3.12	.377
	나는 가급적 공동체 조직들의 서비스를 이용하려고 노력한다.	3.29	.377

제외한다. 상관성이 수치가 .30이 넘는 경우에도 제외할 경우 전체 영역의 크론바하 알파값이 높아지는 변수들은 대표값 산출에서 제외한 후 남은 변수들을 다섯 개의 영역으로 구별하는 탐색적 요인분석을 하였다. 탐색적 요인분석 결과를 〈표 6-3〉에 제시하였다.

〈표 6-3〉 탐색적 요인분석 결과

<table>
<tr><th>영역</th><th>질문내용</th><th>아이겐 값</th><th>분산비율</th><th>크론바하 α</th><th>유의확률</th></tr>
<tr><td rowspan="3">공감</td><td>소외계층에 대한 관심</td><td>.728</td><td rowspan="3">9.307</td><td rowspan="3">.668</td><td rowspan="15">p = .000
KMO측도
= .878</td></tr>
<tr><td>배제된 사람에 대한 공감</td><td>.751</td></tr>
<tr><td>사회적 약자에 대한 동정심</td><td>.721</td></tr>
<tr><td rowspan="4">도덕적 책무</td><td>빈곤해결에 대한 윤리적 책임</td><td>.779</td><td rowspan="4">32.459</td><td rowspan="4">.833</td></tr>
<tr><td>사회적 약자 지원에 대한 도덕적 책무</td><td>.747</td></tr>
<tr><td>사회정의로써의 불우한 사람 지원</td><td>.744</td></tr>
<tr><td>사회적 원칙으로써의 약자 지원</td><td>.776</td></tr>
<tr><td rowspan="4">사회적 효능감</td><td>사회문제 해결 가능성</td><td>.764</td><td rowspan="4">11.554</td><td rowspan="4">.716</td></tr>
<tr><td>사회문제 해결 기여도</td><td>.687</td></tr>
<tr><td>해결방안 도출 가능성</td><td>.682</td></tr>
<tr><td>사회변화 주도 가능성</td><td>.572</td></tr>
<tr><td rowspan="2">사회적 지지</td><td>사회적 창업 지지</td><td>.749</td><td rowspan="2">5.992</td><td rowspan="2">.594</td></tr>
<tr><td>사회문제 해결 지원</td><td>.799</td></tr>
<tr><td rowspan="2">지역 조직 인식</td><td>여유자금 기부의도</td><td>.699</td><td rowspan="2">5.353</td><td rowspan="2">.548</td></tr>
<tr><td>서비스 이용노력</td><td>.807</td></tr>
</table>

4. 사회경제적 특성과 지역공동체 참여

1) 평균값 차이 분석

응답자가 속한 집단을 기준으로 구분한 집단 간 평균값의 차이를 검증한 표를 〈표 6-4〉에 제시하였다. 먼저 거주지역을 대도시, 중소도시, 농어촌 지역으로 구분하여 평균값을 구하면 대도시 주민들이 1.34회, 중소도시 주민들이 1.35회 참여하는 것으로 나타났다. 반면 농어촌 지역 주민들은 2.02회 참여하는 것으로 나타나서 농어촌 지역 주민들이 보다 많은 참여를 하는 것으로 나타났다. 그러나 일원분산분석결과 평균값의 통계학적으로 유의미할 정도의 차이는 없었고, LSD

〈표 6-4〉 지역공동체 회의 및 행사 참여에 대한 집단 간 평균값 차이분석

구분	변수	평균	표준편차	N	유의도
지역	대도시	1.34	2.46	264	.432
	중소도시	1.35	2.41	305	
	농어촌	2.02	2.99	23	
성별	남성	1.36	2.51	316	.936
	여성	1.37	2.39	284	
정치적 관점	진보적	1.29	2.37	362	.377
	보수적	1.47	2.55	238	
소득	연 3,000만 원 이하	1.12	2.21	334	.007
	연 3,000만 원 이상	1.67	2.69	266	
교육	학사 미만	1.38	2.85	189	.918
	학사 이상	1.36	2.24	411	
연령	45세 미만	1.01	1.77	284	.001
	45세 이상	1.68	2.89	316	

사후검증결과 개별 집단 간의 차이도 없는 것으로 나타났다.

그 외에도 성별, 정치적 관점, 교육수준에 따른 평균값의 차이는 없는 것으로 나타났다. 그러나 연소득이 3,000만 원 이상인 집단의 구성원이 1.67회 참여하는 반면 연소득 3,000만 원 미만인 집단의 구성원은 1.12회만 참여하는 것으로 확인되었다. 연령이 45세 이상인 집단의 구성원이 1.68회 참여하는 반면 45세 미만인 집단의 구성원은 1.01회만 참여하는 것으로 나타났다. 즉 소득과 연령에 따라서 지역공동체 참여의 횟수가 달라진다. 소득수준이 높은 경우와 연령이 높은 경우 참여를 위해 감수해야 할 시간적, 제도적, 경제적 비용이 낮은 가능성이 많다. 따라서 소득수준이 낮고 나이가 어린 집단의 구성원들이 보다 쉽게 지역공동체에 참여할 수 있도록 정책적 배려를 강화할 필요가 있을 것이다.

2) 회귀분석

지난 12개월간 지역공동체 회의나 행사에 참여한 횟수를 종속변수로 설정하고 사회경제적 특성과 지역사회 구성원으로서의 자세 그리고 지역공동체 조직에 대한 긍정적 인식의 정도를 독립변수로 설정한 회귀분석 결과를 〈표 6-5〉에 제시하였다. 분석결과에 따르면 사회경제적 특성 가운데 연령만이 유의미한 영향이 있는 반면 규범과 자세 가운데 효능감과 공감 그리고 지역공동체 조직에 대한 긍정적인 인식을 가진 사람이 더 많이 참여하는 것으로 나타났다. 독립변수를 순차적으로 투입한 결과 응답자의 규범과 자세가 투입되었을 때 가장 큰

〈표 6-5〉 지역공동체 회의 및 행사 참여에 대한 회귀분석

독립변수		모형 I		모형 II		모형 III	
		B	β	B	β	B	β
사회경제적 특성	학력	-.020	-.015	-.002	-.002	-.012	-.009
	성별	.223	.073**	.134	.081	.146	.088
	소득	.023	.013	.016	.055	.016	.055
	연령	.013	.003***	.011	.145**	.010	.134**
규범과 자세	도덕적 책무			.035	.029	-.034	-.028
	효능감			.245	.190***	.179	.138**
	공감			.193	.155**	.216	.174***
	사회적 지지			.138	.114*	.086	.071
공동체 조직 인식						.268	.221***
상수		.893**		.848		.725	
유의도		.000		.000		.000	
F		6.793		8.799		10.246	
R		.228		.354		.398	
R^2		.052		.125		.158	
R^2 변화량		.052***		.073***		.033***	

***$p < .001$, **$p < .01$, *$p < .05$

R^2의 변화가 있었다는 점에서 특정한 사회경제적 계층에 속한 사람보다 공동체 구성원으로서 효능감을 갖추고 공감하는 사람이 더 많이 참여하는 것을 확인할 수 있었다. 그리고 공동체 조직을 신뢰하고 활용할 의지가 강한 사람일수록 지역사회에 참여하는 것으로 확인되었다. 이러한 결과는 지역공동체 조직이 지역사회에 기여하고 지역 주민들이 혜택을 받을수록 참여의 가능성은 높아진다는 사실을 나타내는 것이다.

일반적으로 사회경제적 특성은 지역공동체 참여에 중요한 차이를 가져오는 것으로 알려져 있다. 그러나 한국 지역사회 주민들을 대상으로 한 조사의 결과에 따르면 사회경제적 특성보다 주민들의 규범과 자세, 그리고 공동체 조직에 대한 긍정적인 인식이 중요한 것으로 확인되었다. 그런 의미에서 지역 주민들이 지속적으로 시민교육에 노출됨으로써 시민으로서의 덕목을 배양하고 확산하는 것이 중요하다. 특히 다양성이 높아지고 있는 현재 상황 속에서 포용적이고 지속가능한 발전에 대한 인식을 높일 필요가 있다. 이러한 인식은 지역사회에 속한 개인들이 타인들을 신뢰하고 협력하는 사회자본, 서로 돕고 혁신하는 지역사회의 협력체계 등을 통해서 확산될 수 있다. 따라서 공동체의 미덕과 공정한 분배를 통한 공통의 목표달성을 추구하는 가운데 지역공동체 참여의 토대가 이루어질 수 있도록 지역공동체의 사회자본의 발굴과 배양, 지역자산의 공유, 혁신적이고 협력적인 거버넌스를 구축할 필요가 있다.

언급한 바와 같이 지역주민들이 참여를 많이 하면 시민들의 정치적인 학습과 성장이 발생하기 때문에 자신들의 대표자의 정치적 활동을 평가하고 이해하는 기술을 발전시킬 수 있다. 그리고 다른 구성원의 협력을 얻어내고 시민의식을 향상시키는 데도 도움을 준다. 공동체 전체적으로 볼 때도 참여를 많이 하는 주민들로 구성될 때, 공동체에 대한 애착과 공동체 윤리가 강화되기 때문에 민주주의와 경제발전에도 도움이 된다. 특히 공동체에서 공동의 문제를 다루는 회의와 지역공동체에 속한 조직들은 참여의 통로로서 중요한 기능을 한다. 한국의 경우에는 사회자본이 이러한 참여의 통로별 참여여부에 중요한 역할을 미치는 것으로 나타났다. 공동체에서 개최되는 회의에 더 많이 참석하기 위해서는 내부적으로 연결망이 잘 구축되어 있어야 하며 빈곤층을 배려하는 마음을 갖는 것이 중요하다. 따라서 지역의 회의에 더 많은 사람들이 참여하도록 하기 위해서 공동체 내에서 많은 구성원과 연계될 수 있도록 하는 프로그램들이 중요하다. 그리고 빈곤층을 배려하는 주민들이 참여하는 경향이 많기 때문에 회의의 의제가 지역의 빈곤층을 위한 복지서비스의 제공 등과 연관하여 설정될 때 더 많은 관심을 유발할 가능성이 많다. 따라서 다양한 유형의 조직이 지역의 이슈를 중심으로 결속하고 교류하여 동일한 공동체의 윤리를 발전시키는 것이 필요할 것이다. 그런 의미에서 지역공동체의 사회자본의 강화가 중요하다.

제7장 한국의 사회자본과 지역공동체 참여[1)]

1. 사회자본의 개념과 지역공동체 참여의 관계

1) 사회자본 개념의 다차원성과 유형

미국 뉴욕의 47번가의 다이아몬드 거래상들은 값비싼 다이아몬드를 거래할 때 '마잘'이라는 말을 하면서 악수하는 것으로 거래를 마무리한다고 전해진다. 매우 비싸고 다양한 종류의 다이아몬드를 악수 한번으로 거래하는 것은 굉장히 어려운 일이며 신뢰를 배반할 경우 상대방을 신뢰한 사람은 큰 손실을 입을 수 있다. 반대로 하나의 공동체 속에 주민들이 서로 신뢰한다면 거래에 드는 비용을 줄일 수 있고 시간도 단축할 수 있다. 거래를 할 때 문서를 작성하고 계약을 체결하고 감시하는 데 드는 비용을 일반적으로 거래비용(transaction cost)이라고 이른다. 뉴욕의 다이아몬드 거래상들과 같이 서로 신뢰하고 거래를 간소화하면 거래비용을 절감할 수 있는 것이다.

지역공동체 참여를 강조하는 관점에서 사회자본은 매우 중요한 사회적 제도이다(Putnam, 1993a). 사회자본을 연구하는 학자들은 지역공동체 참여를 사회자본에 포함시키기도 하고 구별된 개념으로 인식하

1) 제7장의 이론적 배경은 한상일. (2008). 사회자본과 공동체 참여의 관계에 관한 국제비교. 『한국지방자치학회보』, 20(2): 49-75의 일부를 재구성하여 수록하였다.

기도 한다. 그리고 연구결과에 따라서 사회자본이 참여를 활성화시키는 것으로 설명하기도 하고 참여가 사회자본을 활성화하는 것으로 설명하기도 한다. 이처럼 사회자본과 참여의 관계는 다양한 방식으로 이해할 수 있다. 이 장에서는 지역구성원 간의 신뢰, 네트워크, 규범 등을 포괄하는 사회자본이 활성화되면 참여가 활발해지는 것으로 이해하고 실증적인 자료를 분석할 예정이다. 따라서 사회자본의 개념을 아래와 같이 제시하고 다차원성과 유형을 구분한 후 실증자료를 분석하고자 한다.

일반적으로 사회자본은 사람들 사이에 공유되는 협력과 사회적 거래를 촉진하는 신뢰, 규범, 연결망 등을 의미한다. 돈과 노동력이 있을 때, 즉 경제적 자본이 있을 때 더 많은 제품과 서비스를 생산할 수 있는 것처럼 신뢰, 규범, 연결망이 있을 때 사회적 관계는 더욱 개선될 수 있다. 사회자본의 개념은 1980년대 후반 이후 Bourdieu(1985)와 Coleman(1990) 등에 의하여 탄생되었고 다양한 학문영역에서 나름대로 다양한 연구대상에 적용되면서, 매우 다양한 구성요소를 포괄하는 용어로 발전되었다(이창기·박종관, 2005). Bourdieu(1985: 248)는 사회자본을 "상호작용에 의하여 형성된 제도화된 관계의 연결망 또는 그 관계와 연계된 실질적, 잠재적 자원"으로 Coleman(1990: 302)은 "기능에 따라서 다양한 구조에 속한 개인으로 하여금 특정한 행위를 하도록 유도하는 것"(p. 302)으로 각각 정의한 바 있다. 사회자본은 상호작용에서 발현되는 연결망, 잠재적 자원 그리고 개인의 행위를 제약하는 요소로 이해할 수 있다. 이처럼 사회자본의 개념은 다차원적이기 때문에 그 개념이 포괄하고 있는 구성요소들을 다시 유형화하는 시도가 필요하다(Portes & Sensenbrenner, 1993; 윤두섭·오승은, 2005).

Portes & Sensenbrenner(1993)는 지적연원에 따라서 사회자본이 연

대성, 거래, 가치, 신뢰 등의 구성요소로 구분된다고 설명하였다.[2] 그런데 Portes & Sensenbrenner(1993)의 네 가지 구성요소는 각각 Woolcock(1998)의 배태된(embedded) 관계와 자율적(autonomous) 관계라는 두 가지 유형으로 수렴한다. Woolcock(1998)의 두 가지 유형을 응용하여 Adler & Kwon(2002)은 사회자본을 외부적 영역과 내부적 영역으로 재구성한다. 그들은 사회자본에서 행위자가 발휘하는 자율성을 중심으로 이해하는 관점을 내부적 자본으로, 사회구조에서 발생하는 관점을 외부적 자본으로 이해한다. 많은 사회자본에 대한 기존 연구도 그들의 내부적, 외부적 자본의 구분으로 유형화할 수 있고 그 결과는 〈표 7-1〉과 같이 제시된다.

내부적 자본은 공동체 내부의 개인이 다른 개인이나 집단과의 관계 속에서 자생적으로 발생시키는 사회자본을 말한다. 따라서 내부적 자본은 주로 공동체에 속한 개인이 자율적으로 형성하는 자기주도적 자본을 의미한다. 대표적인 예는 협력, 조언, 친밀도, 공동체 내부의 연결망 등의 사회자본을 말한다. 그러나 외부적 자본은 공동체에 이미 형성된 것이 개인이나 집단에 영향을 주는 유형을 의미한다. 여기서 개인은 대체로 공동체의 사회자본을 수용하는 수동적인 행위자로 기능한다. 대표적인 외부적 자본은 신뢰, 규범, 가치, 공동체 외부와의 연결망 등이다. 이러한 구분이 중요한 이유는 내부적 자본과 외부적 자본이 각각 사회에 기여하는 방식이 다르고 그 결과물도 다르기 때문이다. 결국 이 두 가지 유형의 자본이 어떤 방식으로 지역공동체 참여에 기여하는지 구분하여 살펴보는 것이 바람직하다. 그래야만 각각의 자본의 특성에 따라 구별되는 연구의 함의를 도출할 수 있을 것이다.

---

2) Woolcock(1998)은 연대성, 거래, 가치, 신뢰 개념이 각각 마르크스, 짐멜, 파슨스, 베버의 이론으로부터 유래하였다고 설명한다.

〈표 7-1〉 사회자본의 유형별 정의: 내부적 자본과 외부적 자본

차원	저자	정의(연도: 페이지)
내부 자본	Baker	"행위자들이 특정한 사회구조에서 추출하여 그들의 이익을 실현하는 데 활용할 수 있는 자원"(1990: 619)
	Belliveau et al.	"한 개인의 개인적 연결망 그리고 엘리트와의 제도적 연계"(1996: 1572)
	Bourdieu	"상호간의 안면과 인식에 의하여 형성된 다소간 제도화된 관계의 연결망을 소유하는 것과 연계된 실질적 잠재적 자원"(1985: 248), "특정한 상황에서 경제적 자본으로 변환될 수 있는 사회적 책무(연계)로 구성된다" (1985: 243)
	Boxman et al.	"자신을 지지할 것으로 기대되는 사람의 수 그리고 그들이 활용할 수 있는 자원"(1991: 52)
	Burt	"재정적 자본과 인적자본을 활용할 기회를 제공하는 친구, 동료, 그리고 보다 더 광범위한 지인들"(1997a: 9), "연결망에서 개인적 연계의 기회들"(1997b: 355)
	Knoke	"사회적 행위자가 다른 행위자의 자원에 접근하기 위하여 조직내외에서 연결망을 창조하고 동원하는 과정"(1999: 18)
	Portes	"사회적 연결망이나 기타 사회구조에 편입하여 편익을 확보하는 행위자의 능력"(1998: 6)
외부 자본	Brehm & Rahn	"집합행동의 문제(collective action problems)를 해결하기 위한 시민들 간의 협력적 연계의 망"(1997: 999)
	Coleman	사회자본은 "기능에 따라 달리 정의할 수 있다. 단일한 개체가 아니며 매우 다양한 개체이다. 그것은 사회구조의 몇 가지 측면으로 구성되고 그 구조에 속한 개인으로 하여금 특정한 행위를 하도록 유도한다. 다른 형태의 자본과 같이 사회자본은 생산적이며 그것이 없다면 달성할 수 없는 목적을 달성하도록 한다."(1990: 302)
	Fukuyama	"집단이나 조직 내에서 공동의 목적을 달성하기 위하여 함께 일하는 사람들의 능력"(1995: 10)
	Inglehart	"자발적 결사의 네트워크를 발생시키는 신뢰와 인내의 문화"(1997: 188)
	Thomas	"집합적 발전을 증진시키는 시민사회에서 개발되는 자발적 수단과 과정" (1996: 11)
	Putnam	"상호이익을 위하여 조정하고 협력하도록 하는 연결망, 규범, 사회적 신뢰와 같은 사회적 조직의 특성"(1995: 67)
내부적 + 외부적	Nahapiet & Ghoshal	"개인과 사회적 단위에 속한 관계의 연결망에서 나오는 실질적 잠재적 자원의 총합. 따라서 사회자본은 연결망과 그 연결망을 가동할 때 나오는 자산으로 구성된다"(1998: 243)
	Pennar & Mueller	"개인의 행태에 영향을 주고 따라서 경제적 성장에도 영향을 주는 사회적 관계의 망"(1997: 154)
	Schiff	"개인 간의 관계에 영향을 주고 나아가서 사회적 생산 및 효용함수에 대한 투입요소에 영향을 주는 사회적 구조의 요인들"(1992: 160)
	Woolcock	"한 개인의 사회적 연결망에 내재된 정보, 신뢰, 그리고 호혜성의 규범" (1998: 153)

자료: Adler & Kwon(2002), pp. 27-28의 재구성.

2) 사회자본과 지역공동체 참여의 관계에 대한 기존연구

참여를 중시하는 시각에서는 지역공동체 구성원들의 상호작용과 교류가 개인과 공동체의 발전을 위해 소중한 경험이 된다는 관점을 제시한다. 그런 의미에서 OECD에서 제시한 정부와 시민 간의 권한위임관계에 대한 유형분류기준은 중요한 의미를 제공할 수 있다. OECD(2001a)에 따르면 시민들이 공공의 문제에 개입하는 방식을 정보수여(information), 협의(consultation), 활동(active) 등으로 구분할 수 있다고 설명한다. 이 중에서 정보수여형 참여는 정부가 시민에게 일방적으로 정보를 제공하는 것으로 가장 초보적인 수준의 참여이며 시민들은 여기서 매우 수동적인 역할을 수행한다. 그러나 협의 또는 활동형 참여에서 시민은 정부와 쌍방향 의사소통을 경험한다. 여기서 시민들이 스스로 결정하고 상호작용하는 진정한 의미의 참여는 활동형 참여이며 OECD는 활동형 참여의 예시로서 지역 시민단체, 자발적 봉사조직 등 지역공동체 조직에 참여하는 활동, 그리고 근린지역(neighborhood)의 일에 대한 회의 참여 등을 제시하고 있다. 이러한 예시를 참여의 통로의 측면에서 고려할 때, 지역공동체 조직에 대한 참여는 참여의 기관에 해당하며 회의 참여는 참여의 제도에 해당한다.

많은 기존 연구를 통하여 사회자본이 지역공동체 조직에의 참여를 증가시킨다는 사실이 확인되고 있다. 먼저 내부적 자본에 대하여 Knoke(1999)는 공동체 내의 안면, 친분, 협력관계 등이 풍부할수록 지역공동체 조직에 적극적으로 참여한다는 사실을 확인한 바 있다. Knoke(1999)의 연구에서 지적된 중요한 독립변수는 개인이 자율적으로 갖게 되는 내부적 자본에 해당한다. 국내에서 곽현근 · 유현숙(2005)의 연구는 동네환경, 동네애착, 조직 분위기, 분권화 양식 등의 영역에서 다양한 변수를 측정하고 동네조직 참여에 대한 영향을 확인하였다. 이 연구에서 사회자본 변수 중에서 동네애착 요인, 그 중에서도 사회적 유대변수가 긍정적인 영향을 주는 것으로 나타났고 참여의 정도에 대하여는 일상적 유대, 리더십, 응집력 등의 변수가 통계적으로 유의미한 영향이 있는 것으로 나타났다. 대체로 외부적 자본변수가 참여에 긍정적인 영향을 주는 것으로 밝혀진 것이다. 그리고 Perkins et al.(1990)의 연구결과도 공동체 구성원 간의 안면이 공동체 조직의 활성화에 영향이 있음을 밝혀 유사한 결과를 제시하였다.

지역공동체 조직의 경우와 비교할 때 지역공동체에서 발생하는 회의에 참여하는 과정에 대한 실증적 분석은 상대적으로 발전되지 못하였다. 그러나 Putnam(1995)은 사회자본에 대해서 설명하면서 개인 간의 관계에서 신뢰나 공동체 의식이 발생하는 경우 공동체의 문제에 대하여 상호이익을 조정하는 과정이 효율적으로 발전한다는 견해를 피력한 바 있다. Newton(1999)은 신뢰와 호혜성의 규범 등이 개인을 공동체의 구성원으로 인식시킨다고 지적한 바 있다. 한국에서도 송경재(2007)는 신뢰와 호혜성의 규범이 지역에서 발생하는 다양한 활동에 참여하는 과정을 긍정적으로 설명한다고 주장한다. 지역공동체를 대상으로 한 연구는 아니지만 Early(1993)는 자신이 속한 집단의 구성원에 대한 애착이 강할수록 지역의 일을 논의하는 과정에 더 적극적으로 참여한다는 결과를 제시한 바 있다. 결국 다양한 연구에서 내부적 자본과 외부적 자본 모두 지역공동체 조직에 참여하고 지역의 일에 더 많이 관여하게 하는 것으로 설명하고 있는 것이다.

3) 한국의 사회자본과 지역공동체 참여

사회자본은 사회구성원들의 주관적인 인식에서 시작하여 형성되는 공감대를 토대로 발전하는 개념이므로 국가 간의 문화적 차이에 따라 편차가 클 가능성이 높다. 이러한 국가 간 문화적 차이는 사회자본의 형태의 차이를 유발하고 지역정치에 대한 참여의 양상에도 차이를 유발한다(박희봉 외, 2005). 기존연구에 따르면 한국의 사회자본과 지역사회의 관계에서 몇 가지 특징이 발견된다. 첫째, 한국의 지역사회는 사회자본에 대한 분명한 개념을 확립하지 못하고 있다(박희봉·김명환, 2001). 따라서 한국의 지역사회 구성원들은 사회자본에 대한 정체성을 결여하고 있기 때문에 자율적으로 형성하는 내부적 자본이 결여될 가능성이 높다. 둘째, 한국의 경우 집단의 폐쇄성에 입각한 연고집단을 중심으로 사회적 관계가 발전하고 있다(유석춘·장미혜, 1998; 이준웅 외, 2005). 유사한 맥락에서 서구의 경우와 비교할 때 한국의 지역사회에서 가장 취약한 측면은 수평적인 가입단체 형성이 이루어지지 못하고 있다는 점으로, 그것은 단체활동이 전혀 조직화되지 못하고 있음을 나타낸다(박종민, 2003; 유석춘·장미혜, 2002). 이러한 결과는 한국사회에 사회자본이 설사 존재하고 있다고 하더라도 공식적이고 제도화된 형태의 정치활동으로 적절하게 발전하지는 못할 가능성이 높다는 사실을 의미한다. 요약하면 한국의 경우 미국과 비교할 때 전반적으로 사회자본이 축적되지 못하고 있을 뿐만 아니라 특히 내부적 사회자본이 결여될 가능성이 높고 사회자본은 공식적 참여로 발전되지 못하고 비공식 참여에 기여할 것으로 예상된다.

4) 실증적 분석 모형

위에서 논의된 내용을 토대로 다음과 같은 가설들을 설정할 수 있다. 먼저 사회경제적 특성을 중시하는 입장에서는 "사회경제적 지위가 높은 구성원이 지역공동체에 참여할 가능성이 높다."라고 가정한다. 반면 사회자본론자들은 사회자본이 축적될 때 더 많은 구성원이 도덕적으로 교화되어 지역에 기여한다고 이해하므로 "내부적, 외부적 사회자본을 많이 축적한 구성원이 지역공동체에 참여할 가능성이 높다."라고 가정한다. 이러한 가설에 기반을 두어 저자는 사회경제적 특성 중 소득, 교육, 언어, 인종 등이 지역공동체 참여에 차이를 유발한다고 가정한다. Brady et al.(1995)에 따르면 사회적 참여에 여러 가지 사회경제적 특성이 고려되어야 하지만 특히 교육수준이 중요하다. 그리고 Verba & Nie(1972)는 일찍이 소득, 언어, 인종 등이 중요한 요인이라고 확인하고 있다. 그리고 가설에서 이미 제시한 내부적 자본에 속하는 협력, 조언, 친밀도, 안면, 지역 내 주민과의 상호작용과 외부적 자본에 속하는 공동체 의식, 신뢰, 가치, 규범, 외부 네트워크가 지역공동체에서의 참여에 차이를 유발한다는 가설에 입각하여 〈그림 7-1〉과 같은 연구의 모형을 구축하였다. 분석의 과정에서 연구의 모형을 구성하는 변수와 그 관계에서 국가별 차이를 함께 검토하게 될 것이다.[3)]

좀 더 분석적인 접근을 위하여 종속변수인 지역공동체 참여는 공동체 조직에 대한 참여와 공동체 회의에 대한 참여로 구분된다. 여기서

---

3) 그리고 분석의 과정에서 연구의 모형은 세분화되어 통제변수와 내부적 자본만이 포함된 모형이 모형1, 통제변수와 외부적 자본만이 포함된 모형이 모형2, 그리고 모든 통제변수와 독립변수가 포함된 모형이 모형3으로 설정된다. 세 가지 모형이 사용되는 이유는 연구방법에서 상술된다.

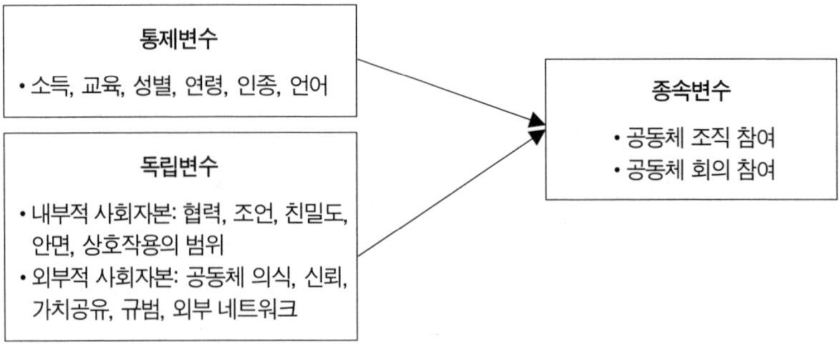

〈그림 7-1〉 사회자본과 지역공동체 참여의 관계에 대한 연구의 모형

공동체 조직은 지역에 소재하는 시민운동단체와 자원봉사단체를 말한다. 지역공동체 회의에의 참여는 지역공동체에서 개최되는 회의나 모임에 참석하여 의견을 개진하는 것을 말한다. 각각의 참여통로는 서로 다른 특성을 갖고 있어서 그 영향요인도 다를 것으로 예상된다.

2. 실증적 분석을 위한 연구방법

1) 조사대상

이 분석에서는 한국에서의 사회자본의 양상과 사회자본의 지역공동체 참여에 대해 어떤 영향을 주는지 검토하기 위해 2016년 12월 한국의 지역주민 600명을 대상으로 온라인 설문조사를 실시하였다. 한국에서 1990년대에 민선 지방자치시대가 시작된 이후 20여 년이 지났지만 지역에서의 참여적, 자율적 의사결정구조가 확고하게 정착되지 못했다. 따라서 이 연구에서는 주민들이 보유하고 있는 사회자본은 참여에 어떤 효과가 있는지 분석하여 참여의 수준을 높이는 단초를 발굴하고자 한다. 이 연구의 조사대상 표본의 구성은 〈표 7-2〉와 같다.

〈표 7-2〉 사회자본과 지역공동체 참여에 대한 조사대상 표본의 특성

사회경제적 특성		빈도	백분율	사회적 특성		빈도	백분율
연령	20대	144	24.0%	성별	남	316	52.7%
	30대	132	22.0%		여	284	47.3%
	40대	195	33.8%	학력	고등학교 졸업 이하	189	31.5%
	50대	105	17.5%		대학교 졸업	360	60.0%
	60대 이상	24	2.7%		대학원 졸업	51	8.5%
지역	수도권 · 강원	313	52.2%	연소득	연 2,000만 원 이하	216	36.0%
	영남	167	27.8%		연 2,000-4,000만 원	215	35.8%
	충청	58	9.7%		연 4,000-6,000만 원	110	18.3%
	호남 · 제주	62	10.3%		연 6,000만 원 이상	59	9.8%

2) 주요변수와 측정도구

측정변수와 도구는 미국 로스앤젤레스 지역의 주민들을 대상으로 조사한 설문문항 '로스앤젤레스 가족 이웃대상 설문조사'에 포함된 인구사회학적 변수와 사회자본 변수 그리고 참여여부를 묻는 질문을 활용하였다. 주요 변수내용과 부호화방식은 〈표 7-3〉과 같다. 종속변수인 참여여부는 지난 12개월간의 참여여부를 물었다.

독립변수인 사회자본 변수는 이론적 배경에서 설명한 대로 내부적 자본과 외부적 자본으로 구분하였다. 내부적 자본에는 개인적 협력, 개인적 조언, 이웃과의 친밀도, 개인적인 안면, 상호작용의 범위 변수를 활용하였고 외부적 자본에는 공동체 의식, 신뢰의 문화, 가치의 공유, 규범 그리고 외부 네트워크 변수를 활용하였다. 통제변수에 성별, 소득, 연령, 교육수준, 인종, 사용언어 등을 포함하였다.

〈표 7-3〉 사회자본에 관련된 변수와 질문내용

변수		설문내용(부호화 방식)
사회 경제적 특성	성별	면접자의 관찰결과(남자=1, 여자=0)
	연령	생년월일이 언제입니까?(연령단위)
	소득	지난해에 얼마나 많은 소득을 얻었나요?(달러와 원단위 연속변수의 자연로그)
	교육수준	면접자가 교육기간, 대학 및 대학교 진학여부, 학위수지여부를 묻고 교육수준을 기입(부호화: 학사학위 소지자=1, 학사학위 미소지자=0)
	인종	다양한 인종이 나열된 카드를 보여주고 응답자가 하나 선택(라티노 변수: 라티노=1, 라티노 외=0; 백인 변수: 백인=1, 백인 외=0; 흑인 변수: 흑인=1, 흑인 외=0; 아시안 변수: 아시아인=1, 아시아 이외=0)
	언어	가정에서 사용하는 언어는 무엇인가요?(영어=1, 영어 이외의 언어=0)
내부적 사회 자본	이웃 간 협력	이웃에 얼마나 자주 개인적으로 부탁하나요? 예를 들어 아이 맡기기, 도구 빌리기 등(절대 없음=1, 거의 없음=2, 가끔=3, 자주=4)
	이웃 간 조언	이웃에 사는 사람들에게 얼마나 자주 개인적인 일에 대하여 조언을 구하나요?(절대 없음=1, 거의 없음=2, 가끔=3, 자주=4)
	친밀도	가장 친한 이웃을 떠올려 보기 바랍니다. 그 사람은 어떤 사람입니까?(이웃과 어울리지 않음=1, 아는 사람=2, 친하지 않지만 친구=3, 친한 친구=4)
	안면	이웃에서 만나는 성인 중 얼굴을 아는 사람은 얼마나 되나요?(없음=1, 몇 명=2, 많음=3, 모든 사람=4)
	개인적 연계	지난 30일 동안 이웃에서 10분 이상 대화한 사람의 수는 얼마나 되나요?(없음=1, 한두 명=2, 세 명에서 다섯 명=3, 여섯 명 이상=4)
외부적 사회 자본	공동체 의식	"이 지역은 긴밀하게 맺어진 공동체이다."라는 진술에 얼마나 동의합니까?(전혀 동의하지 않음=1, 동의 않음=2, 판단 어려움=3, 동의=4, 전적으로 동의=5)
	신뢰	"이 지역 사람들은 믿을 수 있다."라는 진술에 대한 동의 정도(전혀 동의하지 않음=1, 동의 않음=2, 판단 어려움=3, 동의=4, 전적으로 동의=5)
	가치의 공유	"이 지역 사람들은 같은 가치를 공유하고 있다."라는 진술에 대한 동의 정도(전혀 동의하지 않음=1, 동의 않음=2, 판단 어려움=3, 동의=4, 전적으로 동의=5)
	규범공유	"이 지역 사람들은 상대적으로 빈곤한 사람들을 돌보는 편이다."라는 진술에 대한 동의 정도(전혀 동의하지 않음=1, 동의 않음=2, 판단 어려움=3, 동의=4, 전적으로 동의=5)
	공동체의 연계	"지역에서 문제가 발생했을 때 주민들은 지역외부의 개인이나 조직과 잘 협력한다."는 진술에 대한 동의 정도(전혀 동의하지 않음=1, 동의 않음=2, 판단 어려움=3, 동의=4, 전적으로 동의=5)
종속 변수	지역회의 참여	지난 12개월 동안 지역공동체에서 개최되는 회의나 행사에 몇 번 참여하셨는지요?(참여횟수)

3) 분석방법

연구결과의 도출을 위하여 SPSS version 15.0을 통한 평균값 분석과 회귀분석을 활용한다. 분석의 절차는 위계적으로 설정하여 사회경제적 특성과 내부적 자본만을 투입한 것을 모형1, 사회경제적 특성과 외부적 자본만을 투입한 것을 모형2, 통제변수(사회경제적 특성)와 모든 독립변수(내부적 자원과 외부적 자원)를 포함한 것을 모형3으로 설정하였다. 모형을 구분하여 분석하는 이유는 내부적 자본과 외부적 자본이 상대적으로 얼마나 중요한 변수이며 어떤 변수가 추가될 때 모형전체의 설명력이 얼마나 향상되는지 등을 보다 대비시키기 위한 것이다.

3. 회귀분석 결과

〈표 7-4〉는 지역사회 회의에 기여하는 사회경제적 특성과 유형별 사회자본의 관계를 분석한 결과를 제시하고 있다. 사회경제적 특성 변수 가운데 소득과 연령이 유의미한 것으로 확인되었다. 소득이 많을수록, 연령이 많을수록 참여를 많이 하는 것으로 나타났다. 그리고 내부적 사회자본 가운데 개인적 연계가 많은 사람일수록 더 많이 참여하는 것으로 나타났다. 외부적 사회자본이 투입되었을 때는 공동체 내의 신뢰와 공동체 간 연계가 높은 지역에 사는 사람일수록 더 많이 참여하는 것으로 확인되었다.

이 분석에서도 제6장의 분석과 유사하게 사회경제적 특성 가운데 연령만이 중요한 변수가 된다는 사실이 확인되었다. 내부적 사회자본, 외부적 사회자본 모두 통계학적으로 유의미한 차이를 유발하는 것으로 확인되었다. 내부적 자본 중에서는 공동체 내부에서의 상호작용의

〈표 7-4〉 사회경제적 특성, 사회자본과 지역공동체 참여에 대한 회귀분석

독립변수		모형 I		모형 II		모형 III	
		B	β	B	β	B	β
사회경제적 특성	성별	-.020	-.004	.142	.029	.119	.024
	학력	-.021	-.006	.059	.016	.008	.002
	소득	.083	.106*	.067	.086*	.055	.070
	연령	.031	.146***	.018	.082*	.021	.096*
내부적 사회자본	이웃 간 협력			.201	.081	.005	.002
	이웃 간 조언			.276	.105	.117	.045
	친밀도			.071	.031	.051	.022
	안면			.105	.030	.114	.033
	개인적 연계			.468	.186***	.431	.171**
외부적 사회자본	공동체 의식					.064	.023
	신뢰					.560	.190***
	가치공유					.187	.068
	규범					.251	.094
	공동체의 연계					.535	.196***
상수		-.293		-2.567		-2.718	
유의도		.000		.000		.000	
F		5.092		10.405		9.492	
R		.182		.370		.430	
R^2		.033		.137		.185	
R^2 변화량		.033***		.104***		.048***	

$^{***}p < .001$, $^{**}p < .01$, $^{*}p < .05$,

범위가 중요한 것으로 나타났으며 외부적 자본 중에서는 신뢰와 공동체 간 네트워크가 중요하게 나타났다. 따라서 공동체 내에서 다양한 사람들과의 연계가 있는 사람과 신뢰도가 높은 사람, 협력이 잘 되는 공동체에 거주하는 사람들의 참여도가 높은 것으로 확인되었다.

4. 사회자본의 강화와 지역공동체 참여 활성화를 위한 함의

위의 결과에 따르면 한국의 경우 연령이 높은 사람이 많이 참여하고 사회자본 가운데 신뢰와 네트워크가 참여에 중요한 변수가 된다는 사실이 확인되었다. 이러한 발견을 토대로 한국의 사회자본과 지역공동체 참여를 활성화하기 위해 다음과 같은 정책적 함의를 제시할 수 있다.

1) 사회자본의 강화를 위한 시스템 형성

사회자본은 참여도를 높일 뿐만 아니라 시장실패를 줄이고, 외부효과를 창출하여 경제 발전을 도모하고 지역공동체의 의사결정 역량을 강화시켜 민주주의의 성숙에도 도움을 주는 것으로 많은 연구에서 지적하고 있기 때문에 사회자본을 강화할 필요가 있다. Putnam(1995)의 연구에 따르면 사회자본을 강화하기 위해 생활공동체와 정신공동체를 형성하고 상호접촉과 문화 활동을 활성화하는 것이 중요하다고 설명한다. 그리고 미국 로스앤젤레스의 경우 주민들의 참여를 촉진하기 위한 거버넌스 체계인 근린의회의 활동에 비례하여 정부의 지원금을 제공하는 인센티브제도를 활용하고 있다. 이 제도는 포괄하는 지역의 면적, 참여하는 주민의 숫자, 가동하는 프로그램의 수 등에 따라서 차이를 두고 있다. 그것은 참여가 공동체의 가치를 실현하고 지역주민의 이익을 위해서 봉사하는 활동이지만 인센티브를 제공하기 위한 조건을 구체적으로 제시할 때 활발한 참여가 발생한다는 사실이 확인되었기 때문이다. 따라서 각 지역에 대한 의식을 제고하는 데 중요한 것이 지역 내 공동체 조직의 활동임을 유념하여 지역 조직의 참여시스템과 문화를 조성하고 그에 대한 인센티브를 제공하는 방법을 고려하는 것이 바람직할 것으로 판단된다.

2) 내부적 자본 강화를 위한 가입집단 활성화

한국의 경우 사회자본을 생산하는 데 중요한 지역 조직이 주로 귀속집단으로 구성된다(이준웅 외, 2005). 귀속집단은 개인의 자발성보다 강제적으로 가입여부가 결정되고 그 가치도 집단이 제공하는 가치를 개인이 수용하는 경우가 많다. 한국 사회에서 귀속집단의 영향력이 강하게 나타나며 이러한 현실은 개인이 자발적으로 형성해나가는 내부적 자본의 형성을 제약할 수도 있다. 따라서 개인의 자유에 따라 가입할 수 있는 가입집단이 활성화되고 개인이 나름대로의 관계를 형성해 나가고 집단 간의 네트워크도 강화하는 것이 중요하다. 그것이 집단 간의 배타성을 극복하고 일반화된 타자, 외집단 구성원으로 내부적 사회자본을 전이시켜 전체사회의 내부적 자본을 향상시키는 데 기여할 것이다.

3) 연계형 사회자본의 강화를 위한 아웃리치 장려

지역공동체 참여에 기여하는 사회자본 변수는 신뢰와 네트워크인 것으로 확인되었다. 그런 의미에서 기존의 지역공동체 조직은 다양한 프로그램 속에서 지역주민들의 신뢰수준을 높이고 연결망을 확립할 필요가 있다. 아울러 주민들의 자발적인 참여를 유도하는 활발한 아웃리치 활동이 필요할 것으로 판단된다. 지역공동체의 참여가 활성화된 지역의 경우 공동체 발전 핸드북 배포, 자원봉사자를 위한 회의와 교육, 워크숍, 토론회, 욕구측정 설문조사, 참여유도를 위한 동영상 작성 및 배포 등이 지역공동체 조직을 중심으로 이루어진다(City of Seattle, 1994). 그리고 그러한 활동을 바탕으로 주민들의 참여를 직접적으로 유도하는 아웃리치 활동이 활성화되어 있음을 알 수 있다. 한국의 경우도 많은 지역에서 자발적인 단체들이 지역정치의 한 세력으로 부상하고 있는 현실 속에서(이준원, 2002), 그들의 활동을 강화하고 많은 주민들을 연계할 수 있는 참여유도 프로그램의 활성화가 필요할 것이다.

제8장 개발도상국가에서의 참여, 역량, 그리고 지역발전[1)]

1. 개발도상국가에서 참여의 중요성

지역공동체 참여는 개발도상국가에서도 중요하다. 최근 대부분의 개발도상국가는 글로벌 경제가 유발하는 다양한 사회경제적 위기에 직면하고 있다. 기업 간, 국가 간 경쟁이 치열해지는 과정에서 선진국 또는 신흥 산업국과의 경쟁력 격차가 점차 커지고 있다. 주기적으로 발생하는 글로벌 금융위기와 국제 원자재 및 농산물 가격의 급등락에 따른 경제의 불안정성이 심화되고 있다. 이렇게 글로벌 경제여건이 악화되는 가운데 개발도상국가 주민들이 빈곤의 악순환에 빠질 가능성이 높아지고 있다. 이런 상황 속에서 지역사회의 주민들이 개발의 과정에 참여하고 그들의 역량을 반영한 발전전략을 주민들 스스로 모색하는 것이 중요하다는 주장이 국제개발협력의 분야에서 설득력을 얻고 있다.

특히 2015년 국제연합이 발표한 지속가능발전목표가 새로운 화두

---

1) 제8장의 "3. 케냐 Bunyala 서브 카운티" 이후의 내용은 정소윤·한상일. (2015). 케냐 Bunyala 서브 카운티 주민의 빈곤과 역량개발에 대한 연구. 『아프리카 연구』, 38(1): 101-136의 내용을 수정 보완하여 수록하였다.

로 떠오르면서 지역공동체의 특성에 부합하는 발전전략을 구성원 스스로 수립하는 것이 중요하게 되었다. 특히 국가 전체의 경제적 역량이 취약함과 동시에 지역경제의 여건도 열악한 국가에서 발전의 선순환 구조를 이루기 위해서는 지역의 특성과 다양한 이해관계자의 파트너십을 기반으로 지역의 인적자원 활용을 극대화하는 자생적 성장전략이 수립되어야 한다. 자생적 성장전략은 지역사회 구성원들의 역량을 높여 스스로 발전의 대안을 모색하는 지역사회 주도형 역량개발에서 시작된다(Mansuri & Rao, 2004). 왜냐하면 지역의 사회구조와 특성에 부합하는 인적자원이 뒷받침될 때, 지역의 경제적 생산성을 높이고 사회경제적 구조를 개선하는 지속가능한 지역발전을 모색할 수 있기 때문이다(Ssewamala et al., 2010, Fukuda-Parr et al., 2002).

이 장에서는 지역공동체의 주민들 중 역량개발 프로그램에 참여하는 사람들은 누구이며 이들이 참여했을 때 발생하는 효과는 무엇인지를 분석할 것이다. 특히 아프리카 개발도상국가 가운데 중심국가에 속하는 케냐의 빈곤지역인 부냘라 서브 카운티(Bunyala Subcounty)의 주민들을 대상으로 조사한 결과를 활용하여 지역공동체 역량개발 프로그램 참여의 효과를 분석하고자 한다. 따라서 이 장에서는 지역사회의 현실적 맥락에서 연구대상지역의 사회적 구조와 발전에 장애가 되는 요인들을 기존 자료를 통해서 밝힐 예정이다. 그리고 집단 간 평균값 차이분석과 회귀분석을 포함한 실증 분석을 통하여 지역주민의 소득과 전체 소득 중 식품 구매에 지출하는 비율에 영향을 주는 요인을 진단하고 그 의미를 설명한다. 마지막으로 분석결과를 토대로 주민들의 소득증대와 빈곤극복에 어떤 사회적 특성과 역량개발 프로그램이 마련되어야 하는지를 설명한다.

2. 역량과 참여

지역공동체의 주민들이 역량개발 프로그램에 참여하면 역량이 커지고 역량이 커질 때 삶의 질이 높아진다. 지역공동체의 역량개발을 중시하는 관점은 발전문제를 보다 복합적으로 이해해야 한다고 설명한다. 우리가 가치 있는 삶을 영위하기 위해서는 물질적 요소뿐만 아니라 법적, 정치적, 사회적 환경이 개선되어야 한다. 진정한 자유를 바탕으로 어떤 행동을 할 수 있을 때 비로소 자유롭고 행복해질 수 있는 것이다. 인간은 스스로가 만들어 낸 목적을 추구하고 지속적으로 탐구하는 과정에서 역량을 키워나갈 때 발전이 이루어진다. 발전은 경제적 영역뿐만 아니라 사회적, 정치적, 문화적 선택을 가능하게 하는 역량을 기를 때 가능하다. 이처럼 역량을 키우기 위해서는 다양한 영역에서의 자유로운 참여가 전제되어야 하며 참여가 자유롭게 이루어질 때 역량이 커지고 삶의 질도 높아진다. 아리스토텔레스가 인간은 다양한 상황에서 선택에 직면하고 최선의 선택에 이르는 길은 덕성을 형성하고 발휘하는 것이라고 말한 것처럼 주민들이 참여하고 선택하는 과정에서 덕성이 개발되고 개인과 공동체가 발전할 수 있다는 것이다.

다차원적 역량의 개념을 강조한 학자는 경제학자인 아마티아 센(Amartya Sen)이었다. 센은 1933년 방글라데시 다카에서 태어났으며 어려서부터 인도가 분리되는 과정과 뱅갈 지역의 기근을 목격하며 자란다. 그는 유명한 타고르 학교에서 교사를 하기 위해 이주한 부모를 따라 인도에서 초등교육을 이수하고 콜카타에서 대학을 다닌 후 영국으로 유학을 떠났다. 타고르 학교를 설립한 타고르는 계급에 상관없이 모두가 배우는 교육을 강조하였는데 센도 교육을 통한 인간역량의 개발을 중시하였다. 센은 역량은 가치 있는 삶을 달성할 수 있는 자유라고 설명하면서 여러 구성요소를 제시한다. 첫 번째 구성요소는 사람들의 욕구를 충족하는 활동 즉 기능(functioning)이다. 두 번째 구성요소는 역량(capability)이다. 역량은 가치 있는 삶을 영위할 실질적인 자유이다. 세 번째 구성요소는 가치 있는 일을 추구하고 실현하고자 할 능력, 작용(agency)이다.

자전거라는 자원이 있을 때, 기능은 자전거를 타는 기술이며, 역량은 자전거를 탈 능력이 있어서 자전거를 선택할 수 있는 자유이다. 작용은 자전거로 이동하며 얻는 이동의 편리함이다. 두 번째로 음식을 구할 수 없어서 굶주리는 것은 우리가 무엇을 선택할 수 없는 상황이 된다. 그러나 건강을 위해서 또는 정치적이거나 사회적인 이유로 하게 된 단식은 먹는 선택과 먹지 않는 선택을 할 자유가 있는데 굶기로 결정한 상황이다. 단식을 통해서 건강을 회복하거나 정치적인 목적을 달성하는 것이 바로 선택이 작용한 결과인 것이다. Sen은 이런 구성요소를 바탕으로 정치적 역량, 경제여건, 사회적 기회, 투명성, 사회보장의 다섯 가지 역량을 제시한다.

센과 함께 역량의 개념을 발전시킨 마사 누스바움(Martha Nussbaum)은 인간의 본질에 대한 질문을 시작하면서 흥미로운 논의를 전개한다. 누스바움은 감정과 이성이 뒤섞이고 오히려 이성에 앞서는 감정에 주목한다. 각자에게 중요한 것이 무엇인지 판단하는 것 그것이 감정인데 그 감정은 홀로 남겨져 있지 않고 '연민'이라는 감정을 통해서 '우리'로 확장된다는 점에서 머물러 있지 않고 커 나간다는 것이다. 지금까지 이성을 중시했던 철학자들은 인간의 이성이 가장 본질적이어서 감정을 누르고, 억제하고, 스스로의 원칙을 도출하고, 실행에 옮길 수 있다고 설명한다. 그러나 반대로 누스바움은 감정이 발전하면 이성에 앞설 수 있다고 주장한다. 실제로 우리는 감정이 앞서서 이성적인 판단을 그르치는 상황을 경험하는 경우가 많다. 가족, 친구, 동료들 간의 관계에서도 이성적으로는 서로를 축복하고 격려하는 대화를 나누려고 생각하지만, 자신의 감정을 다치면 그 감정을 이성적인 판단에 앞세우게 되고 결국 감정의 대립으로 이어지는 경우가 발생하는 것이다. 실제로 감정을 잘 다스리지 못하는 경우 여러 가지 문제가 발생한다. 다른 사람에 대한 미움이 발전해서 소수집단을 비정상인 것 혹은 혐오의 대상인 것으로 낙인찍는 경우가 많이 발생하며 특히 누구에게나 있는 수치심을 내가 견딜 수 없을 때 다른 누군가를 희생양으로 삼아 만족감을 획득하려 하기도 한다. 그것이 확산되면 집단 간 갈등의 문제가 되기도 하고, 나아가서 난민의 문제로 발전하기도 한다. 특히 개발도상국가의 많은 문제들이 집단 간의 갈등 그리고 대립에서 유래하는 것을 알 수 있으며 그 바탕에는 혐오와 그로 인한 배제의 감정이 들어 있는 것이다.

센의 다차원적 역량과 누스바움의 감정의 역량 모두 자유로운 참여와 평등한 자유를 누릴 수 있을 때 키워진다. 정치적 역량, 사회적 역량, 투명성 등은 불평등과 차별을 극복한 평등한 자유를 통해서 실현될 수 있는 것이다. 지속적인 학습과 상호작용을 통해서 정치, 사회, 복지, 경제를 아우르는 온전한 자유를 누릴 수 있다. 타인의 삶에 대해서 상상하고 공감하는 능력을 배양함으로써 모두의 문제에 관심을 갖고 모두의 문제에 접근할 수 있는 것이다. 그런 의미에서 국제기구와 국제사회에서 널리 확산되고 있는 세계시민교육이 중요하다. 따라서 시민활동과 시민교육에 참여하는 것은 역량 향상과 삶의 질 제고로 이어진다. 그렇다면 역량프로그램에 대한 참여는 실제로 삶의 질을 높이는 데 기여할 수 있는지 케냐 한 지역의 사례를 바탕으로 평가하고자 한다.

3. 케냐 부냘라 서브 카운티: 현실적 맥락과 발전의 장애요인

1) 케냐의 경제여건과 부냘라 서브 카운티

지리적으로 동아프리카에 속한 케냐는 경제적으로 볼 때 지역 내 국가 중 제조업이 가장 발전했고, 정치적으로는 동아프리카 공동체(East African Community: EAC)의 구성을 주도하는 등 중요한 위상을 차지하고 있다. 지리적으로 볼 때 아프리카 최대 호수인 빅토리아 호와 인도양에 접하면서 교역과 산업발전의 중심국가로 성장할 여건도 갖추고 있다. 그러나 1990년대 이후 글로벌 경제체제가 심화되면서 기업 간, 국가 간 경쟁이 치열해지는 과정에서 선진국 또는 신흥 산업국과의 제조업 경쟁력의 격차가 커졌고, 발전은 지체되었다. 1970년대 이후 지속되던 경제성장이 1990년대 초반부터 지체되었고 물가는 상승했으며 농업생산성은 오히려 감소하는 현상이 나타났다(Himbara, 1993). 케냐 경제는 2000년대에 들어서 성장국면에 돌입했지만 경제환경의 변화에 취약한 면모를 보이면서 농산물 가격의 급등락에 따른 물가와 환율의 불안정을 경험하고 있으며 경제개혁도 지체되고 있는 실정이다. 이 과정에서 관광과 정보통신 산업은 발전한 반면 여전히 전체 노동력의 75%를 고용하는 농업과 어업분야의 생산성 향상과 소득증대는 이루어지지 않고 있다(World Bank, 2012). 동아프리카 다른 나라들과 비교할 때도 경제성장이 가장 지체된 가운데, 공공부채는 2013년 현재 120억 달러로 증가했고, 2008년 실업률은 40%, 2013년 인간개발지수는 0.535로 전체 국가 중 147위를 차지하는 열악한 상황에 직면하게 되었다(World Bank, 2012; IMF, 2015; UN, 2014). 이 과정에서 빈부격차는 점점 커졌고, 많은 국민들이 빈곤해졌으며 특히 대부분의 국민들이 종사하는 농수산업의 발전이 이루어지지 않고 있다(이수철·황재훈, 2011). 특히 빅토리아 호수에 인접한 부시아(Busia) 카운티의 부냘라 서브 카운티 지역은 전형적인 케냐의 빈곤지역으로 농수산업 중심의 산업구조를 갖고 있으면서 기후변화에 취약한 지역이다(Busia County Government, 2013). 기후변화가 심하고 경제적 여건이 열악한 지역의 경우 농수산물의 생산량 및 수입 감소가 발생할 가능성이 높고 주민들이 빈곤의 늪에 빠질 가능성도 높아진다.

2) 부냘라 서브 카운티의 사회경제적 특성

(1) 행정구역과 인구구조

부냘라 서브 카운티는 과거에는 부냘라 지역의 부달랑기(Budalangi) 구역으로 구분되었고 2007년에 공식적인 행정구역으로 획정되었다. 이후 2010년 새롭게 공표된 케냐 헌법에 의거하여 부냘라 구역으로 명칭이 개편되었고 선거를 한 차례 치른 후 현재까지 동일한 명칭으로 불리고 있다. 현재는 빅토리아 호수 인근에 입지한 부시아 카운티의 7개 서브 카운티 중 하나이며, 지역의 중심부인 부시아 타운을 거쳐 이웃 국가인 우간다와 거래하는 교역이 경제활동의 주종을 이룬다.

지리적으로 부냘라 서브 카운티는 북쪽으로는 사미아(Samia), 동쪽으로는 시아야(Siaya), 남쪽으로는 본도(Bondo), 서쪽으로는 빅토리아 호수를 접하고 있으며, 내부적으로 6개의 구역 및 18개의 하위행정구역으로 구성되어 있다. 2010년 케냐 통계국 자료에 따르면, 이 지역의 추정 인구는 66,723명이며, 이 중 남자가 31,718명, 여자가 35,005명으로 여성의 비율이 높다. Bunyala 서브 카운티의 넓이는 188.3km^{2}로 평균 인구밀도는 km^{2}당 354명이며, 거주하는 가구 수는 15,245가구이다. 부냘라 서브 카운티에는 루햐(Luhya) 부족에 속하는 마냘라(Manyala) 부족이 주로 거주하고 있다. 이 지역 인구의 약 46.5%가 빈곤층에 속하며, 이 수치는 케냐 전체와 비교할 때 매우 높은 편이다(Kenya National Bureau of Statistics, 2010).

(2) 기후 및 주요 산업

부냘라 서브 카운티가 위치한 케냐 서부의 빅토리아 호수 유역[2)]은 케냐에서 하천의 범람이 가장 많이 발생하는 지역으로 부냘라 서브 카운티도 최근 수십 년간 케냐에서 가장 극심한 홍수를 겪었다. 이 지역은 연간 760mm에서 2,000mm가량의 강수량을 기록하는데 그중 50%가량이 3월말부터 5월까지에 해당하는 우기에 집중된다. 연간강수량의 25%가량은 8월에서 10월 사이에 내리며 나머지 기간은 건기로 강수량의 계절별 격차가 큰 편이다. 빅토리아 호수의 케냐 인접 지역에는 46,229km^{2}에 달하는 집수 지역이 있으며, 다섯 개의 주요 하천에서 강물이 유입된다. 호수로 강물이 유입되는 주요 하천 중 부냘라 서브 카운티 지역을 흐르는 은조이아(Nzoia)강과 얄라(Yala)강이 주기적으로 범람하여 부냘라 서브 카운티에서는 매년 홍수가 발생한다. 이러한 전반적인 조건 하에서 하천수량의 감소가 발생하는 경우에는 수질오염과 식수부족현상으로 이어지고, 극심한 홍수가 발생하는 경우에는 도시기반구조의 붕괴로도 이어져 주민들의 삶의 질 하락을 유발한다. 기후변화가 유발하는 가장 심각한 결과는 부냘라 평야지역 농업생산량의 감소이다(USAID, 2014).

2) 빅토리아 호수 지역은 약 194,000km^{2}를 차지하고 있으며, 브룬디, 케냐, 르완다, 탄자니아, 우간다 등 동아프리카 국가들과 인접하고 있다.

부날라 서브 카운티 주민들의 대부분은 농업에 종사한다. 거의 모든 주민들이 주택 인근의 농지를 소유하고 있고, 소유하고 있는 농지는 농작물 재배, 가축 방목, 또는 임대 등에 활용한다. 농지에서는 주로 옥수수를 많이 재배하며 콩, 수수, 기장, 뿌리 작물, 채소 등도 재배한다. 뿌리 작물 중에는 고구마와 카사바를 주로 재배하며, 채소 중에는 케일, 토마토, 양배추를 주로 재배한다. 농업이 부날라 서브 카운티 주민들의 주요 사회경제적 활동이기는 하지만 농작물 재배의 주 목적은 가구 내 소비이며 극히 일부만을 판매를 위해 재배한다(USAID, 2014). 그 외에 주민들은 면, 담배, 고추, 사탕수수, 야자 등을 환금작물로 재배하고 있다(Busia County Government, 2013).

(3) 젠더불평등

다른 개발도상국가 지역과 마찬가지로 부날라 서브 카운티에서도 여성이 농작물 생산을 위한 대부분의 노동력을 제공할 뿐만 아니라 가족 내 환자 및 노인 돌봄, 자녀 양육, 수입 창출 등 대부분의 집안일을 여성이 도맡아 해왔다(Huho & Cosonei, 2014). 이 지역에서 여성이 수행하는 가장 중요한 과업은 가족들의 생계유지로 여성들은 식량과 식수를 구하고 각종 가사업무를 담당하는 반면에 가정 내 의사결정에서는 배제되는 경향이 있다. 지역사회에서도 여성들은 기후변화의 결과에 따른 각종 과업을 감당해야 함에도 불구하고 의사결정 과정과 홍수 위험 감소 계획 및 이행 과정에서는 배제된다(USAID, 2014). 역량개발의 관점에서 볼 때 부날라 서브 카운티 여성의 교육 수준은 저조한 등록률과 높은 중퇴비율로 인해 낮은 편이다. 이 지역은 전반적인 빈곤율이 높고 홍수의 위험도 높아서 학교 중퇴가 전반적으로 증가하고 있으며, 중퇴하는 여학생의 숫자가 남학생보다 많다. 여학생

중퇴자 비율이 특히 높은 이유는 조혼 및 그로 인한 임신의 결과이며, 또한 부모들이 남자아이들을 우선적으로 교육시키기를 원하기 때문이다.[3] 초·중등 교육 성취도에 있어서도 여학생의 성취율은 매우 낮은 편이며, 그 결과 여학생들의 문맹률도 매우 높다(Huho & Cosonei, 2014).

(4) 전통관습

아프리카 지역의 지역사회에서 토착적 전통 지식(indigenous traditional knowledge)은 홍수나 가뭄과 같이 기후와 관련된 재난에 대처하기 위해 오랫동안 활용되어 왔다. 토착적 전통 지식은 지역사회 내에서 보편적으로 받아들여지는 것이 아니라 노인들이나 여성, 또는 진보적인 농부들과 같은 소수의 구성원이 제안하는 것으로, 동물, 조류, 곤충, 식물, 수목, 바람, 공기 및 물의 온도, 구름 등의 변화에 대한 관찰을 통하여 재난을 예측하고 조기에 경고한다. 케냐 서부 지역 노인들의 중요한 역할 중 하나는 지역사회 구성원들에게 심어야 할 작물의 종류, 파종 시기, 재배 지역, 재배 방법에 대하여 직접적인 조언을 해주는 것으로, 가뭄과 식량 부족 시기에 식량을 확보하기 위해 농작물과 자연에서 채취한 기타 식료품의 수확 이후 처리 과정 및 보존과 보관을 위해 토착적 전통 지식과 노하우를 활용하였다. 또한 기후 변화에 적응해야 하는 지역에서 토착 지식 시스템은 날씨의 예측, 취약성 평가, 적응 전략의 이행에 적용되어 왔다. 지역 주민들의 기후에 대한 인지, 그리고 이와 관련된 토착적 전통 지식을 이해하는 것은 과학적 예측의 효과적인 소통과 일반적인 발전·적응 방안의 이행을 위해 매

---

3) 이 지역의 빈곤율이 높아지면서 부모들은 결혼 지참금을 받기 위해 딸을 일찍 결혼시키는 경우가 증가하고 있으며, 이 또한 여학생 교육의 중단과 교육수준 저하의 원인이 되고 있다.

우 중요한 요소가 되고 있다. 부날라 서브 카운티 지역에서 토착적 전통 지식은 주로 식량의 저장 방법, 홍수 예측, 이주, 대체 거주지 결정, 사람과 재산의 안전, 약초의 활용을 통한 건강관리, 재산에 대한 의사결정 등에 활용되었다. 그러나 최근에는 대체 거주지, 식량 저장, 이주 등에만 활용되고 있으며, 이러한 변화의 원인으로는 현대 교육의 영향, 세대 간 전수의 부족, 토착적 전통 지식의 낮은 정확성, 젊은 세대들의 부정적 인식 등을 들 수 있다(USAID, 2014).

3) 발전의 장애요인

(1) 기후변화 및 자연재해

부날라 서브 카운티는 홍수와 가뭄의 영향을 크게 받으며, 이는 생계 지원 시스템, 특히 보건 및 식량 안보에 큰 위협이 되고 있다. 케냐 정부는 기후 변화를 이 지역의 지속가능한 발전 및 빈곤 감소 프로그램의 가장 심각한 위협 중의 하나로 인식하고 있다(Huho & Cosonei, 2014; USAID, 2014). 이 지역은 부날라 관개 계획의 주요 대상지역은 부시아 카운티와 시아야 카운티 지역 약 1,734에이커를 포괄한다. 부날라 서브 카운티 내 관개 지역의 넓이는 1,031에이커에 달하며, 지역 농가에 쌀 생산을 위한 용수 및 기타 영농 투입재를 제공하는 국가관개위원회(National Irrigation Board)가 관개지역을 관리한다. 그러나 홍수의 영향으로 농지나 관개 시설이 파괴되거나 저장된 쌀이 손실되기도 하고, 관개 계획도 홍수의 영향을 받는다(USAID, 2014).

부날라 서브 카운티는 평평한 지형의 저지대로 은조이아 강이 범람할 경우 홍수를 자주 겪게 되는 지형이다. 이 지역의 이러한 물리적 환경 및 퇴화된 집수 지역으로부터 발생하는 범람의 증가는 되풀

이되는 홍수 위험을 유발하는 요인이 되고 있다. 은조이아 강은 부냐라 평야를 통해 빅토리아 호수로 유입되며 그 길이는 약 334km이고, 약 12,900km^{2}의 집수 지역이 있다. 강 주변은 토질이 좋고 경사가 완만하여 다양한 종류의 작물 재배와 가축 사육이 증가할 수 있는 잠재력을 가지고 있으나, 홍수 범람원의 높은 지하수면으로 인해 대부분의 우기에는 이 지역에서의 거주가 불가능하다. 그럼에도 불구하고 인구 증가 및 토지 이용에 대한 압력으로 인해 범람하기 쉬운 지역에 거주하는 주민들은 늘어나고 있으며, 범람지역 거주가 증가함에 따라 부냐라 지역의 주민들의 홍수 피해 위험은 더욱 높아지고 있다.

또한 더 많은 농지를 확보하기 위한 개발사업이 진행되면서 은조이아 강의 습지가 잠식되고 있다. 최근 몇 년간의 기후 동향은 부냐라 지역의 지속적인 홍수를 유발하였으며, 홍수의 빈도 및 규모도 점점 증가하고 있다. 홍수로 인해 18,943*ha*에 이르는 지역이 평균 4.9m 정도로 침수되고 있으며, 이러한 기후의 변화는 주민들의 생계 활동을 어렵게 하고 다른 지역으로 이주하게 하는 결과를 낳고 있다. 홍수로 인한 자산과 인프라의 파괴와 이에 따른 주민들의 이주는 가구소득의 감소, 농업 생산량 감소, 인플레이션 및 실업 문제의 심화 등 부냐라 서브 카운티의 경제 발전에 큰 위협이 되고 있다(Huho & Cosonei, 2014).

홍수에 따른 농작물의 피해는 홍수의 규모에 따라 달라지며, 홍수의 규모가 증가할수록 옥수수, 수수, 콩, 카사바 등 작물의 수확량은 감소한다. 특히 주식인 옥수수가 물기가 많은 토양에서 잘 자라지 못하고 재배 기간이 길기 때문에 홍수에 가장 취약하며, 콩은 재배 기간이 짧고 일찍 심기 때문에 홍수 기간을 피할 수 있어 비교적 홍수의 영향을 적게 받는다. 수수는 물기가 많은 땅에서도 잘 자라기 때문에 홍수의 영향을 덜 받으나 홍수의 규모가 점점 커짐에 따라 그 영향도 점점 많이 받고 있다. 가축의 경우는 홍수가 발생할 경우 이동이 가능하기 때문에 그 피해가 적은 편이지만 홍수의 규모가 증가하면 손실도 커지고, 홍수로 인한 가축 질병의 확대, 범람으로 인한 목초지 감소 및 가축 시장의 폐쇄로 축산업 발전이 지체되고 있다. 부냘라 서브 카운티의 두 번째 주요 수입원인 수산업도 홍수 규모가 증가함에 따라 그 생산량이 줄어들고 있다. 홍수 기간 동안에는 주요 항구가 침수되기도 하고 호수 연안 지역이 오염됨에 따라 조업을 위해 멀리까지 나가야 하는 등 홍수의 영향을 많이 받고 있다(Huho & Cosonei, 2014).

(2) 농업 생산성 감소에 따른 식량공급 부족과 빈곤문제

부냘라 서브 카운티 주민들은 연중 수개월 동안 식량 부족을 겪고 있다. 이러한 식량 부족의 원인으로는 홍수, 가뭄, 식량을 구입할 자금의 부족, 흉작, 좋지 못한 건강, 비옥하지 못한 토양, 협소한 농지, 강우 패턴의 변화, 야생 동물 및 곤충에 의한 피해 등을 들 수 있으며, 이 중에서도 홍수에 따른 농업 생산성 감소가 이 지역 식량 부족의 가장 큰 원인이 되고 있다. 특히 2008년부터는 매년 지나치게 많은 강우량으로 인해 농업 생산량의 60%까지도 떨어지고 있다(USAID, 2014). 비가 적게 오거나 강수량이 일정치 않은 경우에는 빅토리아 호수와 인접해 있는 지리적인 특성으로 인해 가뭄을 겪기도 하고, 홍수뿐만 아니라 가뭄으로 인하여 작물 생산성이 떨어지기도 한다. 부냘라 서브 카운티 주민들은 보통 매년 2월 중순에서 3월 사이에 작물을 심고, 4월에 김매기를 한 후 홍수가 발생하기 이전인 5월 초순경 콩을 수확하기 시작한다. 작물 심기부터 수확까지는 약 3개월가량 걸리는데 농민들은 홍수가 발생하기 이전에 수확을 하고 저장하는 것이 손해를 줄이는 방편이라는 판단으로 수확 시기를 앞당기기도 한다. 홍수는 11월이나 12월에 주기적으로 발생하며, 식량 부족은 홍수 발생 시기 이후인 1월에서 4월 사이에 주로 발생한다(USAID, 2014).

부날라 서브 카운티 지역의 강수량은 매우 불규칙하기 때문에 홍수 피해가 없는 건기 동안 발생하는 가뭄이 큰 피해를 유발하기도 한다. 수리관개시설이 완비되지 않아 강수량이 부족할 경우 농업생산성이 급감하는 경향이 있다. 농업생산성이 감소하는 경우 지역주민들은 어로활동으로 얻은 수산물을 섭취하게 되며, 이 경우 수산물을 매개로 전염되는 질병과 기생충이 유발하는 질병으로 인한 보건문제가 심각해지기도 한다. 이와 같이 케냐에서는 기후변화로 인한 홍수와 가뭄 등의 다양한 문제로 인해 국가의 사회경제적 발전이 심각하게 저해되고 있으나, 대부분의 지역사회는 실현 가능한 방법으로 기후변화에 대처하거나 적응할 능력을 갖추고 있지 못한 상황이다(USAID, 2014). 따라서 현재 직면하고 있는 빈곤문제와 자연재해를 극복하기 위해 지역주민의 교육수준을 높이고 역량을 개발하는 것이 시급하다.

(3) 부정부패, 인프라 부재 등 기타 장애요인

케냐는 일반적으로 개발도상국가에서 발생하는 부정부패와 불충분한 인프라 등 다양한 발전의 장애요인을 공유하고 있다. 국제투명성기구에 따르면 케냐는 세계에서 가장 부패한 6개국 중 하나이며 부정부패가 경제성장과 빈곤극복에 부정적인 영향을 주고 있다. 케냐에서 수수되는 뇌물의 액수는 연간 10억 달러에 이르는 것으로 나타나고 있으며, 케냐 시민이 공공기관을 3차례 방문할 때 2번은 뇌물을 주는 것으로 알려져 있다(Library of Congress, 2007). 이와 같은 과도한 부정부패는 경제의 활력을 떨어뜨리며, 빈곤층에게는 큰 부담이 될 수밖에 없다. 또한 사회기반구조의 부재도 중요한 장애요인이 된다. 도로의 공급이 부재할 경우 재화와 서비스에 대한 접근성이 낮아지며 상업활동을 활성화하기 어려워진다. 또한 에너지의 부재는 목재연료에 대한 과도한 의존으로 이어지며, 그 결과로 환경파괴와 보건위생 상태의 악화를 유발한다. 부시아 카운티 정부에서도 사회기반구조의 중요성을 인식하고 있으며, 주민들의 삶의 질을 높이기 위해 도로, 에너지공급, 수리관개시설의 확충, 공중보건 시설의 설립 등이 필요함을 강조한다 (Busia County Government, 2013). 그러므로 이 지역의 빈곤 극복을 위해서는 정치, 경제, 사회, 행정 등 모든 분야에서 다차원적이고 포괄적인 접근이 필요하다.

4. 재정 접근과 역량 접근: 개발도상국가 빈곤에 대한 두 이론

개발도상국가의 빈곤에 대한 이론적인 접근은 매우 다양하게 제시되고 있다.[4] 여기서는 빈곤에 대한 다양한 접근법들을 살펴보고, 주된 이론적 관점으로 제시되고 있는 재정적 접근과 역량 접근의 관점을

4) 이 글에서 제시한 빈곤에 대한 재정적 접근과 역량 접근 등 두 가지 접근법 외에도 사회적 배제 접근과 참여 접근이 있을 수 있다. 사회적 배제 접근은 사회 속의 개인이 본인의 의사와는 상관없이 속한 사회나 사회 내 활동에 동참하지 못하는 것을 의미하는데, 행위자의 행동의 결과로 인해 발생하고 상황에 따라 다르게 나타나며 미래 상황의 변화에도 영향을 미치는 특성을 가지고 있다(국가인권위원회, 2004). 사회적 배제 접근법은 빈곤에 대한 다른 접근법과는 달리 박탈에 이르는 과정을 중요시하며, 이러한 특성으로 인하여 빈곤에 처해지는 과정과 박탈의 주요 결과물이 분석 대상이 된다(박병현, 2001). 그리고 참여 접근법은 빈곤에 대한 다른 접근법들과는 달리 빈곤의 정도나 그 의미를 결정하는 데 당사자들인 빈곤층의 참여를 가능하게 하는 접근법이다(이현정, 2015). 참여 접근법은 참여에 의한 지역평가에서 발전된 것으로 세계은행과 국제통화기금(IMF) 등 국제기구에 의해 빈곤 평가의 보완 수단으로 사용되면서 널리 활용되기 시작하였다.

동시에 고려한 연구의 방향을 제시하고자 한다.

1) 재정적 접근법(Monetary Approach)

재정적 접근법은 빈곤에 대한 다양한 접근법 중 가장 일반적인 접근법으로 개인적인 차원에서 소득이나 기초소비에 대한 필요를 충족시킬 수 있는 자원을 충분하게 가지고 있느냐의 여부로 빈곤의 수준을 판단하는 관점이다(구인회, 2005). 재정적 접근법은 소득이나 기초소비에 있어서 최소한의 소비 능력이나 생존을 위한 기본적인 소비 수준을 빈곤선으로 책정하고 빈곤선에 미치지 못하는 자원을 가졌을 경우 빈곤층으로 분류한다. 빈곤선은 가구의 소득이나 지출에 대한 자료들을 생존에 필요한 최소 기준과 비교함으로써 기초적인 필요를 충족시키지 못하는 부분이 어떤 것인지를 가늠하는 빈곤의 금전적 평가를 통하여 설정된다(이금순 외, 2008).

빈곤을 이와 같이 재정적 접근법으로 설명할 경우, 손쉽게 계량화가 가능하기 때문에 절대적인 기준을 통해 다양한 비교 연구를 할 수 있다(이홍직·유지영, 2007). 나아가서 국가적 차원에서 빈곤 발생의 원인 파악 및 이에 따른 방안의 마련과 더불어 소득 및 소비와 복지의 연관성, 빈곤의 다양한 특성 간 상관관계, 정책 집행에 따른 영향에 대한 가설 검증 등 전반적인 흐름의 파악이 가능하기 때문에 연구 및 정책 분석에 있어서 유용하게 활용된다. 그러나 빈곤의 재정적 기준을 정하기 위한 조사 방식이 다양하여 국가나 시기에 따라 다르게 적용될 수 있으며, 빈곤의 원인이 금전적인 결핍에만 있는 것이 아니기 때문에 재정적 접근법이 실제 빈곤이나 불평등을 정확하게 평가할 수 있는가에 대한 논란의 여지도 존재한다. 이러한 비판적인 시각에도 불구하고 재정적 접근법은 빈곤에 대한 명확한 기준의 제시가 가능하고 빈곤에 대한 전반적인 흐름을 파악할 수 있어 널리 활용되고 있다(이금순 외, 2008).

2) 역량 접근법(Capacity Approach)

빈곤에 대한 역량 접근법은 빈곤을 개인의 역량 차원에서 분석하는 것으로 빈곤을 단순히 경제적인 차원에서만 보는 것이 아니라 사회적, 정치적인 차원까지도 고려한다. 역량 접근법에서는 개인의 금전적인 소득이 낮은 상태뿐만 아니라 가치 있는 삶을 추구하기 위해 필요한 물질적, 정신적 요소 및 법적, 정치적, 사회적, 경제적 환경에 접근할 수 있는 역량이 부족한 상태를 빈곤이라고 한다. 빈곤의 다차원적인 특성을 고려할 때 역량 접근법은 빈곤 감소를 위한 방안으로서 경제개발과 더불어 사회 개발 및 제도의 개선도 함께 고려할 수 있다는 장점을 가진다(이금순 외, 2008). 이 관점에서는 진정한 자유를 바탕으로 어떤 행위를 할 수 없는 상태를 빈곤이라고 정의한다. 따라서 빈곤에서 벗어난 상태에서는 다양한 자원을 가치 있는 재화로 만들 수 있는 능력을 갖추어야 하며, 그로 인해 행복도를 높일 수 있어야 하고, 사회 내에서 기회를 부여받을 수 있어야 한다(Sen, 1985). 이런 관점에 기반을 두어 인간개발지수, 젠더불평등 지수 등과 같은 척도가 개발되었다.

최근에는 빈곤 감소를 위해 개인 차원의 역량에 대한 관심과 더불어 개인이 지역사회에서 형성하는 사회적 관계를 기반으로 하는 지역사회의 역량 강화도 강조되고 있다(한상일·김경희, 2014). 이 때 지역사회의 역량이란 개인역량, 민간조직 역량, 공공서비스 역량, 물리적 역량, 지역경제 역량을 포함하는 개념이다(ABCD Institute, 2005). 지역사회의 발전을 위해 가장 중요한 요소는 인적자원으로 인적자원의 역량 강화는 물리적, 경제적 역량 강화에 긍정적인 영향을 미친다. 지역사회의 역량 강화는 공공서비스 역량, 물리적 역량, 지역경제 역량 등 하드웨어적인 측면뿐만 아니라 개인역량, 민간조직 역량 등 소프트웨어적 측면이 함께 강화되어야 한다(신선영 외, 2014; 임한성, 2013).

최근 들어 역량의 개념은 다양한 영역으로 확장되는 추세이다(Ballet et al., 2014). 역량은 합리적인 판단과 전략적인 의사결정에 입각하여 경제적 성과를 높일 기회를 얻는 것뿐만 아니라 도덕성과 정치적 관점과 연관한 개념으로 이해할 수 있다. 이렇게 역량의 개념을 확대해서 이해할 때 자유와 기회뿐만 아니라 그에 수반되는 책임성을 함께 고려하게 된다. 결국 역량개발을 통한 빈곤의 극복은 다차원적으로 이해되어야 하며, 개인의 변화가 반드시 행동의 변화로 이어지고, 지역사회 전체의 발전을 유발할 때 가능한 것이다. 최근 들어 OECD(2009)에서 설명하는 웰빙의 개념에서도 역량의 개념을 다차원적으로 이해하는 것이 중요하며, 특히 역량을 행위 그리고 재정과 연계해서 이해하는 것이 강조되고 있다.

3) 이론적 검토 요약 및 연구 방향

지금까지 빈곤에 대한 두 가지 이론적인 접근법을 살펴봄으로써 빈곤을 정의하고 평가하는 객관적이고 유일한 접근법을 찾기는 어려우며 다양한 접근법들이 가지는 각각의 특성이 상호 보완적으로 작용할 수 있다는 것을 알 수 있었다. 특히 주된 이론적 관점으로 제시되고 있는 재정적 접근법과 역량 접근법은 각각의 특징에 따라 빈곤에 대한 연구에 널리 활용되고 있다. 그러나 재정적인 측면과 역량 측면은 각각 분리된 개념이 아니라 인과관계를 가지고 상호작용하는 개념으로 이해하는 것이 바람직하다고 보는 것이 최근의 추세이다. 그러므로 빈곤 문제의 해결과 나아가 지속가능한 발전을 위한 노력에 있어서 재정과 역량의 상호작용 효과에 대한 검토가 필요하며 실제로 역량개발 프로그램이 지역주민들에게 어떤 행동양식의 변화를 유발하는지 분석하는 것도 바람직하다. 이에 본 연구에서는 재정 및 행동양식 변수를 종속변수로 정하고 역량개발 프로그램 참여여부를 독립변수로 설정하여 역량개발의 효과에 대해서 검토하고자 한다.

빈곤의 정도를 측정하는 데 가장 직접적인 변수가 되는 것은 경제활동을 통해 창출하는 소득이 될 것이다. 따라서 이 연구에서는 재정적 소득을 빈곤을 측정하는 중요한 종속변수로 삼고자 한다. 아울러 지역주민들의 행동양식을 전체 소득 가운데 식량구매에 지출한 비율로 이해하고자 한다. 총소득 가운데 식량구매에 지출하는 비중이 줄어들수록 새로운 경제활동을 위한 투자나 역량개발 프로그램에의 참여가 가능하기 때문이다. 역량 관점에서 보면, 소득 가운데 일정 부분을 역량개발에 투자할 때 빈곤을 극복할 수 있는 기반이 마련될 수 있다. 따라서 이 연구에서는 총소득 중 식료품 구매에 투자되는 액수의 비율을 두 번째 종속변수로 설정함으로써 역량개발의 효과를 분석하고자 하였다.

케냐 부날라 서브 카운티가 속한 부시아 카운티 정부는 개인위생 및 보건, 기업가정신, 마케팅 등의 역량이 지역사회의 빈곤 해소에 기여할 것으로 예상하고 있다(Busia County Government, 2013). 급격한 기후변화로 인해 농작물의 수확이 줄어들면 빅토리아 호수에 서식하는 어류를 섭취하게 되며 그 경우 지역주민들은 다양한 기생충에 노출될

확률이 높아진다. 또한 이들은 위생처리 되지 않은 식수나 열악한 주거환경에 항상 노출되어 있으며 질병에 감염될 가능성이 높은 상태이다. 따라서 지역 주민들에게 위생과 보건에 대한 다양한 지식을 전달하고 이를 기반으로 건강한 상태에서 경제활동을 영위하게 하는 것이 중요하다. 그리고 지역에서 생산되는 농수산물 가운데 환금작물의 비율은 매우 낮다. 따라서 보다 많은 소득을 창출하여 지역사회의 경제적 수입을 증대할 수 있도록 새로운 작물과 기회를 포착하는 기업가 정신에 대한 역량개발이 필요한 것으로 인식된다. 특히 부시아 카운티 정부는 생산된 작물을 보다 높은 가치로 판매하기 위해 마케팅 역량이 절실하게 필요하다고 인식하고 있다.

부날라 서브 카운티에서는 다양한 국제 NGO와 지역사회 조직들 그리고 지방정부를 중심으로 이 세 가지 역량개발 프로그램을 진행하고 있으며, 이 연구에서는 〈그림 8-1〉과 같은 연구모형을 설정하고 평균값 분석과 회귀분석을 통해서 역량개발 프로그램의 효과를 분석하고자 한다.

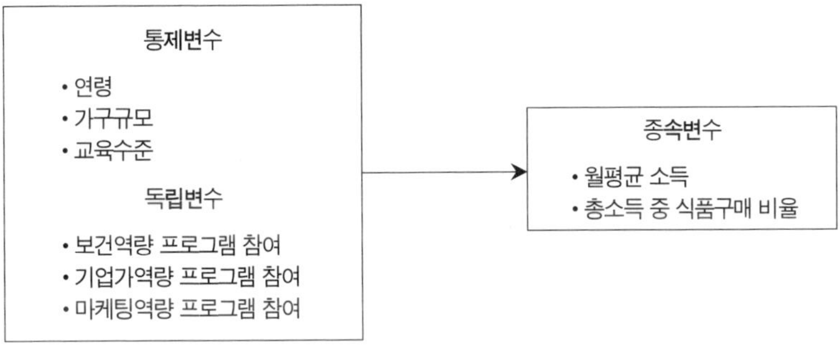

〈그림 8-1〉 역량개발 프로그램참여와 삶의 질에 대한 연구모형

5. 실증적 분석

1) 연구방법

(1) 표본과 조사방법

이 연구는 2014년 8월에서 9월까지 케냐 서부의 빅토리아 호수 지역 부날라 서브 카운티의 지역주민들을 대상으로 진행된 사회경제적 특성과 역량개발 프로그램 참여여부 그리고 소득 등에 관한 조사자료를 활용한다. 이 조사는 조사원이 지역주민들을 직접 방문하여 조사하는 방식으로 진행하였으며, 미리 설문지를 마련하여 조사원이 묻고 응답자가 답할 때 설문지에 기재하는 방식으로 진행하였다. 이 자료의 응답자는 총 104명이며 이들의 사회경제적 특성은 〈표 8-1〉과 같다. 표본 중에서 가장 일반적인 대푯값은 38세에서 47세 사이의 공식적으로 교육기관에 다닌 적이 없는 기혼남성으로서 가족구성원 수는 5명에서 8명 사이인 것으로 확인되었다.

〈표 8-1〉 응답자의 사회경제적 특성

사회경제적 특성		빈도	비율
성별	남	74	71.2%
	여	30	28.8%
연령	18~27세	22	21.2%
	28~37세	29	27.9%
	38~47세	34	32.7%
	48~57세	11	10.6%
	58세 이상	8	8.0%
결혼상태	미혼	10	9.6%
	기혼	75	72.1%
	사별	15	14.4%
	이혼	4	3.8%

사회경제적 특성		빈도	비율
교육	무교육	53	51.0%
	초등	37	35.6%
	중등	10	9.6%
	고등	4	3.8%
가구규모	1~4명	20	19.2%
	5~8명	55	52.9%
	9~12명	29	27.9%
경제상태	하락	55	52.9%
	정체	29	27.9%
	향상	20	19.2%

(2) 변수와 부호화방법

이 연구의 주요 변수는 성별, 연령, 학력, 가구구성원 수, 배우자 유무, 월평균 소득, 총소득 중 식료품 구매에 활용하는 비율 등으로 구성된 사회경제적 특성변수와 역량강화 프로그램 참여여부에 관한 변수로 구성되었다. 성별은 남성과 여성을 선택지로 한 문항에 대해 남성을 1, 여성을 0으로 부호화하였다. 연령은 응답자의 연령을 묻고 기입하도록 하였다. 학력은 초등교육 이수여부, 중등교육 이수여부, 대학교육 이수여부를 선택하도록 하였으나 실제 조사결과 교육경험이 없는 응답자가 총 응답자의 50%가량을 차지함에 따라 실제 분석에서는 더미변수를 활용하였다. 가구구성원 수, 월평균 소득, 총소득 중 식품구매비율 등은 실제 수치를 기입하게 한 후 분석에서 가산변수를

〈표 8-2〉 변수와 질문내용

변수		설문내용 (부호화방식)
통제변수	연령	생년월일이 언제입니까? (연령단위 연속변수)
	성별	면접자의 관찰결과 (여성=0, 남성=1)
	가구규모	현재 가구에 몇 명이 거주하고 있습니까? (연속변수)
	교육수준	면접자가 교육기간, 학교 진학여부, 학위소지여부 묻고 기입 (무교육=0, 초등교육=1, 중등교육=2, 고등교육이상=3)
	결혼상태	면접자가 결혼 상태를 묻고 조사지에 기입 (배우자 없음=0, 배우자 있음=1)
역량제고 프로그램 참여여부	보건역량	지난 1년간 지역사회에서 진행되는 보건 역량제고 프로그램에 참여한 적이 있습니까? (없음=0, 있음=1)
	기업가역량	지난 1년간 지역사회에서 진행되는 기업가 역량제고 프로그램에 참여한 적이 있습니까? (없음=0, 있음=1)
	마케팅역량	지난 1년간 지역사회에서 진행되는 마케팅 역량제고 프로그램에 참여한 적이 있습니까? (없음=0, 있음=1)
종속변수	월평균소득	2014년 현재 월평균 소득이 얼마입니까? (케냐실링 단위 연속변수)
	식품구매 비율	2014년 현재 식료품 구매에 지출한 월평균 액수가 얼마입니까? (월평균 소득에 대한 백분율 계산)

활용하였다. 이 중에서 지역주민들의 월평균 소득은 케냐실링 단위로 측정했으며, 식품구매비율은 전체 소득 가운데 식료품을 구매하는 데 활용하는 지출의 비율을 백분율로 측정했다. 역량제고 프로그램은 지역사회에서 개최하는 역량제고 프로그램을 조사한 후 기업가정신 배양 프로그램, 마케팅 역량강화 프로그램, 위생관련 프로그램 등의 참여여부를 확인하였다. 이들 변수의 경우 프로그램에 참여한 응답자는 1, 참여하지 않은 응답자는 0으로 부호화하여 실증분석에 활용하였다.

(3) 분석방법

이 연구의 목적은 궁극적으로 케냐의 빈곤지역에 속하는 부냘라 서브 카운티 지역주민들의 사회경제적 특성과 역량강화 프로그램 참여여부 변수 가운데 소득증가 및 총수입 중 식품구매비율 하락에 영향을 주는 변수가 무엇인지 발굴하는 데 있다. 주요 변수를 발굴하고 어떤 변수가 얼마나 큰 효과를 주는지를 확인함으로써 지역주민의 빈곤극복 전략수립에 도움을 주고자 한다. 이러한 목적의 달성을 위해 평균값 분석과 회귀분석을 시도하였다. 평균값 분석은 사회경제적 특성 변수에 속하는 성별, 연령, 학력, 가구구성원 수, 배우자 유무, 기업가역량, 마케팅역량, 위생역량 제고 프로그램 참여여부에 따라 두 집단으로 구분한 후 t-검정을 실시하였다. 성별에 따라 남성과 여성, 연령에 따라 38세 이상과 37세 이하 집단, 학력에 따라 교육경험이 있는 집단과 없는 집단, 가구구성원 수에 따라 9인 이상인 집단과 8인 이하인 집단, 배우자가 있는 집단과 없는 집단, 역량개발 프로그램 참여경험이 있는 집단과 없는 집단을 구분하여 평균값이 통계학적으로 유의미한지를 분석하였다.

회귀분석은 분석의 간결성을 위해 상관관계 분석과 집단 간 차이분석의 결과 종속변수와 통계학적으로 유의미한 관계가 발견된 통제변수만을 독립변수에 투입하고 역량개발 프로그램 참여여부와 관련된 변수는 모두 투입하였다. 따라서 통제변수로 연령, 학력, 가구구성원수가 활용되었고 역량개발 프로그램 참여여부 변수는 모두 활용되었다. 회귀분석은 각 종속변수별로 두 모형으로 나누어 검증하였다. 첫 번째 모형은 통제변수와 종속변수와의 관계를 검증하고 두 번째 모형은 모든 독립변수를 투입하여 종속변수와의 관계를 검증하였다. 이와 같이 두 모형을 검증함으로써 역량개발 프로그램의 효과성을 R^2변화량을 통해 확인할 수 있다. 그리고 모든 독립변수가 투입된 모형의 회귀계수를 통해 각각의 변수가 월소득 증가에 얼마나 큰 기여를 하는지를 구체적으로 확인할 수 있다. 이러한 실증분석을 위하여 SPSS ver. 18.0 프로그램을 활용하였으며, 모든 회귀분석의 과정에서 VIF 지수의 확인을 통한 다공선성 여부를 포함한 모든 회귀진단의 과정을 거쳤다.

2) 분석결과

(1) 상관관계 분석결과

이 연구에서는 주민들의 총소득과 총소득 중 식품 구매에 투자한 금액의 비율에 영향을 주는 변수가 무엇인지를 분석하고자 하였다. 상관관계분석 결과 총소득에 대하여 연령과 교육수준 그리고 기업가 역량제고 프로그램 참여, 마케팅 역량제고 프로그램 참여가 통계학적으로 유의미한 정의 상관관계가 있었다. 특히 학력과의 상관성이 높은 것으로 나타났다. 식품 구매에 투자한 금액의 비율과 상관관계가 높은 변수는 연령, 가구규모, 학력이었다. 이 가운데 연령과 가구규모는 정

〈표 8-3〉 상관관계 분석결과

변수	1	2	3	4	5	6	7	8	9	10
1. 성별	1	.087	.174	.050	-.017	-.025	.031	-.017	.000	-.105
2. 연령		1	.365**	.005	.022	-.012	.034	.016	.208*	.358**
3. 가구규모			1	-.228*	.425**	-.031	-.002	-.022	.410**	-.048
4. 최종학력				1	-.074	.206*	.189	-.071	-.400**	.413**
5. 배우자 유무					1	-.030	.023	.107	.000	.075
6. 기업가역량 프로그램						1	-.089	-.043	.038	.226*
7. 위생역량 프로그램							1	-.062	-.081	.177
8. 마케팅역량 프로그램								1	-.170	.232*
9. 식품구매비율									1	-.181
10. 월평균 소득										1

***$p<.001$, **$p<.01$, *$p<.05$

의 상관관계가 있었으나 최종학력과는 부의 상관관계가 있었다. 즉 교육을 받을수록 식료품에 지출하는 비율은 낮아진다는 것이다. 가구구성원 수가 많을수록, 그리고 연령이 높을수록 식료품비가 차지하는 비율이 높아진다. 즉 소득이 제약된 상황에서 가구구성원의 수가 많아지면 식량 구매량도 많아질 수밖에 없는 반면, 교육수준이 높아질수록 미래를 위한 투자를 늘리게 마련이며 다양한 프로그램에의 참여도도 높아진다는 사실이 확인되었다. 따라서 다양한 통제변수 가운데 연령, 학력, 가구규모를 선택하여 향후 회귀분석에 투입하는 것이 바람직하다는 결론을 얻게 되었다. 그리고 상관관계 분석결과 변수 간 상관관계의 최대치는 .435이므로 독립변수 간 높은 상관관계로 유발되는 다공선성의 존재 가능성은 매우 낮은 것으로 판단된다.

(2) 평균값 분석

총소득과 총소득 가운데 식품 구매에 투자한 액수의 비율의 평균값을 사회경제적 특성과 역량개발 프로그램 참여여부에 따른 집단별로 구분하여 분석한 결과가 〈표 8-4〉에 제시되었다. 이 분석에서도 상관관계분석 결과와 유사한 결과가 도출되었다. 통계학적으로 유의미한 차이를 보인 사회경제적 특성변수는 월평균 소득에 대해서는 연령과 교육으로 나타났고 식품구매비율에 대해서는 연령, 가구규모, 교육수혜여부인 것으로 나타났다.

평균값 차이 분석결과 연령이 많은 집단의 소득이 연령이 낮은 집단의 소득보다 약 1,600케냐실링 높고, 교육의 경험이 있는 집단의 소득이 교육받은 적이 없는 응답자들의 소득보다 1,700케냐실링가량

〈표 8-4〉 사회경제적 특성과 역량개발 프로그램 참여여부에 대한 평균값 분석결과

변수		월평균소득			총수입 중 식품구매비율		
		평균	표준편차	유의도	평균	표준편차	유의도
성별	남	2824.3243	2387.8007	.288	49.6300	19.6967	.997
	여	3400.0000	2727.2571		49.6382	.0000	
연령	37세 이하	2156.8627	1718.9828	.001	46.2871	14.3953	.043
	38세 이상	3792.4528	2847.7960		52.8583	17.9945	
결혼상태	배우자 없음	2689.6552	2429.0423	.447	49.6300	.0000	.997
	배우자 있음	3106.6667	2520.5819		49.6381	19.5632	
가구규모	8인 이하	3006.6667	2592.2094	.915	44.8948	13.5412	.000
	9인 이상	2948.2759	2249.3842		61.8972	17.6337	
교육수혜여부	수혜	3843.1373	2838.1159	.001	43.8310	17.0060	.000
	비수혜	2169.8113	1773.0444		55.2217	14.2024	
기업가역량제고 프로그램 참여여부	참여	5250.0000	2928.3101	.021	52.1483	9.5364	.704
	비참여	2852.0408	2410.4681		49.4820	16.9372	
위생역량제고 프로그램 참여여부	참여	4208.3333	2179.0149	.072	45.9183	20.8662	.412
	비참여	2831.5217	2495.3552		50.1208	16.0166	
마케팅역량제고 프로그램 참여여부	참여	6333.3333	2020.7259	.018	33.3767	18.9919	.085
	비참여	2891.0891	2441.9295		50.1188	16.3656	

더 높은 것으로 나타났다. 연령과 교육수혜여부는 총소득 중 식품구매 비율에서도 통계학적으로 유의미한 평균값의 차이를 유발하였다. 가장 큰 평균값의 차이를 유발한 변수는 가구구성원의 수이며, 가구구성원이 많은 집단에서 17%가량 더 많은 식품구매 지출을 하는 것으로 나타났다. 또한 기업가 역량제고 프로그램과 마케팅 역량제고 프로그램에 참여한 응답자의 소득이 현저하게 높은 것으로 나타났다. 이러한 결과를 통하여 지역주민에 대한 교육 및 역량개발 프로그램이 소득증대에 대한 효과가 크고 생계유지 이외의 전략적 투자를 강화하게 하는 효과가 있음이 확인되었다.

(3) 회귀분석 분석결과

이 연구의 회귀분석은 두 종류의 모형으로 구성하였다. 첫 번째 모형으로 사회경제적 특성변수 가운데 연령, 가구규모, 최종학력만을 독립변수에 포함하였고 두 번째 모형으로 역량제고 프로그램 참여여부를 포괄하였다. 두 모형으로 구분한 이유는 모형의 설명력 변화를 검증함으로써 역량제고 프로그램의 중요성을 판단하기 위함이다. 회귀분석과 함께 다공선성의 문제를 검증하기 위해 VIF 지수를 확인했으며 그 결과로 다공선성이 없음이 확인되었다.

회귀분석결과에 따르면 통제변수 가운데 연령과 최종학력이 통계학적으로 유의미한 차이를 유발하는 것으로 나타났다. 이 결과는 상관관계분석과 평균값 차이 분석에서 확인된 바 있다. 역량제고 프로그램을 독립변수에 추가했을 때 모형의 설명력은 .105만큼 상승하였다. 역량제고 프로그램 가운데 기업가 역량제고 프로그램과 마케팅 역량제고 프로그램이 통계학적으로 유의미한 차이를 유발하는 것으로 나타났다. 기업가 역량제고 프로그램에 참여한 응답자가 약 1,900케냐실링가량 더 높은 소득을 창출하고 있으며 마케팅 역량제고 프로그램에 참여한 응답자가 약 3,900케냐실링가량 더 높은 소득을 얻는 것으로 확인되었다.

역량제고 프로그램 참여여부가 통계학적으로 유의미한 차이를 유발한 것은 빈곤의 개념구성에 활용되는 재정, 역량, 배제, 사회적 관계 등의 변수가 서로 연계되어 있다는 사실을 확인해주는 것이다. 따라서 빈곤의 다차원적 속성이 분석되어야 하고 이들 간의 인과관계를 이해하는 것이 매우 중요하다는 사실이 확인되었다. 특히 케냐 빈곤지역의 경우 교육과 역량개발 프로그램이 소득에서 현저한 차이를 유발하고 있음이 확인된 만큼 향후 보편적 교육체계를 확충하여 보다 많은 주민들이 교육의 혜택을 누릴 수 있도록 정책대안을 마련하는 것이 중요하다. 그리고 역량개발 프로그램 가운데 마케팅 역량제고 프로그

〈표 8-5〉 월평균소득에 대한 회귀분석결과

변수		Model 1		Model 2	
		B(SE)	β	B(SE)	β
통제변수	연령	843.131(192.290)	.394***	825.618(180.076)	.386***
	가구규모	-377.220(336.073)	-.104	-358.593(315.063)	-.099
	최종학력	1195.051(264.970)	.388***	1066.308(259.830)	.346***
독립변수	기업가 역량제고 프로그램			1902.200(855.038)	.179*
	위생 역량제고 프로그램			1019.391(622.738)	.131
	마케팅 역량제고 프로그램			3914.239(1160.448)	.264**
상수		828.128(769.035)		579.198(722.498)	
R^2		.306		.411	
Adj. R^2		.286		.375	
ΔR^2				.105	
F		14.728		11.286	

***p<.001, **p<.01, *p<.05

램이 가장 큰 차이를 유발한 만큼 다양한 환경변화를 인식하고 대응 방안을 마련하는 활동의 중요성을 강조하는 프로그램을 통해 다양한 소득증대 방안을 주민들 스스로 마련하도록 유도하는 것이 중요하다.

총소득 가운데 식품구매에 투자한 비율에 대한 회귀분석 결과가 〈표 8-6〉에 제시되었다. 사회경제적 특성변수 가운데는 가구규모와 최종학력이 통계학적으로 유의미한 차이를 유발하였다. 이 두 변수는 서로 다른 방향으로 영향을 미치는 것이 확인되었다. 가구규모가 1명 증가할 때 식품구매에 약 7.2%가량 더 지출하는 것으로 확인되었고 학력 수준이 높아질 때마다 약 6.8%가량 덜 구매하는 것으로 확인되었다. 따라서 가구구성원 수는 줄이고 교육수준을 높이는 것이 식품구매 비중을 줄이고 소득증대를 위한 역량제고에 대한 투자를 늘리는 데 기여할 수 있을 것이다.

〈표 8-6〉 식품구매 비율에 대한 회귀분석 결과

변수		Model 1		Model 2	
		B(SE)	β	B(SE)	β
통제변수	연령	1.437(1.308)	.101	1.576(1.284)	.111
	가구규모	7.195(2.286)	.297**	6.893(2.246)	.284**
	최종학력	-6.836(1.803)	-.333***	-7.590(1.852)	-.370***
독립변수	기업가 역량제고 프로그램			8.122(6.095)	.115
	위생 역량제고 프로그램			-.843(4.439)	-.016
	마케팅 역량제고 프로그램			-18.502(8.271)	-.188*
Constant		35.482(5.232)		36.420(5.150)	
R^2		.276		.325	
Adj. R^2		.254		.283	
ΔR^2				.049	
F		12.696		7.783	

***p〈.001, **p〈.01, *p〈.05

역량제고 프로그램 참여여부의 영향은 월평균 소득의 영향보다는 크지 않은 것으로 나타났으나 .049의 설명력 증가가 확인되었고 이는 통계학적으로 유의미한 증가였다. 세 가지 프로그램 중에는 마케팅 역량제고 프로그램만이 유의미한 영향이 있는 것으로 나타났다. 마케팅 역량제고 프로그램에 참여한 응답자의 경우 식료품 구매에 18.5% 덜 지출하는 것으로 나타났다. 따라서 두 가지 종속변수 모두에서 마케팅 역량제고 교육은 매우 중요하고 다른 어떤 변수보다도 큰 변화를 유발하는 것으로 나타났다.

(4) 분석결과 요약

지금까지 케냐 부날라 서브 카운티 지역 조사 자료에 대한 실증적 분석을 통하여 빈곤 지역 주민들의 사회경제적 특성과 역량강화 프로그램 참여여부가 소득 증가 및 총수입 중 식품구매비율에 어떻게 영향을 주는지에 대해 살펴보았다. 이 연구의 상관관계 분석을 통해서 주민들의 사회경제적 특성 중 연령, 교육 등이 소득과 긍정적인 상관관계가 있다는 사실이 확인되었다. 그리고 총소득 가운데 식품 구매를 위한 지출의 비율은 교육수준과 부정적인 상관관계가 있지만 연령, 가구구성원 수와는 긍정적인 상관관계가 있음이 확인되었으며, 이 결과는 t-검정을 통한 집단 간 평균값 분석 및 회귀분석의 결과를 통해서도 확인되었다.

6. 함의와 결론

1) 개도국 빈곤연구에서 역량개발참여와 사회경제적 특성의 중요성

이 연구의 이론적 함의는 두 가지로 요약할 수 있다. 첫째, 역량제고 프로그램에의 참여 여부가 월평균 소득 증가에 긍정적인 영향을 끼친다는 분석 결과를 볼 때 아프리카 빈곤 연구에서 다차원적·융합적 접근이 필요함을 확인하였다. 특히 주된 이론적 관점인 재정적 접근과 역량 접근의 융합이 필요함을 알 수 있었다. 재정적 접근과 역량 접근의 융합연구는 각각의 접근법이 가지는 약점을 보완할 수 있을 뿐만 아니라 빈곤의 다차원적 특성을 인식하고 빈곤의 원인에 대한 인과성을 보다 명확하게 규명함으로써 이론 모형과 더불어 개발도상국의 빈곤 감소 및 발전 전략을 더욱 정교화할 수 있을 것이다. 또한 재정적 접근과 역량 접근의 융합을 통하여 지역 사회의 특성과 빈곤을 유발하는 원인을 함께 분석함으로써 지역 맞춤형 발전 전략의 수립과 더불어 지역이 가지는 고유의 특성과 사회구조에 부합하는 개인 및 지역사회 역량개발 전략의 수립이 가능해질 것이다. 이러한 지역에 따른 개발 및 발전 전략의 수립을 통하여 빈곤에 대한 보다 효과적인 접근 및 대응을 기대할 수 있다.

둘째, 본 연구의 분석 결과를 통해 빈곤 문제에 있어서 지역 주민들의 사회경제적 특성이 가지는 중요성이 다시 한 번 강조되었다. 주민들의 사회경제적 특성은 빈곤과 항상 밀접한 관련성을 가지고 있으며, 그 영향력이 크기 때문에 빈곤 문제에 대한 연구에 있어서 매우 중요한 분석 대상이 되고 있다. 특히 다양한 사회경제적 특성 중 교육수혜 여부, 연령 등의 빈곤에 대한 영향력이 큰 것으로 나타났는데 이와 같은 요인들이 빈곤 문제에 영향을 끼치는 방식, 영향을 끼치는 원인 등에 대한 보다 심층적이고 지속적인 연구가 필요하다. 아울러 가구를 구성하는 구성원의 수도 식량 구매에 대한 지출에 큰 영향을 주는 것으로 나타났다. 결국 아프리카 지역사회의 빈곤 연구에 있어서 사회경제적 특성과 가족구성원의 특징을 함께 분석하는 것이 중요하다는 사실을 확인할 수 있었다.

2) 개도국 빈곤 해소를 위한 정책적 함의

(1) 지역주민의 역량제고를 위한 교육보편성 확보의 중요성

이 연구의 결과로 주민들의 총소득 및 총소득 중 식품구매비율과 교육수혜여부는 매우 밀접한 관련이 있음이 밝혀졌다. 또한 교육을 받은 경험이 있는 집단과 교육을 받은 경험이 없는 집단 간의 비교 분석 결과, 교육을 받은 경험이 있는 집단의 소득이 더 높으며 총수입 중 식품구매비율은 낮아 식품 구매 이외의 활동에 보다 더 투자할 수 있음을 알 수 있었다. 교육의 수준에 있어서는 실제 조사 결과 교육수혜 경험이 없는 응답자가 50% 정도 되는 것을 볼 때 고등교육이나 대학교육의 제공보다는 초등교육의 보편화를 위한 정책적 대안의 제시가 필요하다. 실제로 아프리카 지역에서의 교육효과성에 대한 분석 결과에 따르면 중등교육보다 초등교육의 소득창출 기여도가 더 높은 것으로 확인된 바 있다(Lassibille et al., 2010).

대외경제정책연구원(2012)의 분석에 따르면 케냐는 지속적으로 교육 인프라를 발전시켜왔음에도 불구하고 교원들의 임금이 낮고, 등록금의 납부가 잘 안되어 학교의 운영예산이 부족한 실정이다. 부날라 서브카운티와 같은 빈곤지역에서는 성별, 소득, 부족 등의 차이에 따라서 교육기회의 제공에서도 차별이 발생하는 경우가 많다(World Bank, 2012). 따라서 교육의 영역에 고등인력의 공급이 필요하고 전반적인 교육환경의 개선과 교육의 중요성에 대한 인식의 제고가 필요하다. 또한 1차적으로 문해율을 높이기 위한 노력과 함께 중도탈락률을 낮추기 위한 노력이 진행되어야 할 것이다.

(2) 사회경제적 역량개발을 위한 지역맞춤형 프로그램의 확대

이 연구의 대상지역인 부날라 서브 카운티의 경우 경제, 환경, 보건, 양성평등과 관련한 많은 영역에서의 역량제고가 필요하다. 특히 즉각적인 빈곤문제의 극복을 위해서는 경제적 역량제고가 절실하다. 따라서 현재 생산물의 경제적 가치를 높이기 위한 마케팅 활동이나 기업가정신 등의 제고가 필요하며 그 효과성은 이 연구의 결과에서도 확인되었고 지방정부에서도 강조하고 있다. 이를 위해 자신의 아이디어를 발전시켜 새로운 방식으로 생산하거나 제품을 만들어 시장에 판매하여 부가가치를 창출하는 경제활동의 본질을 이해시키기 위한 기초적인 교육과정의 형성이 중요할 것으로 판단된다. 뿐만 아니라 보다 다양한 대상 집단을 상대로 자신이 생산한 결과물을 판매할 수 있는 기법을 학습하는 것이 중요하다.

그리고 이러한 역량개발을 위한 프로그램은 지역의 수요에 부합하는 내용으로 구성되어야 할 것이다. 지역에서 필요로 하는 작물의 재배와 그로 인한 수입의 제고를 위한 프로그램을 발굴하고 확산하는 것이 중요하다. 따라서 역량제고의 필요성을 파악하는 평가(need assessment)와 기초자료의 수집과 분석을 위한 교육 프로그램이 필요하다. 현재의 상황을 정확하게 분석하는 것에서 더 나아가 지역발전을 위한 역량제고 프로그램을 단계적으로 구분해서 세계경제의 변화에 대응하고 국가의 발전전략에 부합하는 지역맞춤형 역량개발 전략을 단계별로 수립하여 일정한 시간 동안 집행하는 것이 중요하다.

(3) 합리적인 인구 및 이주정책

본 연구의 결과는 가구구성원 수가 적은 가구의 총소득이 높고 총소득 중 식품구매비율은 낮은 것으로 나타났다. 이는 가구구성원의 수가 빈곤에 미치는 영향이 매우 크다는 사실을 보여준다. 빈곤 감소를 위해서는 합리적인 인구정책 및 이주정책을 통해 적정한 가족구성원의 수를 유지하는 것이 필요하며, 인구 변동에 따른 향후 발전 전략의 수정도 필요하다. 다양한 인구학적 요인으로 인한 가구구성원 수의 변화는 빈곤 문제뿐만 아니라 교육, 젠더, 보건 등 다양한 부문에도 부정적인 영향을 끼칠 수 있으므로 이에 대한 정책적 대안의 수립 및 이행이 필요하다.

특히 케냐의 경우 여성의 사회활동 비율이 아프리카에서 가장 낮고 임금 수준 차이도 주변국들보다 큰 것으로 밝혀지고 있다(대외경제정책연구원, 2012). 세계은행의 분석에 따르면 케냐의 사회경제적 관행에 부족주의적 속성과 연고주의적 속성이 남아 있어서 광범위한 영향을 미치는 것으로 나타났다(World Bank, 2012). 따라서 합리적인 인구정책을 통해서 부족과 연고관계에 의해 결정되는 헤게모니 구조를 극복할 수 있는 대안의 모색이 필요하다. 합리적이고 미래지향적인 인구구조를 바탕으로 전략적 역량개발 프로그램이 광범위하게 확대될 때 사회 전체의 합리성이 높아지고 지역사회의 빈곤문제를 극복할 수 있을 것으로 예견된다.

3) 요약 및 결론

개발도상국의 빈곤 문제는 다양한 요인에 의해 발생하고 심화되며, 이러한 요인들 간에는 다양한 인과관계가 존재한다. 본 연구에서는 아프리카 케냐 서부의 부냘라 서브 카운티의 사회경제적 특성과 역량개발 프로그램에 대한 참여가 총수입 및 총수입 내 식품구매비율과 어떠한 인과관계를 가지는지 살펴봄으로써 이 지역의 빈곤 감소를 위한 정책적인 함의를 찾아보고자 하였다. 빈곤에 대한 접근에 있어서 재정적인 측면과 역량개발 측면을 함께 고려하여 영향 요인을 분석하였고 이를 통해 빈곤 문제에 대한 융합적 접근의 필요성을 확인할 수 있었다. 그러나 빈곤의 다차원적인 특성과 다양한 변수들의 인과관계로 발생하는 빈곤의 보다 명확한 원인 파악 및 대응 방안의 모색을 위해서는 재정적 접근이나 역량개발 측면에서의 접근 이외에도 사회적 배제나 참여 측면에서의 접근 또는 사회적 관계나 정치적 구조 분석 등 보완이 필요하다. 또한 조사지역에서의 표본 확대를 통해 이 지역의 특성을 보다 명확하게 파악하고 이에 따른 빈곤의 원인을 파악해야 한다. 그리고 케냐의 다른 빈곤지역에 대한 조사 분석 및 다른 개발도상국 내 빈곤지역에 대한 조사 분석을 통하여 지역의 특성에 따른 다양한 빈곤의 원인 및 인과관계를 파악하고 이에 대한 대안을 모색하는 것이 필요하다. 이 연구의 결과를 토대로 지역의 특성을 반영한 역량개발을 통한 지역사회의 자생적이고 지속가능한 발전의 중요성과 가능성을 확인하였다. 지역 및 주민의 역량개발은 시민사회의 활성화로 이어지는 밑거름이 되며, 향후 지속가능한 개발 목표의 달성에 있어서 중요한 역할을 하게 될 것이다. 그러므로 지역사회 내 시민사회 활성화 전략 등에 대한 지속적인 관심 및 참여가 강조된다.

제4부

지역 조직과 주민들의 참여

⋮

제9장 지역공동체 조직화와 상호작용: 한국 의료복지 사회적 협동조합 사례[1)]

1. 지역공동체 조직화와 사회적 상호작용

1) 사회적 상호작용이 중요한 이유: 지역공동체 조직화와 상호작용

지역공동체 참여의 양식을 결정하는 중요한 요인이 사회적 상호작용이다. 지역공동체는 지역주민들이 상호작용하고, 교류하면서 동질성을 인식하는 과정에서 정체성을 확립하면서 형성된다(Chaskin, 2001). 이들이 공동의 필요를 인식하면서 자신들의 삶의 질을 향상할 수 있는 수단을 강구하는 과정이 바로 지역개발(community development)이 된다(Robinson, Jr. & Green, 2011). 따라서 지역개발은 지역주민들이 상호교류하면서 지역의 정체성과 목적을 스스로 인식하고, 목적을 실현하기 위한 결사체를 조직화(community organizing)하고, 필요한 수단을 주체적으로 마련하는 과정을 필요로 한다(Bender, 1978; Hillary, 1968). 따라서 지역공동체에서 발생하는 상호작용의 양식에 따라서 이해관계자들이 참여하는 양식도 달라지며 지역사회가 혁신하는 양식도 달라

1) 제9장의 주요 내용은 정소윤·한상일.(2014). 한국 의료생활협동조합의 생성과 제도화: 상호작용이론에 따른 비교사례분석. 『지역발전연구』, 23(1): 193-222의 내용을 수정 보완하여 수록하였다.

진다.

Bates & Bacon(1972)은 지역사회의 구성과 발전에 관한 초기이론은 지역공동체를 다양한 개인이나 집단, 기관이 일관된 관계를 형성하면서 지역의 삶의 질을 향상해나가는 일종의 사회구조로 인식했다고 설명한다. 즉 지역이 일정한 공식적 구조와 질서를 안정되게 유지하고 형성해나가는 시스템이라고 가정한 것이다(Warren, 1978). 이런 관점은 비공식적 구조가 유발하는 즉흥적이고 불안정한 관계보다 주된 행위자들 사이의 과업배분, 권력관계, 그들의 유기적인 연대가 가져오는 표준화되고 안정된 관계를 이해하고 설명하는 방향으로 논의를 전개하였다.

그러나 이러한 관점은 1960년대 이후 기술경제 패러다임이 변화하면서 이론적 전환기를 맞이한다. 경제적, 사회적, 문화적, 기술적 변화가 도시와 농촌의 지역사회를 변화시켰고 이러한 변화가 유발한 새로운 학문적 수요는 다양한 학문분야의 융합을 요구하였다. 대표적으로 지역공동체 분석에 생태학적 시각 또는 경제학적 시각이 가미되었다. Hawley(1950) 등이 강조한 생태학적 시각에 따른 지역사회 연구에서는 분석 단위로서의 집단에 주목하였다. 분석 방향도 사회조직이 변화하는 환경에서 어떻게 생존 발전하는지 설명하고 그 과정에서 나타난 상호의존, 중추기능, 분화, 지배, 구조적 동형성(isomorphism) 등이 논의되었다. 경제학적 시각이 가미되면서 사회 속에서 경합하는 이익을 추구하는 집단이 형성하는 발전동기를 설명한다. 개인의 효용 극대화와 명확한 선호 표명이 지역공동체의 의사결정을 합리적으로 이끄는 과정도 경제학적 관점으로 설명된다. 이러한 동기와 선호에 의해서 형성되는 지역공동체의 사회문제 해결방식 또는 글로벌 경제체제의 관계 설정 방식 등이 주된 명제가 되었다.

여기서 논의된 지역공동체 연구에 대한 고전적 관점, 생태학적 관점, 경제학적 관점은 지역공동체가 목표를 달성하기 위해서 기능하는 안정된 사회구조라는 사실을 강조한다. 이 관점들은 지역사회의 고정된 행위자들을 중심으로 형성되는 안정된 관계와 결과를 분석한 것이다. 그러나 다른 시각에서 볼 때, 지역공동체의 발전에서 중요한 것은 사회적 상호작용의 역동성이라는 주장도 제기되었다. 기존 이론의 분석대상인 예측가능한 상호작용이 아닌 역동적이고 복잡한 형태의 상호작용이 중요하다는 것이다. 이런 가정에서 출발하면 지역공동체 분석의 초점이 기존 구조가 아니라 항상 변화하는 상호작용의 장, 상호작용의 과정이 된다. 상호작용이론의 관점에서는 조직과 지역사회가 생성하고 제도화되는 과정이 중요하며 이 과정에서 발생하는 행위자의 상호작용이 중요한 연구대상이 된다. 따라서 이 장에서는 먼저 지역사회 조직화와 사회적 상호작용의 의미를 이론적으로 분석하고 최근 한국의 여러 지역에서 생성되고 있는 의료복지 사회적 협동조합의 사례를 분석하고 그 의미를 도출할 예정이다.

2) 사회적 상호작용의 구성요소: 생성과 제도화

상호작용이론에서는 지역공동체 조직 또는 전체 지역의 생성과 제도화를 강조한다(Swanson, 2001). 이 관점은 기존 이론과 비교할 때, 역동적인 과정을 중시한다는 점에서 차이가 있다.[2] 특히 지역공동체가

---

2) 이러한 이론적 차이에 대해 Wilkinson(1991: 7)은 "지역사회가 장거리 의사소통 수단, 다양한 양식으로 발전하는 지역사회조직들, 합리주의적 문화 그리고 다른 현대적인 추세에 의해 파괴된다는 탄식이 있지만 필요한 것은 지역사회의 개념화에 복잡성의 개념을 함께 고려하는 것"이라고 설명한다.

형성되는 과정에서의 행위자들의 다양한 참여의 양식에 따른 역할과 관계가 지역의 특징에 영향을 주며, 제도화되는 과정에서 그 관계의 역동적인 전개가 지역사회의 구조와 결과에 영향을 준다는 것이다. 따라서 지역공동체의 분석에서 생성과 제도화과정의 특징과 변화에 주목할 필요가 있다(Bridger & Alter, 2008).[3]

(1) 생성 과정

상호작용이론은 지역공동체와 지역공동체 조직의 생성과정을 강조한다. 이 이론에서는 사회적 상호작용을 통해서 지역공동체가 창조되고 재창조된다고 이해하며, 그곳에서 다양한 조직이 설립되는 과정을 중요하게 생각한다. Wilkinson(1991)은 "사회적 상호작용이 지역공동체가 활동할 공간으로서 지역공동체를 구성하는 연합체를 조직화하고 집단행동의 방향을 제시하며, 지역공동체의 정체성의 원천이 된다"(p. 13)고 주장한다.

이 개념이 강조하는 것은 생성 과정에서의 연합체 간 조직화, 집단행동의 방향성, 지역공동체 정체성의 확립 등 세 가지로 요약된다. 첫째, 상호작용을 통해 지역공동체 조직이 발전하는 과정에서 다양한 집단이 연합을 형성하고 조직화되는 과정이 필요하다. 모든 지역공동체에는 집단이 있고 그 집단은 이해관계와 목표에 따라서 조직화된다. 안정적으로 체계적으로 구조화된 기관들 외에 유무형의 집단들이 서

3) 상호작용이론의 관점에 따르면 지역사회의 복잡한 사회, 경제, 심리적 요인이 장소, 사람과 연계되면서 형성하는 매우 다양한 관계에 주목해야 한다. 지역사회와 지역사회 조직은 집합적 행동의 결과로 생성된다. 이러한 집합적 행동에 필요한 역량은 시민들이 그들의 노력을 생성, 집결, 유지하는 과정에 참여하고 그곳에서 사회구조를 지원하고 변화시켜 나가면서 축적된다. 이 과정에서 시민들의 참여가 핵심적인 기능을 수행한다(Bridger & Luloff, 1999).

로 상호작용하고 있으며, 지역공동체에는 그들이 활동하는 장이 펼쳐지게 마련이다. 경제개발이나 사회서비스, 보건서비스, 문화 등의 다양한 영역에서 그러한 활동의 장(field)이 형성되며 그 장에서 상호작용이 발생한다. 상호작용 관점에 따르면 이러한 영역별 활동의 장은 전체 활동의 장에서 완성되며 이러한 다층구조에 개별 행위자 또는 조직들이 존재한다.

둘째, 생성 과정에서 필요한 상호작용은 지역공동체가 나아갈 방향성을 제시하는 것이다. 비전제시의 과정에서 다양한 영역별 과업의 구분과 전략이 밝혀진다. 여기서 지역사회 주민과 활동가들의 실질적인 참여가 필요하며 나아가서 이들의 참여를 보장할 수 있는 구조가 형성되어야 한다. 참여를 위한 공간, 훈련된 활동가, 참여를 장려하는 지원체계 등을 통해 다양한 형식의 공공참여가 발전되며 그 과정에서 지역사회의 욕구(need)와 자산(asset)이 밝혀진다.

생성 과정에서 필요한 마지막 요소는 지역공동체의 정체성을 확립하는 것이다. 연합체로서의 조직을 구성하고 지역공동체의 발전방향과 정체성을 발굴하기 위해서는 지역에 속한 개인들이 억압되지 않은 상호작용을 할 때 가능하다. 사람들이 이기적인 동기로 참여한다고 하더라도 자유롭고 반복되는 상호작용에 의해 종국적으로는 협력적인 관계와 애착관계를 형성할 수 있다. 따라서 지역공동체 정체성이 선명할수록 상호작용의 효과성도 높아진다(Luloff & Swanson, 1995).

(2) 지역공동체의 제도화와 지역공동체 조직

지역공동체는 지속적인 상호작용 속에서 사회현상이 발생하고 해석이 이루어지는 공간이다(Swanson, 2001). 그리고 지역공동체에는 다양한 영역이 있고 그 영역별로 변화하는 환경, 집단, 조직에 대응한다

(Brennan, 2007; 2008). 그 과정에 참여하는 사람들의 역량이 조직 역량에 반영되고 조직의 역량을 통해 지역문제가 해결된다. 따라서 개인역량이 잘 관리되고 활용될수록 지역공동체에서 사용되는 가용자원의 활용도도 높아진다. 이 과정이 반복되면서 지역공동체는 제도화되고, 지역공동체 조직들은 사람들과 상호작용하는 과정을 통해서 사회를 변화시킬 권력을 얻는다(Gaventa et al., 1995).

따라서 지역공동체의 상호작용을 확대하는 것이 환경에 적응하는 역량을 높이는 것이며 이는 상호작용의 제도화를 통해서 가능하다. 제도화 과정에서 가장 중요한 것은 지역의 다양한 영역을 넘어서는 상호작용의 통로를 만들고 관리하는 것이다. 결국 지역의 발전은 민간기업과 정부를 포괄한 다양한 행위자의 참여로서 가능해지고, 그들의 협력은 활발한 교류의 장에서 이루어진다. 정부, 기업, 비영리조직을 포괄한 연결망의 형성은 지역공동체 조직의 제도화에 중요하며 기관들의 연계구조가 다양하고 자원공유가 활발할수록 지역공동체의 조직화가 효율적으로 진행된다.

두 번째로 중요한 것은 지역공동체에서 조직이 생성되어 활동하면서 전체 지역 중 일부 지역을 넘어서는 전체 지역의 이익을 추구하는 것이다. 지역별로 중시되는 주요 영역 이상의 상호작용을 위해서는 지역공동체 조직들의 역량강화가 매우 중요하다. 지역공동체 조직들이 지역주민들이 함께 행동하는 역량을 키우면 단순한 주민들의 집단과는 구별된다. 상호작용을 주도하는 조직이 본격적으로 활동하면 공동의 수요를 탐색하고 문제해결수단을 찾을 수 있다. 결국 지역주민들은 더욱 포용적으로 지역공동체에 속하게 되고 지역의 이슈에 대해 더 폭넓은 관심을 표명할 것이다. 이러한 과정을 지속적으로 반복할 때 지역공동체의 제도화가 이루어진다.

요약하면 지역공동체 조직이 생성되는 과정에서 나타나는 상호작용은 다양한 집단의 연합 결성, 방향성 제시, 정체성 확립 등으로 평가할 수 있다. 제도화 과정에서 지역공동체 각종 영역의 상호작용과 전체 지역의 상호작용이 필요한데 이는 각각 지역공동체 조직들의 다양한 기관과의 연계 형성과 적응적 조직역량강화를 통해 가능하다. 분석모형에서 각 단계별 상호작용의 특징이 제시될 것이다.

3) 사례분석 모형

상호작용이론에 의거해서 의료복지 사회적 협동조합의 사례를 분석하기 위해 이 연구에서는 Laville(2009)의 사회적 경제 분석모형을 활용한다. 이 모형은 상호작용이론이 강조하는 생성과 제도화의 구성요소를 제시할 뿐만 아니라, 제도화에 연관된 상호작용 영역을 공공부문, 민간경제, 사회적 경제 영역으로 구분하고 있다. 이 모형에 따라서 의료사협 사례를 설명할 때, 의료사협이 생성되는 과정에서 발생하는 지원을 위한 연결망, 사회적 기업가 그리고 사업을 위한 파트너십 등이 분석대상이 된다. 제도화 과정에서는 다양한 영역과의 자원 결합의 차이를 설명할 수 있을 것으로 예상된다.

생성 과정에서 Laville(2009)의 모형이 강조하는 것은 사회적 지원 네트워크, 사회적 기업가, 사업 파트너와의 상호작용이다. 사회적 지원 네트워크에는 지역의 사회적 수요를 정확하게 이해하는 전문가 집단, 기존의 수요를 충족시키기 위해 생성된 연합체와 그들의 연결망, 잠재적인 고객들을 포괄한다. 이들은 새로운 서비스를 위해 생성될 협동조합이나 사회적 기업에 대해서 요구와 지지를 표명하면서 상호작용하는 역할을 수행한다. 이 네트워크에는 기업과 공공기관도 포함된다.

협동조합이 설립되는 과정에서 사회적 기업가의 역할은 매우 중요하다. 이들의 동기와 비전이 향후 조직 활동에 중요한 요소가 된다. 협동조합의 설립 과정에 개입하는 사회적 기업가는 현재 지역사회의 시급한 욕구와 미래의 욕구를 조망하면서 재정적인 지속가능성을 유지할 수 있는 수익모형을 실현할 수 있어야 한다. 뿐만 아니라 지역사회 구성원들이 중시하는 다양한 가치를 조율하여 합의에 이끄는 민주적 소양을 갖추어야 한다.

사업 파트너십은 공공부문과 시민사회영역 등에 속한 다양한 행위자들의 사업 진행과정 내 연계이다. 위에서 설명한 두 요소는 상호 밀접한 관계를 형성하면서 새로운 조직의 생성에도 기여한다. 그밖에 국가와 지역, 정부와 기업 등과의 연계를 통해 혁신을 이루어내고 지식과 자원을 확보하는 과정도 필요하다. 상호작용의 관점에서 사례를 분석하기 위해 위에서 언급한 세 가지 요소의 작용에 따라 연합체의 조직화, 방향제시, 정체성 확립이 어떤 방식으로 이루어졌는지 설명할 예정이다.

제도화 과정은 사회적 경제 영역을 넘어서 공공부문과 시장경제에서 형성된 자원을 공유하면서 이루어진다. 이러한 자원의 결합이 일시적으로 이루어지는 것이 아니고 균형 잡힌 관계 속에서 지속적으로 이루어질 때 제도화가 될 수 있다. 제도화 과정에서 중요한 것은 비영리조직, 사회적 기업, 협동조합, 지역사회 기업 등 다양한 조직 간 연계의 지속가능성과 자생적 재원조달 기제를 통한 기업성의 확보이다. 또한 지역사회의 다양한 이해관계자들이 원하는 서비스를 제공함으로써 지역사회의 사회적, 환경적, 문화적 목표를 추구하는 것도 중요하다. 여기서도 영역과 지역을 넘어선 지역사회의 포용적 제도화가 이루어졌는지를 분석하기 위해 다양한 기관 간 관계와 적응적 조직역량을 분석하는 것이 중요하다.

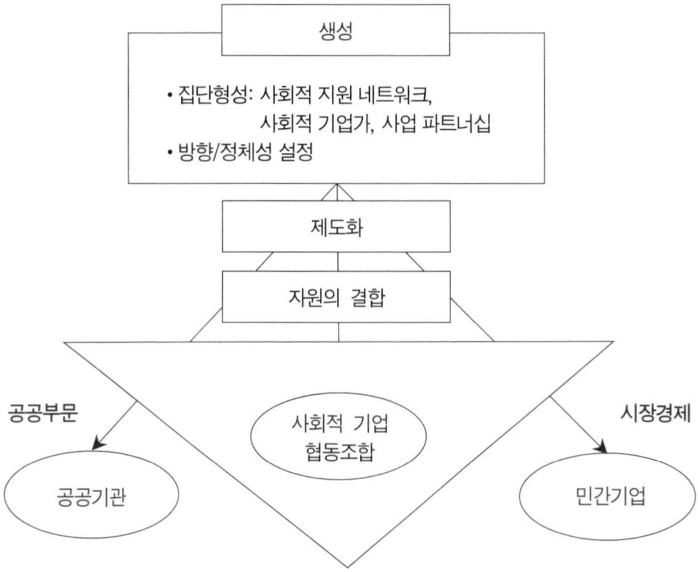

자료: Laville(2009)의 재구성.

〈그림 9-1〉 사회적 상호작용 관점에 의거한 사례분석 모형

2. 사례분석을 위한 연구방법

1) 사례분석 전략

이 장에서는 두 개의 지역공동체 조직을 비교분석하는 복합분석단위 다중사례분석을 시도한다. 다른 지역에 속하고 서로 다른 생성과정과 제도화과정을 가졌지만 대체로 동일한 목표를 추구하는 안성 의료복지 사회적 협동조합과 원주 의료복지 사회적 협동조합을 비교분석한다. 다중사례연구 대상으로서 두 조직을 선정하고 서로 다른 조건에서 유사한 목표를 추구하지만 조건의 차이가 유발하는 발전과정과 결과의 차이를 분석함으로써 이론적 반복연구를 통한 상호작용 이론의 정교화도 가능할 것이다. 이 연구의 주된 분석대상은 의료사협의 설립을 주도한 행위자와 그들의 동기, 생성과정과 제도화과정에서 개입하는 이해관계자 그리고 활동의 결과로 나타나는 다양한 사회혁신의 성과 등이다. 그럼에도 불구하고 이 연구의 초점은 시종일관 상호작용을 통한 생성과 제도화에 맞추어질 것이며, 이 두 과정이 비교의 기준이 될 것이다.

2) 조사방법

사례분석을 위하여 2010년 7월부터 2011년 4월까지 총 4인의 안성 의료복지 사회적 협동조합과 원주 의료복지 사회적 협동조합 활동가와 지역공동체 활동가를 대상으로 개별면접조사 또는 집단면접조사를 수행하였다. 인터뷰를 통해서 지역사회의 맥락과 의료사협의 설립동기 및 운영방식에 대해 질문하였다. 그리고 의료사협이 운영되는 과정에서 경험한 제도화 과정과 그에 따른 서비스의 결과에 대해서 조사하였다. 또한 인터뷰를 통해 단순한 인과관계를 넘어선 심층적 맥락과 과정을 이해하고자 하였다. 질문지를 준비했지만 경우에 따라서 추가질문을 가미하는 방식으로 인터뷰를 진행했다. 인터뷰 결과는 종료즉시 문서로 정리했으며 웹사이트 정보, 신문기사, 안내서, 소식지 등을 포함한 인쇄물을 통해 지역사회의 문화와 역사에 대한 보완조사를 진행하였다.

3) 사례분석대상: 의료복지 사회적 협동조합

의료복지 사회적 협동조합은 지역사회의 의료서비스와 관련된 문제를 해결하기 위해 지역주민과 의료인이 소비자생활협동조합법에 근거하여 만든 협동조합이다(한국의료생활협동조합연합회, 2013).[4] 일반적으로 의료사협은 지역사회 보건사업, 보건예방활동, 자원봉사활동, 적정진료 운동 등을 통해 건강한 지역공동체를 형성하는 것을 목적으로 한다. 의료생협은 조합원의 권익 향상뿐만 아니라 지역사회에 공헌하는 사업조직인 협동조합의 일종이라는 점에서 지역사회의 경제적, 사회적, 문화적 욕구 충족과 폭넓게 연계되어 있다.

1994년 이후 한국의 지역사회에도 다수의 의료사협이 설립되었는데, 이런 형태의 조직이 설립된 계기는 글로벌 환경의 변화에 따른 지역사회의 위기와 관련된다. 20세기 후반 이후 세계화 현상이 도래하면서 자본과 노동의 이동이 활발해지고, 기업 간 경쟁이 치열해지면서 지역 간 격차가 커지고, 일부 지방의 사회경제적 상황은 열악해졌으며 지방의 공동화 현상이 나타나기 시작했다(Kolzow & Pittman, 2009). 의료의 영역에서도 세계화 흐름과 함께 시장화와 상업화가 가속화되면서 의료서비스의 공급에 지역주민들의 참여가 배제되고 실제 필요에 따른 서비스는 제공하지 못하게 되었다. 결국 의료서비스의 혜택을 철저히 개인의 능력과 관심에 의존해야 하는 상황에 직면하게 된 것이다. 이런 상황에서 지역사회의 수요에 부합하는 의료서비스를 제공하

4) 협동조합은 지역사회의 사회적 경제를 구성하는 주요 행위자로서 세계화 시대 이후에 나타나는 새로운 사회경제적 수요를 충족시키면서 지속가능성을 유지하기 위해 독창적이고 창의적인 방식으로 사회서비스를 제공하는 사회혁신을 주도하는 조직이다.

기 위해서 설립된 자생적 협동조합이 의료사협이다.

1970년대 이후 한국사회의 산업화와 도시화는 빠르게 진행되었다. 도시지역에서는 산업화로 인한 환경오염, 오염된 식품이 유발하는 건강문제, 나아가서 치열한 경쟁으로 인한 정신적 박탈감이 증가하면서 의료서비스에 대한 수요가 급격히 증가했다. 2000년대 이후에는 저출산·고령화가 본격화되면서 노인들에 대한 보건서비스 수요가 증가했고 이들에 대한 사회서비스가 보건서비스와 결합되는 새로운 현상도 의료서비스 시장에 나타나게 되었다. 이에 지역사회에서 발생하는 다양한 수요를 충족시킬 대안으로 한국에서도 의료사협이 고려되고 있다. 요약하면 의료서비스에 대한 수요는 증가했고 다양화되었으며, 지역사회 현실에 부합하는 의료서비스에 대한 수요가 증가했지만 의료의 시장화와 상업화는 강화된 반면 공공성은 약화되는 상황이 전개되었다. 이런 배경 속에서 건강의 주체는 지역주민들이라는 인식을 바탕으로 그들의 욕구에 부합하는 의료서비스를 제공하려는 수요가 증가하면서 의료사협이 발전하였다.[5)]

이 글에서는 초기 의료사협의 확산을 주도했던 안성 의료복지 사회적 협동조합(이하 안성의료협동조합)과 원주의료생협을 대상으로 이들의 설립과 제도화과정을 지역사회 사회학에서 발전된 상호작용 이론을 토대로 설명하고자 한다. 상호작용 이론은 지역사회가 형성되고 활동 주체들이 조직화되는 과정을 설명하는 이론이다. 이 글에서 상호작용 관점을 강조하는 이유는 지역사회가 조직화되는 과정에서 다양한 행위자가 시간의 흐름에 따라 다양한 방식으로 개입하면서 영역별로 또는 영역 간 통합적으로 발생하는 역동적인 상호작용이 중요하기 때문

5) 한국에서는 1994년 안성의료생협이 설립된 이후 현재 전국적으로 20여 개의 의료생협이 설립되어 운영되고 있는 것으로 집계되고 있다.

〈표 9-1〉 안성 의료복지 사회적 협동조합과 원주 의료복지 사회적 협동조합의 조직특성 비교

	안성 의료복지 사회적 협동조합	원주 의료복지 사회적 협동조합
지역특성	도농복합도시	중소도시
설립동기	농촌지역 의료봉사활동	생활협동조합의 협동
최초설립주체	농민회와 기독학생회	소비자생협과 신용협동조합
주체의 성격	지역주민과 의료인	지역주민에서 의료인으로 전이
설립연도	1994년 2월	2002년 5월
운영의료기관	안성농민의원, 안성농민한의원, 서안성의원, 서안성한의원, 우리생협의원, 생협치과의원, 재가장기요양기관	밝음의원, 밝음한의원, 재가장기요양기관, 밝음요양보호사교육원, 주거복지센터, 밝음지역아동센터, 위스타트 원주태장마을센터
조합원수	2,300세대	733세대

이다. 이 연구는 상호작용이론을 통해서 한국의 의료사협의 생성과 제도화과정을 서술하고 그 과정이 현재의 활동양식에 유발한 결과를 연결하여 설명하고자 한다.

구체적인 사례분석 대상인 안성과 원주에 입지한 의료복지 사회적 협동조합이다. 이들 조직은 유사한 규모의 도시에 있지만 설립동기와 활동방향에 있어서 차이가 나타난다. 차이가 있는 대상을 분석함으로써 인과성의 차이를 설명하고자 한다. 두 조사대상 조직의 특징은 〈표 9-1〉과 같다.

3. 사례분석

1) 안성 의료복지 사회적 협동조합[6)]

(1) 생성 과정

안성의료협동조합은 1987년 안성군 고삼면 수도권 지역 기독학생회와 마을 청년회의 주말진료소 진료활동, 건강요원활동, 예방접종사업, 의료보장제도 개선활동 등에서 시작되었다. 이 활동이 안성진료회라는 의료인 단체로 발전했고 1992년 안성진료회와 지역주민이 공동 출자한 안성한의원이 설립되었다. 1994년 조합원 253명과 출자금 1억 3천만 원으로 안성의료생협이 시작되었고, 이 조직이 한국 최초의 의료협동조합이 되었다(김범수·김현희, 2005).

안성의료협동조합의 생성을 주도한 사회적 기업가는 외부에서 유입된 학생운동가와 의료인 그리고 지역청년회였다. 이들이 위에서 설명한 다양한 주민대상활동과 만성질환 관리자 양성, 의약품 보급 활동 운동을 진행했고 이러한 활동을 토대로 지역주민 조직이 강화되었다. 안성에서 활동한 학생 운동가들은 1980년대 민주화 시기에 농촌 지역을 조직화하고 시민사회를 형성한 주역이었고, 이들의 주도로 지역사회 보건문제의 이슈화와 농업경제 활성화를 위한 시장접근성 확대 시도가 가능했었다.

안성의료협동조합의 생성 과정에서 나타난 사회적 지원 네트워크는 농촌봉사활동에 개입했던 대학생들의 네트워크와 지역주민

---

6) 안성 의료 소비자 생활협동조합은 유사 의료생협과의 차별화 등을 목표로 2014년 3월부터 안성 의료복지 사회적 협동조합으로 명칭을 변경하였다. 따라서 이 글에서는 안성 의료복지 사회적 협동조합으로 통일해서 지칭하였다.

들 그리고 고삼면 가유리 청년회(이후 안성군 농민회)로 집약된다. 이 기관의 주축은 의과대학생 및 의료인들이었고 이들이 지역주민과 공동으로 한의원을 개원하였다. 이들은 지역사회의 건강문제에 주민의 참여가 필수적이라고 여겼기 때문에 주민들이 제도적으로 참여할 수 있는 기구로서 소비자생활협동조합의 설립을 생각하게 된 것이다. 자연스럽게 폭넓은 참여를 유도하기 위한 위원회를 구성하여 활동을 제안하면서 지역주민들도 생활협동조합의 일원으로 가세했다. 생성 당시 지역주민들의 참여는 매우 적극적이었고 이들의 참여에 대해서 안성의료협동조합 담당자는 다음과 같이 설명하고 있다.

> 1994년 지역주민들이 보기에 전례 없는, 당시 10만 원이 훨씬 넘는 평균출자액을 기록하였다. 일반 농협은 평균 출자액이 4만 원이었다. 생협이라는 것이 사기 같아 보일 수도 있었는데 선뜻 그분들이 출자를 한 이유를 생각해 볼 필요가 있다. 즉 일반 의료기관 방문 시 권위적이어서 상담의 어려움 등이 있었고 이것을 생협에서 해결해 줄 수 있지 않을까라는 주민들의 생각이 있었던 것이다(안성의료협동조합 전무이사, 2010년 12월 3일).

아울러 주말진료 활동 당시 청년회 활동을 함께 했던 활동가들은 고삼면 농민회 활동을 함께 진행하게 되었으며, 이들이 농업경영인연합회의 간부 및 후계자가 되면서 농민들과의 연계가 강화되었고 고삼농협과 연계를 형성할 수 있는 계기가 되었다.

안성의료협동조합이 창설된 1990년대 초반에는 한국에서는 현재와 같은 협동조합과 사회적 기업에 대한 인식이나 제도적 기반이 마련되지 못했다. 의료생협을 창설함과 동시에 지역자원 조직화의 활성화를 위해 기존의 한의원을 인수하고 농민의원을 개설해서 양한방 동시 운영시스템을 가동하게 되었다. 12명의 직원과 300명의 조합원이 1억 2천만 원의 자본금을 갖고 시작한 것이다. 명칭은 의료생협이었지만 소비자생활협동조합법이 없었기 때문에 임의단체로 남게 되었다. 임의단체라고 할지라도 지역사회활동을 진행하면서 지방정부나 공공기관과 일정한 관계가 형성될 수밖에 없었다. 그러나 공공기관과 긴밀한 관계가 형성되지는 못했고 최근 민관협력 거버넌스 개념의 확대와 함께 긍정적인 관계가 형성되고 있다.

> 예전에는 관계가 아주 좋지 않았었는데 최근 들어 조금씩 좋아지고 있는 상황이다. 이것은 제도적으로는 민관 거버넌스가 이야기되는데, 안성의 주민조직이 그다지 활성화되어 있지 않다보니 같이 일할 수 있는 '민'이 별로 없는 상황이었기 때문이다. 즉, 기존 복지관 외에 시민단체를 넣어야 하다 보니 어쩔 수 없이 생협을 포함시키게 되었는데, 생협에서 일을 하게 되면 일이 잘 돌아가니까 생협 사람들에 대한 인식도 바뀌는 상황이다(안성의료협동조합 전무이사, 2010년 12월 3일).

안성의료협동조합의 생성 과정을 요약하면, 설립을 주도한 집단으로서의 사회적 기업가와 그들이 형성한 사회적 지원 네트워크는 기독학생회와 지역청년회였으며 각 집단은 안성진료회와 안성군 농민회라는 사업파트너로 발전한다. 이들은 협동정신에 입각하여 건강증진과 사회복지 향상을 통해 지역사회를 발전시킨다는 정체성을 형성한다. 이 과정에서 지역주민의 참여를 위한 다양한 활동들이 전개되었고 이것이 향후 제도화 과정에서 주민참여를 통한 자원의 공유와 비전의 확산에도 기여한다. 주도적인 활동가와 사회적 지원네트워크의 주역이 지역사회 외부에서 충원되었기 때문에 이들은 지역사회 구성원의 참여를 유도해서 주민들이 스스로 문제해결에 나서도록 독려했고 이런 특징이 제도화 과정에서도 주된 특징으로 나타나고 있다.

(2) 제도화 과정

안성의료협동조합은 1994년에 설립된 이후 1996년에 1기 대의원을 선출하였고, 보건학교도 설립하였다. 2001년 비영리특별법인으로 설립허가를 받았고 2002년에 비영리민간단체에 등록하였다. 2004년 사회적 일자리 사업으로 재가간병사업을 시작했고, 2008년에 노동부에서 시행하는 사회적 기업으로 인증을 받으면서 일부 인건비 지원을 받게 되었다. 2013년 2월 사회적 협동조합으로 전환하여 현재 조합원은 안성 인구의 8%가량에 해당하는 4,900여 가구가 되었고 6개 의원에 7명의 의사, 5명의 한의사, 3명의 치과의사와 직원 70여 명이 근무하고 있다.

제도화의 과정에서 의료생협은 다양한 기관과 자원을 공유하고 혼합하게 되며 이것이 지속가능한 운영을 유발하였다. 의료생협의 제도화에 큰 변화를 유발한 것은 무엇보다도 1995년 회원 500가구를 넘기면서 맞이한 대의원 체제로의 전환이었고, 2000년대 이후 법인으로의 전환도 중요한 계기가 되었다. 대의원 체제로 전환되면서는 협동조합으로서 공공서비스 제공이라는 취지를 살리는 의미에서 이용에 제한을 두기보다는 지역사회에 대한 기여가 강조되어야 한다는 사실을 널리 알리게 되었으며 최소한의 수익활동을 통해 지역주민에 대한 공헌을 하게 된다는 인식을 확산할 수 있었다.

법인으로 전환한 이후 2008년에는 사회적 기업으로 인증받게 되었다. 사회적 기업으로의 인증은 자원의 조직화와 밀접한 연관성이 있다. 당시 의료기관으로의 규모가 커지면서 현실 급여를 맞추어야 지역 주민에 대한 건강증진활동을 할 수 있다는 딜레마에 직면하게 되었다. 따라서 중앙정부나 지방자치단체로부터 위탁사업을 수행하거나 보조금을 받기 위해서 사회적 기업으로 인증을 받는 과정이 필요했던 것이다. 사회적 기업으로 인증을 받은 이후 안성의료협동조합은 위탁사업을 수행할 수 있었고 제도 변경에 대해 요구할 수 있는 기반도 마련하게 되었다.

안성시의 사회적 경제에 속한 다양한 조직들은 안성의료협동조합과 긴밀한 연계를 맺고 있다. 공식적으로는 지역사회협의체의 구성원으로 지역 복지문제의 해결을 위해 개입하고 있다. 무엇보다 직접적으로 운영에 개입하는 다양한 사회적 기업 등과의 협력관계가 원활한 편이다. 아울러 보건지소나 사회복지 전담공무원들과 형성한 연결망을 통해 환자 의뢰를 받기도 하며 돌봄센터에서 발생하는 의료관련 문제도 의뢰받는 경우가 많다. 또한 대학교의 사회복지학과 학생들의 실습을 제공하고 있으며 초중고교의 보건교육 의뢰를 수행하는 경우도 있다.

(3) 요약 및 분석

안성의료협동조합은 생성 과정에서 연세대 기독학생회와 청년회를 중심으로 한 사회적 지원체계를 발전시켰고 이들이 안성진료회와 안성군 농민회라는 사업 파트너로 발전하면서 의료생협이 설립되었다. 이 과정에서 상호 협동정신에 입각한 건강증진과 사회복지 향상을 통해 지역사회를 발전에 기여한다는 발전방향을 수립한다. 결국 초기 활동 당시 의료사각지대로 인식되었던 지역의 정체성을 넘어서 협동조합이 추구하는 자립적 협력 발전모형을 통한 건강한 공동체 형성이라는 새로운 정체성을 수립하고자 했던 것이다.

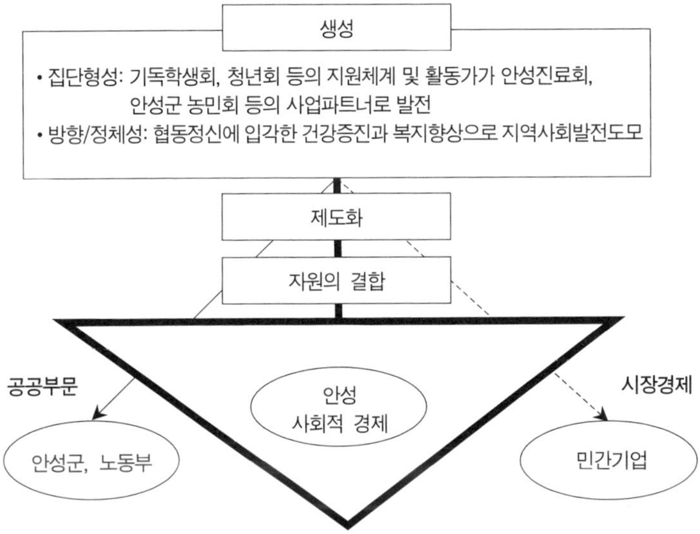

〈그림 9-2〉 안성의료협동조합의 생성과 제도화

제도화 과정에서 안성의료협동조합은 지속적으로 지역주민과의 연계를 도모하였다. 지역주민과의 연계를 강화하기 위해 현재도 실효성 높은 대의원회의와 소모임을 가동하면서 주민과의 신뢰를 형성한다. 30가구당 1명의 대의원을 선출하고 1개 면에서 10-19명의 대의원이 선출된다. 이들이 선거구별로 1년에 2차례 모임을 진행하며 이사 및 담당직원이 매달 모여서 조합에 대한 회의와 조합원들이 면을 위해서 해야 할 일에 대해 논의하는 과정이 체계적으로 마련되어 있다. 이들이 대의원에 당선되면 반드시 참가해야 하는 교육프로그램이 있기 때문에 이 과정을 통해서 조합과 조합원 사이의 신뢰가 형성되는 편이다. 이들은 지역주민과의 협력뿐 아니라 다양한 지역사회조직들과도 협력체계를 강화해가고 있다. 반면 정부가 지원하는 다양한 사업에 참여하면서 재정지원을 받고 있으며 새로운 정책적 수요를 표출하는 활동에는 참여하고 있으나 정부와의 긴밀한 상호작용을 통한 협력체계 형성은 이루어지지 않는다.

2) 원주 의료복지 사회적 협동조합

(1) 생성 과정

원주시는 1960년대 이후 자발적 협동조합으로서의 생협이 일찍이 발전했던 지역사회의 전통을 갖고 있는 도시이다. 이러한 생협이 형성하는 사회적 경제가 지역사회의 발전을 위해 적극적으로 기능하는 과정에서 지역사회에서 필요로 하는 안전한 보건, 의료와 복지의 통합적 실천을 위한 목표로 원주의료생협이 설립된다.

원주의료생협이 설립되기 전부터 원주시 사회적 경제의 발전을 이끈 사회적 기업가로 지학순 주교와 장일순이 널리 알려져 있다. 1965년 원주에 부임한 지학순 주교와 인권운동가로 잘 알려진 장일순은 생명존중사상과 친환경적 생활양식을 확산하고자 했던 지역사회 시민운동가였다. 이들은 원주지역 활동가들과 함께 협동조합운동과 한살림운동을 전개했고 원주를 협동조합의 도시로 만들었다. 이들은 현재까지 이어지는 원주시 협동조합의 이념적 기반을 제공한 것으로 알려져 있고 실제로 다양한 협동조합의 결성을 주도한 사회적 기업가이기도 하였다. 이들의 초기 아이디어가 이후 원주지역 생활협동조합의 설립과 운영에 큰 영향을 주었다.

원주지역에서 발전한 협동조합은 많은 활동가들을 필요로 했고, 민주화 운동을 주도했던 학생 운동가들이 원주의 협동조합 활동가로 고용되었다. 원주지역에서 활동했던 지역 활동가들은 조직력과 기획력을 갖고 있었고 협동조합에 대해 잘 이해하고 있었다. 이들은 동원능력과 지역사회 변화를 위한 혁신적인 아이디어를 갖고 있었을 뿐 아니라 조직적 업무능력도 갖고 있었기 때문에 초기의 제한적인 재정역량을 바탕으로 지역의 새로운 수요를 충족시킬 프로그램의 기획과 운영을 성공적으로 추진할 수 있었다.

원주의료생협은 2002년 11월 16일 지역주민 1,200여 가구를 중심으로 1억 7,000만 원의 자본금을 출자해 설립되었다. 출자금은 의료기기와 시설을 구입하고 병원 및 조합원 활동 운영비로 활용되었다. 의료생협의 생성 과정에서 작동한 가장 강한 사회적 지원체계는 기존 협동조합이었다. 설립과정에서의 기존 협동조합과의 협조에 대해 담당자는 다음과 같이 설명하고 있다.

> 1972년 남한강 일대에 심각한 홍수가 발생한 후 원주지역은 국제 NGO 카리타스 인터내셔널로부터 해외원조 자금을 얻을 수 있었고 그 자금은 이재민에게 직접 배분되지 않았다. 오히려 원주지역에서는 밝음 신용협동조합(밝음신협)이 설립되었다. 그렇게 설립된 밝음신협은 향후 생활협동조합들이 만들어질 때마다 출자했다. 원주의료생협이 만들어질 때도 출자했을 뿐만 아니라 이후 조직운영에도 다양한 기여를 하였다(원주친환경급식센터 담당자, 2010년 7월).

2001년에 원주의 협동조합을 운영하던 시민운동가들은 의료생협 설립준비위원회를 결성하고 2002년에 법인설립인가를 받아 밝음의원, 밝음 한의원을 개원하여 2003년에 정기총회를 개최함으로써 공식적으로 출범한다. 원주의료생협은 설립 당시부터 주된 활동의 방향을 포괄적 의료복지망 구축으로 설정했고 국민건강보험제도가 운영되는 과정에서 소외될 수 있는 취약계층에 대한 의료서비스 개선에 긍정적으로 기여하는 것을 강조하였다. 따라서 이와 연관된 보건을 위한 다양한 프로그램을 동시에 추진하였다. 이 사업이 진행되는 과정에서 역점을 두는 것은 취약계층이 자기중심성을 찾는 것이다. 이런 활동의 방향은 자연스럽게 수익성을 추구하는 기관보다는 지역주민과 조합원에게 좋은 의료서비스를 제공하는 것으로 형성되었고, 궁극적으로 지역사회의 삶의 질을 높이는 데서 조직의 정체성을 찾게 되었다.

(2) 제도화 과정

원주의료생협은 2002년 법인을 설립하고 2003년 정기총회를 개최한 이후 다양한 사업을 전개하였다. 설립과 동시에 원주협동조합운영협의회와 사회적 경제 네트워크에 참여했고 한국 의료생협연대에도 참여했다. 2004년에는 노동부가 시행하는 사회적 기업 사업의 시범사업인 사회적 일자리 사업으로서 재가케어복지사업과 교육문화워커즈 멋살림도 운영하였다. 2007년에는 노동부가 지정하는 사회적 기업으로 인증받았고, 2008년에는 위스타트 운동에도 참여하였다. 설립 이후에 다양한 지역사회조직들 또는 정부, 공공기관과 협력관계를 발전시켜 왔으며, 그 과정에서 지역사회 보건 예방 사업과 마을만들기 사업을 확대하여 건강관리프로그램, 건강 소모임, 주거환경개선사업, 사랑방만들기 사업 등을 마을단위로 확대 실시하였다.

제도화 과정에서 다른 기관과의 협력은 필수적이다. 특히 사회적 경제 영역에 속한 밝음신협과 한살림은 다양한 지원을 하였다. 원주의료생협은 덕분에 의료기관이 필요로 하는 높은 투자비용을 감내하고 과감한 투자를 통해 의료생협이 갖는 수익체계와 운영상의 문제를 극복할 수 있었다. 이런 어려움에 대해서 의료생협 관계자는 다음과 같이 설명한다.

> 한국의 의료생협의 경우 여러 가지 문제가 있다. 일단 낮은 수가체계의 문제로 인해 의료인력의 확보가 어려워진다. 우리나라의 경우 의료와 관련해서 프로보노(pro bono)활동의 확산이 되지 않고 있는 실정이다. 의료생협이 시장에서 사회적 기업으로서 활동하는 것이 우리나라의 현실에서는 불가능하다는 것이다. 그러나 현재 원주의 의료생협은 지역사회에 잘 연계되어 있어 어느 정도 성공을 거두고 이제는 확산하는 단계로 진입하고 있다(원주의료생협 전무이사, 2010년 7월).

이와 같은 증언으로 판단할 때 원주의료생협은 제도화 과정에서 사회적 경제 영역의 다양한 기관과 협력하였고, 특히 밝음신협을 통한 재정지원이 제도화 과정의 중요한 원동력이 되었다.

원주지역은 사회적 경제를 통한 자생적 발전에 대한 이상이 높고, 활동목표가 보건을 넘어선 영역까지 포괄한 삶의 질 향상에 있기에 사회적 경제에 속한 다양한 기관들이 자원을 공유하였다. 중점적인 활동주체로서 밝음의원과 한의원이 있고 이들을 중심으로 가사간병서비스를 담당하는 장기요양기관 길동무, 교육문화 분야의 멋살림 등과의 협력이 활발하다. 원주주거복지센터를 운영하면서 저소득층을 위한 주거상담을 수행하고 지역 내 집수리 서비스로 연계하고 있으며 이 업무를 담당하는 노나메기라는 예비 사회적 기업을 통해 에너지 효율화 주거개선사업을 시행하고 있다. 사회적 경제 영역과의 활발한 협력을 통해 보건, 복지, 문화, 주거 영역을 포괄하는 삶의 질 향상을 실현하고 있는 것이다.

시간이 흐름에 따라서 정부와의 사업 파트너십을 통한 협력이 부분적으로는 있었으나 원주의료생협이 공공기관과 본격적인 협력관계를 형성하지는 않았다. 오히려 행정구역의 범위에 집착하지 않고, 생활의 터전을 중심으로 지역과 마을 개념을 재정립하여 자율적으로 설정한 지리적 공간을 바탕으로 협동조합의 활동을 재구성하는 계획을 수립하고 있다. 또한 인근 지역에서 소상공인 건강관리 프로그램을 운영하고 방문간호사제도를 활용하면서 의료인들과의 협력체계를 꾸준히 유지하고 있다. 그리고 지역사회에 협동조합이 확산되면서 의료생협을 지원하는 주민과 전문가의 참여가 증가했으며 이사회의 구성은 조합원, 직원, 전문가의 비율을 5:3:2로 유지하면서 지역주민의 참여를 존중하는 거버넌스를 형성하고 있다.

(3) 요약 및 분석

원주의료생협은 기존의 협동조합이 형성한 굳건한 사회적 지원체계를 바탕으로 설립되고 제도화되었으며, 관리운영에 큰 역할을 했던 지역사회 활동가들이 사회적 기업가로 기여했다. 이들은 원주시 사회적 경제의 초기 이념을 공유하면서 지속적인 상호작용 관계를 형성했다. 이러한 생성 과정의 특징은 제도화 과정에서도 사회적 경제 영역의 활발한 상호작용을 통한 자원의 공유로 이어진다.

한국에서 의료생협이 추구하는 최소진료를 실행할 경우 수익성이 유지되기는 어렵다. 그럼에도 불구하고 원주 의료사협은 의사 1인당 1일 진료 환자수를 50명으로 제한하는, 세계보건기구가 권장하는 진료체계의 실현을 추구한다. 무엇보다 역점을 두고 진행하고 있는 것은 지역사회 보건예방사업으로, 당뇨모임, 비만 및 대사증후군 관리 프로그램, 거리건강검진 등을 통해서 의료에 대한 접근성을 제고하기 위한 프로그램을 진행하였다. 또한 건강소모임 프로그램에서 건강식사회, 산악회, 관절강화를 위한 운동모임 등을 운영하고 있다. 이 과정에서 자연스럽게 의료사협에 대한 홍보를 할 수 있고 조합원과 지역주민들

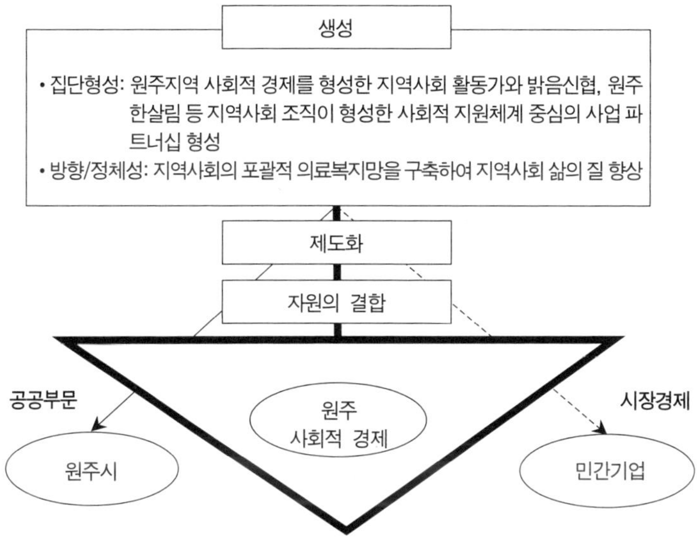

〈그림 9-3〉 원주의료생협의 생성과 제도화

의 참여를 유도할 수 있었다. 아울러 건강한 마을을 만들기 위한 프로그램 진행을 통해 수급자, 차상위계층 등의 주거환경을 개선하는 사업을 진행하면서 빈곤문제와 연관된 타 기관과의 협력을 진행한다.

무엇보다도 중요한 것은 원주 사회적 경제 네트워크의 일원으로서 참여하며 의사결정 권한을 행사한다는 점이다. 이 네트워크는 공동소유, 민주적 의사결정, 인본주의적 서비스, 지역사회에 대한 기여, 협동조합의 협력 등의 원칙을 준수한다. 이런 특징을 가진 네트워크에 참여함으로써 새로운 사회적 수요가 생길 때 적극적으로 대응하면서 네트워크의 가치를 실현하는 방향으로 지역사회를 발전시킨다. 향후 장기적으로 원주지역의 사회적 경제는 이와 같은 연계 및 조직화를 진행할 것이다.

3) 비교분석

안성의료협동조합과 원주의료생협은 생성 과정에서 상호작용의 차이가 나타난다. 안성의료협동조합에서 조직화를 시도한 초기 사회적 기업가는 외부에서 진료활동을 시도한 학생과 현지의 청년들이었고 이들은 지역사회의 조직화 기반이 취약한 상황에서 지역주민과의 지속적인 상호작용에 역점을 두었다. 반면 기존 사회적 경제의 기반을 확충하고 있었던 원주의 지역사회활동가들이 지역사회보건에 대한 수요를 이해하고 사회적 경제 내의 협동조합 간 상호작용을 통해 설립한 기관이 원주의료생협이다. 이들이 설정한 방향성과 정체성은 유사하다. 모두 지역사회 보건 및 복지 역량을 강화하여 삶의 질을 높이는데 목표를 두고 있었다. 그러나 그 과정에서 나타난 상호작용의 방식은 달랐으며 이러한 생성 과정에서의 차이는 제도화 과정의 차이로 나타난다. 안성의료협동조합의 주된 상호작용의 대상은 지역주민이었으며 이들이 지속적으로 교류할 수 있는 제도적 장치 마련 및 자립적 건강관리역량강화에 초점을 맞춘다. 반면 원주의료생협은 마을단위 보

〈표 9-2〉 안성의료협동조합과 원주의료생협의 상호작용방식

발전단계/분석대상		안성의료협동조합	원주의료생협
생성 과정	사회적 기업가	봉사활동 참여학생 및 현지 청년	지역사회 환경운동 및 학생운동가 출신 지역활동가
	사업파트너	지역 예술가들, 고삼농협, 중앙정부, 지방정부	기존 협동조합, 협동조합 네트워크, 중앙정부, 지방정부
	활동방식	참여적 조직운영 및 지역공동체 발전	협동조합 및 사회적 기업 간 연대성 강화
제도화 과정	주된 상호작용대상	지역주민	지역사회 협동조합 및 사회적 기업
	상호작용방식	다양한 소모임, 총회, 조합원 교육	조합원 대상 지역사회 활동 및 사회적 경제 기관 간 상호출자

건, 복지역량강화를 중시하면서 보건서비스에 대한 접근성을 높이기 위한 활동을 강화한다. 아울러 지역주민들과의 연계에 있어서도 다른 사회적 기업들과 협력하는 방식으로 조직 간 연계를 유지하고 있다.

4. 사회적 상호작용과 지역공동체 참여의 활성화를 위한 함의

1) 지역공동체 참여에 있어서 상호작용의 중요성

이 장에서는 분석모형으로 지역사회학에서 강조하는 상호작용이론을 제시하였다. 실제로 지역공동체 조직과 지역사회의 상호작용은 지역공동체 구성원들이 참여하는 양식에 중요한 기능을 한다는 사실이 두 의료사협의 사례를 통해 확인되었다. 두 사례 모두에서 지역주민들과의 활발한 상호작용을 확산하기 위한 노력을 생성과정에서부터 시작했고 다양한 방식으로 제도화하였다. 안성 의료사협은 지역주민과의 직접적 상호작용에 역점을 두었고 그들을 조직화할 수 있는 다양한 방법을 모색했다. 그들과의 연계 속에서 지역공동체의 발전방향을 모색하고 그 방향에 부합하는 의료서비스를 추구했다. 현재도 지역구성원들은 다양한 소모임과 대의원회의를 통해서 참여한다. 반면 원주 의료사협은 지역이 갖추고 있던 사회적 경제의 배경 속에서 타 기관들과의 활발한 상호작용이 장점으로 작용한다. 재원과 조직화능력을 갖추고 있던 지역의 다른 협동조합과의 연계는 운영의 지속가능성을 높이고 지역에 필요한 의료의 영역을 밝히는 데 기여한 것이다. 아울러 구성원들의 참여와 지역자산의 활용도 타 기관들과의 상호작용을 통해서 진행하고 있다. 따라서 지역공동체가 생성되고 제도화되는 과정에서의 특징은 지역공동체 구성원의 참여양식과 효과성을 결정한다는 사실을 확인할 수 있다.

2) 안성 의료사협으로부터의 함의: 조직화 역량의 중요성

안성 의료사협은 지역사회의 새로운 수요에 부합하는 단순한 의료서비스를 제공하는 이상의 역할을 수행한다. 지역사회 주민들과의 지속적인 연계를 통해 조직의 비전을 공유하고 확산한다. 즉 상호작용 방식으로서의 주민들과의 연계를 제도화하여 지속가능성을 높이는 데 주력하는 것이다. 총회, 대의원회의, 조합원 대상 소모임 등을 통해 지역별, 활동분야별 학습과 참여의 기회를 제공한다. 다양한 참여의 기회를 통해 협동조합이 갖고 있는 기존 비전이 확산될 뿐만 아니라 새로운 비전도 형성된다. 아울러 지역사회의 새로운 수요를 이해하는 데도 기여할 수 있다. 결국 이러한 상호작용 과정이 협동조합의 조직화 역량으로 발전되고 지역주민들의 참여도를 높일 수 있음을 알 수 있다.

3) 원주 의료사협으로부터의 함의: 사회적 경제 네트워크의 중요성

원주 의료사협의 생성과 제도화는 원주시 사회적 경제와의 상호작용과 함께 진행된다. 신용협동조합, 원주소비자생활협동조합, 원주 한살림 등 다른 협동조합과의 상호작용 정도는 매우 긴밀해서 이를 통한 재정투자와 의사결정 참여를 통한 비전의 확산, 지역사회 문제 인식의 공유 등이 가능했다. 그 결과로 현재도 지역사회의 새로운 문제가 나타날 때마다 그 문제에 대응하기 위한 새로운 조직을 만들고 지원하는 방식으로 지역사회의 문제를 해결하며 지역공동체 구성원의 참여도 사회적 경제에 참여하는 방식으로 나타난다. 이러한 구조는 환경변화에 창의적으로 대응하는 사회혁신구조로 기능한다. 협동조합 간 상호부조와 상호 협조체제의 형성은 지역사회의 문제에 대한 의식의 공유와 유연한 대응을 가능하게 하며 지속가능성을 높이는 데 기여한다. 따라서 이들의 활발한 연계는 지역사회의 공익성, 사회성에 대해 활동가들이 공유할 수 있는 바탕이 되며, 지역 구성원들의 상호소통과 참여를 통해 지역사회의 윤리의식, 책임성 등이 발전한다.

5. 사회적 상호작용을 통한 지역공동체 발전을 위한 향후 발전 과제

1) 지역사회 상호작용과 참여를 통한 지속가능성 제고

지역공동체 구성원들의 참여를 확충하기 위해 달성해야 할 가장 중요한 가치는 지속가능성이다. 거시적 환경 변화는 지역공동체의 역량이 축소되는 방향으로 전개되며 지역에 대한 사회적 지원체계의 형성도 어려워지고 있다. 이와 같은 도전 속에서 지역공동체의 지속가능성을 높이기 위해서는 구성원들의 지속적인 상호작용을 통한 참여와 학습이 필요하다. 지역의 구성원들은 의사결정체제에 참여함으로써 다양한 조직적 맥락을 습득하고 조직이 중시하는 가치를 수용할 수 있다. 나아가서 환경에서 발생하는 변화를 인지하고 공통된 비전을 통해 극복하는 것이 지속적인 상호작용과 참여, 학습을 통해서 가능하다.

지속가능성은 학습이 이루어지는 것이라고 보는데 사회적 기업의 구성원 간 학습이 지속가능성의 핵심이다. 협동조합의 주인은 조합원인데 실질적으로는 그렇지 않다. 구성원들 간에 지역사회의 문제가 무엇인지 공유가 중요한데 그것이 상호작용을 통해 공통의 가치와 비전을 공유하는 것이다. 예상치 못한 문제가 발생했을 때 일반 병원은 병원장이 결정하지만 의료사협은 조합원이 소통해서 결정해야한다. 소통에 시간이 걸리지만 장기적으로 학습하고 윤리적이고 책임감 있게 발전하는 것이 중요하다. 이것이 지속가능성이라고 생각하는데 실제로는 이루어내기가 어렵다(원주 의료사협 이사, 2010년 7월).

2) 지역공헌활동의 확대를 통한 참여의 활성화

지역사회 기반 조직들은 자원이 부족하기 마련이다. 따라서 지역의 사회적 기업과 협동조합은 지역에서 활용되지 않던 자원을 충분히 활용할 필요가 있고, 지역주민을 포함한 다양한 이해관계자의 참여를 유도할 필요가 있다. 특히 의료사협의 경우 의료 전문가들을 활용하기 위한 다양한 활동이 필요하며 이들에 대한 적정임금의 지급과 안정적인 일자리 제공이 필요하다. 또한 이들이 참여할 경우 생산성과 효율성을 높일 수 있는 체제의 구축이 필요하다. 따라서 전문인력의 활용을 위한 자료의 축적과 법률적 제도적 정비가 중요한 과제로 남는다. 이에 대하여 의료생협 담당자는 다음과 같이 증언한다.

의료라는 영역은 전문성이 요구된다. 전문가들이 확보되지 못해서 어려움이 많다. 대부분의 환자들은 의사에 대한 신뢰가 큰데 의료생협은 의사들을 유지시키기 어렵기 때문에 그것이 문제가 된다. 의사들에 대한 임금의 지급이 가장 큰 문제인데 여러 가지 정부사업으로 인건비 부담을 줄이고 있다. 여기에 장기 근속해주시는 분이 나오면 위기 극복에 큰 도움이 된다. 일시적으로 대체인력을 수급하는 것도 시급한 문제이다(원주 의료사협 담당자, 2010년 7월).

3) 지역공동체 참여 활성화에 기반을 둔 지역 조직 성공모델 양성

2000년대 후반 이후 사회적 기업과 협동조합의 법제적 제도를 확립하고 정부재정 지원의 근거를 마련하기 위한 일련의 법률 제정이 있었다. 법률의 시행 이후 한국에서 지역공동체 기반 협동조합과 사회적 기업의 수는 증가하고 있는 추세이다. 그럼에도 불구하고 지역에 기반을 두고 사회적 목적을 충실하게 추구하는 모범적인 조직을 발굴하기 어렵다. 따라서 아래 인터뷰 내용에서 지적한 것처럼 성공모델을 발굴하는 것이 매우 중요하며 그것은 지역의 토대가 굳건히 이루어질 때 가능하다. 지역공동체 구성원들이 활발하게 상호작용하고 참여할 때 지속가능하고 건전한 토대가 형성될 것이다. 따라서 지역에 적합한 상호작용의 모델을 구축하고 그에 부합한 성공모델을 양성하는 것이 중요하다.

아직까지 제대로 성공한 협동조합이 나오지 않아서 새로 진입한 협동조합 입장에서도 어려운 점이 많다. 사회적 토대가 있어야 성공적인 모델이 발생하는 것인데 현재 주목받는 협동조합을 보아도 실제로는 잘 되고 있다고 생각되지 않는다. 이벤트성 사업 중심이거나 임직원들 중심으로 작동되며 학습이 이루어지지 않는다. 협동조합의 개념을 제대로 찾고 초심을 갖고 지역사회를 쇄신하지 않으면 성공모델이 나오기 어려울 것이다(원주의료생협 이사, 2010년 7월).

제10장 사회적 기업에 대한 참여와 사회적 · 경제적 성과[1)]

1. 사회적 기업의 중요성

역사적으로 볼 때, 한국은 1960년대 이후 급속한 경제성장과 정치 민주화가 동시에 진행되었다. 그러나 사회적으로는 농어촌 공동화, 빈부 격차 심화, 환경오염, 보건문제, 교육문제 등 다양한 문제가 발생하였다. 이러한 지역사회의 다양한 문제해결을 위해 정부 관료제는 새로운 정책대안을 도입한 반면, 일부 지역은 건강하고 지속가능한 공동체를 자립적으로 형성하려는 노력을 진행하였다(안병영 · 정무권, 2007; 김혜정 · 이승종, 2006). 주민과 활동가를 비롯한 이해관계자가 참여하고 시민사회 조직이 활동주체가 되는 자립적 공동체의 형성을 통해 주민들이 필요로 하는 서비스의 공급에 주민의 참여를 유도하고 그들의 수요에 부합하는 서비스를 자발적으로 생산하는 대안을 모색한 것이다 (Bidet & Eum, 2011).

1990년대부터 본격화한 세계화 현상은 한국에서도 국가경제의 개방화와 자유화를 유발하였고 치열한 경쟁을 유도하였다. 경쟁력이 취

1) 제10장의 주요내용은 한상일. (2019). 한국 사회적 경제 조직의 기업가정신과 지역 자산 활용. 『협동조합경영연구』, 50: 1-23의 내용을 수정 보완하여 수록하였다.

약한 일부 지역의 사회경제적 상황은 열악해졌으며, 지역 간 격차도 커지게 되었다. 특히 1997년에 직면한 외환위기는 한국 사회에 대량 실업과 취약계층의 증가를 유발하였다. 정부는 이에 대응하기 위한 대안 중 하나로 정부와 시민사회 조직이 협력하여 일자리를 창출하는 사회적 일자리 사업을 진행하였다(황덕순, 2000). 2007년에 이르러 정부는 사회적기업육성법의 입법과 동시에 정부가 재정지원하고 시민사회 조직이 일자리를 창출하는 방식을 제도화하고자 하였다. 정부는 이 법을 통해 사회적 목적과 경제적 목적을 동시에 추구하는 사회적 기업을 지원하고 육성하여, 취약계층을 위한 고용을 늘리고 지역사회의 수요에 부응하는 새로운 사회서비스 제공이라는 다양한 정책목표를 동시에 달성하고자 하였다. 법안 제정 이후 많은 사회적 기업이 새롭게 설립되었고 기존의 시민사회조직도 사회적 기업으로 전환하면서, 한국의 지역공동체에서 사회적 경제의 규모와 영향력이 커졌다.

사회적 기업의 수가 증가하고 환경변화에 따른 중요성이 증가함과 동시에 사회적 기업의 역량과 성과의 중요성이 커지고 있다. 특히 정부가 사회적 기업의 역량강화를 위해 재정지원을 포함한 다양한 육성제도를 시행한 이후 지원에 대한 성과평가와 성과제고 방안에 대한 관심도 높아지고 있다(도수관·박경하, 2014; 김재홍·이재기, 2012). 그런 가운데 이 장에서는 한국의 사회적 기업의 경제적·사회적 성과를 동시에 제고하는 것이 중요하고, 지역공동체에 존재하는 다양한 행위자가 최대한 참여하고 활용되는 것이 중요하다고 가정한다(이용탁, 2011; Kretzmann & McKnight, 1993). 따라서 이 장에서는 한국 사회적 기업에 대한 개인과 조직의 참여가 조직성과에 어떤 영향을 주는지 실증적으로 분석하고자 한다. 실증분석을 위해 한국 사회적 기업 중 120개 조직을 대상으로 한 설문조사 자료를 회귀분석과 구조방정식 추정을 통해 분석하였다. 분석결과를 바탕으로 사회적 기업의 육성을 위한 효과적인 지원정책을 제안하였다.

2. 사회적 기업의 개념과 의미

이 장의 분석대상인 사회적 기업의 개념은 연구자의 관점에 따라서 다양하게 정의된다. 사회적 기업이 유럽과 미국학계의 관심을 모으기 시작했던 2000년대 초반 Defourny(2001: 16-18)는 사회적 기업을 "주민들이 중심이 되어 조직화하면서 그들이 의사결정권한을 가지며, 조직의 활동에 영향을 받을 당사자가 참여하면서 이익의 배분은 제약하고 지역공동체로 그 혜택을 환원하는 사회적 속성을 갖고 있는 반면, 자율성에 기반을 두어 경제적 리스크를 감수하면서 지속적으로 재화를 생산하거나 서비스를 판매하는 경제적 활동주체"라고 정의하였다.[2)] 이 개념에 따르면 사회적 기업의 주요 활동은 재화와 서비스를 거래하는 경제적 활동과 지역주민들의 참여와 민주적인 의사결정, 활동성과의 지역 환원을 추구하는 사회적 활동으로 구성된다. 즉 사회적 기업은 경제적 목적과 사회적 목적이라는 동시에 달성하기 어려운 두 목표를 추구하는 것이 가장 중요한 특징이다. Defourny(2001)의 정의를 보다 상세히 설명하면 다음과 같다.

첫째, 사회적 기업은 일반적으로 지역에서 주민들을 중심으로 조직화된다(오단이·정무성, 2015; Peredo & Chrisman, 2006; Daskalaki et al., 2015). 지역사회 특유의 문제가 새롭게 발현되는 경우 정부의 구조적

---

2) Jacques Defourny는 현재 유럽의 사회적 경제 연구 네트워크인 EMES(The Emergence of Social Enterprise)를 주도하는 학자로 여기서 제시된 그의 정의가 EMES의 공식적인 정의로서 발전적으로 수용되었다.

경직성으로 인해 신속하고 충분한 대응이 이루어지지 않는 경우가 많고, 경제위기가 반복되면서 기업에서도 지역사회 문제해결에 기여할 자원이 부족해질 가능성이 높아진다. 이런 상황에서 지역사회 이해관계자들이 스스로 문제해결을 위한 대응방안을 모색할 때, 경제적 이익을 추구하고 그 수익으로 사회적 기여를 하는 경우 사회적 기업이 발전한다(김경례·윤영선, 2015; European Commission, 2013; Sepulveda, 2015).

둘째, 사회적 기업의 의사결정에서는 다양한 이해관계자들이 참여하는 민주성이 강조된다(Low, 2006; Mason et al., 2007). 사회적 기업에서 민주적 의사결정을 구현할 거버넌스가 구축되며, 전체 구성원이 모이는 총회와 주요 의사결정자들로 구성되는 의사회, 구성원들이 폭넓게 참여하는 다양한 소모임이 유기적으로 연계된다. 이렇게 민주적 의사결정 절차가 설계되고 집행될 때, 지역공동체와 전체 사회를 위한 의사결정이 효과적으로 이루어진다. 따라서 사회적 기업은 내부의 의사결정이 민주적으로 이루어져야 할 뿐 아니라 지역사회의 일원으로서 지역에 긴급한 필요를 위한 지원이나 사회변화에 대응하기 위한 장기적인 투자에 적극 참여한다(Defourny & Nyssens, 2008). 따라서 사회적 기업은 조직의 민주적 의사결정을 위해 다양한 참여를 장려하고 지역사회에 기여하는 조직이다.

셋째, 사회적 기업은 개인의 이익을 위해 존재하기보다 전체 사회의 이익을 위해 존재하는 조직이다(이현주·조성숙, 2012; 김효순, 2013). 일반적인 사회적 기업은 비영리조직의 속성을 갖고 있으며, 영리를 추구하는 기업의 경우에도 경제활동을 통해서 창출되는 순수익은 사회적 성과를 높이기 위한 고용이나 지역사회 복지 향상을 위해 소비된다(조상미 외, 2012). 2007년 한국에서 제정된 사회적기업육성법에서도 사회적 기업은 취약계층에게 사회서비스나 일자리를 제공하고 지역주민의 삶의 질을 높이는 기관으로 정의한다.[3] 따라서 사회적 기업의 효율적 관리나 새로운 비즈니스 모형 창출을 통한 경제적 성과의 제고도 사회적 성과를 높이기 위해 필요하며 두 성과는 상호보완적 효과를 갖도록 운영되어야 한다.

넷째, 사회적 기업은 이윤을 추구하는 기업의 형태로 운영되기 때문에 독립적인 경제적 활동주체로서 기능할 것을 원칙으로 한다(김희철, 2015). 따라서 경제활동의 영역에서는 수익성을 추구하고, 관리의 효율성, 구성원의 전문성을 높이기 위한 최적의 대안을 모색한다(Austin et al., 2007). 사회적 기업은 다양한 이해관계자가 참여하는 의사결정구조를 갖고 있으나 경제활동에서의 원칙은 제약조건 하에서 수익의 극대화를 추구한다. 사회적 기업에 대한 기존연구에서도 일반관리 역량, 인적자원 관리역량 등의 제고가 성과를 향상을 가져온다는 결과를 확인할 수 있다.

마지막으로 사회적 기업은 지속적으로 재화를 생산하고 서비스를 제공하는 경제활동을 추구한다. 특히 사회적 기업은 포드주의에 입각한 대량생산체제에 대안적인 경제주체로서 기존 경제주체가 제공하지 않는 유형의 재화와 서비스를 제공하는 다양성을 지향한다. 특히 사회적 기업은 20세기 후반 이후 반복되는 글로벌 경제위기 속에서 발생하는 다양한 사회적 수요에 대응하기 위하여 다양한 사회서비스를 제공하는 경우가 많다. 많은 국가에서 사회적 기업이 사회서비스 시장의

3) 사회적기업육성법에서는 사회적 기업을 "취약계층에게 사회서비스 또는 일자리를 제공하여 지역주민의 삶의 질을 높이는 등의 사회적 목적을 추구하면서 재화 및 서비스의 생산, 판매 등의 영업활동을 하는 기업으로 고용노동부 장관의 인증을 받은 기관"으로 정의하고 있다.

중요한 구성요소가 되어 정부와 시장이 제공하지 않는 서비스를 제공하고 있으며, 2000년대 중반 이후 한국 정부에서도 사회적 기업을 주축으로 한 사회 서비스 시장의 활성화에 많은 관심을 표명하였다. 그런 의미에서 사회적 기업이 시장에서 추구하는 다양성은 중요한 경쟁력이 되며, 다양성 속에서 충성스러운 고객의 수요를 충족시키기 위한 사회혁신의 여부가 사회적 기업의 사회적 영향력을 높이는 열쇠이다.

3. 사회적 기업가 정신과 지역공동체 참여

1) 사회적 기업가 정신

사회적 기업이 성과를 높이고 지역공동체 발전에 기여하기 위해서 사회적 기업가 정신이 활발해져야 한다. 사회적 기업가 정신은 "사회문제의 근본 원인을 제거하고 사회적 수요를 충족하고 바람직하지 않은 결과를 유발하지 않도록 함으로써 긍정적인 사회적인 영향을 주는 사회혁신활동"(Dees & Anderson, 2006: 26)으로 정의할 수 있다. 이 정의에 따르면 사회적 기업가 정신은 사회적 혁신, 사회적 영향력, 사회문제의 해결이라는 세 가지 요소로 구성된다.

사회적 혁신은 "특정한 맥락과 활동에 부합하는 사회적 행위를 새롭게 구성하여 조합하는 것"으로 정의할 수 있다(Howaldt & Schwarz, 2002: 21). 환경이 지속적으로 변화하여 지역사회에 새로운 수요가 증가하는 경우 사회적 행위를 새롭게 구성하는 것이 중요하다. 과거에 존재하지 않던 수요를 충족시키기 위해서 사회적 기업은 지속적으로 새로운 활동을 수행한다. 그리고 새로운 사회적 활동은 지속적인 혁신, 결단력, 적응, 학습, 미래를 향한 비전 등을 갖고 있을 때 가능하다. 따라서 사회적 기업가는 조직이 새로운 가치를 창출하기 위하여 혁신적인 활동을 지속적으로 탐구해야 하는 것이다.

사회적 기업가가 중시해야 할 결과는 사회적 영향력의 증대이다. 사회적 기업가는 조직이 나아가야 할 방향을 모색할 때 다양한 이해관계자들이 통합적 관점을 갖고 일관되게 추진하도록 유도하는 것이 중요하다. 이해관계자가 나아갈 방향에 대해서 동의하고 비전을 공유하며 통일된 전략에 따라 연간 계획을 집행해나갈 때 효과적인 발전경로를 발굴할 수 있으며 조직의 기능이 확장될 수 있다. 따라서 조직의 합의를 통해서 사회에 전반적인 영향력을 강화하는 것이 사회적 기업가 정신의 중요한 구성요소이다.

마지막으로 사회적 기업가 정신은 새로운 사회적 수요에 반응하는 데 기여한다. 사회적 기업가는 사회적 목적을 달성하기 위해 지역사회 주민이나 이해관계자들의 수요, 인식, 선호 등에 대해 연구하게 마련이며 목표달성을 위한 체계를 갖추기 위해서 노력한다. 그런 의미에서 사회적 기업의 의사소통방식, 마케팅 역량, 품질관리 시스템 등은 지역 주민들과 공동체에 제공하는 혜택을 극대화함으로써 성과를 높이는 데 기여할 수 있다.

2) 지역공동체 참여

일반적으로 사회적 기업은 지역공동체를 중시하며 지역공동체에 존재하는 개인, 기관, 공간 등을 활용하면서 활동한다. 사회적 기업이 정부나 기업의 영향력에 의존할 경우 자생적 발전이 불가능하고 외부 지원이 중단되는 순간 지속가능성에 문제가 생길 수 있다. 따라서 이 관점에서는 지역사회가 수동적인 수요중심 접근에서 벗어나서 지역주민들을 능동적으로 참여시키고 동원하는 방식이 중요하다고 강조한다. 지역사회의 자산 활용을 위한 첫 번째 단계는 지역공동체 자산매핑(asset mapping)이다. 지역사회에서 충분히 활용되지 못하고 있던 저소득층, 장애인, 노년층 등과 같은 개인뿐만 아니라 버려진 건물, 공터 등의 장소, 그리고 지역사회의 발전을 위해 기꺼이 기여할 의사가 있는 기관들의 위치와 역량을 조사하고 기록하는 것이다. 두 번째 단계는 개인, 장소, 기관들이 기여할 수 있는 요소들을 기록하는 것이며 마지막 단계는 실제 지역사회 활동에 활용하는 것이다. 이 과정에 따르면 지역공동체에 존재하는 자산을 발굴하고 적극적으로 활용하는 것이 가능하다. 이 과정에서 중요한 지역공동체의 자산은 개인, 공공장소, 그리고 기관으로 구분된다. 개인은 지역사회에 거주하거나 근무하는 전문가, 언론인, 교사뿐만 아니라 비교적 취약계층인 저소득층, 장애인, 복지수혜자 등을 포괄한다. 공공장소는 평소에 잘 활용되지 않는 공터를 비롯한 학교, 공공기관, 정부, 병원, 교육기관 등의 건물 등을 의미한다. 기관은 지방정부, 공공기관, 학교, 병원 등의 기관들과의 협력을 의미한다. 사회적 기업은 지역공동체와의 연계를 강화하기 위해 개인, 공공장소, 기관 등을 최대한 활용하게 마련이며 그 활용도가 증가하면 할수록 조직이 추구하는 목표를 달성할 가능성이 높아진다.

3) 실증분석모형

사회적 기업은 조직이 추구하는 목표를 달성하기 위해서 사회적 경제를 형성하여 지속가능한 지역의 발전을 도모하고 창의적인 혁신과 협력을 강화한다. 이러한 활동은 사회적 기업가 정신으로 요약할 수 있으며 사회적 기업가 정신이 강화되면 조직의 사회적, 재정적 성과가 높아지는 것으로 가정할 수 있다. 그리고 정부나 기업에 의존하기보다 지역공동체와 밀착된 다양한 자산들을 주도적으로 활용할 경우에도 사회적, 재정적 성과가 높아질 것으로 가정할 수 있다. 그런데 사회적 기업에 대한 기존연구에 따르면 사회적 기업가 정신은 지역공동체 개인과 기관의 참여 그리고 공공장소 활용의 매개를 통해서 성과에 영향을 미치는 것으로 나타났다. 그리고 Liu et al.(2014)의 연구는 사회적 성과와 재정적 성과는 상호 조절효과가 있는 것을 확인하였다. 이러한 내용을 포괄하여 이 연구에서는 〈그림 10-1〉과 같은 연구모형을 수립하였다.

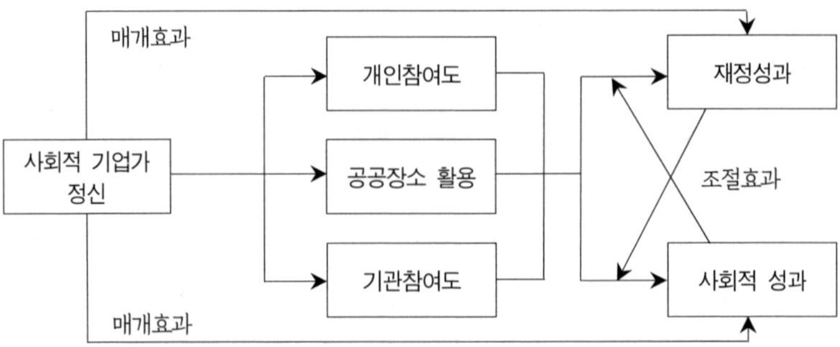

〈그림 10-1〉 기업가정신과 참여도의 효과에 대한 분석모형

4. 연구방법

1) 표본

이 분석에 활용된 자료는 2010년 12월부터 2011년 2월 동안 한국사회적 기업진흥원으로부터 공식적으로 인증 받은 사회적 기업 501개 중 120개를 추출하여 조사한 것이다. 조사대상 사회적 기업은 지역별로 구분하여 표본추출하였다. 절반 이상인 52.4%의 사회적 기업이 수도권 및 강원지역에서 추출되었으며 대전 · 충남북 지역에서 10.4%, 광주 · 전남 · 전북 · 제주 지역에서 15.7%, 부산 · 울산 · 경남지역에서 12.1%, 대구 · 경북 지역에서 9.4%의 사회적 기업을 조사했다. 조사대상 조직의 유형은 상법상 법인, 민법상 법인, 비영리조직의 순서

〈표 10-1〉 응답자의 개인적 특성과 조직적 특성

분류	유형	빈도	백분율
조직유형	상법상 법인	38	31.7
	민법상 법인	27	22.5
	비영리 조직	22	18.3
	사회복지법인	11	9.2
	협동조합	18	15.0
	기타	4	3.2
지역	서울, 인천, 경기, 강원	62	51.7
	대전, 충남, 충북	14	11.7
	광주, 전남, 전북, 제주	19	15.8
	부산, 울산, 경남	15	12.5
	대구, 경북	10	8.3
응답자 성별	남성	79	65.8
	여성	41	34.2
합계		120	100

로 많은 것으로 나타났다. 실제로 사회적 기업 가운데는 상법상 법인의 법률적 지위를 갖고 있는 조직이 많고 법적 기초는 매우 다양하게 구성된다. 응답은 각 사회적 기업별로 사무국장 또는 재정을 담당하는 고위 관리자에게 작성을 요청했다. 조직의 설립자나 대표이사보다 실질적인 운영자에게 주관적 인식과 객관적 수치에 대한 질문에 대하여 조직의 전반적인 상황을 반영하여 답해줄 것을 요청하여 최대한 대표성을 확보하고자 하였다. 응답자의 개인적 특성과 조직의 특성은 〈표 10-1〉에 요약되어 있다.

2) 기술통계량과 측정방법

실증적 분석을 위해 기존문헌에서 활용된 객관적, 주관적 측정지표를 활용하였다. 측정을 위한 설문문항들은 수차례에 걸친 면접조사와 예비조사를 통해서 확정함으로써 문항의 타당도와 신뢰도를 높이고자 하였다. 주관적 측정척도는 6점 척도를 활용하였다. 측정항목의 기술통계량은 〈표 10-2〉에 제시되었다.

사회적 기업가 정신을 측정하기 위하여 Weerawadena & Mort (2007)의 연구에서 활용된 여섯 개의 항목을 활용하였다. 구체적으로 사회적 경제에 대한 비전, 공익과 사익의 균형, 혁신역량, 인내와 결단력, 가치 지향성, 경험과 지식 등을 측정하였다. 지역공동체 자산 활용을 위해 Kretzmann & McKnight(1993)의 연구에서 구분한 개인참여도, 공공장소 활용, 기관참여도 등의 유형을 활용하여, 사회적 기업이 각각의 자산을 얼마나 활용하고 있는지를 질문하는 방식으로 측정하였다. 사회적 기업의 재정성과를 측정하는 데는 세 가지 지표를 활용하였다. 사회적 기업의 직원당 순수익 증가율, 자산증가율, 매출액증

〈표 10-2〉 측정변수의 기술통계량

변수유형	변수	N	평균	표준편차	최소값	최대값
통제변수	수도권	120	.517	.502	.00	1.00
	직원수	120	28.058	35.656	1.00	145.00
	ln 총예산	79	12.602	1.685	8.58	19.52
사회적 기업가 정신	혁신역량	120	4.708	.920	1.00	6.00
	인내와 결단력	120	4.800	.894	1.00	6.00
	가치 지향성	120	4.917	.826	1.00	6.00
	경험과 지식	120	4.775	.884	1.00	6.00
	공공성/민간성 균형	120	4.867	.788	1.00	6.00
	사회경제에의 비전	120	4.958	.864	2.00	6.00
개인참여도	언론인	120	3.675	1.278	1.00	6.00
	지역주민	120	4.483	1.347	1.00	6.00
	교사	120	3.992	1.306	1.00	6.00
	기업가	120	3.242	1.270	1.00	6.00
	저소득층	120	4.492	1.378	1.00	6.00
공공장소 활용	공터	120	2.975	1.423	1.00	6.00
	공원	120	3.392	1.491	1.00	6.00
	위락시설	120	3.217	1.421	1.00	6.00
	학교	120	2.233	1.186	1.00	6.00
기관참여도	병원	120	3.700	1.234	1.00	6.00
	문화센터	120	4.767	1.098	1.00	6.00
	지방정부	120	4.400	1.279	1.00	6.00
	공공기관	120	3.625	1.203	1.00	6.00
재정적 성과	ln 직원당 이윤증가	102	9.190	1.282	4.34	11.85
	ln 직원당 자산증가	85	8.308	2.325	-3.04	14.93
	ln 직원당 매출액증가	107	9.257	1.245	5.52	12.02
사회적 성과	고용창출	120	4.367	1.152	1.00	6.00
	빈곤극복	120	3.867	1.159	1.00	6.00
	취약계층 고용비율	120	4.717	1.139	2.00	6.00

가율에 자연로그를 취한 값을 계산하였다. 사회적 성과를 측정하기 위해서 Balabanis et al.(1997) 등에서 활용된 바와 같이 일자리 창출, 지역사회 빈곤감소, 취약계층에 대한 혜택의 증가율에 대한 응답자의 주관적인 판단을 조사하였다.

3) 분석방법

이 연구에서는 사회적 기업가 정신, 개인 참여도, 공공장소 활용, 기관 참여도, 사회적 성과, 재정성과 등의 개념구성이 통계학적으로 타당한지를 분석하였다. 탐색적 요인분석을 통해서 크론바하 알파값을 측정하였고, 확인적 요인분석의 과정에서 도출된 AVE지수와 상관계수를 비교하며 요인구성의 타당도를 검토하였다. 인과관계의 분석을 위해서 Baron & Kenny(1986)가 제시한 3단계 매개회귀분석을 시도하였다. 사회적 성과와 재정성과의 상호 조절효과를 분석하기 위해서 상호작용항을 활용한 단계적 회귀분석을 하였으며 조절효과의 정도를 판단하기 위해 단순기울기 분석도 추가하였다. 최종적으로 매개효과와 조절효과를 효율적으로 분석하기 위해서 사회적 기업가 정신, 지역공동체 자산 활용, 재정성과와 사회적 성과를 포함한 구조방정식 모형을 추정하였다. 그리고 AMOS ver. 18 프로그램을 활용하여 모형의 적합도를 분석하였다. 먼저 연구모형에서 제시한 인과관계를 그대로 반영한 최초모형의 유의도를 평가하였다. 그 결과를 바탕으로 통계학적으로 유의미하지 않은 요인과 경로를 제거하고 새로운 경로를 추가하는 방식으로 수정모형을 제시했다. 수정모형의 결과를 토대로 향후 사회적 기업의 성과향상을 위한 정책방향을 제시하였다.

4) 타당도와 신뢰도: 탐색적 요인분석, 확인적 요인분석, 상관관계 분석

탐색적 요인분석을 통해 이 연구의 측정변수들이 사회적 기업가 정신, 개인·기관자산 활용, 공공장소 활용, 재정적 성과와 사회적 성과를 구성함을 확인하였다. 각 영역의 크론바하 알파값은 모두 .5를 상회하였으며 사회적 기업가 정신과 지역공동체 자산 활용 그리고 성과의 영역구분은 타당한 것으로 확인되었다. 누적분산비율과 KMO통계량 그리고 전체 모형의 타당도도 적합한 것으로 나타났다. 탐색적 요인분석의 결과는 〈표 10-3〉에 제시하였다.

이 장에서는 회귀분석을 진행하면서 독립변수 간 다공선성의 존재 여부를 확인하기 위해 상관관계 분석을 하였다. 상관계수의 최댓값이 .38로서 다공선성은 없는 것으로 확인되었다. 독립변수 간 상관계수와 독립변수와 사회적 성과 간 상관계수는 양의 값을 나타냈지만 재정성과는 모든 독립변수 간 상관계수는 음의 값을 나타내고 있다. 확인적 요인분석을 통해 개념신뢰도(construct reliability: CR)와 분산추출지수(Average Variance Extract: AVE)를 계산하고 상관관계 분석에서 나타난 상관자승치를 AVE 수치와 비교하는 방식으로 판별타당성을 검증했다. CR은 모든 요인에서 기준값 .5보다 크고, AVE도 기준값 .7보다 클 뿐 아니라 각 요인 간 상관자승치를 모두 상회하여 판별타당성도 높은 것으로 판명되었다.

〈표 10-3〉 사회적 기업가 정신, 참여도, 조직성과 등에 대한 탐색적 요인분석 결과

		요인적재치					
		1	2	3	4	5	6
1. 사회적 기업가 정신	혁신역량	.881	.094	-.027	.045	-.012	.101
	인내와 결단력	.859	.095	-.006	.064	.023	.123
	가치지향성	.825	.022	.003	.081	-.016	.206
	경험과 지식	.822	.040	-.050	.143	-.084	-.147
	공공성/민간성 균형	.819	.062	.088	.027	-.004	.250
	사회경제에의 비전	.744	.101	.063	.062	-.096	.183
2. 개인 참여도	언론인	.093	.752	.136	.355	-.001	-.098
	지역주민	.019	.747	.293	.005	-.104	.062
	교사	.152	.622	.322	.302	-.020	-.193
	기업가	.146	.592	.063	-.012	.057	.261
	저소득층	.029	.581	-.086	.307	.104	.396
3. 공공 장소 활용	공토	-.032	.085	.875	.033	-.084	-.020
	공원	.078	.195	.849	.052	.006	-.178
	위락시설	.027	.211	.752	.206	.030	-.042
	학교	-.020	.062	.717	.184	-.056	.220
4. 기관 참여도	병원	.056	.051	.183	.696	.007	.130
	문화센터	-.042	.199	.263	.666	-.147	-.033
	지방정부	.192	.328	.124	.641	-.114	.186
	공공건물	.261	.083	-.082	.623	.020	.318
5. 재정적 성과	ln 직원당 이윤증가	-.054	-.001	-.036	-.054	.992	.057
	ln 직원당 자산증가	-.054	-.002	-.036	-.054	.992	.056
	ln 직원당 매출증가	-.054	-.001	-.037	-.055	.992	.057
6. 사회적 성과	고용증대	.188	.188	.080	.036	.113	.746
	빈곤극복	.218	-.062	.107	.243	.114	.741
	취약계층 고용비율	.196	.086	-.230	.153	-.056	.683
크론바하 알파		.917	.80	.849	.709	.999	.732
아이겐값		6.031	2.026	3.137	1.087	3.809	1.434
분산비율		21.123	8.104	12.548	4.348	15.235	5.737
누적분산비율		24.123	60.010	51.906	70.095	39.358	65.747
KMO		.761					
카이제곱		3749.787***					

*$p<.1$, **$p<.05$, ***$p<.01$

〈표 10-4〉 상관관계 분석결과 및 확인적 요인분석 결과

요인	1	2	3	4	5	6
1. 사회적 기업가 정신	1	.035	.003	.080	.007	.144
2. 개인 참여도	.189*	1	.177	.328	.007	.048
3. 공공장소활용	.053	.421**	1	.105	.005	.000
4. 기관 참여도	.282**	.573**	.324**	1	.016	.138
5. 재정적 성과	-.086	-.085	-.074	-.128	1	.010
6. 사회적 성과	.380**	.218*	.000	.378**	.100	1

*p<.1, **p<.05, ***p<.01

5. 분석결과

1) 매개효과 분석결과: 3단계 매개 회귀분석

지역공동체 자산 활용의 매개효과를 측정하기 위해 3단계 매개 회귀분석을 하였으며 〈표 10-5〉에 분석결과가 제시되었다. 분석결과 사회적 기업가 정신과 기관 참여도가 사회적 성과에 통계학적으로 유의미한 효과가 있는 반면 재정성과에 대해서는 유의미한 결과가 나타나지 않은 것을 발견하였다. 그리고 사회적 기업가 정신의 사회적 성과에 대한 효과는 매개 효과로 인해서 약화되는 것을 발견하였다. 매개회귀분석을 통하여 확인된 유일한 통계학적으로 유의미한 매개효과는 사회적 기업가 정신, 기관 참여도 그리고 사회적 성과의 관계였다. 즉 사회적 기업가 정신은 사회적 성과에 직접적으로 긍정적인 영향을 주지만 기관자산 활용의 매개를 통해서도 긍정적인 영향을 준다는 것이다.

〈표 10-5〉 사회적 기업의 성과에 대한 3단계 매개회귀분석

	매개변수			종속변수			
	1	2	3	사회적 성과		재정적 성과	
규모	-.008	.000	-.003	-.027	-.026	.323***	.331***
사회적 기업가 정신	.262*	.093	.351***	.434***	.307**	-.045	-.084
1. 개인 참여도					.054		.298
2. 공공장소활용					-.110		-.056
3. 기관 참여도					.352**		-.119
조정된 R^2	.011	.002	.078	.107	.178	.118	.120
F-value	1.446	.143	4.292**	5.689***	4.376***	5.158***	2.689**

*p<.1, **p<.05, ***p<.01

2) 조절효과 분석결과: 상호작용 항을 활용한 회귀분석

사회적 성과와 경제적 성과의 상호 조절효과를 분석하기 위해서 상호작용항을 포함한 회귀분석을 하였다. 먼저 사회적 기업의 성과에 대한 기존 실증적 연구에서 유의미한 효과가 있는 매출액으로 측정한 기업의 규모를 통제변수로, 사회적 기업가 정신과 세 가지 지역공동체 자산 활용을 독립변수로 포함한 회귀분석을 하였다. 그 이후 상호작용항을 추가한 회귀분석을 진행하는 두 단계를 거쳤다. 분석결과 재정성과와 지역공동체 자산 활용으로 형성한 상호작용항은 사회적 성과에 대해 유의미한 영향을 주지 못하는 것으로 나타났다. 그러나 사회적 성과와 재정성과는 상호 부정적인 효과를 주는 것으로 나타났고 개인참여도는 재정성과에 긍정적인 영향을 주는 것으로 나타났다. 개인참여도와 사회적 성과의 상호작용항은 재정성과에 부정적인 효과가 있는 것으로 나타났으며 이 결과를 토대로 단순기울기 분석을 진행하였다.

<표 10-6> 사회적 기업의 성과에 대한 상호작용항을 활용한 조절효과분석

변수	사회적 성과		재정적 성과	
규모	.112	.133	.345***	.345***
사회적 기업가 정신	.216	.257*	.029	.026
개인 참여도 (A)	.116	.117	.318	.509***
공공장소활용 (B)	-.129	-.087	-.111	-.214*
기관 참여도 (C)	.245	.281*	.012	-.076
사회적 성과 (D)			-.476***	-.643***
재정적 성과 (E)	-.250	-.283***		
A x D				-.622**
B x D				.134
C x D				.697***
A x E		.059		
B x E		.088		
C x E		-.234		
상수항	3.159	2.682*	5.682***	6.318***
R^2	.275	.299	.287	.387
조정된 R^2	.197	.180	.211	.282
F	3.533***	2.515**	3.762***	3.711***

*p<.1, **p<.05, ***p<.01

단순기울기 분석을 위해서 평균을 기준으로 ±표준편차 수치를 독립변수에 대입한 결과를 토대로 두 직선의 절편과 기울기를 분석하였다. 〈그림 10-2〉는 사회적 성과에서 통계학적으로 유의미한 차이가 다른 방식으로 나타나고 있음을 보여준다. 개인참여도에 대해 사회적 성과는 부정적인 효과를 증폭하는 영향을 주고 있으며, 기관참여도에 대해 긍정적인 효과를 증폭하고 있음을 나타내고 있다. 즉 지역공동체 참여 유형에 대해서 사회적 성과는 서로 다른 방향으로의 조절효과를 보이고 있음을 나타낸다.

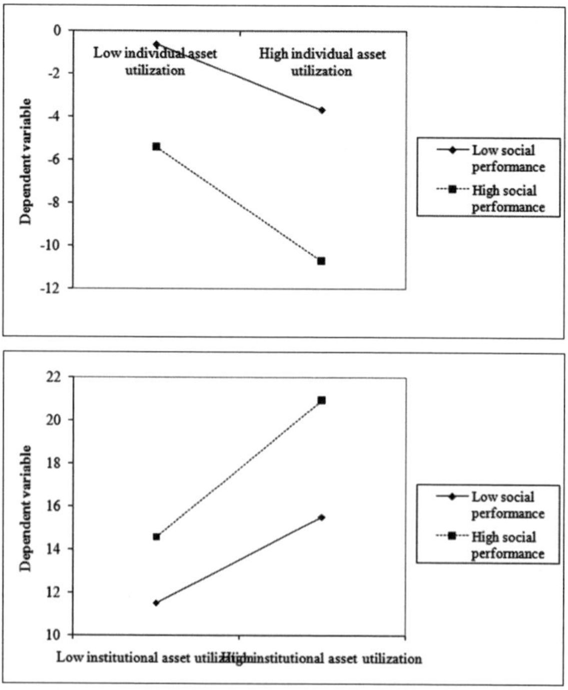

〈그림 10-2〉 사회적 기업의 성과에 대한 단순기울기 분석

3) 구조방정식 모형의 추정

위에서 분석한 매개효과와 조절효과를 확인하기 위해 구조방정식 분석을 시도하였다. 사회적 기업가 정신은 기관참여도의 매개를 통하여 사회적 성과에 영향을 주는 것으로 나타났으며 개인참여도도 긍정적인 영향을 주는 것으로 확인되었다. 조절효과 분석에서 사회적 성과와 재정성과는 상호 부정적인 효과가 있으며, 사회적 성과는 개인자산과 기관자산의 영향을 조절하는 효과가 있음을 확인하였다. 이러한 내용을 반영한 모형을 〈그림 10-3〉과 같이 구성하여 분석하였다. 최초

모형의 전반적 적합도는 비교적 낮은 것으로 판명되었다.

초기모형의 적합도를 감안하여 통계학적으로 유의미하지 않은 경로를 삭제하고 AMOS 프로그램이 제안하는 개인 참여도와 기관 참여도 간 관계를 새롭게 가정하여 새로운 실증분석 모형을 분석한 결과를

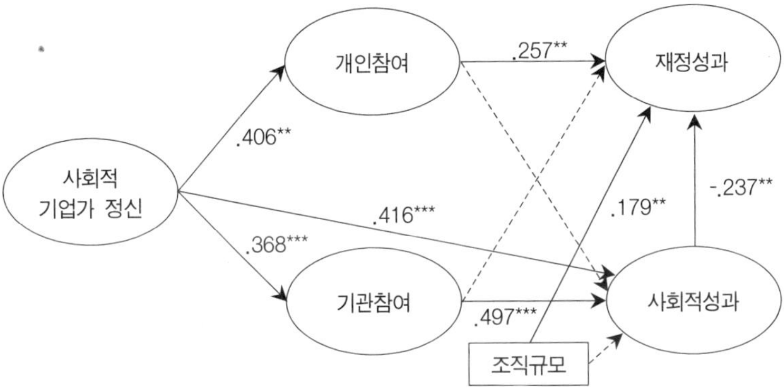

*p<.1, **p<.05, ***p<.01

GFI=.847, CFI=.912, NFI=.793, RMSEA=.068, CMIN/DF=.952

<그림 10-3> 사회적 기업의 성과에 대한 구조방정식 모형: 최초모형

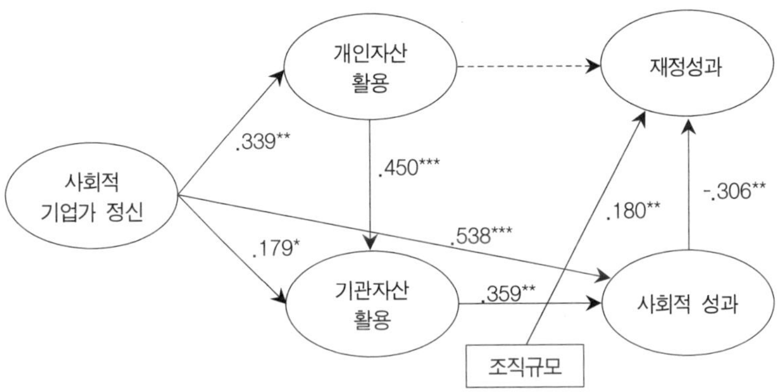

*p<.1, **p<.05, ***p<.01

GFI=.914, CFI=.998, NFI=.898, RMSEA=.000, CMIN/DF=.952

<그림 10-4> 사회적 기업의 성과에 대한 구조방정식 모형: 최종모형

〈그림 10-4〉에 제시하였다.

이 모형은 전반적인 적합도가 통계학적으로 유의미한 것으로 나타났다. 그 결과로 사회적 성과는 재정성과에 부정적인 효과가 있음이 나타났고 사회적 기업가 정신이 사회적 성과를 높이는 데 가장 큰 효과를 갖는 것으로 나타났다. 개인 참여는 기관 참여에 긍정적인 효과가 있으며 이 효과는 다시 사회적 성과의 증가에 기여한다. 그럼에도 불구하고 그 효과는 재정성과에 부정적인 영향을 줌으로써 사회적 기업가 정신을 많이 발휘하고 지역공동체의 개인과 기관을 많이 활용할수록 재정성과에는 부정적인 효과가 있는 것을 확인하였다.

6. 사회적 기업의 성과향상을 위한 정책대안의 모색

이 연구의 결과를 통해 사회적 기업가 정신은 성과를 높이는 데 기여하며 지역공동체 참여와 자산 활용은 성과향상에 매개효과가 있다는 사실을 확인하였다. 그리고 사회적 기업가 정신과 지역공동체 참여는 사회적 성과를 높이는 데 기여하지만 재정성과를 높이는 데는 부정적인 효과가 있다. 이러한 결과를 토대로 다음과 같은 정책대안을 모색하고자 한다.

1) 사회적 기업가 양성 프로그램의 강화

이 연구의 분석결과에 따르면 사회적 기업가 정신은 사회적 성과를 높이는 데 기여한다. 효과적인 사회적 기업의 운영을 위해서는 사회적 기업가의 양성이 매우 중요하다. 사회적 기업가의 양성을 위해서는 이 변수의 측정변수로 포함된 사회적 경제에 대한 비전, 혁신역량, 결단력, 가치지향성, 경험과 지식, 공공성에 대한 인식 등을 교육하고 학습하는 프로그램의 확대와 강화가 필요할 것이다. 현재 한국 사회적 기업진흥원의 지원으로 각 지역에서 제공되고 있는 사회적 기업가 양성과정의 교육체계를 강화하고 보다 다양한 교육기관에서 사회적 기업가 양성 과정을 운영할 수 있도록 지원하는 방안이 필요할 것이다. 그리고 교육프로그램은 반드시 지역별 사회적 경제 네트워크와의 활발한 연계를 통해 현장에서의 실현가능성을 높이도록 설계되어야 할 것이다.

2) 지역공동체의 개인과 기관의 참여 그리고 공간의 활용을 위한 협력적 거버넌스의 지원

지역의 개인, 기관, 공간 등 자산을 활용하고 동원하는 활동도 사회적 성과를 높이는 데 기여하는 것으로 나타났다. 이들을 보다 손쉽게 활용하기 위해서는 지역에 존재하는 자산을 매핑하고 그 조사결과를 토대로 협력관계를 형성하는 것이 필요하다. 정부는 자산의 매핑과 협력을 위한 네트워크에 대해 지원할 수 있을 것이다. 자산 매핑 기법과 지식의 전수를 위한 지원, 주기적인 자산 조사에 대한 지원 등을 통하여 지역사회에 대한 인지도를 높이는 것은 성과의 제고에 기여할 것이다. 이 연구의 결과에 따르면 지역사회의 공간자산은 성과제고에 기여하지 않는 것으로 나타났다. 한국의 지역사회에서 버려진 공간과 시설의 재활용에 대한 인식을 높이고 실질적인 기여방안을 모색할 필요가 있다.

3) 사회적 성과와 재정성과의 선순환 구조 형성을 위한 역량강화 지원

일반적으로 사회적 기업에 대한 기대는 재정성과가 높아지면 사회적 성과도 높아질 것이고 사회적 성과가 높아지면 재정성과에도 기여할 것이라는 더블 바텀 라인(double bottom line)에서 찾을 수 있다. 그러나 이 연구의 결과에 따르면 재정성과는 사회적 성과에 대해서 긍정적인 영향이 없고 사회적 성과는 오히려 재정성과에 부정적인 영향을 주는 것으로 나타났다. 이러한 결과는 한국의 사회적 기업에서는 아직 두 가지 성과가 긍정적인 선순환 구조를 형성하지 못하고 있다는 사실을 나타낸다. 오히려 사회적 성과를 제고하기 위해 기업가 정신을 발휘하고, 지역의 자산을 많이 활용할수록 재정성과는 낮아진다는 사실을 확인하였다. 따라서 사회적 성과와 재정성과에 대한 막연한 기대를 걸기보다 현실적인 맥락을 이해하고 두 가지 성과의 적절한 조화를 위한 조직운영 지원이 필요할 것이다. 즉 조직의 재정여건을 악화시키지 않는 범위 내에서 사회적 활동을 전개하도록 하며 그 기준을 인식시키는 활동이 필요할 것이다. 아울러 현재의 사회적 기업 진흥정책은 취약계층에 대한 일자리 제공 등으로 대표되는 고용증대에 강조점을 두고 있다. 그러나 지속가능한 사회적 기업의 생태계를 형성하기 위해서는 사회혁신을 위한 노력이 재정성과의 제고까지 이어질 수 있도록 경영지원을 제공하고 학습역량을 강화하도록 유도하는 정책이 필요할 것으로 사료된다.

7. 소결론

이 연구는 사회적 기업의 개념과 발전배경을 살펴보고 사회적 기업가 정신과 지역공동체 참여와 자산 활용의 성과에 대한 효과를 실증분석하였다. 이 분석을 토대로 사회적 기업가 양성 프로그램의 확대, 지역공동체 자산 활용을 높이기 위한 협력적 거버넌스의 형성, 사회적 성과와 재정성과 모두를 달성하기 위한 선순환 구조형성을 위한 사회혁신역량과 학습역량 제고 지원 등을 정책 대안으로 제시하였다. 이러한 연구의 성과에도 불구하고 향후 추가연구를 위해 다음과 같은 과제를 남긴다. 이 연구의 자료는 2011년에 수집된 것으로 그 이후 한국의 사회적 기업이 많은 발전을 한 만큼 보다 최근의 자료를 추가 조사하여 분석할 필요가 있을 것이다. 그리고 이 연구는 한국의 지역공동체형성의 시각에서 이해한 사회적 기업의 성과제고 방안을 논의하였으나 향후 그 연구의 범위를 국제적인 시각으로 확대할 필요가 있을 것이다. 유사한 산업화의 경험과 경제위기를 경험하고 사회적 기업을 공통적으로 유용한 정책수단으로 활용하고 있는 한국, 대만, 일본, 홍콩 등의 동아시아 국가와의 비교연구는 한국의 사회적 기업 정책 형성에 유용한 통찰력을 제공할 것이다. 또한 국제사회에서 지속가능한 발전을 강조하고 개발도상국가의 실정에 맞는 포용적 개발을 추구하는 상황에서 사회적 기업의 역할이 중요해진 만큼 연구의 대상을 개발도상국가로 확대하는 것도 중요하다.

제5부

지역공동체에서의 자산 활용, 거버넌스 그리고 지역학습

⋮

제11장 자산기반 지역공동체 발전전략: 미국 로스앤젤레스의 경우[1)]

1. 자산기반 지역공동체 발전전략의 배경과 중요성

1) 지역자산의 활용이 중요해진 배경

자산기반 지역공동체 발전전략은 그동안 지역공동체에서 많이 활용되지 못했던 인적, 물적 자산의 활용을 극대화하는 것이다. 문제해결의 대상으로만 여겨졌던 고령자, 저소득층, 장애인 등의 취약계층을 지역공동체의 활동과 사업에 적극적으로 참여하도록 유도하여 공동체 의식을 높이고 포용적이고 지속가능한 발전을 달성할 수 있다는 관점이다. 최근 글로벌 경제체제와 인구사회학적 추세의 변화로 대표되는 사회환경의 변화는 새로운 사회적 수요를 지속적으로 만들어내고 있으며 지역공동체가 이러한 수요를 충족시킬 대안적 체제로 주목받게 되면서 지역의 자산 활용을 극대화하는 것은 더욱 중요해졌다. 실제로 많은 국가에서 사회적 경제에 기반을 둔 지역공동체가 정부와 시장으로 대표되는 전통적인 문제해결주체로 극복하지 못한 사회문제들을

---

1) 제11장의 "2. 자산기반 지역공동체 발전전략과 지역공동체 역량형성" 이후의 내용은 한상일. (2003). 지역공동체 참여에 대한 자산 중심적 사례분석. 『한국행정논집』, 15(4): 999-1021의 주요 내용을 수정 보완하여 수록하였다.

해결하는 데 기여한다.[2] 한국의 경우 1990년대 후반 IMF 경제위기 이후 다양한 민간 비영리조직들을 중심으로 실업과 경제적 양극화의 해소를 위한 활동이 본격화되었고, 정부의 사회적 기업에 대한 관심과 투자도 2000년대 중반 이후 증대되면서 지역공동체의 역할에 대한 관심이 고조되었다.

지역이 새로운 사회문제에 적극적으로 대응하기 위해서는 자원을 필요로 하며, 따라서 지역사회의 다양한 구성원을 참여시키고, 지역에 소재한 자원의 활용을 극대화하면서 지역의 역량을 키워나가고 경쟁력을 높이는 것이 필요하다. 결국 지역에 존재하는 자산을 최대한 활용하고 나아가서 그동안 활용되지 않았던 자산들을 발굴해서 발전시킬 때 그 성과가 높아진다. 이러한 관점은 최근 선진국의 지역공동체 개발에서뿐만 아니라 개발도상국가의 지역발전의 패러다임으로 주목받고 있는 자산기반 지역공동체 발전(asset-based community development: ABCD) 관점에서 잘 나타나고 있다. 이 관점은 지역의 발전을 위해서는 지역외부에 존재하는 주체들에게 의존하기보다 지역 내의 자산을 최대한 활용하는 것이 지역공동체의 역량을 강화하는 데 중요하다고 주장한다.

2) 자산기반 지역공동체 발전전략의 발전과정과 중요성

자산기반 지역공동체 발전은 1990년대 초반에서 시작된 활동으로서 지역의 지속가능한 발전을 위하여 지역 내에 존재하는 다양한 인적, 물적 자산을 최대한 밝혀내고 활용하여 지역공동체의 역량을 발전

2) 대표적으로 이탈리아의 사회적 협동조합, 캐나다 퀘벡의 다중 이해관계자 협동조합, 미국의 지역공동체 개발기구 등과 같은 조직형태를 예로 들 수 있다.

시키는 발전방식이다(Kretzmann & McKnight, 1993; McKnight, 1995; McKnight & Block, 2010). 여기서 강조되는 것은 지역의 강점은 물론이고 낙후되고 소외된 부분으로 여겨졌던 요인들이 지역에 기여할 수 있는 방법을 찾고 동기 유발하는 것으로 정부나 기업 등 외부의 지원보다 내부적인 역량개발에 초점을 맞추는 태도이다.

1990년대 이후 미국에서는 이러한 공동체 발전전략이 주목받고 있다. 당시 이 전략이 탄생된 역사적 배경을 검토할 필요가 있다. 20세기 미국의 격동기였던 1960년대에 빈곤 극복을 위한 지역공동체 활성화 운동이 활발하게 전개되었고 그 방법으로 적극적인 공동체 조직화 운동이 발전하였다. 당시 미국 정부도 빈곤과의 전쟁의 일환으로 낙후된 공동체를 재생하는 데 지원을 아끼지 않는다. 이러한 추세는 1970년대까지 이어지면서 정부와 각종 재단을 통해 지역공동체 발전을 위한 다양한 재정적 지원이 이루어진다(Rubin & Rubin, 2001).

그러나 1980년대 이후 미국은 신보수주의 사조를 맞이하게 되며 레이건과 부시 대통령을 거치는 1981년에서 1993년까지의 12년 동안 신보수주의의 정책과 사업, 정치담론이 미국 사회에 뿌리내린다. 새롭게 시작된 글로벌 경제체제와 미국 경제의 위기에 대응하기 위해 신보수주의 정부는 사회정책에 대한 지출을 삭감하였다. 그들은 사회적 수요보다 경제적 수요에 주목하였고 공공부문이나 공적 생활에 대한 관심을 민간부문으로 돌린다. 이러한 미국의 국가적 맥락은 지역공동체 발전을 위한 각종 사업에도 영향을 주었고 1980년대 이후 지역공동체 활동가들은 정부와 기업의 엘리트와의 새로운 연계를 시도하였고 그러한 관계를 중심으로 한 지역경제 활성화와 지역사회 발전을 도모하게 된다. 자산기반 지역공동체 개발전략을 주도적으로 수립한 McKnight(1995)에 따르면 1980년대 이후 지역공동체 활동가들은 지역공동체 내부의 전략에서 그리고 정부와 기업과의 관계에서 새로운 관계와 전략을 활용한다고 설명한다. 첫째, 지역공동체는 스스로 상업적인 활동에 더 많은 관심을 갖게 되었으며, 더 다양한 종류의 지역공동체에 기반한 기업들이 등장하고 더 많은 제품과 서비스를 생산한다. 그런데 이 과정에서 필연적으로 공동체 외부의 서비스 공급자에게 의존할 수밖에 없는 상황이 조성된다. 둘째, 지역공동체는 정부와도 새로운 관계를 맺게 되었다. 정부는 순수하게 지역의 발전을 위해 투자하는 예산을 줄였고 예산지원을 하는 경우에도 투자의 시각에서 강화된 평가기준을 활용하게 된다. 나아가서 지역에 기반한 조직들이 공공 거버넌스의 구조 속에 편입되면서 지방정부의 권한을 부여받아 시민들의 활동을 통제하고 재량권을 나름대로 재단하는 역할을 수행하게 되었다고 한다. 1980년대 이후에 발생한 세 번째 추세는 기업과의 관계에서 나타난다. 지역공동체의 각종 단체들이 기업의 형태로 변모하면서 기업들이 받는 법률적 규제를 받게 될 뿐만 아니라 다른 기업과의 경쟁에 참여할 수밖에 없는 상황에 놓이게 된다. McKnight (1995)는 1980년대 이후에 지역공동체의 역량개발을 위해 보다 많은 외부환경과의 경쟁과 제약에 직면할 뿐만 아니라 외부환경에 의존하는 결과를 초래했다고 주장한다.

이와 같은 변화 속에서 미국 노스웨스턴 대학교(Northwestern University)의 자산기반 지역공동체 발전 연구소(Asset based community development institute)를 중심으로 외부환경에 의존하기보다 지역의 자산을 스스로 개발하여 공동체의 역량을 키우는 전략이 개발된다. 이러한 접근은 1980년대 이후 정부나 시장과의 연계가 강화되고, 지역의 역량보다 문제를 먼저 생각하는 접근이 유발하는 문제점에 주목하면서 대안적인 지역공동체 발전전략으로 주목을 받는다(McKnight, 1995). 이들은 지역공동체는 정부나 시장과 협력적인 관계를 유지하기보다 독자적인 발전을 추구하는 것이 바람직하다고 주장한다. 그러한 발전은 지역의 역량을 개발함으로써 가능하다. 지역공동체는 지역의 부정적인 측면보다 긍정적인 측면을 먼저 발견하고 그러한 긍정적인 자산을 더 발전시켜야 한다는 것이다. 자산의 발견과 역량의 개발에 역점을 둔다고 해서 지역의 문제를 무시하는 것은 아니다. 단지 지역에서 먼저 해야 할 일이 스스로 가진 자산을 발견하고 그것을 활용할 것을 장려하는 것이라는 주장이다. 이러한 관점을 취할 때 얻을 수 있는 가장 큰 강점은 그동안 소외되고 활용되지 않았던 자산을 활용할 수 있다는 점이다. 장애인이나 노인, 저소득층 등은 그동안 지역의 문제로 인식되면서 지역의 문제를 해결할 수 있는 주체로 여겨지지 못했다. 그러나 이 접근은 이들의 역량을 적극적으로 파악하여 문제해결에 참여할 수 있도록 독려할 것을 강조한다.

이 관점에서는 지역공동체의 지속가능성을 높이기 위해서도 지역공동체 이해관계자들의 활발한 참여가 중요하고 지역이 보유하고 있는 다양한 자산을 최대한 활용하는 것이 중요하다고 강조한다. 특히 지역자산을 활용하는 것이 중요한 이유는 크게 다음의 세 가지로 요약할 수 있다.

첫째, 지역자산을 활용하는 과정에서 지역공동체 전체가 지역의 문제에 대해서 스스로 알게 되고 지역에 소재한 조직들의 활동에 대한 관심과 지원을 얻기 쉽다(Phillips & Pittman, 2009). 문제를 해결하기 위해서는 스스로가 직면한 문제를 객관적으로 분석하는 것이 중요하다. 지역주민 들이 지역의 중요한 조직과 기관들을 접촉하고 교류하는 과정에서 지역의 문제가 무엇인지를 스스로 학습하게 된다.

둘째, 지역공동체가 지역의 문제를 인식하면 공동체 구성원들의 활발한 참여가 이루어지고 그들 사이에 의사소통이 원활해진다. 자산 활용의 과정에서 가장 중요한 것은 많은 이해관계자들의 참여이다(Münkner, 2004). 글로벌 경제체제의 경쟁이 치열해진 이후 다양한 지역에서 부족한 자원을 최대한 동원해서 경제적으로 독창적인 수익모델을 추구하여 사회적으로 필요한 목적을 달성하고자 노력한다. 지역에는 그간 적극적으로 참여하고 많이 활용되었던 자원이 있는 반면 소외되어 널리 활용되지 않는 자원들이 많이 있다. 따라서 지역의 자원을 최대한 활용하는 과정은 모든 이해관계자가 의사결정 과정에 포함되는 포용적 발전에 필요하다.

셋째, 지역의 자산을 활용하는 과정에서 지역에 기반을 둔 조직과 기관에 대한 신뢰가 높아지고 상호이해의 수준이 높아진다(Mattessich, 2009). 지역이 발전하는 과정에서 이들의 역량과 창의력이 지역 사업의 성패를 좌우한다. 이들이 지역의 구성원들에게 기회를 부여하고 함께 일할 때 많은 신뢰가 축적되며 이것은 지역공동체의 역량으로 직결된다.

2. 자산기반 지역공동체 발전전략과 지역공동체 역량형성

자산기반 지역공동체 발전에서 강조하는 자산은 "지역사회에 있는 개인, 조직, 기관의 기술과 역량"(Kretzmann & McKnight, 1993: 25)이다. 이 발전전략을 개발하여 실제 사례에 다양한 방식으로 적용한 Kretzmann & McKnight(1993)는 공동체의 역량을 이해하기 위해 지역공동체 자산지도(community asset map)를 만드는 것을 강조한다. 지역공동체 자산 지도를 통해 지역 내에서 활용할 수 있는 자산을 파악하면 지역공동체 조직화의 방향과 전략을 정할 수가 있으며 해결할 수 있는 문제를 분석할 수 있는 것이다.

Kretzmann & McKnight(1993)는 공동체의 자산을 크게 개인, 기관, 그리고 물리적 자산으로 구분한다. 첫째, 개인은 지역공동체의 구성원들이 갖고 있는 지식, 기술, 재능 등을 말한다. 이러한 개인적 자산에는 성인만 포함되는 것이 아니라 어린이와 청소년도 포함된다. 나아가서 장애인, 저소득층, 노인, 이민자들을 적극적으로 접촉하여 이들이 갖고 있는 역량을 찾아내는 것이 매우 중요하다. 주된 개인적 자산에는 노동시장에서 널리 활용되는 기술, 개인적 재능, 교육적 배경, 예술적 능력, 의료서비스와 관련된 능력 등이 광범위하게 포함된다.

둘째, 공동체의 기관에는 공공기관, 비영리조직, 사회적 기업, 일반기업 등이 존재한다. 특히 지역 내의 지방자치단체나 기타 공공기관의 적극적인 참여나 다른 비영리조직과의 연계, 지역 내 기업의 사회적 책임활동 등이 지역의 발전에 중요하다. 지역 밖에 존재하는 기관들과 연계를 맺고 의존하기보다 지역과 함께 성장할 수 있는 다양한 기관들의 기여를 이끌어낼 필요가 있다. 지방자치단체, 학교, 경찰, 도서관, 박물관, 종교단체, 이익집단, 사회적 기업 등의 목록을 작성하고 그동안 지역공동체의 사회적 결속을 다지고 경제적 기회를 포착하는 데 적절하게 기여하지 못했던 기관이 있었다면 적극적인 개입을 독려하는 것이 중요하다.

마지막으로 Kretzmann & McKnight(1993)가 강조한 공동체 자산은 물리적 자산이다. 그동안 활용되지 못했던 공간이나 사회간접자본, 자연자원 등이 물리적 자산에 포함된다. 공터, 주거지역, 공원, 도로, 학교건물, 공공건물 등 중에서 활용되지 못했던 곳을 발굴하여 공동체의 일에 적극적으로 활용하는 것이 중요하다. 물리적 자산은 지역공동체에 위치한 장소로서 지역의 정체성을 결정하고 공동체 의식을 높일 수 있다. 따라서 사용되지 않고 있던 공간을 스스로 가꾸어 활용하는 것이 지역의 발전에 매우 중요하다.

자산기반 지역공동체 발전전략은 Chaskin, Brown, Venkatesh & Vidal의 *Building Community Capacity*(2001)에서 이론적으로 정교하게 발전된다. 그들은 공동체 조직의 역량이 공동체 참여의 효과성을 좌우하는 독립변수라는 전제에서 출발한다. 그리고 공동체의 역량과 공동체의 특성은 조직적 역량을 마련하는 토대가 된다고 주장한다. 그래서 〈그림 11-1〉과 같은 관계가 형성된다. 이 모형에서 공동체특성은 역사적, 인구학적, 그리고 사회경제적 특성으로 구성되는 외생변수로 여겨진다. 그리고 공동체의 역량은 "집단의 문제를 해결하는 데 도움이 되는 하나의 공동체 내에 존재하는 인적자본, 조직적 자원, 그리고 사회자본의 상호작용의 결과"(Chaskin et al., 2001: 5)로 정의된다. 구체적으로 공동체역량은 공동체 의식(sense of community), 공동체에 대한 몰입(commitment), 그리고 자원에 대한 접근성(access to resources) 등으로 구성된다.[3] 공동체역량으로 제시된 세 가지 요소는 개인, 조직, 전체 공동체 등 어떤 하나의 분석수준에 국한되는 것이 아닌 모든 수준의 상호작용으로 시현되는 것이라고 주장한다. 자산 중심적 관점에서 공동체 비영리조직의 역량은 그 지역공동체의 특성과 역량의 영향을 받는다(Chaskin, 2001). 공동체 조직의 역량에 대하여 Fredericksen &

---

3) 공동체 의식이란 구성원들이 가치, 규범, 비전을 공유하는 정도를 말하는 것이며 몰입도의 수준은 개인이나 집단 조직이 그 공동체에서 발생하는 일에 대하여 느끼는 책임감의 수준을 말한다. 그리고 문제해결능력은 실제로 그러한 몰입도를 행동으로 옮길 실행가능성이다. 마지막으로 자원에 대한 접근성은 일정한 지리적인 경계선 내에 있는 경제적, 인적, 그리고 정치적 자원에 대하여 접근할 수 있는 능력을 말한다. 이러한 역량이 풍부한 공동체는 구성원과 직접적으로 관련이 있는 정책에 영향을 미치기 쉬우며 이와 같은 능력을 발전시킬 수 있는 자원을 축적하기도 쉽다.

London(2000)은 리더십과 비전, 관리와 계획, 재정적 계획 및 실행 그리고 운영지원체계 등의 요인으로 세분해서 이해하며 Baum(1999)은 정당성, 재정상태, 그리고 구성원의 노력이 공동체 조직의 능력을 구성하는 요인이라고 이해한다. 그리고 Chaskin(2001)은 리더십, 네트워크, 그리고 지원체계를 조직적 역량으로 본다. 위의 세 가지 연구의 결과를 재분류하면 조직의 관리적 역량, 정치적 역량, 그리고 경제적 역량으로 정리할 수 있다. 리더십, 관리와 계획, 운영지원체계 등은 관리적 역량, 재정계획 및 재정안정성은 경제적 역량 그리고 정치적 동원능력과 타 조직 및 공동체와의 연계능력 등은 정치적 역량으로 볼 수 있다. 공동체주의자의 자산 중심적 접근은 세 가지 역량을 아우르는 조직적 역량을 주민참여를 유도하는 데 가장 직접적인 영향을 주는 변수로 간주한다(Cooper & Musso, 1999).

그리고 공동체참여의 효과성을 판단하는 기준이 필요하다. 이미 언급하였거니와 자산 중심적 개발이론이 중요하게 생각하는 비영리조직

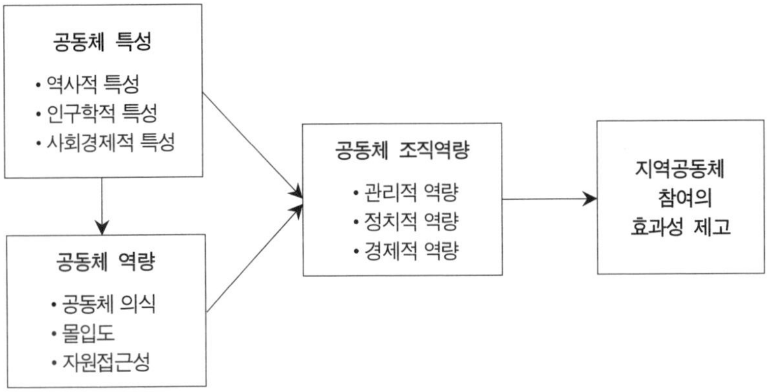

자료: Chaskin(2001)을 Cooper & Musso(1999)를 바탕으로 재구성.

〈그림 11-1〉 공동체의 특성과 역량, 그리고 참여에 대한 분석모형

의 기능은 도구적 기능과 가치창조적 기능이다. 먼저 도구적 측면에서 참여과정의 설계와 아웃리치 과정에 구체적인 기여를 하는 것이 중요하다. 따라서 지역공동체 조직의 공동체참여에 대한 기여도가 한 가지 판단기준이 된다. 그리고 이 조직들이 가치창조의 장으로 발전하기 위해서 민주적이고 참여적인 의사소통의 통로를 마련해두고 있는지가 중요하다. 따라서 참여적인 의사소통구조에 대한 기여도가 또 다른 기준이 될 수 있다. 이러한 논의를 바탕으로 지역공동체의 자산과 역량이 참여에 어떤 영향을 주는지 평가하는 분석모형을 〈그림 11-1〉과 같이 도출할 수 있다.

3. 사례분석을 위한 연구방법

1) 사례분석을 위한 가설설정

〈그림 11-1〉에서 나타난 것처럼 자산 중심적 접근은 공동체참여의 효과성을 좌우하는 주된 요인이 공동체 조직의 역량이며 그 역량을 결정하는 요인은 지역공동체 자체의 특성과 역량인 것으로 이해한다. 따라서 “지역공동체의 특성과 역량이 공동체 조직의 역량을 결정하며 그 조직의 관리적, 정치적, 경제적 역량이 강하면 지역공동체의 참여는 효과적으로 형성된다.”는 가설을 설정할 수 있다. 반대로 지역공동체 조직의 역량이 약하면 공동체참여가 효과적으로 진행되기 어려울 것이다. 이 가설은 공동체의 역량이 강하더라도 직접적으로 영향을 주는 독립변수로서의 조직적 역량이 약하면 공동체 참여가 비효과적일 수밖에 없다는 사실을 내포한다.

2) 비교사례 연구방법

이 장에서는 공동체 비교사례연구 방법을 취한다. 각종 변수가 복잡하게 뒤섞여 있는 대도시의 두 공동체를 선택하여 실시하는 비교사례연구는 다양한 지역개발 연구에서 발견할 수 있는 연구방법이다 (Chaskin & Garg, 1997; Chaskin, 2001). 대도시의 공동체를 사례분석의 대상으로 삼는 이유는 21세기로 접어든 이후 미국 대도시에서의 지역별로 다르게 나타나는 참여성과의 차이가 주목을 받고 있기 때문이다. 실제로 도시 내에서 참여의 성과가 다른 경우가 많으므로 비교연구를 통하여 각종 변수의 차이를 중심으로 성과의 차이를 유발하는 원인이 무엇인지를 밝히는 것이 중요하다. 본 연구의 경우 비교를 쉽게 수행하기 위하여 최대한 독립변수가 유사하면서 종속변수에는 차이가 나는 사례를 선정하였다. 따라서 독립변수의 미묘한 차이점에서 종속변수 즉 참여의 성과에 차이를 가져오는 원인을 이해하려는 목적을 갖고 있는 것이다.

3) 사례분석의 대상

사례분석의 대상은 로스앤젤레스 핵심부에 위치한 윌셔센터 (Wilshire Center)와 피코유니언(Pico-Union) 공동체이다. 이 두 공동체를 연구대상으로 선정한 이유는 로스앤젤레스의 대표적인 소수인종인 한국인과 라티노가 가장 많이 거주하는 두 지역에서 연구의 독립변수인 공동체 조직의 역량이 확연하게 차이가 나기 때문이다.[4] 대신 이민자

4) 본 연구의 대상에서 흑인공동체를 제외한 이유는 로스앤젤레스 지역에서 흑인공동체의 역량은 정립된 것으로 여겨지고 있으며 라티노와 아시아인종은 앞으로 더 많

공동체가 가지는 공동체의 특성, 그리고 역량은 매우 흡사하다. 예를 들어서 공동체 의식, 몰입도, 자원접근성은 모두 약한 편이며 공동체의 특성 중에서 역사적인 맥락 즉 이민자들이 1980년대에 대량 유입되어 최근 정착단계로 진입하는 과정도 매우 유사하다. 단 공동체의 인구학적 사회경제적 특성만이 차이를 보이는데 이 요인이 독립변수에 주는 영향과 그 영향력의 차이가 공동체참여에 주는 영향이 비교분석에서 유의한 함의를 도출하는 데 도움을 줄 것으로 기대된다.

4) 자료조사 방법

공동체 사례연구의 수행을 위하여 미국의 인구조사국(Census Bureau)에서 제공하는 각종 통계자료의 수집, 인터뷰 그리고 신문기사 수집을 연구수단으로 삼는다. 인구 및 사회경제적 배경에 대한 자료는 2000년에 실시된 인구센서스의 결과를 참조하고 기타 공동체의 특성과 배경에 대하여 로스앤젤레스 타임스(Los Angeles Times)와 로스앤젤레스 데일리뉴스(Los Angeles Daily News) 등을 비롯한 신문기사,[5] 그리고 공동체 조직에서 발간하는 자료들을 활용한다. 공동체 조직의 역량을 연구하기 위하여 윌셔센터에서 8명 그리고 피코유니언에서 6명, 총 14명의 공동체 조직의 관리자 및 직원을 대상으로 한 반구조화 면접방식이 활용되었다. 구체적으로 윌셔센터에서는 한인회 2명, 한미연합회(Korean American Coalition: KAC) 4명, 그리고 한인건강정보센터(Korean Health, Education, Information and Research Center: KHEIR) 3명을 면접

은 발전이 있어야 할 것으로 분석되고 있기 때문이다.

5) 신문기사의 경우 그 가치편향성으로 인하여 학술논문의 자료에서의 타당성과 신뢰성을 보장하기 어려운 측면이 있으나 수집된 기사는 단순 정보로 가공되어 활용될 것이다.

대상으로 선정했고 피코유니언에서는 CARECEN(Central American Resource Center), El Rescate, SALEF(Salvadoran American Leadership and Education Fund)에서 각각 3명씩 선정하였다.

4. 사례1: 피코유니언 공동체(Pico-Union Community)

1) 공동체의 특성

(1) 역사적 특성

피코유니언은 로스앤젤레스 도심 남서쪽에 위치한 중앙아메리카 지역공동체이다. 역사적으로 볼 때 1800년대의 피코유니언은 백인중심의 중상층 거주지역으로서 현재도 그 시절의 건축물과 주택들이 남아있다. 일부지역에서는 그 건축물들을 활용한 재개발 운동이 진행된 바 있다. 피코유니언이라는 이름은 1965년에 붙여지게 되었는데 그 당시 주민자치센터가 위치하고 있던 곳의 교차로 이름을 따서 만든 것이다. 그 전에 따로 경계선이 설정되어 있지는 않았다.

피코유니언 지역으로 중앙아메리카 이주민들이 이주하기 시작한 것은 1970년대였고 1980년대가 절정이었다. 피코유니언은 주로 엘살바도르, 과테말라, 니카라과, 온두라스 등으로부터 이주해 온 사람들이 정착했다. 이 지역의 공동체 조직들은 중앙아메리카지역에서 미국으로 이주하는 사람들의 절반은 이 지역을 거쳐 간다고 주장한다. 오랜 기간 동안 피코유니언 지역에 중앙아메리카 이주민의 유입이 증가하는 동안 상대적으로 백인들은 타 지역으로 이주해 나갔다. 따라서 대부분의 재산소유자들은 이 지역 외부에 있다. 그리고 빈곤율과 범죄율이 높은 편이다.

(2) 인구학적 특성

피코유니언 지역에 대한 인구학적 분석은 이 지역에 거주하는 불법체류자 문제로 인하여 매우 어려운 것으로 알려져 있다.[6] 2000년을 기준으로 한 인구 센서스결과에 따르면 피코유니언 지역의 전체인구는 약 55,000명이며 이 중 85%가 라티노인 것으로 알려져 있다. 따라서 인종구성은 매우 동질적이고 라티노 다음으로 높은 비율을 차지하는 인종은 아시안, 하와이 원주민 등으로 8%를 차지한다. 이 지역 아시아계 인종의 비율이 두 번째로 높은 이유는 피코유니언과 인접한 곳에 한국인 거주지인 윌셔센터가 위치하고 있기 때문으로 유추할 수 있다.

〈표 11-1〉 피코유니언 지역의 인종별 인구분포

인종	인구수 (비율)	인구의 집중도
라티노	46,555 (85%)	1.8180
백인	1,652 (3%)	.1009
흑인	2,024 (4%)	.3380
아메리카 인디언 또는 알라스카 원주민	112 (0%)	.8451
아시안, 하와이 원주민, 기타 태평양 도서 출신	4,238 (8%)	.7703
기타 인종	76 (0%)	.5628
혼혈	382 (1%)	.2938
합계	55,039 (100%)	1.0000

주: 인구의 집중도는 로스앤젤레스 시의 인구분포를 기준으로 하여 작성.
자료: Census2000 [Data File], Census Bureau, Washington, D.C.

6) 미국의 국세조사 즉 센서스는 법적 신분에 관계없이 미국 내에 거주하는 모든 사람을 포함하는 것을 원칙으로 한다. 즉 불법체류자, 임시거주외국인 등 모든 사람을 측정대상으로 하고 있다. 센서스국은 이러한 사실을 적극적으로 홍보하고 있어서 대부분의 인종적 공동체에서는 적극적으로 조사에 응하고 있다. 그 이유는 센서스의 통계가 행정 및 정치적 수요를 가늠하는 척도가 되어 공동체별 지원액수에 영향을 줄 수 있기 때문이다. 그러나 라티노 공동체의 경우 외국태생인구 잔차(Residual Foreign Born) 즉 비합법 체류외국인 추정치가 아직 큰 것으로 나타나고 있다.

로스앤젤레스 시 인구구성에 대한 피코유니언 지역의 인종별 인구 집중도(index of concentration)7)를 구하면 역시 라티노의 집중도가 1.8로서 가장 높고 백인의 집중도는 가장 낮다는 사실을 알 수 있다. 즉 피코유니언 전체로 볼 때 백인이 차지하는 비율은 3%로 네 번째로 높지만 로스앤젤레스에 거주하는 백인들은 이 지역에 거주하기를 원하지 않고 그래서 전체 백인비율 중 피코유니언 거주 백인 인구비율인 집중도가 가장 낮은 것으로 나타났다.

(3) 사회경제적 특성

피코유니언 지역의 사회경제적 수준은 열악한 편이다. 이 지역으로 이주해 오는 남아메리카 사람들의 교육수준은 매우 낮은 것으로 알려져 있어서 2.6%만이 고등교육을 받은 것으로 조사되어 있다.8) 더 중요한 것은 라티노를 제외한 다른 인종의 교육수준은 평균수준을 유지하고 있기 때문에 전체인구의 85%가량을 차지하는 라티노와 그 외 인종 간의 교육수준의 차이가 크다는 점이다. 피코유니언 지역인구의 38.7%가량이 빈곤선 미만의 생활을 하고 있는 것으로 알려져 있으며

〈표 11-2〉 피코유니언 지역의 인종별 교육 및 소득수준

	전체	백인	흑인	라티노	아시안
학사학위취득자 비율 (25세 이상)	6.8%	21.5%	11.7%	2.6%	27.1%
빈곤선 미만 비율	38.7%	36.5%	47.1%	39.6%	25.2%
가구당 중위소득의 평균	$24,726	$22,613	$18,732	$19,831	$29,123

자료: Census2000 [Data File], Census Bureau, Washington, D.C.

7) 인구 집중도(index of concentration)는 작은 지역에 속한 한 집단의 인구비율의 전체 인구(total population)에 대한 비율을 뜻한다. 다른 이름으로는 location quotient 라고 불리기도 한다.

8) 그 중 출신국가에서 고등교육을 받은 주민의 비율이 얼마인지는 알려져 있지 않다.

그 수치는 캘리포니아 주의 평균인 14%보다 훨씬 높다. 그런데 교육수준과는 달리 흑인들의 소득수준이 가장 낮은 것으로 나타나고 있으며 가장 소득수준이 높은 집단은 아시아인종이다. 이렇게 교육수준이 낮은 것은 공동체 조직의 관리역량을 약화시키는 요인으로 작용한다.

2) 공동체의 역량

(1) 공동체 의식

피코유니언 지역은 지리적으로 도심 한가운데에 위치하고 있으며 범죄율이 매우 높다. 높은 범죄율 때문에 밤 시간을 활용한 모임이나 공동체 개발운동에 참여하는 것이 어려워진다(LACRA, 2003). 특히 대부분의 지역 주민들은 피코유니언 외부에서 일을 하는 경향이 많기 때문에 밤 시간을 활용하지 못한다는 점이 매우 큰 장애물이 된다. 주민들은 안전문제를 고려해서 어두운 저녁시간에 모임에 참여하는 것을 매우 꺼리는 경향이 있으며 서로 간에 신뢰를 쌓지 못하게 되면 연대성이 약화된다.

(2) 몰입도

경제적 기회의 부족 그리고 열악한 사회경제적 조건 등은 이 지역의 개인과 가족들로 하여금 다른 삶의 터전을 찾게 하는 원인이 된다. 주민들의 이동이 잦으면 스스로가 그 지역의 미래와 운명을 같이하는 이해당사자라는 의식을 갖기 어렵다. 설령 이 지역에 장기간 거주한다고 해도 주변 주민들의 무관심에 좌절하는 경우가 많다. 따라서 비참여의 악순환이 영속화되고 있는 상황이다.

게다가 많은 사회구성원이 갓 이민 온 이민자들이고 그중 많은 사람들이 불법체류자이다. 따라서 많은 구성원들이 합법체류 신분을 확보하거나 영주권을 얻으려고 노력하고 있으며 이러한 노력은 지방정부수준보다는 주정부나 연방정부를 향한 정치적 관심으로 이어진다. 따라서 이 지역 주민들의 체류신분의 개선도 지역공동체에 대한 헌신도 고양에 중요한 관건이 된다.

(3) 자원에 대한 접근성

피코유니언 지역의 라티노들은 시급을 다투는 사안이 발생할 때 특히 그 사안이 국제적인 문제이면 뛰어난 자원동원력을 과시한다. 대표적인 예를 노스리지 지진[9]당시라고 인터뷰 대상자들은 회고한다. 지진이 발생했을 때 낡은 건물들이 붕괴되고 도로가 파손되는 등 많은 손실이 있었다. 이때 시정부는 주요 피해시설에 대한 복구에 몰입하여 이지역의 긴급한 지원요청에 응하지 못했다. 이에 대하여 지역공동체는 6-7개의 서비스 조직을 스스로 조직화하여 지역주민들에게 도움을 주었으며 이것이 피코유니언 클러스터라고 알려져 있는 재난 대비 프로그램의 창설로 이어진다.[10]

그러나 일반시민이나 공동체 조직이 일상생활 속에서 정치적, 경제적 자원을 손쉽게 동원할 수 있는 형편은 아니다. 전체 라티노 공동체에서도 저소득층에 분류되는 라티노 공동체는 아직 정치적으로 성숙한 능력을 발휘하지 못하고 있으며 경제적 역량도 약하기 때문이다.

---

9) 노스리지는 피코유니언에서 동북쪽으로 25마일 떨어진 곳이며 1993년 지진의 진앙지로서 그 지진은 로스앤젤레스 일대에 많은 피해를 유발하였다.

10) 로스앤젤레스 라티노 연합회로 알려진 조직 간 협력 프로그램에서도 같은 사실이 확인된다. 이 지역공동체는 라티노 연합회라는 프로그램을 활용하여 1998년 중앙아메리카 국가들이 겪었던 자연재해에 대하여 $100,000을 모금하여 약품과 식료품을 보낸 것으로 알려져 있다.

이러한 배경 속에서 내국세법의 면세혜택을 받는 공동체 비영리조직도 3개에 불과하다. 따라서 비영리조직의 서비스폭도 제한되어 있고 권익옹호를 위한 활동에도 제약이 따른다.

3) 공동체 조직의 구성과 역량

피코유니언 지역의 비영리 공동체 조직은 대부분 이민업무대행 기관이다. 1980년대 동안 이민자 수에 비해 조직의 수가 적었던 것과는 달리 최근에는 몇몇 비영리조직들이 등장하여 이민에 관한 법적 도움을 주고 있다. 특히 공동체구성원이 불법체류신분에서 벗어나 영주권이나 시민권을 취득할 수 있도록 돕는다. 로스앤젤레스에서 중남미출신 인구가 늘어남에 따라서 CARECEN과 El Rescate와 같은 조직들이 법률 자문기구에서 다양한 서비스를 제공하는 조직으로 성장했으며 그 초점도 공동체 조직화운동으로 넓혀가고 있다. 이제 CARECEN은 젊은 층을 대상으로 한 리더십 개발 프로그램에 역점을 두고 있다. 그리고 El Rescate는 이 지역의 현재 저소득 계층에 대한 신용조합(credit union)으로 기능하고 있다. 이제 영주권신분을 취득한 중남미인들을 위한 새로운 조직이 형성되고 있다. 예를 들어서 SALEF는 새로이 시민권을 취득하거나 장차 취득할 공동체 구성원들에 대하여 시민참여를 확대하기 위한 교육을 실시하는 프로그램을 확대중이다.

이 세 조직을 중심으로 조직적 역량을 살펴보면 관리적 역량은 El Rescate와 SALEF의 역점 프로그램이 법률 서비스와 경제적 지원 서비스이므로 정치적 권익옹호에 나설 수 있는 조직적 자원이 부족한 편이다. 반면 CARECEN은 리더십 개발 프로그램을 Coro재단의 도움으로 수행하고 있다. 그러나 로스앤젤레스 내에 중남미 이민자들은 매우 광범위하게 자리 잡고 있어서 CARECEN이 모든 라티노 공동체에 대하여 조직화운동을 전개하기에는 역부족이다. 이러한 문제점은 정치적 역량에서도 나타난다.

정치적인 연원을 살펴볼 때 위의 공동체 조직들이 피코유니언 지역의 거주자들의 욕구에 따라서 설립된 조직들이지만 모든 조직이 맥아더 공원(MacArthur Park) 지역 근린의회 소속이면서 피코유니언 지역을 함께 관할한다는 점이 정치적 역량을 제한하는 중요한 문제점으로 대두되고 있다. 정치적 조직화와 동원활동이 다른 라티노 공동체에서 전개되고 피코유니언의 조직화를 주도하기 위한 정치적 리더십과 명분은 약하다.

경제적으로 각각의 조직들이 특정한 서비스 업무 즉 시민권 취득 프로그램과 경제적 부조서비스 그리고 리더십 개발 서비스를 제공하고 있다는 점이 중요하다. 각각의 서비스는 안정된 수익을 생산해내고 그러한 수익을 바탕으로 조직을 운영한다. 그러나 피코유니언 공동체의 시민운동가들은 충분한 인력충원 그리고 사업영역의 확장을 위해서는 보다 많은 자금이 필요하고 현재의 수익으로 전체 라티노의 권익옹호를 위한 활동을 전개하는 데 한계가 있다고 말한다.

4) 공동체 참여의 효과성

최근 피코유니언 지역의 주민참여 운동은 CARECEN에서 주관하는 코로(Coro)재단의 리더십 개발프로그램의 도입과 함께 시작된다. 이 훈련프로그램은 저소득 공동체 그리고 정치적으로 소외된 공동체를 그 주된 대상으로 하여 근린참여 인증을 받는 과정을 준비하도록 돕는 기능적 역할을 한다.[11] 그러나 위에서 언급한 것처럼 훈련의 참가자들 중 상당수가 피코유니언 지역출신이지만 또 다른 많은 구성원들은 맥아더 공원 지역이라는 피코유니언의 북쪽에 위치한 지역 출신이다. 그 유래나 인종적 구성이 유사한 두 공동체는 각기 분리된 채로 공동체 참여운동을 전개하고 있는 중이며 이러한 중복노력이 효과적인 주민참여의 가장 큰 장애물인 것으로 여겨진다. 이와 마찬가지로 가장 핵심적인 라티노들의 권익옹호 공동체 조직인 CARECEN과 SALEF의 주된 활동영역도 맥아더 공원과 피코유니언으로 나누어져 있어서 두 공동체 조직의 역량으로는 두 지역을 동시에 대표하기 어렵고 각각 지역을 분할해서 활동하기에도 조직적 협력이나 조정이 이루어지기 어려운 것이 사실이다. 그리고 이사회에 구성원이 참여하거나 정기적인 의견수렴과정이 제도화되어 있지 않아서 참여적, 민주적 의사소통구조도 마련되어 있지 않다.

그러나 이 지역은 이민자들이 임시적으로 머무는 거주지라는 한계점, 사회경제적 여건이나 물리적 환경이 열악하고 공동체의 역량도 부족하다는 점이 주민들의 참여를 효과적으로 동원하는 데 장애물로 작용한다. 즉 장기간에 걸친 계속된 공동체 개발노력을 진행하기 매우 어렵고 규칙적으로 모임을 갖기 어려워 리더를 선출하거나 재정적 운영을 일관되게 진행하기 어려운 형편이다.

---

11) 코로재단의 리더십 개발 프로그램은 근린의회의 준비과정에서 로스앤젤레스 지역에서 활발하게 진행되었다. 주된 내용은 공동체의 자원을 개발하고 참여자 전략을 아웃리치, 참여유도, 경계설정, 그리고 정관마련 등 각 시안별로 준비할 수 있도록 돕는 역할을 한다.

5. 사례2: 월셔센터(Wilshire Center) 공동체

1) 공동체의 맥락

(1) 역사적 맥락

역사적으로 볼 때 한국인들의 이민이 시작된 시기는 1900년대 초반이었지만 본격적인 이민은 1965년 이민법이 개정된 이후부터이다. 1965년의 법개정으로 인하여 인종을 바탕으로 한 국가별 입국자 제한규정이 없어지고 가족이민이 가능하게 되었다. 그래서 1970년대부터 지금의 코리아타운 지역을 중심으로 한국인 소유의 상점들이 들어선다. 1980년대 초반부터 석유회사, 보험회사 등의 대기업들이 월셔센터 핵심부인 월셔 블러바드에서 도심이나 서부지역으로 이주한다. 그때 한국출신 기업가들은 그 건물들을 매입하고 한국인 운영의 상점이 그 자리를 메운다.

그러나 1992년 로스앤젤레스 폭동이 발생하여 심각한 타격을 입은 후 10여 년이 흐른 2000년대 초반까지 지속적인 재개발사업을 통하여 '제도적으로 완벽하게 갖추어진' 소수민족 공동체를 형성하게 된다. 즉 한국에서 받을 수 있는 모든 서비스를 로스앤젤레스 월셔센터 인근에서 받을 수 있게 되었다(Picalo, 2002). 게다가 최근 재건축 아파트를 중심으로 하여 젊은 사업가, 전문가, 작가 그리고 예술가들이 이 지역에 자리 잡기 시작했다. 이와 같이 1970년대 이후 도심부 개발과 석유파동으로 인하여 거의 버려진 중심부를 한국인들이 개발하여 지금의 상업지구를 형성한다. 그러나 월셔센터는 지속적으로 개발되고 있어 그 공동체의 경계선이 계속 이동하는 중이며 개발사업을 진행 중인 많은 한국인들은 로스앤젤레스의 외곽에 거주하는 경향이 많다는 점이 특이하다.

(2) 인구학적 맥락

윌셔센터에 거주하는 한국인들은 로스앤젤레스 시 전역에 사는 한국인의 33.1퍼센트에 해당하는 30,287명이다. 이들은 미국 전역에 사는 한국인의 2.81퍼센트에 해당한다. 〈표 11-3〉는 윌셔센터의 인종별 집중도를 나타낸 것인데 한국인의 집중도는 13.7이다. 이 비율은 1980년의 8.6퍼센트에 비하면 크게 증가한 것으로서 윌셔센터의 한국인 집중도는 시간의 흐름에 따라서 증가하고 있는 추세이다. 반면에 다른 인종들은 매우 낮은 집중도를 보이고 있다. 라티노의 집중도는 매우 낮아서 전체 라티노 중 매우 적은 가구가 살고 있는 것으로 나타난다. 윌셔센터의 인구의 구성은 다음의 세 가지 측면에서 매우 독특하다. 첫째는 여성의 인구가 남성의 수를 초과하고 있으며, 둘째, 노인의 인구가 많고, 셋째, 한국인 노인들과 인접한 곳에 나이 어린 타 인종들이 살고 있다는 점이다.

〈표 11-3〉 윌셔센터 지역의 인종별 인구 및 집중도

인종	인구수 (비율)	인구의 집중도
라티노	78,783 (56.4%)	1.3992
백인	36,467 (26.1%)	0.4733
흑인	6,600 (4.7%)	0.6212
아시아인	43,020 (30.8%)	2.9626
한국인	30,287 (21.7%)	13.7587
전체인구	139,716 (100%)	1.0000

주: 인구의 집중도는 로스앤젤레스 시의 인구분포를 기준으로 하여 작성되었다.
자료: Census2000 [Data File], Census Bureau, Washington, D.C.

(3) 사회경제적 측면

사회경제적 측면은 윌셔센터 지역의 다양성을 그대로 반영한다. 즉 교육수준, 소득수준, 그리고 실업률이라는 세 가지 요인이 인종에 따라 다르다는 점을 알 수 있다. 교육수준은 25세 이상 인구 중에서 학사학위취득자의 비율로 측정할 수 있다. 전체 인종 중에서 아시아인의 교육수준이 가장 높은 수준인 29.7퍼센트이며 실업률도 가장 낮다. 아시아인 중에서 90퍼센트 가량은 한국인이다. 반대로 가장 가난하며, 교육수준도 낮고 실업률도 낮은 인종은 라티노이다. 전통적으로 윌셔센터에 거주하는 백인들과 흑인들은 중산층으로 알려져 있다. 전체적으로 볼 때 윌셔센터는 그 자체의 사회경제적 격차가 큰 것이 특징이다. 즉 윌셔센터 중심가에 최근 영화인을 중심으로 한 예술인과 지식인들의 사회경제적 지위는 높은 편이나 피코유니언 및 맥아더파크 인접지역의 사회경제적 수준은 매우 낮다. 특히 노인아파트 인근 지역의 사회경제적 여건과 주거 및 치안환경은 매우 열악한 것으로 알려져 있고 그곳에 주로 거주하는 인종은 한국인 노년층 또는 젊은 라티노인 것으로 조사된 바 있다.

〈표 11-4〉 윌셔센터 지역의 인종별 교육 및 소득수준

	전체 인구	백인	흑인	라티노	아시안
학사학위취득자 비율 (25세 이상)	21.36%	25.28%	23.11%	5.10%	29.70%
빈곤선 미만 비율	25.08%	21.88%	18.90%	34.97%	18.39%
실업률	9.34%	8.68%	10.64%	12.10%	6.15%

자료: Census2000 [Data File], Census Bureau, Washington, D.C.

2) 공동체의 역량

(1) 공동체 의식

인구비율로 보아 전체공동체 인구의 21%가량에 해당하지만 공동체 조직화과정에서 가장 주도적인 역할을 하고 있는 한국인의 공동체 의식은 양면적이다. 한국인이 한국인 공동체에 대하여 느끼는 공동체 의식은 상당히 높다. 그러나 같은 지역의 타 인종에 대하여는 매우 배타적이며 언어적 장벽까지 겹쳐지면 전체 지역공동체에 대하여 느끼는 공동체 의식은 낮은 편이다. Hurh(1998)의 연구에 따르면 한국인과 가까운 이웃들은 대부분이 한국인들이라고 조사되었으며 백인들을 친한 이웃으로 생각하는 한국인은 단지 23퍼센트에 지나지 않는다. 그의 연구는 언어적 장벽이 한국계 미국인들의 사회적 관계를 제약하는 가장 중요한 요인이라고 주장한다. 인터뷰 대상자들은 한국인들이 미국에서 친구를 사귀는 장소는 한인교회, 한국계 기업 등 한국인들이 주도적인 역할을 담당하고 있는 분야이므로 같은 지역 내의 타 인종 공동체에 대하여 느끼는 공동체 의식은 상대적으로 낮다고 언급한다.

(2) 몰입도

인터뷰의 결과에 따르면 한국인들의 몰입도에 대해서는 의견이 엇갈린다. 한국인들이 공동체의 결집보다는 개인의 경제적 이익에 대하여 민감하게 반응한다는 견해에 따르면 한국인들은 이민 후 재정적 안정성을 확보하는 것을 최우선의 과제로 삼고 공동체의 역량을 강화하는 문제는 심각하게 받아들이지 않는다고 한다(Joyce, 1999). 반면에 사회적 헌신도가 매우 높다고 주장하는 견해는 위기 시에 참여율이 급증하고 그 참여도 매우 효과적으로 진행되는 경향이 있다고 한다

(Kim, 1995). 그러나 공동체에 기여하는 과정을 하나의 생활양식으로 가정하고 일상생활 속에서 자조적, 민주적 소양을 기르는 것이라고 가정할 때 한국인의 지역공동체에 대한 몰입도는 낮다고 언급하는 경우가 지배적이다.

(3) 자원에 대한 접근성

자원에 대한 접근성인 언어적 능력에서 매우 많은 주민들이 영어를 구사하고 있으며 각종 공동체 조직에 대한 접근성도 잘 확보되어 있는 편이다. 비교적 언어구사력이 낮은 한국인 집단의 교육수준이 높아 두 가지 언어를 구사할 수 있는 사람들의 비율이 높다는 점에서 접근성이 높다. 특히 세대별로 보아 1세와 2세를 위한 조직이 분화되어 있으므로 각 세대가 원하는 서비스가 원활하게 제공되는 편이다. 그리고 이 지역에 기초하고 있는 언론매체의 정보서비스가 발달해 있어서 대중매체를 활용한 연결망도 주민들의 욕구를 충족시키는 자원으로서 기능한다.

3) 공동체 조직의 구성과 역량

윌셔센터의 공동체 조직은 인종적으로 구분되며 한국인 공동체 조직은 세대에 따라서 그리고 이념적으로 구분된다. 먼저 부동산 소유주들을 위한 조직인 윌셔센터상공회(Wilshire Center Chamber of Commerce)가 있고 그 조직이 다년간 확보된 참여 및 구성원의 동원에 대한 경험을 바탕으로 각종 활동을 주도하고 있어서 부동산 소유주의 이익이 정책결정과정에서 지나치게 많이 반영되는 편이다. 이에 몇몇 한국인 공동체 조직 특히 1.5세 조직을[12] 중심으로 윌셔센터상공회와 협력적인 관계를 유지하면서 공동체 개발사업에 참여하고 있다.

월셔센터 지역의 1세들을 중심으로 형성된 공동체 조직은 주로 이민 초기부터 상호부조와 이민자들의 정착을 돕는 역할을 했다. 한국정부와 외교공관과 밀접한 연관을 맺으면서 재정적 지원을 확보했으나 다른 지역공동체와의 유대강화라든지 조직구조와 인적자원관리를 합리화시키는 일에는 소홀했던 것으로 알려지고 있다. 1세를 중심으로 한 공동체 조직의 존립기반이 약해진 결정적인 계기는 1992년 로스앤젤레스 폭동사건이다. 피해복구사업과 재건사업에서 한국인공동체 외부의 행위자와의 연계가 약했던 1세 중심조직은 전체 공동체에 전혀 도움을 주지 못했다. 따라서 영어에 능하고 시정부 및 주정부와 주변 지역공동체 그리고 월셔센터 내의 타 인종 공동체와 긴밀한 연계를 맺고 있던 1.5세 조직의 역할과 규모가 급성장하기 시작한다. 주민참여과정에서 주도적인 역할을 하는 조직은 한미연합회와 한인건강정보센터가 있고 이들 조직들의 역량을 살펴 볼 필요가 있다.

관리적 역량의 측면에서 한인건강정보센터는 요양서비스와 보건서비스를 주요 서비스 영역으로 삼고 있다는 측면에서 공동체참여에 기여하기 어렵다. 반면 권익옹호 및 정치활동 단체인 한미연합회는 공동체참여를 전담할 수 있는 직원 3명을 고용하고 있어서 비교적 원활한 의사소통체계와 업무 추진체계를 구축하고 있다. 월셔센터 지역의 공동체 조직의 관리에서 중요한 점은 고학력 직원들이 많다는 점이다.[13] 그러한 점에서 한인건강정보센터가 주요 서비스 영역이 아닌 공동체참

12) 1세와 2세의 구분은 태어난 장소에 따라서 달라진다. 1세는 한국에서 태어나서 자란사람들을 말하며 2세는 미국에서 태어나서 자란 사람들이다. 그리고 1.5세는 한국에서 태어났으나 어려서 미국으로 이민 와서 미국에서 자란 사람들이다.

13) 한미연합회는 전체 직원의 27.3%가 박사학위소지자이다.

여 영역에서 활동하는 이유도 로스앤젤레스의 근린참여제도가 미칠 중요성에 대하여 조직 내 엘리트들이 매우 민감하게 반응했기 때문이다.

정치적 역량은 피코유니언과 견주어 비슷한 형편이나 그 역량을 향상시키기 위한 노력은 계속된다. 근린참여부서에 한미연합회의 참여업무 담당직원을 파견근무하게 하여 시정부와의 연계를 강화하고 주로 타 인종으로 구성된 윌셔센터 상공회와의 연계도 매우 긴밀하여 새로운 정책변화에 대한 반응은 즉각적으로 이루어진다. 그리고 한미연합회와 한인건강정보센터는 같은 건물을 공유하여 그 두 조직 간의 업무분담과 연계도 매우 긴밀한 편이다.

윌셔센터 두 조직의 경제적 역량은 매우 강하다. 한인건강정보센터는 보건서비스를 제공하면서 재정의 안정성을 유지하고 있다. 전체 수입의 60%이상을 서비스 제공을 통하여 얻어내고 있고 나머지가 기부금으로 충당된다. 한미연합회도 수입의 50%가량은 시민권 신청대행 및 염가법률서비스 요금으로 충당된다.

4) 공동체참여의 효과성

주민참여에 있어서 1세 조직인 한인회의 효과성은 매우 떨어지는 편이다. 기본적으로 직원의 수가 2명으로 조직의 기본적인 사무 처리에도 힘겨운 실정이고 가장 큰 장애는 의사소통능력의 부재와 협력적 역량의 부재이다. 직원의 언어능력이 다른 공동체 조직에 비하여 현저히 낮은 수준이며 다른 인종공동체와 협력 네트워크가 없고 1년에 한두 차례 타 커뮤니티 조직의 방문에 그치고 있다. 반면 1.5세 조직의 참여는 매우 효과적으로 이루어지는 편이다. 한미연합회와 한인건강정보센터의 참여는 주로 공동체 설문조사와 활발한 아웃리치를 통하여 이루어진다. 한미연합회의 경우 주로 건물소유주들로 구성된 윌셔센터와 긴밀한 협력관계를 형성하고 있으며 설문지 작성, 주민의회 참여자 등록업무 등 한국인과 연관된 실무 작업을 활발하게 진행하고 있는 편이다. 한인건강정보센터는 원래 인적 서비스 비영리조직(Human Service Organization)이나 구성원의 학력이 매우 높아 미국 대도시의 맥락에서 공동체 참여의 중요성에 대하여 일찍이 인지하고 있어 그들의 전문성을 발휘하여 다양한 기여를 한다.

6. 비교분석

가설에서 제시한 대로 피코유니언 공동체 조직의 역량은 윌셔센터보다 부족하며 그 부족한 역량으로 인하여 공동체 참여도 비효과적으로 진행된다. 인적자원의 부족과 그 지역을 전담할 공동체 조직의 부재로 인하여 참여의 기능적 측면을 지원하는 수준에서 머물고 있다. 윌셔센터의 경우 공동체 조직의 역량도 강할 뿐 아니라 그 공동체의 특성에 적합하여 참여과정에 기여하는 바가 크지만 공동체 조직의 엘리트적 속성으로 인하여 참여적, 민주적 의사소통구조를 통한 참여의 가치 창조적(constitutive) 기능을 완성하지는 못하고 있다. 피코유니언의 인적자원 부족은 공동체의 사회경제적 특성에 기인한 것으로 보인다. 즉 열악한 교육수준과 소득수준으로 인하여 시정의 변화에 민감하게 반응하고 참여과정을 주도하지 못하는 결과를 낳게 되었다는 것이다.

피코유니언과 윌셔센터의 공동체 역량을 검토하는 과정에서 몇 가지 유사점이 발견되었다. 그중 가장 중요한 공통점은 이민자 공동체로서 이주와 정착이라는 두 가지의 도전에 동시에 직면하고 있다는 점이다. 이미 설명된 바와 같이 각 공동체는 서로 다른 배경에 따라 독특한 자산을 갖는다. Massey et al.(1994)은 이민자 공동체는 이주와 정착이라는 두 단계를 거쳐서 형성이 되는데 각각 다른 특성을 필요로 한다고 주장한다. 먼저 이주단계에서 필요한 자원은 '정보'이다. 즉 이미 이민의 경험이 있는 몇몇 사람들로부터 얻게 되는 양식에 관한 정보나 미국으로 진입하는 데 필요한 정보, 취업기회에 관한 정보 등은 공동체를 유지 발전하는 데 필수적이다. 정착의 단계로 들어가면 생활에 필요한 재정적 지원, 탁아 서비스 그리고 운송수단의 교환 등 보다 더 많은 조직적 역량을 필요로 하는 직접적 사회서비스가 필요하다.

두 공동체 모두 초기에는 이주의 문제에 대응하는 모습을 보인다. 피코유니언은 초기에 CARACEN을 중심으로 법률서비스를 제공하였으나 최근에는 정치적 이익표출기능에 치중하고 있고 각종 서비스를 제공하는 등 매우 다양한 기능을 수행하고 있다. 윌셔센터 공동체도 한미연합회 등을 중심으로 시민권 신청업무에 관한 서비스를 제공하였으나 그 밖에 보건 및 사회복지 서비스를 담당하는 조직, 문화적 자원을 제공하는 조직들이 창설됨에 따라 그 기능이 매우 다양하게 전개되고 있다. 그리고 두 공동체 모두 공동체의 역량이 낮은 편이라고 스스로 평가한다. 공동체의 이익보다는 경제적 가치에 대하여 집착하는 경향 그리고 높은 범죄율 등 그 원인은 다를 수 있겠으나 결과적으로 공동체의 역량은 약한 것으로 나타났다.

공통점이 있는 반면에 중요한 차이점도 존재하는데 그 차이점이 주는 의미가 중요하다. 첫째, 공동체의 특성에서 윌셔센터 지역의 인종구성은 매우 다양한 반면 피코유니언 지역은 매우 동질적이다. 따라서 주민참여과정에서 대의적 참여기구 즉 공동체 비영리조직의 역량이 확보되어 있는 인종과 그렇지 못한 인종의 참여 정도가 확연하게 차이가 난다. 반면 피코유니언은 인종구성이 동질적이므로 인종적인 불평등의 문제는 존재하지 않는다.

두 번째 차이점은 피코유니언의 경우 전체 공동체 구성원들의 학력 수준이 윌셔센터와 비교해서 확연하게 낮다. 따라서 공동체 조직에서 활용할 수 있는 인적자원의 수준도 낮고 조직의 전문성이 낮은 편이다. 이에 반하여 윌셔센터의 경우는 조직의 역사는 짧은 대신 석사 이상의 학위를 취득한 직원의 비율이 매우 높아 사회적, 정치적으로 중요한 사안을 민감하게 분석하고 체계적으로 대응하는 경향이 있다. 즉 공동체특성에서 학력의 차이가 조직의 전문성의 차이로 이어졌다는 점이 중요하다.

세 번째 차이점은 이주에서 정착으로의 이행에서 윌셔센터의 경우 이행의 정도가 피코유니언보다 빠르다는 점이다. 부언하면 영어에 능한 세대의 비율이 점차로 많아지고 있고 2세 중심의 비영리조직의 활동이 활발하다. 반면 이주민의 절대수가 아직도 많은 라티노 인종의 첫 번째 기착지로 여겨지고 있는 피코유니언은 영어를 못하는 1세 이주민들의 비율이 당분간 높은 수준에서 유지될 것으로 보인다. 그런 의미에서 윌셔센터의 한국인 공동체의 경우 이행에 대하여 발 빠른 대응이 있어야 할 것으로 보인다.

네 번째 차이점은 공동체 조직의 활동거점과 관련된다. 윌셔센터의 한국인의 이익을 대변하는 공동체 조직의 경우 활동의 역점을 윌셔센터 지역에 두고 있어서 큰 문제가 있어 보이지 않는다. 그러나 피코유니언의 경우 주된 활동거점이 맥아더파크 지역으로 제한되어 있어서 피코유니언에서의 참여증진활동이 부진한 실정이다. 따라서 그 지역에 활동근거를 둔 진정한 의미에서의 공동체 비영리 조직의 개발을 하나의 대안으로 고려해야 할 것이다.

7. 한국의 지역공동체 참여에 주는 교훈

이 장의 목적 중 하나가 로스앤젤레스의 공동체 참여과정에서 교훈을 얻어 한국의 지역참여제도의 발전을 위한 교훈으로 삼는 것이다. 그 교훈은 참여정책의 방향에 관한 교훈과 비영리조직의 활동에 주는 교훈 그리고 공동체참여 연구의 방향에 관한 교훈의 세 가지로 나누어서 고찰하고자 한다.

1) 지역 간 격차해소와 참여의 기반구조 확충

공동체의 특성 중에서 교육수준의 차이가 공동체역량의 차이로 이어졌다는 점에 주목할 필요가 있다. 따라서 지역 간 교육수준의 격차를 최소화할 수 있도록 지역균형개발 정책을 수립하고 낙후된 공동체에 경제적 지원을 투입할 필요가 있다. 일찍이 1960년대 미국연방정부의 지역공동체 활성화 프로그램을 통하여 포틀랜드와 세인트폴 등의 공동체 비영리조직이 활성화되고 그 비영리조직들의 역량을 바탕으로 근린참여제도가 효과적으로 정착했다는 점이 나타내는 바가 크다.

지역정치과정에서의 참여의 기반구조도 경제적 기반구조와 같이 꾸준한 투자와 관리유지가 필요하다는 점에 주목할 필요가 있다. 다른 변수가 매우 유사한 윌셔센터와 피코유니언 지역의 경우 학력의 차이와 소득의 차이가 공동체 조직의 역량에 차이를 낳고 다시 참여 효과성의 차이를 낳는다는 사실에서 지역 간 격차를 해소하고 참여를 위한 인적, 물적 자원 등 기반구조가 부족한 공동체의 정책적 지원이 전략적으로 수행되어야 한다는 당위성을 찾을 수 있다.

그리고 공동체 참여를 위한 기반구조의 구축을 위한 구체적인 지원이 마련되어야 한다. 참여는 경험과 조직화, 동기유발 등의 수단이 그 결과에 미치는 영향이 매우 크다. 따라서 한국의 공동체 비영리조직들이 국가나 기업으로부터 지원을 받을 수 있는 제도적인 장치가 마련되어야 하고 민간이 자원봉사나 재정지원을 할 경우 받을 수 있는 매우 구체적인 혜택도 제도화되어야 할 것이다. 그리고 지방자치시대에 지방정부의 지역개발정책 수행에 지역공동체 조직들을 참여시켜 지역개발에 대한 안목과 비전을 기를 수 있도록 배려해야 할 것이다.

2) 지역공동체 조직의 역할의 다양성 모색과 아웃리치

피코유니언과 월셔센터의 지역공동체 조직들의 경우 가장 큰 어려움은 조직과 연계되지 않은 주민들을 참여제도 속으로 끌어내는 일이었다. 한국에서도 시민사회 내의 각종 사회적 기업과 협동조합들은 급증하고 있지만 아직 많은 주민들이 이들 조직을 통해 참여제도 속으로 들어오는 결사체민주주의의 정황은 포착되지 않고 있다. 이러한 목적을 달성하기 위해서는 정치적 역량을 증대시키는 것이 필요한데 조직 활동의 영역을 확대하는 것과 아웃리치활동을 강화하는 것을 대안으로 지적할 수 있다.

최근 많은 조직들이 서비스 제공과 함께 정치적 이익대변기능을 함께 수행한다는 점에 주목할 필요가 있다. 균형 잡힌 민주주의의 발전을 위하여 공동체 조직들은 세계화시대에 위축된 국가와 불완전한 시장에 대한 대안으로 기능할 것을 요구받고 있고 정치적으로 신뢰할 만한 비정부 공동체 조직이 시민의 이익을 표출, 결집, 대표하기 위한 다양한 의사소통 통로로서의 기능을 수행할 것을 요구받고 있다. 이러한 기능을 수행하기 위해서는 먼저 공적토론의 영역을 제공해야 하며 높은 문제해결능력도 갖추어야 한다.

또한 정치적 동원능력의 강화를 위하여 아웃리치활동을 위한 수단을 개발할 필요가 있다. 아웃리치 활동을 통하여 공동체 비영리 조직은 지역주민들에게 다가가서 정책의 중요성을 인식시키고 참여의 필요성을 지각하도록 한다. 아웃리치활동을 효과적으로 운영하기 위해서는 아웃리치를 위한 효과적인 수단을 마련할 필요가 있다. 소식지의 발간, 비디오 상영, 교육프로그램의 실시, 그리고 기자회견 등 다양한 방식들이 지니는 장단점을 연구 분석하고 적재적소에 활용해야 할 것이다.

3) 공동체참여 연구에 주는 교훈

공동체참여 연구에 주는 교훈은 지역공동체 역량강화의 관점에서 보다 정교한 분석틀이 마련되어야 한다는 점, 그리고 조직 및 관리이론의 적극적인 수용이 있어야 한다는 점을 지적하고자 한다. Chaskin (2001: 316)은 공동체란 “단일한 집합체가 아니라 주어진 사안에 대하여 수렴하기 어려운 사람들, 조직들, 관계들 그리고 이익들이 포함되어 있다.”고 지적하면서 개인, 조직, 그리고 공동체를 모두 포괄하는 분석틀을 제시한다. 포괄적인 분석틀을 제시한다고 하더라도 분석수준의 수준은 반드시 엄밀하게 구분되어야 한다. 예를 들어서 공동체의 역량이라는 변수는 분명 전체 공동체를 분석대상으로 삼되 개인과 조직, 공동체를 포괄적으로 검토하도록 설명하고 있다. 그러나 보다 더 엄밀하고 과학적인 분석을 위해서 개인의 역량, 조직의 역량, 공동체의 역량을 나누어서 생각하는 것이 옳다. 그의 분석틀에서 조직의 역량은 또 다른 변수로서 제시되고 있는바 하나의 분석틀에 두 변수를 중복해서 포함하는 오류는 최소한 없어야 할 것이다.

이러한 문제점을 시정하기 위하여 참여연구에 있어서 조직관리이론의 정교한 모형을 적극적으로 수용하여 검증할 필요가 있다. 왜냐하면 지역공동체 조직이 시민사회의 주역으로 대두될 경우 이들 조직의 적절한 역할이나 효율적인 관리운영에 대한 욕구도 높아질 것이기 때문이다. 거시조직관리론의 자원의존모형, 연결망이론, 문화상징적 접근, 그리고 조직군생태학 등의 이론들 그리고 미시조직행태론의 인지과정에 관한 연구, 동기유발과 참여에 관한 이론, 리더십이론 등은 바로 공동체 비영리조직의 효율성과 효과성제고에 직접적으로 기여할 수 있고 공동체참여이론의 지평을 한 단계 더 넓히게 될 것이라고 기대된다.

4) 규범적 지향점

로스앤젤레스 시의 공동체 참여과정에서 연구대상 지역공동체의 성과는 지역공동체 조직의 역량의 차이에 따라서 다르다. 이 두 공동체의 경우를 넘어서 공동체의 역량이 매우 강한 공동체와 매우 약한 공동체를 비교한다면 그 성과의 차이는 훨씬 증폭될 것임은 명약관화하다. 참여의 경험이 풍부하고 인적 경제적 자원을 비축하고 있는 공동체는 발 빠르게 그들의 자원을 조직하여 시 정부의 지원을 받아 활발하게 참여하고 있는 반면 참여의 경험이 일천한 공동체는 적절하게 참여하지 못하고 있는 실정이다. 따라서 공동체 참여과정에서 공동체 조직과 주민들이 민주주의적 정치과정을 학습하여 정치적 소양을 고취할 수 있도록 공동체 간 격차를 줄이고 참여의 기반구조를 확립하는 것을 참여정책의 규범적 지향점으로 삼아야 할 것이다.

제12장 지역 거버넌스 개혁: 미국 근린의회의 도입과 제도화[1)]

1. 지역 거버넌스 개혁이 강조된 배경과 연구의 내용

최근 지역에서의 의사결정 과정은 매우 동태적으로 바뀌고 참여자의 수도 증가하였다. 정책결정의 주역들이 다양해지고, 정책집행과정에서 시민사회 조직의 역할이 증가함에 따라 그간 정책과정에서 결정적 역할을 담당했던 관료제의 영향력은 상대적으로 약화된 반면 지역공동체 주민들의 참여가 활성화되는 추세이다. 정부가 시민에게 서비스를 제공하는 독점적 공급주체에서 시민과 협력하는 행정서비스가 중시되는 방향으로의 변화가 진행 중이다. 지역에서도 협력적 거버넌스가 강조되면서 참여, 주인의식, 네트워크, 파트너십, 신뢰 그리고 수평적 조정 등의 개념이 중시되고 있다. 정부 관료제가 독점적으로 제공하던 서비스를 지역에서 다양한 시민과 기관이 협력하는 방식의 서비스 제공으로 변화하면서 지역공동체에도 많은 영향을 주고 있다.

거버넌스의 개념은 다양한 관점을 바탕으로 발전하고 있다. 대표적으로 2009년 노벨 경제학상을 받은 오스트롬(E. Ostrom)은 합리적 선

---

1) 제12장의 "2. 근린 참여에 대한 이론적 배경" 이후의 내용은 한상일. (2003). 미국 근린참여제도의 유형별 분석과 한국의 주민참여에 대한 함의. 『한국행정학보』, 37(3): 159-180의 내용을 수정 보완하여 수록하였다.

택의 관점에서 제도형성과 거버넌스를 설명한다. 오스트롬은 개인들은 나름대로의 이해관계에 따라서 상호작용하지만 집단적으로 결정을 내릴 때 모두가 참여하고 전체의 목적을 위해서 행동하도록 규칙과 정책을 설계해야 하며 나아가서는 사회 구성원들의 권한과 의무 그리고 우리가 상호작용할 때의 일반적인 규칙을 제정하고 활용하는 것이 중요하다고 강조한다. 따라서 거버넌스를 개혁한다는 것은 많은 사람들의 숙고와 토론을 거쳐서 설계된 제도를 바탕으로 구성원들의 다양한 참여를 유도하는 것을 의미한다.

숙고와 토론이 발생하고 참여가 지역주민들의 삶 속에 내면화되어 구체적인 행동으로 표출되는 단계에 진입하기 위해서는 다양한 제도 개선이 필요하다는 지적이 설득력을 얻었다. 이러한 논의는 이미 1970년대부터 시작되었다. 미국을 중심으로 지역 간 격차 해소를 위한 국가정책이 설계·집행되었고 지역사회에서도 시민들의 목소리를 정부에 투입하기 위한 다양한 실험들이 진행되었다. 효과적인 주민참여를 유발하기 위한 문화적, 법제적 제도는 무엇이며 그 제도들이 구축되기 위한 조건은 무엇인지 등 제도설계 차원의 논의가 진행되었다. 1970년대에 시작되어 1990년대 후반에 이르기까지 미국을 중심으로 확산된 근린의회(neighborhood councils)제도나 브라질의 포르투 알레그레 등의 도시를 중심으로 진행된 주민참여예산제도 그리고 다양한 개발도상국가를 중심으로 도입된 지역발전위원회(community development councils) 또는 마을발전위원회(village development councils) 등이 그러한 제도에 해당한다.

이 장에서는 미국의 도시별로 다르게 도입되어 발전하고 있는 근린의회를 비교분석하면서 지역공동체 거버넌스와 지역공동체 참여의 관계를 설명한다. 미국의 근린의회는 공식적·법제적 제도의 개선을 통해 지역주민들의 참여를 활성화하고 그들의 요구를 시정에 더 잘 반영할 목적으로 설계되었다. 이 제도는 1970년대에 본격적으로 도입되기 시작했으나 1990년대에 한차례 더 발전된 형태로 대도시 지역에도 도입되었다. 도시별로 도입된 시기가 다르고 그 제도적 환경이 달랐기 때문에 이해관계자들은 다른 선택을 했고 참여의 제도도 다르게 설계되었다. 이 장에서 분석할 지역은 근린참여제도가 효과적으로 진행되고 있다고 입증된 미국 미네소타 주의 세인트폴(St. Paul)과, 오리건 주의 포틀랜드(Portland)의 참여제도와 1970년대 제도형성기를 먼저 검토한다. 그리고 미국의 대도시인 로스앤젤레스(Los Angeles), 그리고 시애틀(Seattle)의 참여제도도 검토하여 중소도시와의 차이점을 설명하고자 한다.

이 장에서 활용할 연구방법은 역사적 서사(historical narrative)이다. 주지되듯이 역사적 접근법은 다양한 요인의 결합을 중시하여 역사적 맥락 속에서 행위자의 전략과 선호에 영향을 주는 제도가 형성 변화한다는 시각을 갖고 있다(하연섭, 2002). 역사적 접근을 채택하는 이유는 본 연구의 초점이 공식적 제도의 설계 과정에 있어서 발생한 외부적 충격과 행위자 간의 권력관계에 맞추어져 있기 때문이다. 그러나 역사제도주의가 가지는 치명적인 약점인 제도결정론에 빠지기 쉽다는 점 그리고 이론적 모형의 개발이 불가능하다는 점을 보완하기 위하여 Büthe(2002)가 제안한 '제도설계의 시간적 측면'을 강조하여 제도와 개인 간에 발생하는 쌍방향적 관계를 검토하는 데 도움을 얻을 수 있다. 따라서 기존의 사회적 환경, 그 환경에서 자리 잡은 정책참여자의 선호와 선택, 그리고 시간적 흐름에 따른 맥락의 변화와 선호의 변화를 역동적으로 밝히고자 한다. 그 과정에서 새로운 이념의 도래 그리고 행위자의 사고와 규범의 변화과정 등을 중점적으로 살펴보게 된다.[2] 나아가서 이 장에서는 미국의 근린참여제도를 유형별로 비교하는 비교분석방법을 채용한다.

비교결과를 토대로 한국의 지역 거버넌스에 주는 교훈을 고찰할 예정이다. 물론 미국의 정치문화와 제도가 한국의 것과 다르고 본 연구는 미국에서도 각기 다른 네 가지 사례를 비교하므로 한국에서의 참여에 대한 적용가능성을 도출하기에 어려움이 따른다.[3] 따라서 비교 및 함의 도출 방식은 두 단계로 설계되었다. 첫째, 미국의 네 가지 사례가 갖는 공통적인 특징을 추출하여 효과적인 참여제도를 구축하기 위한 전제조건을 이념형으로 먼저 제시하고자 한다. 둘째, 그러한 전제조건을 달성하기 위하여 각 도시가 추구했던 전략을 네 도시 근린참여제도의 태동과정에 따라 각각 추출하여 함의로 삼고자 한다.

2. 근린 참여에 대한 이론적 배경

1) 자유주의와 공동체주의

미국의 도시에서 도입되고 있는 근린의회와 근린참여(neighborhood participation)를 유형화하기 위한 이론적 배경은 매우 다양하다. 미국에서 발전한 정치철학적 관점에서 접근할 때 자유주의, 공동체주의, 다원주의 그리고 신제도주의이론에 이르기까지 모두 바람직한 참여의

2) Büthe는 역사제도주의 방법을 사용할 때 시간의 개념을 고려해야만 일반화된 모형을 도출할 수 있다고 주장한다. 역사적 분석에서 시간의 개념을 고려한다는 것은 각 구성요소가 도입되는 시기별로 행위자의 선택과 선호에 영향을 주는 서로 다른 외부적 충격을 고려해야 한다는 것이다. 그 이유는 시간은 행위자의 구성과 선호를 변화시키기 때문이다. 그는 역사적 연구의 중요한 요소로서 새로운 사고의 도래여부, 사고와 규범의 변화과정, 시간의 순차성을 밝히는 일 등을 지적하고 있다.

3) 이러한 비교의 과정에서 한국의 주민참여에 대한 통찰력과 실증적인 기반을 얻을 수가 있고 이론적 발전을 위한 전제조건을 검토할 기회를 얻을 수도 있는 것이다.

정도와 폭에 대한 다른 견해를 표명한다. 그러나 대부분의 이론에서 참여의 필요성은 인정하고 있다. 미국의 근린참여제도는 다양한 이론 중에서도 자유주의와 공동체주의의 영향을 받은 바 크다. 본디 극단적 자유주의는 정치적 영역과 경제적 영역은 엄격하게 분리되어야 하며, 경제적 영역에 정치논리인 참여의 원리가 침범해서 효율성을 저해해서는 안 된다고 주장한다(Schumpeter, 1946; Huntington, 1968).[4] 이들은 참여를 많이 할수록 정치비용이 발생한다고 믿고 시민참여는 최소한의 수준으로 유지하는 것이 좋다는 견해를 피력한다. 그러나 이러한 극단적 자유주의는 1960년대 혁신적 사회운동이 진행된 이후 재정비된다. 그리고 80-90년대 공동체주의와의 논쟁을 거친 후 자유주의자들의 논리는 더 성숙하여 최소한이 아닌 적절한(moderate) 참여의 필요성을 수용한다(Buchanan & Tullock, 1962: Dahl & Tufte, 1973). 이들에게 적절한 참여란 참여자가 그들의 이념을 확인하고 선호를 시현하여 불확실성과 정보의 비대칭성을 줄여 정치체제의 효율화에 기여하는 정도이다(Denzau & Munger, 1986). 따라서 근린참여도 그러한 수준에서 행정 관료제를 효율적으로 운영하도록 하는 자문・심의기능을 수행하면 충분하다는 점을 밝힌다.

그러나 공동체주의자들은 개인의 경제적 가치보다 전체 공동체의 이익을 중시하여 정치는 공동선을 실현하는 과정이라고 이해한다(Etzioni, 1988). 그래서 민주주의가 시민들의 삶 속에서 공고화되어 민주적 소양이 실질적으로 행태를 규율하며 그 시민들이 참여에 대한 도덕적인 책무를 느끼도록 하는 실질적인 의미의 참여가 중요하다고 주장하

4) Schumpeter(1946)의 민주주의의 '도구적 기능'과 일반시민의 '유치함'(infantile) 그리고 Huntington(1968)이 주장한 '민주주의의 과도화'(excess of democracy) 등이 이러한 맥락을 대표하는 개념이다.

는 것이다(Bellah et al., 1985).[5] 따라서 공동체주의자들에게 적절한 참여의 수준은 단지 의사결정의 불확실성을 줄이는 수준을 넘어서 시민들의 삶에 영향을 주는 정책을 시민들이 스스로 결정할 수 있는 단계이다. 따라서 공동체주의 이론은 가급적이면 동질적인 단위로 공동체를 구성하고 그 공동체의 이익을 대표하는 공동체 기반 비영리조직들(community-based nonprofit organizations)을 활성화하여 그 조직들을 중심으로 매우 깊은 수준의 참여 즉 주요 의사결정과정 및 구체적인 수준의 자문기능 등이 필요하다고 한다. 이처럼 미국의 근린참여 제도는 이렇게 자유주의와 공동체주의라는 두 가지 관점을 중심으로 발전했고 자유주의적 관점은 정보제공과 협의를 중시하는 참여형태를 그리고 공동체주의적 관점은 매우 적극적이고 구체적인 의사결정에 근린조직을 참여시킬 것을 권한다. 결국 이 두 가지 관점에 따라서 연구대상을 크게 구분하여 유형할 수 있다.

2) 지역 거버넌스에서 발생하는 참여방식의 유형화

공동체주의와 자유주의의 참여에 대한 서로 다른 관점에서 드러난 것처럼 근린참여의 방식도 정책참여자의 관점과 환경에 따라 다양하게 제도화된다. 따라서 다양한 제도를 정리하기 위한 유형화가 필요하다. 본 연구는 근린참여의 수준을 분류하기 위하여 OECD가 회원국들의 정부와 시민 간의 관계를 분류하기 위한 방법으로 제시한 적극적 참여형(active), 협의형(consultation), 그리고 정보수여형(information)의

5) 그 이유인즉 공동체주의자들은 시민들의 정치적 소양이 참여를 통하여 성장하고 성숙된 의사결정과정 학습을 통해 정치적 효능감(political efficacy)도 증가하여 공동체의 응집력을 높인다고 믿기 때문이다(Pateman, 1970).

세 가지 유형과 일찍이 로버트 달(Robert Dahl)에 의하여 제시된 매우 고전적인 구분인 참여의 폭과 깊이의 개념을 활용하기로 한다(OECD, 2001b). OECD에 따르면 이 세 가지 유형을 구분하는 기준은 의사소통의 방식, 의사소통방식의 결정주체 그리고 참여자의 의사결정권한의 소유여부의 세 가지로 나뉜다.

적극형 참여는 시민들과 정부가 정책결정과정에서 양방향의사소통을 하며 참여의 방식과 내용도 시민들이 설정할 수 있는 방식이다. 그러므로 시민들은 의사결정권한을 갖는다. 반면 협의형 참여는 시민과 정부 사이에 양방향의사소통이 발생하지만 의사소통의 방식을 정부가 일방적으로 정하며 시민들에게 기타 의사결정권한도 주어지지 않는 경우가 많다. 그리고 정보수여형 참여는 정부가 생산한 정보를 시민이 일방적으로 수용하는 것으로 정부는 적극적으로 시민들에게 다가가지만 시민들은 매우 수동적으로 반응한다.

한편 Dahl(1956: 63-89)은 참여의 유형을 분류하기 위하여 폭(breath)과 깊이(depth)라는 개념을 활용한다. 폭은 참여의 기회를 가질 수 있는 공동체 구성원의 수를 말하는 것이며 깊이는 참여하는 시민들에게 주어지는 참여의 기회 및 유형을 말한다. 이 장에서는 두 가지 관점 중에서 참여의 깊이 개념을 활용하여 OECD의 분류를 재구성한다.[6)]

OECD의 분류법 중 협의형은 협의의 깊이에 따라서 구체적 협의형과 포괄적 협의형으로 나뉜다. 구체적 협의형은 정부가 의사소통방식

6) 재구성을 하는 이유는 많은 경우의 미국의 근린참여제도가 협의형으로 진행되며 협의형 참여모형도 판이하게 다른 모습으로 진행되기 때문이다. 즉 협의형 참여의 일종으로 정부가 정의하고 설계한 방식이 다양한 분야에서 구체적으로 적용되고 시민들도 매우 적극적으로 참여에 응하지만, 시민들이 의사결정권한을 갖지는 않는 참여모형이 있을 수 있다. 반대로 정부가 설계한 참여제도가 매우 제한된 분야에서 추상적으로 적용될 뿐만 아니라 시민들의 참여의지도 매우 소극적인 경우도 있다. Dahl(1956)의 참여의 깊이는 바로 이런 차이를 설명한다.

〈표 12-1〉 적극형, 협의형, 정보수여형 참여의 유형별 특징

참여의 유형		적극형	구체적 협의형	포괄적 협의형	정보수여형
의사소통 방식		정부 ↔ 시민	정부 ↔ 시민	정부 ↔ 시민	정부 → 시민
의사소통 방식 결정주체		시민과 정부	정부	정부	정부
시민의 의사결정권 소유여부		○	×	×	×
참여의 깊이	포괄적 참여통로[a]	○	○	○	○
	구체적 참여통로[b]	○	○	×	×

a) 비교적 광범위한 시단위의 근린 참여기구를 말한다.
b) 근린의회가 참여하는 부서별 또는 정책분야별로 분화된 참여기구를 말한다.
자료: OECD. (2001a)의 재구성.

을 정의하고 시민들이 의사결정권한을 갖지는 않지만 협의가 매우 다양한 분야에서 구체적인 사안까지 이루어지며 시민들도 매우 적극적으로 참여에 응하는 방식이다. 반면 포괄적 협의형은 정부가 설계한 참여제도는 매우 제한된 분야에서 추상적으로 적용되며 시민들의 참여의지도 상대적으로 약하다.[7)] 위의 네 가지 유형과 그 유형별 특징을 표로 나타내면 〈표 12-1〉과 같다.

3) 미국 근린참여제도의 유형별 현황

〈표 12-1〉에서 정리한 것처럼 미국의 근린참여제도는 적극형, 구체적 협의형, 포괄적 협의형, 그리고 정보수여형으로 분류된다. 각 유형별로 세인트폴, 포틀랜드, 시애틀, 로스앤젤레스 등을 차례로 대응

7) 일반적으로 공동체주의적인 정치문화에서 발전하여 주민들의 참여욕구가 적극적인 경우 근린의회제도는 적어도 구체적 협의형 수준까지는 접근하며 경우에 따라서 막강한 의사결정권을 마침내 얻게 되는 구체적 참여의 수준에 이르기도 한다. 이에 반하여 시민들의 선호도의 시현을 통한 정부와 시민사이의 활발한 의사소통과 정보의 원활한 유통을 주된 목적으로 하는 참여제도는 포괄적 협의형 참여수준에 국한되는 경우가 일반적이다.

시켜 설명할 예정이다. 그리고 〈표 12-2〉에 미국 근린참여제도의 유형별 특징을 제시하였다. 각 제도의 기본적 특징을 개관하면 적극형과 구체적 협의형 참여제도는 세인트폴과 포틀랜드와 같이 그 시작이 1970년대인 경우가 많다. 1960-70년대는 미국에서 혁신적 사회운동이 풍미했던 시기인 동시에 1950년대부터 시작된 공동체 조직화운동(community organizing movement)이 그 결실을 맺기 시작했던 시기이다(Kotler, 1969). 그래서 이 시기에 도입된 근린참여제도는 혁신적 이념과 문화의 영향을 받아 참여의 자세한 부분까지 정하고 있는 경우가

〈표 12-2〉 근린참여제도의 유형과 특징

참여모형	적극형	구체적 협의형	포괄적 협의형	정보수여형
연구대상	세인트폴	포틀랜드	시애틀	로스앤젤레스
정부형태	강시장제	순수 커미션형	강시장제	강시장제
도입시기	1975년	1974년	1987년	2000년
기능	의사결정참여 및 자문	구체적인 분야별로 자문	전반적인 시정에 대한 자문	조기통지시스템에 반응
근린의회의 중위인구	15,800	4,250	44,000	40,325
근린의회 인구의 범위	7,000~28,000 (시중심부는 3,300)	70~13,800	-	13,819~85,913
참여통로	자본증진예산 위원회	예산자문위원회	시 단위 근린의회	시 단위 근린의회
경계설정	자율적 조정/ 경계중복 불허	자율적 조정/ 경계중복 허용	자율적 조정/ 경계중복 불허	자율적 조정/ 경계중복 불허
주요사업	조기통지시스템, 지역발전계획, 도시계획과정지원, 커뮤니티 센터	근린욕구분석과정, 범죄예방사업, 토지이용 및 종합지역계획, Self-help 보조금	Matching fund 프로그램, 지역서비스센터, 훈련프로그램, 사적보존프로그램	조기통지시스템

자료: 세인트폴, 포틀랜드 근린참여의 법제적 측면에 관하여는 Thomson, K. (2001)을 각종 인구통계는 Census 2000 (Summary Files 1-2) [Data File]을 참고하였다.

많다. 반면 1990년대 이후 도입된 참여제도는 개인의 자율성과 창의성을 강조하는 신공공관리(new public management) 이념의 영향으로 의도적으로 모호하게 참여주체가 참여의 수준을 자율적으로 정하도록 하는 경우가 많다. 참여의 폭이라는 점에서 세인트폴과 포틀랜드는 근린의회의 중위인구가 작고 인구의 범위도 작은 편이다. 그러나 시애틀과 로스앤젤레스는 근린의회 중위인구가 커서 근린의회의 범위가 넓고 따라서 하나의 근린의회가 포함하는 인구도 많다는 점을 알 수 있다.[8] 이 경우 상대적으로 주민들이 참여제도에 접근하기가 어려워진다.

세인트폴의 근린의회는 지역의회(District Council)라고 불리는데 각 의회의 경계는 지역공동체들의 협의 하에 자율적으로 결정되지만 겹치는 지역이 없도록 정하도록 규정하고 있다. 지역의회가 수행하는 가장 중요한 기능은 자본증진예산위원회(Capital Improvement Budget Committee)의 운영이다. 자본증진예산위원회의 역할은 향후 2년 이내에 시정부가 지출할 예산에 연관된 여러 가지 결정을 내리는 일이다. 모두 18명의 위원으로 구성되는데 그중 17명은 17개 지역의회가 파견한 대표자이며 나머지 1명만 시의회 승인을 조건으로 시장이 임명한다(Thomson, 2001). 이 위원회는 지역별 시설관리, 도로 및 기타 서비스, 주거개발, 경제개발 등 17개의 분과로 나뉜다. 각 분과는 자금

8) 도시의 규모라는 측면에서 세인트폴, 포틀랜드, 시애틀은 그 규모가 유사하다. 그러나 로스앤젤레스는 인구가 약 350만 명이나 되는 대도시다. 따라서 참여의 효율성을 확보하기 위하여 근린의회의 최소 인구수를 15,000명으로 제한하였고 이는 불가피한 조치였다고 한다. 15,000명 기준에 따르고 있는 현재 전체 근린의회의 수가 이미 100여 개를 넘어섰고 시 전역에 근린의회가 도입되는 경우 150개에 이를 것으로 예상되는데 이는 다른 도시와 비교할 때 유래가 없이 많은 수이며 150개 근린의회가 효과적으로 참여할 수 있는 통로와 법제적 제도를 설계하는 것이 로스앤젤레스 시의 시급한 과제로 남아 있다.

의 향후지출방향을 논의하는 일을 주된 업무로 하고 행정부서에서 제출한 예산안을 평가하여 적절한 예산의 액수를 결정한다. 이렇게 결정된 예산은 전체 위원회에서 최종 조정되어 시장과 시의회에 송부된다. 이와 같이 세인트폴의 지역의회는 예산의 지출에 대한 전략적 계획을 수립하고 그에 따른 지출액수와 방식을 결정할 수 있는 의사결정권을 갖는다는 점에서 적극적 참여모형에 속한다. 각 공동체별로 지역개발사업도 자율적으로 진행하고 있으나 자본증진예산 위원회를 통한 시정참여의 효과와 영향력은 매우 크고 그 수준도 구체적이어서 적극적 참여모형으로 분류된다.

포틀랜드의 경우 근린참여의 폭과 깊이가 세인트폴 못지않게 넓고 깊지만 의사결정 권한이 주어지지 않는다는 점에서 협의형으로 분류된다. 주된 참여의 통로는 각 부서별로 설치된 예산 자문위원회(Budget Advisory Committees: BACs)이다. 이 위원회는 포틀랜드의 시단위 참여기구인 지역연합이사회(District Coalition Board)가 구성되기 1년 전인 1973년 당시 시장이던 골드슈미트(Goldschmidt)에 의하여 도입된다. 이 위원회는 세 가지의 기능을 수행하는데 첫째, 최종예산을 작성함에 있어서 시민들의 욕구를 반영할 수 있도록 시정부에 협조하는 기능, 둘째, 도시전체적인 차원에서 정책적인 문제들을 조망할 수 있도록 시민들을 이해시키는 기능, 셋째, 개별 부서에 실제로 그러한 정책방향을 추천하는 기능이다. 예산자문위원회보다 더 영향력이 큰 기구는 빅백(Big-BAC)이라고 불리는 자문조정위원회(Bureau Advisory Coordinating Committee: BACC)이다(Thompson, 2001). 이 기구는 각 예산자문위원회의 추천사항을 취합하고 그 내용을 토대로 하나의 보고서를 작성하며 시정전반에 대한 추천 및 자문기능을 수행한다. 포틀랜드의 참여제도가 갖는 또 다른 특징은 지역의회 경계선이 중복될 수 있도록 허용한다는 사실이다. 이렇게 되면 두 개 이상의 지역연합체에 소속되는 지역이 나올 수도 있으나 시 정부는 이를 허용한다. 포틀랜드의 예산자문위원회와 자문조정위원회는 의사결정기능은 없으나 각 부서별로 설치된 자문위원회가 주민과 정부사이에서 기여하는 바가 매우 큰 것으로 알려지고 있다. 양자 간의 정보교환을 넘어서 구체적인 정책방향에 대한 주민들의 의사와 선호를 표명하여 적극적인 협의가 이루어질 수 있도록 돕는다. 그런 의미에서 포틀랜드의 참여제도는 구체적 협의모형이다.

시애틀도 세인트폴과 같이 기초 단위는 지역의회로 구성되지만 시 단위의 의회(Congress)가 공존하는 이중구조로 구성된다. 시애틀의 지역의회는 시정자문이라는 매우 포괄적이고 추상적인 과정에 참여해서 시정의 우선순위를 정하고 정책결정과정에서 각 지역의 의견을 개진하는 역할을 한다. 따라서 시애틀의 근린의회는 의사결정권이 없고 분야별로 구체적인 참여통로가 있는 것도 아니다. 지역의회는 비록 시정에 대해 적극적인 참여는 하지 않지만 그들이 추진하는 자체 프로그램들을 매우 적극적으로 개발하고 관리한다. 시애틀의 지역의회 단위로 추진되는 특이한 역점 프로그램은 매칭펀드(matching fund) 프로그램으로 지역공동체 스스로 출자하고 그 출자금에 정부의 보조금을 더하여 공동체 개발에 활용한다. 바로 시의회나 지역의회를 지원하는 시 정부(department of neighborhoods)의 주된 과업도 매칭펀드 사업을 원활하게 발전시키는 일이다(City of Seattle, 1994). 결과적으로 각 지역의 공동체 개발 프로그램 개발과 시정협의과정에 참여하기는 하나 참여의 태도가 소극적이고 협의의 내용이나 대상도 구체적이지 않으므로 시애틀의 참여제도는 포괄적 협의형이다.

로스앤젤레스는 도시의 규모가 큰 만큼 2016년 현재 시 전역에

95개가량의 근린의회가 있고 시애틀과 유사하게 하나의 시의회가 있다. 그러나 1년에 2차례 개최되는 의회는 명목상의 조직체이며 실질적인 참여의 통로로 기능하지 않는다. 오히려 의회가 개회되면 시정부는 정책을 홍보하는 기능에 역점을 둔다. 각 근린의회는 조기통지시스템(early notification system)을 통하여 정보를 제공받고 그렇게 제공된 정보를 중심으로 1년에 두 번씩 열리는 의회를 통하여 토론과 정보제공의 기능을 하지만 많은 경우 근린의회의 명맥을 이어가고 협의의 과정도 현재까지는 효과적으로 운영되기 어렵다는 점에서 정보수여형 참여유형으로 분류한다.

요약하면 세인트폴과 포틀랜드의 참여제도가 다른 지역의 근린참여제도와 구별되는 가장 중요한 특성은 참여의 깊이이다. 공식적인 참여기구가 시정의 거의 모든 분야에 확대되어 있어서 주민들은 매우 구체적인 영역까지 참여할 수 있다.[9] 대신 시애틀과 로스앤젤레스는 시정참여보다 근린의회 단위의 자체적인 사업을 충실하게 발전시키기 위하여 근린단위의 자율성확보에 치중한다. 그리고 세인트폴과 포틀랜드는 참여의 단위가 작아서 각각의 근린의회가 역사적, 문화적으로 동질성을 유지하기 쉽도록 설계되어 있다. 이러한 제도적인 차이는 아래에 설명될 역사적인 맥락과 무관하지 않다.

---

9) 사회구성원이 그들의 삶의 구체적인 수준까지 영향을 미치는 의사결정에 참여하는 것이 참여민주주의자들이 갖는 이상이며 그와 같은 상태에서 '개인의 도덕적 전환(moral transformation)'이 발생한다(Warren, 1992).

3. 근린의회의 태동과정

근린의회가 태동하는 과정을 유형별로 살펴보고 어떠한 요소가 차이를 가져오는지를 탐색하기로 한다. 먼저 정치적 사회적 환경을 검토하며 초기에 주요 행위자의 선호도가 어떻게 변화해 나가는지를 검토한다.

1) 적극형 참여모형: 세인트폴

근린의회제도가 도입될 무렵 세인트폴은 사회적으로 매우 동질적이며 정치적으로 공동체주의적인 전통을 태생적으로 간직하고 있었다. 사회적 동질성은 1970년 기준으로 백인이 전체 인구에서 차지하는 비중이 90% 이상이었다는 점을 말하는 것이며(Census 1970, 1970), 정치적으로 공동체주의적이라는 사실은 1967년 현재 대략 18개의 공동체에서 50여 개의 공동체 조직이 활발하게 활동했다는 점에서 알 수 있다(Thomson, 2001). 일찍이 1950년대부터 공동체 조직화운동이 이미 활성화되어 있어서 선거를 비롯한 공식적인 정치과정에 공동체 조직이 미치는 영향이 매우 컸다. 근린참여가 도입되기 위한 모든 과정에서 시장의 적극적인 노력이 있었을 뿐만 아니라 여성유권자연맹, 시민참여를 위한 시민들의 포럼 등의 활발한 활동과 일련의 보고서 및 제안서가 핵심적인 역할을 했다.

근린참여제도의 도입을 주도했던 시장 코헨(Cohen)은 시장선거에서 효과적인 시민참여제도의 도입을 공약으로 내걸었고 그 공약실천을 위하여 1972년 6월에 시민참여 위원회(Committee on Citizen Participation)를 결성했으나 두드러진 성과는 없었다.10) 오히려 성과를 거둔 결정적인 계기는 1970년대 초반부터 꾸준히 집행되었던 연방정부의 공동체 개발 지원사업들과 그러한 사업을 활용할 것을 적극적으로 지적한 여성 유권자연맹(League of Women Voters)의 보고서였다. 그 보고서에 대한 대중들의 관심에 호응하여 시 정부에서도 시민참여를 위한 자금을 조성하였다.

그러한 맥락에서 1975년 주민참여제도를 설계하기 위한 시민들의 포럼이 결성되고 그 포럼은 주민참여제도에 관한 제안서를 시의회에 접수시킨다. 그 제안서의 주된 내용은 현재의 지역의회가 존재하는 17개 지역공동체를 중심으로 한 참여제도와[11] 시민들을 위한 조기경보 시스템(early warning communication system)[12] 등의 내용을 포함하고 있었다. 그러나 포럼과 시의회 간의 의견대립이 원인이 되어 그 안이 즉시 채택되지는 않았다. 의견대립의 원인은 첫째, 시의원들이 시의회 이외의 또 다른 시 단위의 의회 구조를 창설하는 데 근본적으로 부정적인 시각을 갖고 있었고, 둘째, 도시의 계획과 개발 문제를 좌우하는 예산과정에 지역의회가 공식적인 권력을 갖게 하는 것도 경계하고 있었다는 점이었다. 이렇게 의견이 대립하고 있기는 했으나 시장과 공동

---

10) 시장이 주도적으로 형성한 이 위원회의 주된 목적은 시민들의 정부에 대한 불만과 냉소적인 관점을 없애는 것이었다. 설립된 다음해에 시의회는 만장일치로 14명의 위원회 구성원들의 임명을 승인하였는데 시장 자신도 위원회 구성원에 포함되었다. 나머지 구성원들은 세인트폴의 공동체 조직의 대표자들이 참석했다. 주된 활동으로 "지역공동체 의회에 대한 설문지"를 배포하였고 다섯 번의 공청회를 개최했다.

11) 이처럼 세인트폴은 참여제도의 설계 이전에 17개의 자연적 공동체가 존재했고 그 공동체가 근린참여의 기본단위가 되었음을 알 수 있다. 반면 로스앤젤레스의 경우는 참여제도가 도입된 이후 공동체에 대한 경계선 긋기 작업이 시작된다는 점에서 세인트폴의 경우와 판이하게 차이난다.

12) 세인트폴의 조기경보시스템은 로스앤젤레스의 조기통지시스템과 마찬가지로 정책이 입안되기 몇 달 전에 각 지역의회에 통지하며 그 후 몇 달간에는 그 정책을 실행하지 못하고 정치적인 조율과 논의과정을 거치도록 하는 제도이다.

체 조직의 지속적인 논의와 활동은 근린참여 제도의 도입이 하나의 규범으로 자리 잡게 하였으며 당시의 이슈는 도입여부가 아닌 어떠한 제도를 도입하는가로 변화되었다.

결국 시의회는 참여 과정을 설계할 권한을 시민사회가 아닌 시장에게 위임하였고 시장은 이러한 목적을 수행하기 위한 자금을 조성하였다.[13] 시장은 포럼을 해체하고 몇몇 시의원들과 협의하여 현재의 참여제도의 근간이 되는 초안을 설계하고 시의회는 그 안을 통과시키는데 다음의 세 가지 내용을 중심으로 한다. 첫째, 각 지역의회는 내부 구조와 다른 조직 간의 관계에 관한 규정을 스스로 결정하여야 하며, 둘째, 계획안은 시정부와 지역의회의 합의하에 개발되어야 하며, 셋째, 각 지역의회가 참여하는 공동체 단체의 목록, 경계설정방법, 규약의 내용 등에 관하여 동의하고 시의회의 최종 승인을 거치는 경우 그 규정에 따라서 도입되는 것으로 결정한다는 것이다. 이러한 내용을 바탕으로 현재의 17개 지역의회의 도입, 그리고 예산과정에의 참여 등의 내용이 포함된 근린의회제도가 도입된다.

요약하면 강한 시장을 중심으로 시정을 운영하던 세인트폴에서 근린의회의 도입을 주도한 인물은 시장과 지역공동체 조직을 중심으로 형성된 시민사회이었다. 시의회는 비교적 소극적이었으나 시장과 공동체 조직의 적극적인 활동으로 최종적으로는 계획안을 승인하게 된다. 이 과정에서 근린의회 제도의 도입에 대한 현실적인 가능성을 제시해준 요인은 연방정부의 지속적인 지원프로그램[14] 개발 및 그 프로그램

13) 의회는 $50,000을 별도로 조성하고 연방정부 자금의 지원을 받던 근린개발 계획지구에 매달 $10,500을 지원하기로 결정한다.

14) 가장 대표적인 연방정부의 공동체 개발 지원사업은 1966년 입안된 시범 도시 및 대도시 개발법에 의하여 개발되어 1970년에 시행되기 시작한 모범 도시 프로그램이다. 이 프로그램은 낙후된 지역을 개발하는 기구를 창설하는 경우에

을 활용하고자 하는 시민사회의 관심이었다.

2) 구체적 협의형 참여모형: 포틀랜드

근린의회제도가 설계될 당시 포틀랜드도 세인트폴과 유사하게 인구 구성이 동질적이고 정치 문화적으로 볼 때 공동체주의적이었다. 그러나 세인트폴과 다른 점은 공동체 조직의 관심이 대체로 주거지역의 환경보존에 있었으며 연방정부의 지원프로그램에 대하여 가장 적극적으로 반응했다는 점이다. 그래서 모형도시(Model Cities) 프로그램과 지역공동체활동(Community Action) 프로그램 등 두 가지 사업을 진행하고 있었던 연방정부의 지원을 받으려는 노력의 과정에서 공동체 조직들 사이의 협력의 전통이 싹텄다는 점이 이채롭다.[15] 포틀랜드도 지역별로 결사체가 조직화되기 시작한 시기는 1950년대였다. 위에서 설명된 것처럼 1960년대의 모형도시 프로그램을 중심으로 한 공동체 개발사업이 결사체 조직이 활성화 된 계기였으며 그렇게 활발하고 역량 있는 공동체 조직을 바탕으로 하여 1970년대에는 미국에서 가장 효과적인 근린의회제도를 결성하게 되었다는 평가를 받는다. 효과적인

연방정부에서 집중적인 지원을 하는 사업이었다. 이 사업은 세인트폴뿐만 아니라 1970년대에 근린의회가 활성화된 거의 모든 도시에 영향을 준다. 그리고 미국 전역에 150여 개의 참여제도를 새로 창설한 1964년의 Economic Opportunity Act 그리고 1972년의 Coastal Zone Management Act, 1970년의 the Airport and Airways Development Act, 1974년의 the Energy Reorganization Act 등의 법안이 주민참여 프로그램에 관한 규정을 포함하고 있었다(Berry, Portney, & Thomson, 1993, 21-45).

15) 실제로 포틀랜드 시의 13개 근린지역이 연방정부의 지원대상이 되는데 8개 지역이 모범 도시 기금의 지원을 받고 5개 공동체 조직이 경제기회국(Office of economic opportunity)에서 제공하는 기금의 지원을 받아 공동체 개발사업을 추진하게 되었다.

제도를 도입하기 전까지 포틀랜드도 결사체조직과 시정부 간의 갈등을 겪었고 그 갈등과 타협의 결과로 시정부가 공식적으로 근린의회제도를 인정하고 자금지원 등을 하게 되었으며 근린의회도 시 행정에 있어서 중요한 기능을 수행한다.

여기서 선정된 연구대상들 중에서 포틀랜드가 유일하게 커미션형 정부형태를 채택하고 있다. 따라서 일반적으로 근린의회가 도입될 때 형성되기 마련인 시장과 시의회 그리고 공동체 조직들 간의 긴장관계가 포틀랜드에는 적용되지 않았다. 즉 시장의 주도하에 제도가 도입되는 다른 도시와는 달리 공동체 조직의 활발한 활동을 증진하기 위하여 새로운 부서의 신설을 기획부서가 검토하는 과정에서 제도가 도입된다.

현재의 포틀랜드의 주민참여체제를 구축함에 있어서 도시 계획부는 지역기획조직(District Planning Organizations)이라는 체제를 중심으로 설계하였다. 이러한 계획에 별다른 반발은 없었으며 모든 정치적 행위자들이 이 계획을 지지하고 그대로 추진할 태세였다. 그리고 지역계획실(District Planning Office)을 설립하기 위한 태스크포스가 결성되고 그 제안서를 작성하기 시작한다.

그러나 초안을 검토하기 위한 100인의 시민들이 모인 회의가 개최되는 사건을 시작으로 지역계획실이 정부조직의 일부로서 관료화되는 경우 지역공동체 조직들의 권한을 삭감하는 결과를 초래하게 될 것이라는 우려가 지역공동체에 만연된다. 이때 시정부에 의하여 지역계획조직의 기능을 일부 수정하는 방안이 고려되었지만 결국 지역기획실을 구성하는 주도권을 지역공동체 조직에게 넘겨주고 실제로 근린조직들이 중심이 되어 지역기획실을 설립한다. 따라서 그 조직은 지역공동체에서 부여하는 권한만 갖도록 개정된 안이 채택된다. 1974년 시의회는 근린연합사무국을 개설하는 안을 통과시켰고 그 구성원은 주민, 기업체, 재산소유자 그리고 비영리조직으로 정했으며 의회의 승인을 통하여 공식적으로 인정받는 것으로 정했다.

그리고 포틀랜드 시정부의 거의 모든 부서에 설치된 자문위원회와 자문조정위원회는 시장인 골드슈미트와 커미셔너들의 협의에 의하여 1973년에 설치된다. 본디 이 두 부서는 시정부 전체로 확대할 의도로 개설된 조직은 아니었다. 훗날 주민참여의 중추적인 역할을 맡게 됨에도 불구하고 설립당시에는 큰 관심을 얻지 못한다. 그런데 시행초기에서 1980년대에 이르는 동안 그 참여의 효과성이 높이 평가되어 모든 정부부서로 급속히 확산된다.

포틀랜드의 근린의회 도입과정을 요약하면 시단위 근린의회 설립과정을 지역공동체 조직이 주도하면서 참여의 기준과 절차가 신축적으로 설계되었는데 그 대표적인 예가 지역 경계가 겹치는 것을 허용한다는 점이다. 그리고 근린의회들의 참여의 통로가 되는 시단위의 기획조직보다 자문위원회의 활동이 공동체 조직의 활발한 활동을 통하여 활성화되었다는 특색이 있다. 도입과정에서는 시의원이 없는 대신 커미셔너가 있었으며 근린의회 도입을 주도한 행위자는 공동체 비영리조직과 시장이었다. 이 행위자들이 도입한 공식적 제도는 지역계획실인데 실질적으로 중추적인 참여는 그 조직과 별개의 과정으로 도입된 자문위원회이다. 포틀랜드의 근린의회 도입과정에서 중요한 또 다른 특성은 연방정부의 지원프로그램이 지역공동체 조직의 역량을 발전시키는 가장 중요한 요인이었다는 점이다.

3) 포괄적 협의형 참여제도: 시애틀

시애틀은 〈표 12-3〉에서 나타난 것처럼 로스앤젤레스만큼은 아니지만 매우 다원적인 도시이다. 근린의회의 활성화는 주정부의 환경보전을 위한 프로그램이 도입과 함께 진행된다. 시애틀의 근린의회는 주민참여제도가 공식적으로 도입된 시기가 시의회의 결의안에 의해 전체 13개 지구에 있는 지역의회를 통합하는 근린의회제도를 설립한 1987년이라고 주장하고 있다. 그러나 그때까지 시애틀의 근린참여제도는 활성화되지 못하였고 본격적으로 관심을 끌기 시작한 것은 소외되어 있던 작은 지역들을 지역의회에 포함시키고 그 과정 속에서 근린의회가 활발하게 활동하기 시작한 1990년대 중반부터이다.

1990년 워싱턴 주는 성장관리법(Growth Management Act)을 통과시키며[16] 1995년 시애틀도 이에 호응하여 기존의 도시구조를 재편성하

〈표 12-3〉 비교대상도시의 인종적 분포와 Blau의 다양성 지수[a] (2000년)

인종	세인트폴	포틀랜드	시애틀	로스앤젤레스
백인	183,898 (64.0)	399,351 (75.5)	382,532 (67.9)	1,099,188 (29.7)
흑인	32,818 (11.4)	34,395 (6.5)	46,545 (8.3)	401,986 (10.9)
미국 인디언	2,806 (1.0)	4,738 (0.9)	5,004 (0.9)	8,897 (0.2)
아시아인	35,311 (12.3)	33,223 (6.3)	73,512 (13.0)	364,850 (9.9)
하와이안	178 (0.1)	1,909 (0.4)	2,715 (0.5)	4,484 (0.1)
기타	572 (0.2)	1,046 (0.2)	1,656 (0.3)	9,065 (0.2)
두 인종이상	8,853 (3.1)	18,401 (3.5)	21,691 (3.9)	87,277 (2.4)
히스패닉	22,715 (7.9)	36,058 (6.8)	29,719 (5.3)	1,719,073 (46.5)
합계	287,151	529,121	563,374	3,694,820
다양성지수	0.555	0.416	0.511	0.673

a) p가 인종집단별 비율이고 i 가 인종의 수 일 때, $1-\sum p_i^2$ 이다.
자료: Census Bureau. (2000).

는 작업에 돌입한다. 성장관리법이 지향하는 바가 미개발지역은 개발하지 않고 기존의 개발지역들의 인구 및 산업밀도를 높이는 것이었으므로 시애틀 시정부도 새로운 상업지구 및 가족위락지구로 부상하고 있던 도시의 핵심부에 다가구주택을 중심으로 하여 고밀도 주거 및 상업지역으로 개발하고자 했다.[17] 이 개발전략의 실행을 위해서 시애틀 최초의 흑인시장인 라이스(Rice)가 이끄는 시정부는 몇몇 지역에 대하여 지구설정(zoning) 변경을 추진한다. 그는 몇 개의 도시형 마을(urban village)을 만들어 인구밀도를 높이고 보행자 중심적 개발사업을 계획한다. 그러자 부유한 단일가구가 모여 살던 지역에서 시정부가 추진하는 개발사업에 반발하면서 자신들의 불만을 표출한다. 이러한 과정에서 근린참여를 위한 공동체 조직이 발생하고 이들의 참여의 욕구는 근린의회를 통하여 분출되어 근린참여는 활성화된다.

요약하면 참여제도를 형성한 주된 행위자는 강한 시장과 공동체 조직이었고 시의회는 다른 도시와 마찬가지로 주도권을 시장에게 넘겨준 채로 승인절차를 처리해주는 역할을 수행한다. 참여의 주된 원인은 님비주의(NIMBYism)라는 뜻하지 않은 가치관의 도래였지만 참여과정이 확대 재생산되는 과정에서 저소득 지역에 대한 개발 프로그램도 개발되고 매칭펀드 사업이 개발되어 각 지역의회가 시정에 대한 참여보다는 자조적 노력에 의한 공동체 개발에 매진한다.

---

16) 워싱턴 주의 성장관리법안은 워싱턴 주의 지속적인 인구증가에 대응하기 위하여 산림 및 어족자원 등 자연환경을 보존하면서 기존의 인프라 구조를 최대한 활용하기 위한 프로그램이다. 정부 간의 협력을 통하여 자연환경의 파괴를 막는 것을 주된 목적으로 한다.

17) 이러한 정책은 도시문제 전문가인 커티스 존슨, 언론인 닐 피어스, 그리고 워싱턴 대학교의 정책연구가인 베티 제인 나버가 Seattle Times에 기고한 기고문에 의하여 제기된 문제가 일반 시민들의 관심을 끌면서 본격적으로 형성되기 시작했다.

4) 정보수여형 참여제도: 로스앤젤레스

로스앤젤레스는 비교대상 도시 중에서 인종적으로 가장 다양한 도시이다. 그리고 시의 거버넌스를 규율하는 조례(Charter)가 1900년대 초반 혁신주의 시대에 제정되었는데 자유주의적인 요소를 대폭 수용하였다.[18] 이러한 자유주의적인 조례가 강한 시장(strong mayor)과 그 시장을 견제하는 경쟁자로서 시의회를 탄생시켰고 이 두 정치적 행위자가 정책과정을 장악해왔다. 로스앤젤레스는 바로 이러한 조례를 개정하여 보다 더 참여적인 정부를 만들어야 한다는 지적이 강력하게 대두되어 조례개정을 1990년대 후반부터 추진한다.[19]

로스앤젤레스의 새로운 조례는 1999년 6월에 통과된다. 그 조례는 주민참여 업무를 담당하는 부서(department of neighborhood empowerment)를 설립하도록 명시하면서 근린의회를 본격적으로 구성하기까지 2년의 유예기간을 설정하였다. 근린참여부의 책임자로서 제너럴 매니저(general manager)가 시장에 의하여 임명되고 그 운영과 관리는 7명으로 구성된 위원회(neighborhood empowerment commission)가 맡았다. 1999년 9월에 제너럴 매니저와 커미셔너의 임명이 시의회의 승인을 받아 주요 기관의 구성이 완료된다. 시정부는 여러 차례의 논의와 공청회를 거쳐서 근린참여제도에 관한 실행안을 완성한다. 그러나 그 실

---

18) 따라서 효율적인 관료제를 형성하기 위한 제도적 장치들이 구 조례의 주요 내용이었다.

19) 시 조례의 개정을 두 개의 분리된 조례개정위원회(charter reform committee)가 주도한다. 그중 하나는 시장이 임명하여 조직된 위원회이며 나머지 하나는 자발적으로 구성된 위원회인데 그 인적구성으로 보아 시장과 이념적인 배경이 일치하는 매우 자유주의적인 성향을 표방했다. 그래서 역시 자유주의적 이념을 갖고 있었던 시장 리요단(Riordan)의 전폭적인 지지를 확보하고 있었다. 각 위원회와 시장은 근린의회의 기능은 자문역할에 국한되어야 한다는 견해를 분명히 밝힌다.

행안은 세부적인 내용을 제시하지 않았다. 오히려 의도적으로 추상적으로 작성되었다고 한다. 시정부가 추상적인 계획을 통하여 각 지역의 의회가 자율적인 결정을 할 수 있도록 유도했다는 것이다.

시장이 조례개정과 근린의회의 도입에 적극적이었던 반면에 전체 15명의 시의원 중에서 단 3명만이 근린의회제도의 도입에 찬성하여 대체로 소극적인 자세로 일관한다. 찬성한 3명의 시의원은 각각 자문 역할을 하는 근린의회에 만족하는 편이었다면 나머지 의원들은 몇 가지 문제점을 지적하면서 근린의회의 도입에 반대한다. 예를 들어 베른슨(Bernson) 의원은 근린의회의 대표자 선출방법이 자의적이며 정치비용의 증가를 초래한다는 점을, 그리고 월터스(Walters) 의원은 새로운 조례가 시의회 권한의 약화를 가져오는 반면에 시장의 권한은 일부 증가하여 권력의 균형을 해친다는 문제점을 지적한다.

이와 같이 로스앤젤레스의 근린참여제도는 조례개정이라는 정치현상과 함께 추진되었는데 조례개정의 과정을 좀더 심층적으로 바라보면 도시 분리라는 문제가 잠재되어 있다는 사실을 알 수 있다. 로스앤젤레스의 서북부의 중산층 거주지인 샌퍼낸도(San Fernando) 밸리와 남부 항만지역(harbor area)의 주민들은 독립된 시로 분리하기 위한 노력을 과거부터 추진해왔다. 지리적인 독립성, 그리고 안정된 세원의 확보가 가능한 그 지역주민들은 수년에 걸친 분리노력을 진행 중이었고, 시세의 축소를 우려한 로스앤젤레스 시정부로서는 두 지역 주민들에게 더 많은 자율성을 부여하고 로스앤젤레스 정부와의 연계를 강화시킬 필요성을 느꼈다. 이러한 과정에서 근린의회의 도입은 도시 분리에 대한 합리적 근거를 약화시킬 수 있는 수단으로 기능할 수 있다고 판단되었던 것이다(Cooper et al., 2000).

로스앤젤레스의 근린참여제도는 그 설계과정에서 시애틀의 제도를 참고한 것으로 알려지고 있다. 그리고 의도하지 않은 사건과 함께 근린 참여제도가 설계되었다는 점이 공통된 요소이다. 그러나 추상적인 계획안을 자유주의적 사고를 가진 시장과 조례개정위원회가 입안하는 동안 공동체 조직들은 그리 효과적인 대응을 하지 못하였다. 몇몇 시민운동가들의 개별적인 참여와 중요한 사안에 대한 공동체 조직들의 간헐적 참여로는 제도설계과정을 시민사회가 주도할 수 없었다.

5) 비교분석

위에서 설명된 네 도시의 근린참여제도의 태동과정에는 몇 가지 유사점이 있다. 첫째, 지역정치의 여러 행위자 중에서 시장은 참여제도의 도입에 기꺼이 응하는 편이나 시의회는 주저한다는 점이다. 근린의회는 시의회와 권한을 나누어 갖는 경우가 많고 많은 경우 민주주의의 교육장으로 기능하여 시의원의 정치적 경쟁자를 생산하므로 시의원들은 대체로 근린참여제도의 도입에 부정적이다. 둘째, 시장과 시의회가 근린의회에 대하여 가지는 관점의 차이는 있지만 기본적으로 모든 연구대상도시는 정치적 균형상태에 있었기에 어떤 특정한 행위자의 영향력이 지배적으로 작용하는 경우는 없다. 따라서 참여제도도 적절한 협상과 타협을 통하여 설계되어 어떤 한 행위자의 이익이 과대대표되지 않는다. 셋째, 타협과 양보의 전통이 공동체 규범으로 자리잡아야 하며, 마지막으로 가장 중요한 점은 근린참여제도 도입의 시작은 언제나 지역공동체 조직이었다. 공동체 비영리조직의 충분한 역량이 확보되지 않으면 근린참여제도 도입에 관한 논의가 시작되지 않는다.

차이점도 있는데 그것이 한국의 주민참여에 시사하는 바가 크다.

첫째, 참여의 인센티브에 차이가 있다. 세인트폴과 포틀랜드는 연방정부의 지원을 적극적으로 활용했던 반면에 시애틀과 로스앤젤레스는 활용 기회가 드물었다. 연방정부의 공동체 지원자금을 관리하기 위한 자격요건을 갖추고 실제로 관리하는 과정에서 공동체 조직의 사업 및 조직관리 등 역량이 눈부시게 발전한다. 1990년대에 와서 자발적으로 발전한 시애틀과 로스앤젤레스의 공동체 조직은 스스로 역량을 증대시켜가지만 기본적인 자원이 부족한 공동체 중에는 역량 발전이 쉽지 않았던 곳이 많았다.

둘째, 참여제도 도입을 위한 계획안의 구체성에 차이가 있다. 세인트폴의 경우 경계와 권한 등 매우 구체적인 부분까지 합의되었던 반면 로스앤젤레스는 미묘한 의견대립이 있는 분야를 의도적으로 모호하게 남겨두어 지역별로 적합한 제도를 찾을 수 있도록 하였다. 그러나 의도와는 달리 모호한 부분은 각 지역에서도 모호하게 남아 제도설계의 시간을 지연하고 의사결정 비용도 증대하는 결과를 낳는다.

셋째, 제도가 도입된 배경을 심층적으로 살펴보면 세인트폴, 포틀랜드의 제도와 시애틀, 로스앤젤레스의 제도가 지향하는 바가 근본적으로 다르다는 점을 알 수 있다. 세인트폴과 포틀랜드는 혁신적 사회개혁이라는 이념적 흐름에 맞추어 민주주의를 실현하는 궁극적 목적으로서 참여제도를 도입하지만 시애틀과 로스앤젤레스는 각각 님비주의와 도시 분리운동이라는 시정의 위기에 대응하기 위한 수단으로 도입된다는 차이가 있다. 이론적 검토에서 밝힌 바 있듯이 이러한 차이는 매우 중요하며 주민의 참여 그 자체가 정치사회의 목적으로 여겨졌던 두 도시의 시민의식, 정치적 효능감은 매우 높은 것으로 알려지고 있다. 그러나 시애틀과 로스앤젤레스의 경우 의사결정참여를 통해 주민의 삶을 스스로 규율하도록 하는 것보다 자율적인 공동체 개발사업의 확충에 초점을 맞추어 참여의 본질을 실현하지 못하면서 효율적인 도시행정을 촉진하는 수단으로 기능한다.

4. 한국의 지역공동체 참여제도 설계를 위한 함의

본 장의 목적은 미국의 근린참여제도를 유형별로 분석하고 주민참여제도를 효과적으로 구축할 수 있는 요소를 발견하여 한국의 주민참여에 대한 함의를 도출하는 것이다. 연구방법에서 논의한 것처럼 비교분석의 결과를 토대로 이념형으로서 효과적 참여를 위한 전제조건을 도출하며 각 도시의 태동과정에서 드러난 교훈을 한국의 경우와 주도면밀하게 비교하면서 지적하고자 한다. 따라서 앞에서 논의된 비교분석의 결과가 한국의 주민참여에 주는 교훈이 중요하다.

1) 효과적 참여 제도설계를 위한 조건

성공적인 참여제도가 발전하기 위해서는 우선 견고한 정치적, 문화적 바탕(fundamentals)이 마련되어야 한다. 견고한 정치적, 문화적 바탕이란 균형적 지역 정치사회의 정립, 주민들의 의사를 표출할 공동체 조직의 존재, 그리고 정치적 행위자들 사이의 타협과 양보의 전통과 같은 공동체 규범을 말한다.

첫째, 한국의 경우 균형적 정치사회[20]의 구성 즉 시의회 의원들의 구성이 유권자들의 이해관계를 제대로 반영하기가 쉽지 않다. 한국 대도시의 경우 좁은 지역에 많은 사람들이 모여 살고 각종 이해갈등도

20) 여기서 언급하는 지역 정치사회란 시민사회를 제외한 시장, 의회와 정당을 일컫는다.

많을 것으로 여겨진다. 이런 상황에서는 시의회가 주민들의 공동이익을 취합하고 공동체 의식을 고취시키기도 어렵다. 따라서 정치사회의 발전이 어렵고 지역정치의 과정은 시장과 행정부를 중심으로 구성되기 쉽다. 그러므로 주민참여 과정을 통하여 시의회와 시민사회의 역량을 동시에 강화하는 일이 중요하다. 시의회의 역량을 강화하는 과정은 세인트폴이 초기 근린의회 형성과정에서 시민사회와 시의회, 그리고 시장이 서로 협력했던 사례에서 교훈을 얻을 수 있다.

둘째, 지역주민의 의사를 표출할 공동체 조직의 역량이 강해야 한다. 지방자치제도가 실시되기 전까지 한국의 중앙정부와 지방정부는 비대칭적인 관계에 있었다. 그간 주민들은 지방정치과정에서 명목적인 존재에 지나지 않았으나 시간이 흐르고 시민사회의 영향력이 커짐에 따라서 하나의 명백한 정치행위자로 자리를 잡게 되었다. 그러나 그 역량이 충분하지 않고 현재의 조직들이 모든 주민들의 이익을 폭넓게 대표하고 있는지도 의문이다. 공동체 조직을 비롯한 지역시민사회의 역량을 강화하기 위한 교훈은 포틀랜드 시로부터 얻을 수 있다.

셋째, 공동체 의식과 규범이 형성되어 있어야 한다. 한국의 경우 지역공동체의 경계와 참여의 통로 등의 행정제도를 살펴보면 최하위 수준의 지방자치행정구역의 단위는 '읍 · 면 · 동'이며 주민들의 대면 접촉을 위한 통로로서 '반상회' 제도가 마련되어 있기는 하다. 그러나 행정구역으로서의 읍 · 면 · 동 단위는 공동체 의식을 공유하는 동질적 지역공동체로서 기능하기 어렵고(최근열, 2002) 대개 한 가구당 한 명씩 참가하는 반상회에 대한 참여의 폭과 깊이는 좁고 얕아서 정책이슈에 대한 폭넓은 토론의 장으로 발전하기는 매우 어려운 실정이다. 회의의 진행과 일정에 대한 결정부터 안건과 건의사항에 대한 결정까지 폭넓은 자율성을 부여할 필요가 있으며 유사한 참여제도를 직능별로 운영하여 다양한 참여의 통로를 확보할 필요가 있다(김익식, 2001). 이러한 문제점을 위한 교훈은 시애틀과 로스앤젤레스의 사례에서 얻을 수 있을 것으로 본다.

2) 정치사회와 시민사회와의 협력과 균형관계 정립

이 장의 도입부에서 밝혔듯이 한국의 민주주의는 시민사회의 역량이 강화되는 속도에 비교할 때 정치사회의 역량은 매우 취약한 상태로 오랜 기간 남아있었다(Chung, 2001). 지방정치체제로 그 눈을 돌려보면 정치사회와 시민사회의 역량이 비대칭적인 사례가 발견되거나 아직 역량이 취약한 경우가 많다. 이러한 문제점에 대하여 근린참여제도의 제도화를 선도한 세인트폴로부터 교훈을 얻을 수 있다.

세인트폴의 경우 시장, 시의회 그리고 시민사회 삼자가 형성하는 상호관계가 성숙되었다는 점이 효과적인 근린참여제도를 탄생시킨 전제조건이었다. 세인트폴은 근린의회를 설립하기 위하여 몇 차례에 걸친 시도와 좌절을 반복한다. 그 때마다 시민사회와 정치사회는 긴밀한 연계를 유지하여 시장과 비영리조직들, 그리고 의회와 비영리조직들의 끊임없는 의견조율과 정보교환을 통하여 근린참여제도에 대한 통찰력과 식견을 키워나간다. 특히 비영리조직은 근린의회제도에 관하여 공동체 구성원을 대상으로 한 지속적인 설문조사를 통하여 이익표출기능을 충실히 이행했을 뿐만 아니라 연방정부를 대상으로 시민참여를 위한 자금조성도 수행한다. 이러한 시민사회의 성장에 정치사회의 행위자인 시장은 행정부의 전문성을 활용한 보고서를 작성하여 의회에 제출하였다. 그리고 비교적 소극적이었던 시의회도 입법권을 통하여 경계설정과 계획안의 내용의 설정주체의 선정과정에는 적극적으로 참여하여 강력한 영향력을 행사한다.

그렇게 정치사회와 시민사회 간의 상호보완적인 역할은 시장과 시의회, 그리고 지역공동체 조직들이라는 삼자 간의 정보와 힘의 균형을 구축한다. 이러한 힘의 균형은 근린참여제도를 유지하고 지탱하는 매우 중요한 자산으로 남아서 민주주의 제도를 시민들의 삶 속에 내면화 시킨다. 한국 지방정치의 경우 정치사회와 시민사회의 역량을 충분히 성숙시키는 과정이 필요할 것이며 그 구체적인 수단으로 최근 다양한 지역에서 활용되고 있는 자산 중심적 공동체 개발방식을 활용할 수 있을 것이다.[21)]

3) 동기유발 수단으로서의 정부지원 확대

미국에서 가장 효과적인 근린참여제도를 발전시켰다고 인정받는 세인트폴과 포틀랜드 모두 연방정부의 재정지원을 통하여 비영리 조직의 역량을 강화시켰지만 포틀랜드의 경우 훨씬 큰 영향을 받은 것으로 알려지고 있다. 포틀랜드의 경우 참여제도의 설계에 앞서서 공동체 조직들의 역량이 이미 성숙해 있었으며 그 결정적인 계기는 연방정부의 재정 지원이었다. 1970년대 공동체 개발을 위한 일련의 지원 사업이 모두 성공한 것은 아니나 적어도 재정지원을 받기 위한 계획을 수립하고 관리하는 과정에서 지역을 대표할 조직들이 속속 등장했던 것이 사실이다.

한국의 경우에도 자발적인 시민단체들이 초보적인 수준이나마 새로운 지방정치사회의 일원으로 자리 잡기 시작하였다(이준원, 2002: 283).

---

21) 실제로 많은 지역공동체 개발현장에서 자산 중심적 방식이 널리 전파되고 있다. 그 구체적인 내용은 Kretzmann & McKnight(1993)에서 찾을 수 있다.

주민참여에 있어서 지역공동체를 대표하는 비영리조직의 활동이 필수불가결한 요소라는 점을 인식할 때 정부의 지원을 통한 역량의 강화가 수준 높은 참여를 위한 필수요건이 된다. 그리고 정부의 재정 및 인력지원이 공동체 비영리조직의 성과를 강화하는 조건으로는 아래에 설명될 구체적 계획안의 작성이 중요하다.

4) 지역 이기주의의 극복을 통한 건전한 참여제도 구축

시애틀 주민의회의 활성화과정에서 나타나는 특징은 님비주의를 통하여 공동체 조직이 활성화되었고 주민의회는 공동체 조직들의 이익표출 통로로 기능했다는 점이다. 그래서 님비주의를 통하여 지역공동체 서비스 센터의 운영이 활성화되고 건전한 참여문화가 구축되었다는 점이 중요하다. 한국에서도 혐오시설의 입지와 관련하여 지역별 이익을 강하게 표출하고 있다. 민주주의 체제하에서 개인의 이익을 표출하려는 시도는 당연한 것이며 그러한 시도로 인하여 새롭게 야기되는 갈등을 조정하고 해소하는 집단갈등해소의 메카니즘이 사회적 비용을 결정하는 중요한 요소이다. 시애틀의 경우 님비주의의 표출을 위하여 공동체 조직이 활성화되었고 지방정부는 이러한 조직화 운동을 백안시하지 않았다. 오히려 시장과 시의회는 공동체 조직의 정치참여를 확대 재생산하기 위하여 각 지역의 개발을 위한 프로그램을 도입 지원하였다. 그 결과 공동체 서비스 센터 프로그램 그리고 그 프로그램의 유지를 위한 모금 계획의 개발이 활발해진다. 시애틀의 근린조직에 대한 지침서인 *Neighborhood Organizing*(City of Seattle, 1994)에 따르면 공동체 개발 핸드북 배포, 자원봉사자 및 직원과의 협의 및 교육, 워크숍, 토론회, 욕구측정 설문조사, 그리고 모금 비디오 작성 등이 구체적인 방안으로 추진되었다.

한국의 경우도 주민자치센터의 발전을 통한 지역사회 구축(community building)과 집단 갈등 해소에 *Neighborhood Organizing*에서 제시한 방안과 비슷한 가시적이고 구체적인 방법들이 갖는 의미는 매우 중요하다는 점이 기존연구를 통하여 입증된 바 있다(하미승·강황선, 2002). 그러한 구체적인 방법들이 제공하는 지속적인 대면 접촉의 기회를 통하여 정치사회의 성숙과 갈등 조정을 위한 규범의 학습도 가능해진다. 즉 협상에서 이긴 자가 모든 것을 독식한다거나 갈등표출의 수단이 강렬한 집단이 자연우위를 취하는 만인에 의한 만인의 투쟁 상태를 배격하고 양보와 타협 그리고 합의의 공동체 문화를 기반으로 하고 있는 성숙된 정치문화가 시민사회와 정치사회에 뿌리내릴 수 있기 때문이다.

5) 구체적 계획안 작성

정부의 지원은 반드시 구체적인 계획안을 통하여 집행되어야 한다. 그것은 참여의 단계, 방식, 지원방법 등을 포괄하며 나아가서 지역의 경계선을 정부가 공식적으로 인지해야 한다. 근린참여제도의 역사적 전개에 대한 사례나 그 사례에 대한 연구결과에 따르면 구체적인 계획안의 작성이 참여제도의 성패를 좌우하는 중요한 요인이라고 한다(Berry, Portney, & Thomson, 1993; Cooper & Musso, 1999). 본 연구에서도 세인트폴의 경우 계획안에 각 공동체를 구분하는 경계와 그 권한을 명시적으로 밝히고 있었고 로스앤젤레스의 경우 의도적으로 모호한 규정을 삽입하여 각 지역공동체가 자율적으로 참여체제를 확립하도록 하였다는 사실을 밝힌 바 있다. 그러나 계획안이 모호한 로스앤젤레스의 경우 주민들의 참여의 정도가 낮고 참여의 효능감도 낮은 공동체일수록 참여정책에 소극적으로 대응하여 지역 간 격차가 참여와 만족도의 측면에서 커지는 결과를 초래했다. 계획안이 구체적이어야 한다는 사실은 반드시 참여를 위한 동기유발 요인을 명시해야 하며 참여자들을 지원할 조직과 인력에 대한 규정을 포함하고 있어야 한다는 뜻이다. 정부의 참여정책이 정해진 절차와 방법을 따라서 참여할 경우 구체적인 과실을 얻을 수 있다는 확신을 줄 수 있을 때 소극적인 주민들을 참여의 장으로 끌어 낼 수 있다.

한편 정부의 재정지원이 구체적인 계획안에 의하여 마련되는 경우 정부의 영향력이 커지고 근린조직의 자율성이 저해될 것이라는 우려도 있다. 그러나 미국의 사례를 통하여 살펴본 바에 따르면 그 계획안이 공개적이고 민주적인 절차에 따라 설정되고 자원배분의 기준이 매우 객관적이면 정부의 영향력이 조직의 목표나 경영에 미치는 영향은 거의 없다. 즉 재정 및 인력지원은 대개 미리 정해진 표에 따라서 공동체 인구나 사회경제적 수준에 해당하는 액수를 할당받는다. 이와 같이 그 액수가 정해지는 경우 관료나 시장, 시의회의 입김이 개입되는 경우는 발견되지 않았다. 따라서 계획안 설정과정의 투명성과 민주성 확보가 매우 중요하다 하겠다.

5. 소결론

주민참여를 위한 제도개혁은 분권적 관료제를 지향하는 행정민주주의의 한 가지 방식으로 다양한 방식으로 실현되고 있으며 특히 지방화의 시대적 흐름 속에서 주목을 받고 있다. 민주적인 지역 거버넌스는 주민들의 정치적 소외를 줄이고 공동체적 의식과 민주주의에 대한 열정을 불러일으킨다는 점에서 민주주의의 중핵에 해당하는 개념이다. 특히 사회적으로 열세한 위치에 놓인 부류의 사람들에게 참여의 기회를 부여한다는 점에서 더 큰 의미가 있다. 그런 의미에서 지역 거버넌스는 하나의 수단이라기보다는 목적으로 공동체 구축의 차원에서 이해되어야 한다. 따라서 한국의 주민참여를 위한 거버넌스도 주민들에게 정치적으로 행동할 수 있는 기회를 제공하고 그 참여기회를 통하여 건전한 정치에 대한 이해를 높일 수 있도록 설계되는 것이 바람직하다.

제13장 지역공동체 참여, 지역학습 그리고 사회혁신[1)]

1. 사회혁신에서 지역공동체 참여의 중요성

급속한 산업화 이후의 다양한 사회경제적 위기는 한국뿐만 아니라 많은 국가에서 나타나고 있는 문제이다. 글로벌 경제위기가 반복되면서 고용이 불안정해지고 인구의 고령화가 빠른 속도로 진행되면서 새로운 사회문제에 대한 새로운 대응방안을 필요로 하게 되었다. 산업화 시대에 발전의 주역이었던 국가의 역량이 점차 약화되는 반면, 지역사회가 새롭고 다양한 해결방안을 도입하여 사회보호, 일자리제공, 교육, 지역개발 등의 영역에서 발생하는 문제를 해결하는 사회혁신의 사례가 국내외에서 나타나고 있다. 이러한 사회혁신의 분위기는 유럽을 중심으로 많은 국가에서 주목받고 있으며 한국의 일부 지역에서도 새로운 문제해결의 방안으로서 활성화되고 있다.

사회혁신은 지역 단위에서 새롭게 나타나는 사회적 수요에 대응하기 위해 구성원들이 지속적으로 상호작용하여 새로운 대안을 모색하여 문제를 해결하는 방식이다(OECD, 2009). 지역에서 사회혁신을 활

---

1) 제13장의 주요 내용은 한상일 · 이현옥. (2016). 학습지역과 사회적 혁신, 『정부학연구』, 22(1): 113-140의 주요 내용을 수정 보완하여 수록하였다.

성화하기 위해서는 지역사회의 구성원들이 지속적으로 상호작용하면서 거시적 환경변화를 인식하고 지역의 특성에 적합한 창의적인 문제해결 방안을 자기 주도적으로 모색하는 것이 중요한데, 이렇게 지역을 기반으로 구성원들이 서로 대화하고 배우는 학습의 공동체를 '학습지역(learning region)'이라고 한다(OECD, 2009).[2] 학습지역에서는 혁신의 아이디어가 발현되고, 새로운 제도가 설계되며, 사회문제에 대해 유연하고 지속가능한 대응이 가능하게 된다.[3] 학습지역을 바탕으로 지역에서의 학습과 혁신이 원활해지면 새로운 사회문제에 대해 보다 효과적으로 대응할 수 있다.

지역공동체 수준에서 학습지역이 형성되고 사회혁신이 촉진되려면 구성원의 참여가 중요하다. 구성원들이 지역을 이익창출의 시각으로 바라보기보다 생활공동체의 기반으로 인식하고 삶의 질 향상을 위한 창의적인 대안을 모색하기 위해 다양한 방식으로 참여하는 것이 중요하다. 그래서 학습지역의 개념에서는 구성원의 대화와 토론, 참여를 위한 임파워먼트, 학습기회의 제공, 지역 전체를 학습대상으로 인식하는 관점 등을 중시한다. 그리고 학습지역에서 발생하는 참여가 사회혁신을 유발할 수 있다고 가정한다. 이 장에서는 참여가 핵심이 되는 학

---

2) 이 연구는 Marsick & Watkins(1999)의 개념화를 반영하여 학습(learning)을 "개인, 팀, 조직 그리고 지역이 전반적인 시각과 사고를 향상하여 환경의 변화에 적응하고 새로운 지식을 창조하는 과정"으로 정의한다(OECD, 2009). 그리고 여기서 중시되는 학습지역 개념은 다양한 학습기관의 네트워크를 통한 학습공동체를 추구하는 평생학습도시의 개념과도 구별된다.

3) 최근 지역사회 사회적 기업이나 협동조합들이 주축이 되어 자생적이고 지속가능한 발전을 추구하는 사회적 경제의 개념도 그 접점에 있다. 사회적 목적과 경제적 목적을 동시에 추구하는 사회적 기업을 중심으로 발전하는 지역사회 네트워크인 사회적 경제는 새로운 대안의 모색과 다양한 구성원의 참여, 지속가능한 협력체계의 형성을 통한 사회혁신의 주역으로 주목받고 있으며, 그러한 활동 또한 지역을 기반으로 한 학습을 통해서 가능해진다.

습지역의 개념이 한국의 맥락에서 타당한지 그리고 실제로 지역에서의 사회혁신을 유발하는지의 인과구조를 설문조사 결과를 바탕으로 검토한다.

2. 사회혁신에 관한 이론적 설명

1) 사회혁신의 발전과 개념의 구성

(1) 사회혁신 개념의 발전

사회혁신의 개념은 오래전부터 논의되어 왔다. 20세기 초반 막스 베버는 사회적 창조(social invention)의 개념을 설명하면서 새로운 형태의 사회적 관계에 부합하는 조직화의 논리에 대해서 설명하였다. 경제학자 조셉 슘페터는 혁신의 개념을 설명하면서 기존 질서를 인정하지 않고 보다 발전된 미래를 창조하기 위하여 생산수단의 새로운 결합을 이루어 나갈 것을 강조하면서 이를 창조적 파괴활동으로 표현하였다. 그 이후에도 사회혁신은 새로운 사회현상을 설명하는 용어로 다양하게 활용되었다. 대표적으로 1960-70년대 유럽과 미국에서 전개된 학생 및 노동자 운동을 집권적 사회를 참여적 사회로 만들고자 하는 혁신적 사회운동으로 표현하기도 하였다(Chambon et al., 1982). 이러한 사회운동의 과정에서 창조적이고 상향적인 사회를 만들기 위한 집단행동과 그를 통한 사회전체의 변혁을 혁신으로 표현한 것이다.

사회혁신이 본격적으로 학계에서 논의된 것은 1980년대 이후부터이다. Drucker(1985)는 사회혁신의 개념을 지식기반 사회에서의 새로운 기술개발이나 기업가정신을 통한 사회시스템의 혁신으로 설명하였다. 그는 혁신의 개념을 위험을 무릅쓰고 기회를 포착하여 새로운 해결방안을 모색하는 도전의 정신으로서의 사회적 기업가 정신과 연계하면서 지식기반 사회에서 다양한 방식으로 발생하는 사회혁신의 다양한 효과를 강조하였다. 나아가서 혁신 활동의 개념을 확장하면서 민간 기업이나 공공조직에서 발견되는 관료제적 구조가 유발하는 다양한 문제를 해결하는 방안으로 설명하였다. 혁신과 성장이 정체된 대규모 조직에서 분권화와 고객지향성을 통해서 최선의 성과를 낼 수 있다고 주장했으며 그의 이러한 주장은 1990년대 이후 공공부문 관리에 많은 영향을 준 '신공공관리'이론의 형성에도 기여하였다.

1980년대 후반 이후에는 신자유주의적 경제정책이 도입되면서 전 세계적으로 분권화와 지방화가 가속화되었다. 지역사회의 공동체는 새로운 사회문제에 대해 보다 많은 책임을 부담하게 되었고 혁신적인 해결방안을 필요로 하게 되었다. 이와 같은 상황 속에서 사회적 기업가 정신이 확산되고 사회적 기업이 증가하면서 정부, 기업, 비영리 영역의 협력을 통해 사회문제를 해결하는 파트너십 형성에 대한 관심이 증가하였다.[4] 특히 1990년대 후반 이후 새롭게 주목받기 시작한 사회적 경제는 사회혁신을 실현하는 중요한 플랫폼으로 기능하면서 사회혁신 개념의 발전에 기여하였다. 특히 1990년대 이후 유럽연합, OECD, 세계은행, 국제연합 등 국제기구에서 사회적 경제를 대안적 경제질서로 주목하면서 사회적 경제가 주도하는 다양한 협동, 참여, 네트워크 등의 새로운 행동양식, 창의적 아이디어 개발, 사회개혁, 기술혁신 등에 관한 담론이 확산되었다.

---

4) 2000년대에 왕가리 마타이, 무하마드 유누스 등 사회적 기업가들이 노벨 평화상을 수상하였고, 사회혁신 사례를 소개한 다양한 저서들이 출간되고 아쇼카 재단과 슈왑 재단 등의 기관에서 사회혁신을 위한 인재양성 지원 및 아이디어 확산을 위한 학술대회를 개최하면서 많은 관심이 증가하였다.

2000년대 이후 사회혁신은 많은 국가와 지역에서 새로운 정책 대안으로 고려되었다. 2009년 미국 정부는 백악관 내에 사회혁신과 시민참여국(Office of Social Innovation and Civic Participation)을 설치하고 지역사회가 직면한 다양한 문제를 해결하기 위한 대응방안으로서 사회혁신을 지원하였다. 유럽위원회(European Commission)는 2011년 소셜 이노베이션 유럽(Social Innovation Europe)을 설립하고 27개 회원국가의 사회혁신 사례의 지도를 작성하고 있으며, BENISI 사업을 통하여 300여 개에 달하는 사회혁신의 평가모형을 구축하고 네트워크를 강화하여 유망한 혁신모형을 양성하고 있다.

(2) 사회혁신의 개념화

사회 혁신에 관한 논의는 2000년대 후반 이후에 다양한 양식으로 발전하고 있는 사회적 경제, 사회적 기업, 사회적 기업가 정신, 기업의 사회적 책임 등의 개념과 함께 발전하고 있다. 특히 사회적 경제가 갖는 주요 특성으로 새로운 대안(newness), 다양성(diversity), 협력(collaboration), 파급효과(impact) 등이 제시되고 있다.

사회적 경제의 발전으로 잘 알려진 캐나다 퀘벡지역의 사회혁신 연구기관 Center for Research on Social Innovation: CRISES(2004)는 사회혁신을 "구체적인 성과와 개선을 유발하는 새로운 조직 또는 제도, 새로운 업무처리방식, 새로운 사회적 시도, 새로운 메커니즘, 새로운 접근방법 및 새로운 개념"으로 이해하고 있다. 이 개념은 지역사회의 사회적 경제를 새로운 제도와 조직으로 인식하고 그들의 새로운 시도가 새로운 사회문제를 해결할 것으로 인식하고 있다. 즉 새로운 사회문제를 해결하는 새로운 방법으로서 구체적으로 사회적 경제의 역할을 중시한다. Goldenberg(2004: 1)는 "개인이나 지역공동체가 당면한 사회경제적 문제를 해소하기 위해 설계된 새롭거나 개선된 활동과 시도, 서비스, 과정, 결과"로 정의한다. 이 정의에서도 사회경제적 문제해결을 강조하면서 새로운 활동과 과정, 결과를 강조한다.

한편 OECD(2011: 13)는 사회혁신을 "시장에 의해서 제공되지 않는 새로운 수요를 만족시키거나 사람들에게 생산과정에 참여하거나 역할을 부여함으로써 새로운 만족이나 좀 더 높은 만족을 가져오는 과정"으로 정의한다. 이 개념에서는 시장이나 정부가 충족하지 못하는 수요를 충족할 것을 강조한다. 즉 많은 형태의 조직들이 사회혁신을 통해서 다양한 서비스 제공의 방안을 마련하는 다양성에 기반한 틈새충전재(gap filler) 역할을 지적한 것이다.

사회혁신의 또 다른 특성으로 활발한 협력이 있다. Young(2011: 21285)은 사회혁신을 "성공할 수 있도록 다른 사람들과의 협력을 촉진시키는 기술"로 정의하면서 지역공동체 내의 협력을 강조한다. 여기서는 사회혁신을 협력 그 자체로 인식하고 있다. 실제로 영세하고 작은 단일 기업이나 사회적 경제 조직만으로는 사회혁신을 이루기가 불가능한 경우가 많다. 재원조달, 인력채용, 사업진행 등의 다양한 영역에서 지역사회의 조직들이 활발하게 협력할 때 사회문제의 원활한 해결이 가능하다.

그리고 스페인의 Innobasque: Basque Innovation Agency(2013: 8)에서는 지역사회혁신지수(Regional Social Innovation Index: RESINDEX)를 제시하면서 사회혁신을 "사회통합과 경쟁력, 지속가능성을 높이는 핵심요소이며, 위기의 시대에 새로운 문제에 대한 새로운 해결책을 제시할 목적으로 다양한 행위자들이 참여하는 과정"으로 정의한다. 실제로 RESINDEX에서는 사회혁신을 측정하기 위한 다양한 항목을 제시하고 실제 지역조사에 활용하였다. 이 지표에서 활용된 사회혁신 측정

항목은 지식의 획득, 혁신적 프로젝트의 개발, 혁신적 프로젝트의 효과, 거버넌스 등이다. 각각의 항목들은 다양성, 파급효과, 협력의 정도 등의 가치에 초점을 맞추어 측정하도록 설계되었다. 여기서는 다른 개념화에서 언급하지 않는 영역으로 파급효과를 강조하고 있다. 사회혁신의 결과는 지역사회 전체에 퍼져서 많은 사람들이 혜택을 받고 큰 효과를 생산하는 것이 중요하다는 것이다.

이러한 개념정의를 통합적으로 분석하기 위해 미우라 히로키(2013: 342)는 Nicholls & Murdock(2012)의 정의를 인용하면서 사회혁신을 "스스로 사회적 변화를 만들어내려고 하는 개인이나 조직의 실천적 전략으로서, 민간 차원의 창의성이나 기업가정신을 활용하는 융합적 공공정책으로서, 또한 투표나 기부를 넘어서 시민의 보다 적극적인 역할을 모색하는 민주주의이론"으로 정의하고 있다. 결국 사회혁신이 활성화된다는 것은 기능적으로 유용할 뿐만 아니라 시민의 역할과 영향력을 증대하는 민주주의가 심화되고 확대되는 의미가 있다는 것을 뜻한다.

2) 학습지역과 사회혁신

학습이 혁신역량을 강화하는 데도 매우 중요한 조건이라는 사실이 기존연구를 통하여 확인되었고 다양한 지식과 결합하여 시너지 효과를 발휘할 때 혁신의 파급효과가 커진다는 주장이 설득력을 얻은 바 있다(Lundvall, 1992; Edquist & Johnson, 1997). 일반적으로 혁신은 학습의 과정을 필요로 한다. 효과적인 작업루틴을 발전시키고 창의적인 대안을 실행하는 데 가장 중요한 역할을 하는 것이 분리된 행위와 아이디어를 하나의 체계로 통합하는 활동이기 때문이다(OECD, 2011). 그리고 혁신과 학습은 동시에 발생하면서 인프라, 시스템, 문화 등의 영역에서 새로운 아이디어가 착근되는 현상으로 나타난다(정무권·한상일, 2008). 특히, 사회혁신은 다양한 지역의 기관과 주민들이 참여하는 과정에서 자생적으로 창의적이고 새로운 대안을 모색하면서 지속가능한 발전방안을 추구하는 과정에서 활성화되기 때문에 지역 주민의 지식 경쟁력을 제고할 수 있는 구체적인 제도와 정책대안의 모색이 중요하다(Noya, 2009). 그런 측면에서 학습지역의 형성은 사회혁신의 활성화를 위해서 필수적인 요소가 된다. 따라서 학습지역의 특성을 보다 구체적으로 개념화하고 구성요소를 체계적으로 밝혀 사회혁신에 대해 어떤 구성요소가 기여하는지를 밝히는 것은 지역사회의 문제를 해결에 도움을 줄 수 있다. 그런 의미에서 이 연구의 인과모형을 〈그림 13-1〉과 같이 설정하였다.

〈그림 13-1〉의 인과모형에서 제시된 관계는 기존 연구를 통하여 확인되고 있다. 독립변수로 설정된 대화와 토론은 새롭고 다양한 대안을 모색하는 데 기여한다. Hirsch(2001)에 따르면 학습기회가 제공되고 대화와 토론이 활성화될 경우 좋은 협력관계가 형성되고 혁신적인 아이디어를 실행에 옮길 수 있다. 또한 분권화를 통한 임파워먼트와

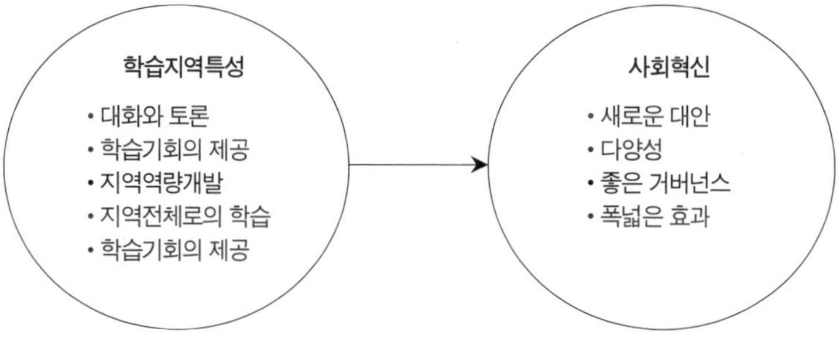

〈그림 13-1〉 학습지역특성과 사회혁신 연구의 인과모형

지역전체가 지역의 문제에 관심을 가질 때 새로운 아이디어의 모색과 확산이 가능하다(Innobasque, 2013). Noya(2009)는 국제적으로도 지역전체의 능력개발과 지역전체가 지역문제를 인식하려는 노력 즉 역량개발과 지역학습을 통해서 새로운 유형의 서비스가 창출된다고 설명한다. 그리고 OECD(2011)의 지역사회에서의 기업가 정신에 대한 보고서에 따르면 학습기회가 제공되면 새로운 사업대안이 모색되면서 사업주체 간 관계형성에 기여하고 정책의 이전효과로 인하여 파급효과가 커진다고 설명한다. 요약하면 지역차원에서 학습이 이루어질 경우 지역에서의 사회혁신이 가능해지며 이는 곧 지역경쟁력의 제고로 이어지며 새로운 성장동력으로 기능할 수 있다는 것이다(OECD, 2011).

요약하면 지역사회의 구성원들이 자율적, 참여적, 민주적으로 상호작용하면서 지식의 생산자나 전달자가 되고 그 지식을 혁신에 활용하는 과정이 중시된다. 이러한 '학습지역'이 조성될 경우 지역 전체가 새로운 이해를 바탕으로 변혁할 수 있으며 전체 지역이 환경의 변화를 인지하고 그 변화가 유발하는 새로운 수요를 충족시키기 위한 창의적인 대안을 지역구성원들의 상호작용에 의해서 모색할 수 있다.

3. 학습지역과 사회혁신의 척도화

학습지역과 사회혁신이 지역사회의 문제해결과 발전에 중요한 기여를 한다는 사실이 기존연구에 의해 밝혀지고 있는 반면, 그 연구는 아직 초기단계에 머물러 있는 만큼 그 구체적인 구성요소가 무엇인지에 대한 포괄적인 조사와 엄밀한 분석은 충분히 진행되지 않았다. 따라서 그 구성요소가 다소 포괄적이며 상호 중첩적인 상태로 논의가 진행되는 경향이 있다. 따라서 이 글에서는 기존연구로부터 개념의 구성요소를 발견하고 실증적인 분석을 통해 측정지표를 정제화(purification)하고자 한다.

1) 학습지역의 척도화

학습지역과 연관된 초기 활동 가운데 인보관운동이나 1950-60년대의 국제기구의 개발도상국가 지역개발 활동은 지역 주민에 대한 학습기회의 제공과 전반적인 역량의 제고를 강조한다. 이런 관점은 1990년대 이후에 강조된 지역혁신체제의 논의에서도 재확인된다. 지속적인 학습기회 제공은 스스로 필요로 하는 기술을 탐구하는 주민들의 자세, 상호학습을 격려하는 태도, 주민들의 학습을 지원하는 지역사회, 그리고 일상생활에서의 실수도 학습의 기회가 된다는 전반적인 인식 등으로 구체화할 수 있다. 또한 지역역량개발은 지역 전체 수준에서 주민들의 능력개발을 위한 노력을 포괄하는 영역이다. 지역사회에서 주민들의 능력개발을 위한 노력과 투자, 역량이 지역의 경쟁력이 된다는 인식, 지역의 일을 하면서 학습하는 과정 등이 중요하다.

반면 참여적 주민 주도적 지역발전전략 등에서는 주민들의 대화와 토론, 그리고 임파워먼트를 통한 참여의 장려 등을 포괄한다. 대화와 토론의 활성화를 현대적인 의미의 지역에서 해석하면 지위와 상관없이 토론하며, 타인의 의견을 묻고 청취하며, 쌍방향 소통을 중시하며, 신뢰와 존경심을 쌓아나가는 과정으로 이해할 수 있다. 그리고 지역사회 활동에서의 주민들의 참여와 실질적인 권한행사, 지역정보의 제공과 공유, 주민들이 지역에 긍정적인 영향을 준다는 인식, 협력관계 등이 임파워먼트를 구성하는 항목이 될 것이다. 1970년대 이후 강조된 평생학습사회 운동에서는 지역단위의 학습체계의 형성을 통한 학습의 통합을 중시했다. 일반적으로 학습은 개인이 하는 것으로 인식할 수 있으나, 지역 전체가 함께 학습에 대한 인식을 제고하는 것도 중요하다. 지역차원에서 직면하는 지역사업의 실패도 새로운 기회라고 인식하는 공감대나 지역사회에서 진행되는 일상적인 과업을 학습으로 인식하는 자세, 위험감수에 대한 지역의 전반적인 관점, 그리고 주민들의 능력이 지역문제의 발생을 예방하는 효과가 있다는 인식 등이 지역 전체가 일상생활 속에서 또는 다가올 미래에 대비해서 배워나가는 자세에 속한다. 이처럼 학습지역의 개념을 영역별로 구분할 수 있으며 구체적인 구성요소는 〈표 13-1〉과 같이 요약할 수 있다.

〈표 13-1〉 학습지역의 주요영역과 측정을 위한 개념구성

학습지역 영역	개념구성
대화와 토론의 활성화	다른 사람의 의견에 대한 열린 질문, 주민 간 존경심, 신뢰를 구축하는 시간, 쌍방향 소통, 지위에 무관한 질문, 타인의견에 대해 경청하는 자세
임파워먼트	지역사업에의 참여, 지역정보의 제공, 지역정보의 공유, 주민참여가 긍정적 영향을 준다는 효능감, 지역주민 간 협력의 활성화
지역역량개발	역량개발노력, 역량개발투자, 지역사업 참여를 통한 학습, 역량이 지역경쟁력으로 이어진다는 인식
학습기회의 제공	필요한 기술의 탐구, 학습에 대한 지원, 상호학습의 격려, 실수로부터의 학습
지역 전체로서의 학습	지역사업 실패를 기회로 인식, 일상과업의 학습화, 위험을 감수하는 자세, 주민의 능력이 문제예방에 기여한다는 인식

2) 사회혁신의 척도화

개념화에서 논의된 사회혁신은 새로운 문제와 수요의 해결, 다양한 행위자의 참여, 협력관계 형성, 강한 영향력 등으로 요약된다. 이에 부응한 최근의 사회혁신은 현명하고(smart), 지속가능하며(sustainable) 포용적인(inclusive) 성장전략의 핵심요소로 인식되고 있다(European Commission,

2013). 즉 사회혁신을 통해 빈곤퇴치, 일자리 창출, 역량과 참여개발, 생산과 소비 습관의 변화 등을 유도하고 그 과정에서는 시장, 공공부문, 시민사회 모두가 협력해야 한다는 것이다. 요약하면 사회혁신은 사회문제 해결 위한 새로운 대안, 다양성, 좋은 거버넌스, 강한 파급효과 등을 개념구성의 영역으로 설정하였다(European Commission, 2013; Innobasque, 2013). 아울러 각각의 영역을 구성하는 개념은 〈표 13-2〉와 같이 요약할 수 있다.

〈표 13-2〉 사회혁신의 주요영역과 측정을 위한 개념구성

사회혁신 영역	개념구성
새로운 대안	새로운 규칙, 새로운 조직, 창의적 해결방안, 신속한 대응
다양성	다양한 평가, 다양한 참여자, 다양한 기법
좋은 거버넌스	오픈사회혁신플랫폼, 지속적인 사업진행, 유연한 사업관행, 원활한 의사결정
폭넓은 효과	다양한 이해당사자의 참여, 큰 파급효과, 광범위한 영향, 사업주체의 다양성

4. 연구방법

이 연구는 문헌 분석결과와 한국의 지역주민을 대상으로 조사한 결과를 바탕으로 학습지역특성과 사회혁신을 측정하는 도구를 개발하여 타당도와 신뢰도를 검증하고 인과관계를 분석하는 방법론적 연구이다. 기존 연구를 분석하여 지역사회 개발에 참여하는 다양한 관계자를 인터뷰하여 얻은 결과를 바탕으로 예비 문항을 개발했으며 이를 설문조사의 형태로 측정하였다. 설문조사 결과를 다양한 계량분석을 통해 도구 검증했으며 신뢰도와 타당도가 높은 측정지표가 만들어질 경우 인과관계 분석을 예비적으로 시도하는 단계로 구성했다.

1) 표본

이 연구는 한국의 지역사회의 학습과 사회혁신을 개념화하고 척도화하는 것을 목표로 한다. 이 목표를 달성하기 위해 2015년 12월 한국의 17개 광역 지방자치단체 지역주민 600명을 대상으로 온라인 설문조사하였으며, 이 통계는 기초지방자치단체별 대표값을 계산하여 분석되었다.[5] 측정대상의 수는 일반적으로 측정변수의 수보다 사례의 수가 5배 이상 많아야 한다는 기존 연구(Tabachnick & Fidell, 2006)의 견해를 바탕으로 결정하였다. 실제로 설문조사에 응답한 개인의 특성은 〈표 13-3〉과 같다. 응답자 중 다수가 40대 수도권 및 강원도 거주자로서, 대학교를 졸업한 연소득 2,000만 원에서 4,000만 원 사이의 남성이었다.

〈표 13-3〉 응답자의 인구사회학적 구성

사회적 특성		빈도	백분율	사회적 특성		빈도	백분율
연령	20대	144	24.0%	성별	남	316	52.7%
	30대	132	22.0%		여	284	47.3%
	40대	195	33.8%	학력	고등학교 졸업 이하	189	31.5%
	50대	105	17.5%		대학교 졸업	360	60.0%
	60대 이상	24	2.7%		대학원 졸업	51	8.5%
지역	수도권·강원	313	52.2%	연소득	연 2,000만 원 이하	216	36.0%
	영남	167	27.8%		연 2,000-4,000만 원	215	35.8%
	충청	58	9.7%		연 4,000-6,000만 원	110	18.3%
	호남·제주	62	10.3%		연 6,000만 원 이상	59	9.8%

5) 이 장에서 활용된 자료는 제7장에서 활용된 자료와 동일하나 여기서는 지방자치단체별로 평균값을 계산하여 분석에 활용했다는 점에서 다른 방식으로 분석되었다.

2) 측정방법과 측정도구

측정변수는 인구사회학적 변수와 학습지역 측정 변수 그리고 사회혁신여부를 묻는 질문을 활용하였다. 소득과 학력 응답률과 응답의 정확도를 높이기 위해 구간을 제시하여 선택하는 방식으로 측정했다. 거주 지역은 응답자가 거주하는 기초지방자치단체를 기입하는 방식으로 확인하였다. 그리고 기초지방자치단체를 분석의 단위로 활용하였다. 학습의 기회가 제공되고 구성원 간 대화와 토론 등 학습지역특성이 발현되는 지역이 기초지방자치단체이다. 최근 사회혁신의 사례로 주목받는 의료복지 사회적 협동조합이나 로컬 푸드 운동의 단위도 기초지방자치단체이다. 따라서 기초지방자치단체의 대푯값을 구하기 위해 이 조사의 응답자가 거주하는 147개 지방자치단체별로 평균값을 계산하여 분석에 활용하였다.

이 연구에서 측정하고자 하는 학습지역특성과 사회혁신 관련 주요 변수들은 설문문항에서 선택하는 방식으로 개인의 인식을 조사하였다. 따라서 모든 문항은 응답자가 인식하는 학습지역특성, 사회혁신의 정도를 리커트 5점 척도에 따라 기입할 수 있도록 구성하였다. 학습지역특성에서 대화와 토론, 학습기회의 제공, 임파워먼트의 영역에서 속하는 변수는 Marsick & Watkins(2003)의 학습조직 영역설문(Dimensions of Learning Organization Questionnaire: DLOQ)에서 제시된 학습조직 측정척도를 지역공동체의 학습에 부합하는 문항으로 변형하여 활용했다. 역량개발 시스템, 지역전체로서의 학습을 측정하는 문항은 데니슨의 조직문화 설문(Denison Organizational Culture Survey)의 역량개발과 학습조직에 속하는 문항을 지역사회의 역량개발과 학습에 부합하는 문항으로 변형하여 측정에 활용했다.

조사를 위한 설문문항을 도출하기 위해 다음과 같은 단계를 거쳤다. 첫째, 이 연구의 저자가 기존연구를 검토하여 예비문항을 구성하였다. 둘째, 저자를 제외한 정치학박사 1인과 행정학박사 1인의 자문을 구하여 내용타당도를 검증하였다. 셋째, 예비문항에 대한 응답자의 이해도를 확인하기 위해 총 5인으로 구성된 대학원 재학생에게 사전 조사를 수행하였고, 문항의 적용가능성, 문장구성의 적절성, 문항의 구조 등을 검토하였다. 마지막으로 설문조사 전문가에게 의뢰하여 문항의 어휘와 척도 구간의 배치 등을 수정한 후 최종 설문문항을 완성하였다.

3) 분석방법

조사결과의 분석을 위해 SPSS ver 18.0과 AMOS ver 18.0 프로그램을 활용하였다. 가장 먼저 조사대상의 일반적 특성과 변수들에 대한 기술통계 및 빈도를 분석하여 제시하였다. 문항분석을 위해서 개별항목과 전체 총점 간 피어슨 상관관계(항목-총합 상관관계)분석을 하였다. 이 분석은 Perry(1996)의 연구에 사용된 방법을 활용한 것으로 그 중 첫 번째 단계가 항목-총합 상관관계 수치가 낮은 문항을 제거해 나가는 것이다. Field(2005)에 따르면 일반적으로 항목-총합 상관계수 값이 .3보다 작으면 전체 설문문항들이 측정하는 개념과 다른 개념을 측정하고 있다고 판단할 수 있기 때문에 .3보다 작은 문항들은 제거하는 것이 바람직하다고 한다. 그러나 이 연구에서 조사된 자료의 변수 가운데 .3미만의 항목-총합 상관관계를 보인 것은 존재하지 않았으므로 분석에서 제외된 변수는 없었다.

구성타당도의 검증을 위해서 탐색적 요인분석과 확인적 요인분석을 하였다. 요인분석의 적합도를 검증하기 위해 카이저-마이어-올킨

(Kaiser-Mayer-Olkin, KMO) 수치검증과 바틀렛(Bartllet)의 구형성 검증을 하였다. 탐색적 요인분석은 주성분분석의 직교회전(varimax)방법을 사용하여 아이겐 값(eigen value)이 1 이상, 요인 적재값(factor loading)이 .5 이상인 경우로 구성요인을 확정하였다(Tabachnick & Fidell, 2006). 확정된 구성요인의 문항 내적인관성의 측정을 위해 Cronbach alpha 값을 확인하였다. 확인적 요인분석을 위해서 구조방정식 모형을 추정하였다. 이 분석을 통해 개념신뢰도와 하위요인 간 관계 등을 분석하였다. 확인적 요인분석의 모형 적합도는 χ^2 값과 자유도의 비율, Comparative Fit Index(CFI), Turker- Lewis Index(TLI), Root Mean Square Error of Approximation(RMSEA) 지수를 고려하였다.

학습지역특성과 사회혁신의 개념을 척도화하여 측정한 후 그 유효성을 검증한 후 평균값과 인과관계를 분석한다. 각 영역을 구성하는 개별 측정항목의 지역별 평균값을 분석하면서 학습지역특성과 사회혁신이 높은 지역과 낮은 지역을 분석할 예정이다. 나아가서 학습지역특성과 사회혁신의 관계를 회귀분석하여 학습지역특성 중 어떤 영역이 사회혁신을 제고하는지 확인할 예정이다. 일반적으로 학습이 발생하면 혁신과 성과의 정도가 높아진다는 기존 연구에 토대하여 인과성을 확인하면서 어떤 요인들이 사회 혁신 제고에 어느 정도의 효과가 있는지를 확인할 수 있을 것이다.

5. 분석결과

1) 기초통계 분석과 항목총합 상관관계 분석

이 연구에 조사된 변수들의 기초통계량이 〈표 13-4〉에 제시되었다. 조사대상 147개 기초지방자치단체별로 최소값, 최대값, 평균, 표준편차를 계산하였다. 학습지역특성 변수들 가운데 가장 평균값이 큰 변수는 역량이 지역경쟁력의 제고로 이어진다는 믿음이며, 가장 작은 변수는 실수로부터의 학습이었으며, 사회혁신 변수 가운데 가장 평균값이 큰 변수는 이해당사자의 참여이며, 가장 작은 변수는 사업진행의 유연성이었다. 항목총합 상관관계 분석결과도 〈표 13-4〉에 제시되었다. 모든 값이 매우 높은 것으로 판명되었으며 각 영역별 수치도 매우 높은 것으로 나타났다. 이 분석결과에 따라서 전체 변수와 각 영역별 수치와의 적합도가 현저하게 낮은 변수는 없는 것으로 나타났다. 따라서 모든 변수를 활용하여 요인분석을 진행하는 것이 바람직한 것으로 확인되었다.

〈표 13-4〉 측정변수에 대한 기초통계분석

학습지역/사회혁신	영역	문항	최소값	최대값	평균	표준편차	영역내 ITC	전체 ITC
학습지역 특성	대화와 탐구	자유로운 질문	1	5	2.77	.665	.737	.715
		주민 간 존경심	1	5	2.88	.618	.804	.790
		신뢰구축 시간	1	5	2.77	.630	.869	.824
		쌍방향 소통	1	4.5	2.74	.669	.875	.840
		지위에 무관한 질문	1	5	2.75	.666	.726	.743
		솔직한 조언교환	1	5	2.82	.852	.713	.719
	학습기회 제공	실수로부터의 학습	1	5	2.50	.683	.673	.659
		필요한 기술의 탐구	1	5	2.78	.649	.823	.834
		상호학습 격려	1	5	2.72	.655	.861	.825
		학습에 대한 지원	1	5	2.83	.694	.852	.811
	임파워먼트	주민참여	1	5	3.03	.599	.719	.543

		지역정보의 제공	1	5	2.74	.681	.745	.637
		지역정보의 공유	1	5	2.94	.689	.755	.697
		지역문제에의 효능감	1	5	3.00	.716	.680	.678
		지역 내 협력	1	5	2.95	.708	.732	.692
		사업진행시 참여	1	5	3.03	.599	.754	.711
	지역 역량개발	능력개발	1	5	2.97	.733	.750	.729
		역량개발에의 투자	1	5	2.86	.715	.789	.758
		분권화	1	4	2.85	.620	.749	.769
		역량과 경쟁력	1	5	3.10	.730	.687	.719
	지역전체로의 학습	사업실패를 기회로	1	5	2.78	.620	.672	.581
		일상과업의 학습화	1	4.33	2.87	.601	.721	.716
		위험감수	1	4	2.55	.602	.748	.722
		역량과 지역문제대응	1	5	2.70	.623	.598	.699
사회혁신	다양한 방법	다양한 평가	1	5	2.86	.748	.772	.810
		다양한 참여자	1	5	2.93	.750	.734	.790
		다양한 기법	1	5	2.80	.682	.797	.808
	새로운 대안	새로운 규칙	1	4.25	2.74	.628	.829	.799
		새로운 조직	1	5	2.80	.659	.759	.754
		창의적 해결방안	1	4.25	2.76	.574	.761	.754
		신속한 대응	1	5	2.85	.604	.823	.851
	협력적 거버넌스	오픈사회혁신플랫폼	1	5	2.80	.647	.676	.736
		지속적 사업진행	1	5	2.79	.641	.668	.664
		유연한 사업관행	1	5	2.68	.592	.774	.731
		원활한 의사결정	1	5	2.75	.648	.736	.690
	폭넓은 효과	다양한 이해당사자	1	5	3.04	.703	.757	.741
		큰 파급효과	1	5	3.04	.722	.835	.783
		광범위한 효과	1	5	2.99	.642	.757	.758
		사업주체의 다양성	1	5	2.87	.640	.776	.819

주: ITC는 item to total correlation으로 항목-총합 상관관계임.

2) 요인분석

(1) 탐색적 요인분석

탐색적 요인분석에서는 요인적재치가 수용기준에 미달하거나 다른 요인과 연계성이 강하게 나타난 변수들을 제외함으로써 요인을 정제화하는 과정을 거쳤다. 그 결과로 최종적으로 얻게 된 결과를

〈표 13-5〉 탐색적 요인분석 결과

학습지역/사회혁신	영역	문항	요인적 재치	크론바하 알파
학습지역 특성	대화와 토론	자유로운 질문	.831	.934
		주민 간 존경심	.748	
		신뢰구축 시간	.772	
		쌍방향 소통	.796	
		솔직한 조언 교환	.755	
	임파워먼트	주민참여	.846	.883
		지역정보의 제공	.753	
		지역정보의 공유	.658	
		지역문제에의 효능감	.650	
		사업진행시 참여	.605	
	지역역량개발	능력개발	.800	.868
		역량개발에의 투자	.659	
		분권화	.680	
	지역전체로의 학습	지역사업실패를 기회로	.809	.842
		일상과업의 학습화	.717	
		지역사업의 위험감수	.686	
사회혁신	다양성	다양한 평가	.769	.890
		다양한 기법	.689	
		다양한 사업주체	.664	
	새로운 대안	새로운 조직	.695	.891
		새로운 규칙	.651	
		신속한 대응	.532	
	좋은 거버넌스	오픈사회혁신플랫폼	.724	.844
		유연한 사업관행	.711	
		원활한 결정	.757	
	폭넓은 효과	큰 파급효과	.739	.895
		광범위한 효과	.751	
		다차원적 조정과 협의	.671	

〈표 10-5〉에 제시하였다. KMO값(학습지역특성: .934, 사회혁신: .941)과, 바틀렛의 구형성 검증 결과(학습지역특성: χ^2=1815.068, p<.000, 사회혁신: χ^2= 1532.539, p<.000)는 통계적으로 유의하여 요인분석에 적합한 공통요인이 존재함을 확인하였다. 탐색적 요인분석 결과 모든 영역의 크론바하 알파값이 .80보다 크고, 모든 문항의 요인적재값이 .50 이상으로 나타났다.

학습지역의 개념을 구성하는 변수들은 이론적 검토에서 분류한 다섯 가지 영역에서 학습기회의 제공 변수들이 모두 타 영역과 연계된 것으로 나타났다. 따라서 학습지역특성은 네 가지 영역으로 재분류되었다. 결국 대화와 토론 영역에 다섯 가지 변수, 임파워먼트에 다섯 가지 변수, 지역역량개발에 세 가지 변수, 지역 전체로서의 학습에 세 가지 변수가 속하는 것으로 밝혀졌다. 사회혁신을 측정하는 새로운 대안, 다양한 방법, 좋은 거버넌스, 폭넓은 효과 등의 네 가지 영역 구분이 유효한 것으로 나타났으며 요인적재치가 낮은 변수들을 제외하면 각 영역에 세 변수들이 속하는 것으로 분석되었다.

(2) 확인적 요인분석

탐색적 요인분석의 결과로 도출된 하위요인 간 상관관계 및 개념신뢰도와 같은 하위요인 간 구조적 관계를 재확인하기 위해서 확인적 요인분석을 하였다. 확인적 요인분석을 위해 탐색적 요인분석에서 확인된 바와 같이 학습지역특성과 사회혁신이 각각 네 영역으로 구분되어 하위요인 간 상관성이 있음을 가정하였다. 이와 함께 측정도구의 하위요인들의 구조모형을 비교하기 위해 두 가지 대안모형을 가정하였다. 첫 번째 대안모형은 하위요인 간 상관관계가 없다고 가정한 것이며, 두 번째 대안모형은 모든 측정변수가 단일 요인으로 부하된다는

〈표 13-6〉 확인적 요인분석의 적합도

영역	모형	χ^2	df	p	χ^2/df	TLI	CFI	RMSEA
학습 지역 특성	**상관성 가정 4요인 모형**	219.7	98	.000	2.242	.918	.933	.092
	독립 4요인 모형	572.2	104	.000	5.502	.704	.744	.176
	1요인 모형	475.3	104	.000	4.571	.765	.797	.156
사회 혁신	**상관성 가정 4요인 모형**	111.3	48	.000	2.299	.944	.959	.094
	독립 4요인 모형	622.2	54	.000	11.522	.543	.626	.268
	1요인 모형	177.7	54	.000	3.292	.900	.919	.125

주: TLI는 Tucker Lewis Index, CFI는 Comparative Fit Index, RMSEA는 Root Mean Square Error of Approximation.

모형이다. 구조방정식 추정은 개별문항별 표본 수와 분포를 감안하여 정규성을 가정하고 최대우도 추정법을 사용하였다. 모형 적합도 분석 결과 하위요인 간 상관관계를 가정한 모형의 적합도가 가장 우월한 것으로 나타났다. 즉 이 연구에서 가정한 바와 같이 학습지역특성과 사회혁신이 각각 네 개의 영역으로 구성되어 있음을 확인하는 것이며 각 하위요인 간에는 일정한 상관관계가 있다고 가정하는 것이 가장 적절한 것으로 판명되었다.

확인적 요인분석의 하위요인별 신뢰도 분석을 위해 개념신뢰도(construct reliability: CR)와 분산추출지수(Average Variance Extract: AVE)를 분석한 결과 개념신뢰도는 모든 요인에서 기준값인 .70보다 큰 것으로 나타났다. 분산추출지수 값도 모든 요인에서 기준 값인 .05보다 크고, 각 요인 간 상관자승치보다도 높은 것으로 확인되어 하위요인들의 신뢰도는 적합한 것으로 확인되었다. 학습지역특성과 사회혁신의 요인 간 상관계수는 .600~.672인 것으로 나타났다. 특히 학습지역특성 요인 간 상관계수의 최댓값이 .672이므로 학습지역특성을 독립변수로 활용할 경우 다중공선성은 발생하지 않을 것으로 가정할 수 있다.

〈표 13-7〉 학습지역특성과 사회혁신 간 상관관계, 모형의 평균분산추철과 개념신뢰도

영역		1	2	3	4	5	6	7	8
학습 지역 특성	1. 대화와 탐구	.74/.93	.442	.387	.423	-	-	-	-
	2. 임파워먼트	.665	.60/.88	.471	.465	-	-	-	-
	3. 지역역량개발	.622	.686	.69/.87	.476	-	-	-	-
	4. 지역전체로의 학습	.650	.682	.690	.64/.84	-	-	-	-
사회 혁신	5. 새로운 대안	-	-	-	-	.74/.89	.520	.510	.520
	6. 다양성	-	-	-	-	.721	.67/.86	.615	.516
	7. 좋은 거버너스	-	-	-	-	.714	.784	.64/.84	.545
	8. 폭넓은 효과	-	-	-	-	.721	.718	.738	.74/.90

주: 대각선 셀의 왼쪽은 평균분산추출, 오른쪽은 개념신뢰도, 대각선 아래쪽 셀은 상관관계이며, 대각선 위쪽 셀은 상관자승치.

3) 회귀분석: 학습지역특성과 사회혁신 간 인과관계 분석

학습지역특성과 사회혁신 간의 회귀분석 결과를 〈표 13-8〉에 제시하였다. 분석을 위해 통제변수로 응답자의 성별, 학력, 소득, 지역공동체 회의 참석여부 등을 활용하였다. 독립변수로 학습지역특성에 속하는 다섯 가지 영역을 고려했으며 사회혁신의 세 변수에 대한 회귀분석을 각각 진행하였다. 각종 진단결과 다공선성의 문제를 포함한 통계학적 문제는 발생하지 않는 것으로 나타났다.

분석결과에 따르면 학습지역특성은 사회혁신을 제고하는 데 긍정적인 영향을 주는 것으로 나타났다. 다양성을 모색하는 데 학습지역특성의 세 가지 영역, 즉 대화와 토론, 임파워먼트, 지역역량개발 등이 긍정적인 영향을 주는 것으로 나타났다. 새로운 대안의 모색에는 대화와 토론과 임파워먼트가 긍정적인 영향을 준다. 그리고 평균연령이 낮을수록 새로운 대안을 도입하는 것으로 나타났다. 좋은 거버넌스와 폭넓은 효과를 통한 사회문제 해결에는 대화와 토론만이 긍정적인 영향을

〈표 13-8〉 학습지역특성과 사회혁신의 회귀분석 결과

종속변수(사회혁신)		다양성		새로운 대안		좋은 거버넌스		폭넓은 효과	
계수		B	β	B	β	B	β	B	β
통제변수	평균연령	.005	.073	-.006	-.098*	.003	-.001	.002	.035
	규모(인구)	.017	.022	.027	.039	.024	.036	-.015	-.021
독립변수	대화와 탐구	.396	.371***	.508	.522***	.515	.551***	.669	.642***
	임파워먼트	.200	.177**	.169	.163*	.061	.061	.016	.015
	지역역량개발	.325	.319***	.102	.110	.128	.143	.101	.102
	지역전체학습	.109	.079	.112	.104	.119	.115	.128	.110
상수		-493		.368		.139		.498	
R^2		.740		.696		.620		.670	
조정된 R^2		.729		.683		.603		.656	
F		66.431***		53.424***		38.029***		47.331***	

*p<.05, **p<01, ***p<.001

주는 것으로 나타났다. 따라서 독립변수 가운데 가장 큰 영향력을 주는 것은 대화와 토론이다. 따라서 지역사회에서 지속적인 질문과 토론이 이어질 경우 새로운 해결방안을 모색하는 데 기여할 수 있다는 사실이 확인되었다.

6. 학습지역과 지역공동체 참여연구의 함의

1) 사회혁신 개념의 유효성 확인

이 연구에서는 기존 연구를 통해서 충분히 개념화되고 측정되지 못했던 사회혁신의 개념을 구성하는 요소들을 발굴하였고 통계학적 유효성을 확인하였다. 다양한 요소들이 학습지역의 개념에 포함될 수 있지만 지속가능한 사회적 경제를 형성하기 위한 기본단위로서의 학습지역 연구에서는 비형식적인 학습과정이 중시될 필요가 있다. 형식적

인 교육프로그램의 도입도 중요하지만 구성원들의 상호작용과 대화, 토론 등이 중요한 역할을 하는 것으로 밝혀졌다. 따라서 다양한 소모임을 조직화하고 지역사회의 중요한 사안이 있을 때마다 의견을 개진하는 문화를 형성하는 것이 중요하다. 이 연구를 통해 사회혁신의 유효성도 확인되었다. 사회혁신은 최근 사회적 경제 개념의 발전과 함께 많은 논의가 이루어지고 있는 개념이다. 사회혁신의 개념을 세 가지 영역으로 구분하여 실증적으로 검토한 결과 역시 개념적인 유효성이 있는 것으로 확인되었다. 창의적인 대안, 좋은 거버넌스, 폭넓은 효과 등이 사회혁신의 중요 구성요소로 인식되는 것으로 나타났으며 학습지역특성과 인과성이 있는 것으로 나타났다. 이 연구를 토대로 향후 지역평생학습체계형성, 지역사회개발 등을 위한 다양한 정책대안이 모색될 수 있을 것이다.

2) 사회혁신의 활성화를 위한 대화와 토론 문화의 조성

다섯 가지 학습지역특성 영역 가운데 사회혁신의 활성화에 가장 일관되고 강한 효과가 있는 것으로 여겨지는 것은 지역주민들의 대화와 토론이었다. 따라서 지역주민들이 의견을 표명하고 의견의 청취를 활발하게 할 수 있는 참여를 위한 대안의 모색이 중요하다. 이를 위해 첫째, 다양한 사회적 경제조직이 활동하고 생성되는 과정에서 비공식적 의견개진의 통로를 확보하는 것이 중요하다. 대화를 활성화하기 위한 명확한 시스템을 설계하는 공식적 제도형성뿐만 아니라 좋은 아이디어가 있을 때 동료들과 함께 논의할 수 있는 비공식적 문화의 형성도 중요하다. 실제로 학습의 성과는 비형식 학습에서 제고되는 경향이 있으며 전체 지역주민들이 자신의 의견을 기탄없이 개진할 수 있는 규범, 규칙, 신뢰관계 등을 형성하는 것이 중요하다. 둘째, 지역사회의 문제에 대해 항상 질의하고 토론할 수 있는 공식적인 활동의 장을 마련하는 것이 중요하다. 정보통신기술의 발전으로 인하여 물리적 거리는 축소되었고 다양한 지역에서 동시에 참여할 수 있는 방안들이 확보되고 있다. 따라서 지리적으로 분산된 주민들이 모일 수 있는 통로의 마련이 중요하지만 정보통신기술을 활용하여 혁신의 아이디어를 나누는 방안을 모색하는 것도 필요하다.

3) 새로운 발전모형으로서의 사회혁신을 위한 정책대안 모색

학습지역과 사회혁신의 개념은 국제적으로 많은 논의가 있었던 반면 통일된 척도화는 이루어지지 못한 영역이다. 이 연구를 통하여 두 개념의 척도화가 이루어졌으며 주관적인 인식을 통한 분석의 토대를 마련하였다. 학습지역과 사회혁신은 정부주도적인 발전모형에서 좋은 거버넌스와 시민사회가 주도하는 사회문제해결 모형으로 이행하는 중요한 요인으로 평가된다. 이러한 요인들은 한국뿐만 아니라 개발도상국가에도 유용한 개념이다. 국가와 시장의 기능이 취약한 사회의 경우 지역사회의 학습과 혁신을 통한 문제해결은 더욱 중요한 의미를 가질 수밖에 없다. 특히 학습지역과 사회혁신은 지역공동체 구성원들이 포용적이고 지속가능한 발전을 스스로 모색하도록 하는 발전방안이며 개발도상국가의 미래지향적 발전모형으로 고려할 수 있을 것이다. 따라서 이 연구에서 활용된 측정척도를 개발도상국가에 활용하여 유효성을 다시 검증한 후 지역사회 진단을 위한 보편적 척도로 활용할 수 있을 것이다.

7. 소결론

이 연구는 서론에서 밝힌 바와 같이 사회혁신을 개념화하고 척도화하고자 하였다. 사회혁신에 관한 기존 연구를 검토하고, 다양한 관점에서 중시하는 구성요소를 추출하여 개념구성을 시도하였다. 개념구성을 한 후에 개념을 측정할 수 있는 다양한 척도를 개발했으며, 그 척도가 통계학적으로 유의미한지를 한국의 맥락에서 실증적으로 분석하여 최종적으로 측정도구를 확정하였다. 나아가서 학습지역특성과 사회혁신의 인과성을 분석하기 위해 회귀분석을 하였으며, 학습지역특성의 대화와 토론 영역이 사회혁신에 일관되게 긍정적인 영향을 주는 것을 확인하였다.

향후 연구의 발전을 위하여 지역별로 표본을 확충하고 지역별 학습의 상황을 진단하여 사회혁신을 제고하고 사회적 경제의 지속가능성을 높일 필요가 있다. 현재의 표본은 전국단위 조사를 통한 척도화를 완성하기 위한 목표 하에서 선정되었다. 그러나 향후 지역별로 의미 있는 연구를 진행하기 위해서는 연구대상 지역에서 충분한 표본을 추출하여 보다 심층적인 진단을 할 수 있을 것이다. 또한 현재의 측정지표가 지역사회 구성원들의 주관적 인식을 바탕으로 한 것인 만큼 지역별 사회적 경제 및 사회혁신 영역 관련 이해관계자들을 대상으로 한 조사와 보다 더 객관화가 가능한 지표를 활용하여 지역의 학습과 혁신의 정도를 진단할 필요가 있다. 따라서 학습지역과 사회혁신에 대한 보다 포괄적인 문헌조사, 면접조사 그리고 실증분석이 진행되어야 할 것이다.

제6부

결 론

제14장 정책적 · 제도적 함의와 미래연구의 방향

제14장 정책적·제도적 함의와 미래연구의 방향

1. 내용요약

이 책의 주요 내용은 지역공동체 참여에 대한 철학적 배경에서 시작하여 분석모형을 살펴보면서 시작되었다. 그리고 지역공동체 참여를 활성화하는 과정과 연관된 이론 모형과 참여의 결과로 나타나는 효과를 설명하는 모형을 실증적 자료와 연계하여 제시하였다. 각 부는 분석 수준에 따라 구분되었고 제6장부터 제8장까지는 개인, 제9장과 제10장은 조직, 제11장부터 제13장까지는 전체 공동체에 대한 논의로 구성되었다. 제7장에서 살펴본 사회자본과 지역공동체 참여의 관계에 대한 분석을 통해 공동체 안팎에 존재하는 구성원 사이의 연계가 많을수록 그리고 빈곤층에 대한 배려가 많을수록 참여의 가능성이 높아진다는 사실을 밝힐 수 있었다. 제8장은 참여를 역량과 연결해서 설명하였다. 지역공동체에 제공되는 역량개발 프로그램에 참여할 때 소득과 삶의 질에 어떤 효과가 있는지를 설명하였다. 아프리카 케냐의 사례를 통해서 개발도상국가의 지역 역량개발 프로그램이 경제적 상황에 긍정적인 영향을 주는 것을 확인하였다.

제9장과 제10장은 지역공동체에 존재하는 조직에 대하여 설명하였다. 제9장은 그 지역이 갖고 있는 상호작용과 제도화의 방식이 현재의

제도와 관행에 많은 영향을 미친다는 사회적 상호작용 관점을 분석에 활용하였다. 지역 특유의 상호작용 양식에 주목하면서 다양한 생성과 제도화 그리고 자원공유 방식을 설명하였다. 제10장은 사회적 기업가 정신과 지역공동체 참여가 사회적 기업의 조직성과에 주는 효과를 분석하였다. 이 분석에서 한국 사회적 기업의 경우 사회적 기업가 정신이 반드시 재정성과를 높이지 않는 것으로 나타났고, 재정성과와 사회적 성과 사이에도 선순환 관계가 발생하지 않는 것을 확인하였다. 따라서 향후 사회적 기업가 정신에 기반을 둔 참여의 양식, 두 가지 상반된 성과의 관계에 대한 심층적 연구가 이루어져야 할 것이다.

제11장부터는 전체 공동체 차원의 논의를 소개하였다. 제11장은 지역공동체 자산 활용과 역량형성에서 나타나는 참여의 효과성에 대해 분석하였다. 지역의 환경, 맥락, 역량에 따라서 지역사회 구성원들이 스스로 자원을 발굴하고 동원하는 개발방식이 달라지며 그 과정에서 자연스럽게 역량형성이 이루어진다는 점을 미국 로스앤젤레스 지역의 사례를 통해 발견하였다. 제12장은 지역공동체 거버넌스 개혁을 설명했다. 미국의 다양한 도시에서 시의회와 별도로 근린의회를 설립하였다. 근린의회에서 지역의 다양한 문제를 논의하면서 지역주민의 요구사항을 수용한다. 미국의 네 도시를 사례로 각기 다른 근린의회의 형태와 참여의 정도를 분석했으며 한국의 지역공동체 참여제도를 확대하기 위한 교훈을 제시하였다. 제13장은 학습지역의 개념을 소개하면서 지역공동체 구성원의 대화, 토론, 의사결정 등의 과정 속에서 사회혁신을 활성화한다는 사실을 확인하였다. 무엇보다 학습지역, 사회혁신 등의 개념이 실증적으로 유효한 개념임을 방법론적으로 확인할 수 있었다.

이러한 분석결과를 바탕으로 저자는 세 가지 제안을 하고자 한다.

첫째, 지속가능한 지역개발을 위해서 다원적 목표 설정과 균형 잡힌 성과관리가 필요하다. 둘째, 지역공동체 구성원이 활발한 상호작용을 하고 학습하여 지역혁신을 이루어낼 수 있도록 지역공동체 조직들의 협력적 거버넌스 구축이 필요하다. 셋째, 지역공동체 참여를 활성화하고 지역공동체의 문제해결 역량을 제고하기 위한 인프라와 시스템을 갖추는 데 정부의 다양한 지원이 필요하다.

2. 정책적 · 제도적 함의

1) 지속가능한 지역개발을 위한 다차원적 목표설정

2015년 국제연합은 지속가능발전목표를 채택하면서 개도국의 빈곤 극복에 초점을 맞춘 글로벌 발전전략에서 모든 지역이 지속가능하게 발전할 수 있는 전략을 강조하였다. 지속가능한 발전 목표는 다양한 영역에서 중시되는 세부 목표를 분절적으로 생각하기보다 통합적인 관점에서 상호 연계된 다차원적 목표를 제시한다. 즉 경제, 사회, 교육, 노동, 양성평등, 환경, 에너지 등 다양한 영역에서의 동시적인 발전에 초점을 맞춘다. 나아가서 지역의 발전은 지역에 특성에 부합하는 발전전략을 포용적, 참여적으로 실천해나갈 것을 강조한다. 따라서 지역의 발전은 정부나 기업만의 목표이거나 일부 국가에서만 진행되는 것이 아닌 모두의 문제로써 다양한 주민들이 적극적으로 참여하고 스스로 문제해결에 나서는 것이 중요하다. 지역사회의 자발적 문제해결 역량은 지역의 사회혁신을 활성화시키고 새로운 발전전략을 수립할 수 있기 때문이다. 이런 관점에서 지역의 다양한 주체들의 참여는 매우 중요하다. 이들이 참여하는 과정 속에서 지속가능성이 확보될 수 있다.

지속가능성의 개념은 1980년대부터 논의되었고, 경제·사회·환경의 동시 발전을 지향한다(World Commission on Environment and Development, 1987). 경제성장을 환경보호와 사회적 관계의 형성에 대비되는 개념으로 이해하기보다 지속가능성의 맥락 속에서 동시에 충족되는 목표이며 그것이 현재 세대와 미래세대에 동시에 편익을 가져다주는 방안으로 이해하는 관점이 확산된 것이다(Dale & Newman, 2010; Scerri & James, 2010). 이 관점에서는 지속가능성을 환경적, 경제적, 사회적 지속가능성을 포괄하는 관점으로 이해한다. 환경적 지속가능성은 생태계의 생산성과 유연성을 유지해나가는 지속적인 보존의 개념을 강조한다. 경제적 지속가능성은 경제성장, 경기안정화, 자원배분 효율성 등을 포괄하는 재정적 목표달성여부를 뜻하는 반면 사회적 지속가능성은 네트워크, 규범, 가치, 규칙, 관계 등 호혜성 또는 시민성을 사회 속에서 유지해나가는 특성을 의미한다.

이제 지역개발의 패러다임도 다양한 성과를 지향하는 방향으로의 전환이 필요하다. 지역공동체의 발전목표는 경제발전과 사회발전을 포괄할 뿐만 아니라 환경, 제도형성, 거버넌스 형성 등 다차원적 요소로 구성할 필요가 있다. 다양한 목표를 함께 고려하는 성과를 공공성과(public performance)로 규정하고 지역공동체의 공공성을 실현하는 전략을 수립하는 방향을 설정해야 할 것이다.

2) 지역공동체의 제도적 지속가능성을 위한 협력적 거버넌스 구축

지역공동체의 지속가능성을 논의하는 과정에서 Galliano(2003)는 제도적 지속가능성의 개념을 추가하는 것이 바람직하다고 제안한다. 이 연구는 제도적 자본을 다양한 공공기관 및 특별행정기관, 공공부문과 민간부문의 파트너십, 네트워크, 사회화과정, 조정과정에서 나타나는 제도적 조합이라고 설명한다. 이 정의에 따라서 지역공동체를 둘러싼 다양한 행위자의 네트워크와 협력체계를 포함한 상호작용의 지속가능성 여부를 제도적 지속가능성으로 정의할 수 있다. 제도적 지속가능성은 위의 세 가지 지속가능성에 대하여 지역의 거버넌스가 원활하게 작동할 수 있도록 하는 중요한 영역이다.

Brinkerhoff & Goldsmith(1990)에 따르면 제도적 지속가능성은 지속적으로 협력하고 이해관계자로 구성된 새로운 지원체계를 형성하는 것이며 그 과정에서 성과가 높아지고 역량이 개발된다고 설명한다. 또한 제도적 지속가능성은 민주적 거버넌스와 의사결정에서의 참여를 통해 지속가능한 지역개발에 기여한다(Pfahl, 2005; McKnight, 1995). 특히 최근 한국사회에서 활성화되고 있는 사회적 경제조직들은 지역공동체의 다양한 자원들을 통합적으로 활용하여 보다 지속가능한 발전에 기여하고자 하는 노력을 진행 중이다. 따라서 이들 조직들이 어떻게 정부 또는 지역주민과 협력하고 조정하는지를 제도적 지속가능성의 차원에서 살펴볼 필요가 있다. 일반적으로 사회적 경제 조직들은 지역공동체에서 스스로 생성한 자원을 바탕으로 취약계층의 수요를 충족시키는 활동을 주도하며, 지역공동체의 지속가능한 발전과 사회정의의 실현에 기여하는 경향이 있다. 따라서 지역의 사회적 기업과 협동조합을 육성하기 위한 정책은 지역에서의 협력적 거버넌스를 구축하고 지속가능한 제도적 환경을 설계하는 방식으로 이루어져야 한다.

3) 지역의 문제해결능력 제고를 위한 인프라 지원

이 연구에서 학습지역과 사회혁신은 협력적 거버넌스와 시민사회가 주도하는 사회문제해결을 위한 모형수립에 중요한 요인이라는 사실이 확인되었다. 정부와 기업의 역량이 취약한 지역공동체에서 지역의 문제해결능력을 제고하기 위한 정부의 역할은 매우 중요하다. 물론 지역사회의 학습과 혁신을 통한 문제해결은 더욱 중요한 의미를 갖고, 학습지역과 사회혁신은 지역공동체 구성원들이 포용적이고 지속가능한 발전을 스스로 모색하도록 하는 발전방안이 된다. 그러나 정부가 지역의 구성원이 학습할 수 있는 인프라와 시스템의 구축을 적극적으로 지원하는 것은 매우 중요하다.

미국과 영국의 지역공동체 참여제도의 경우 연방정부 또는 지방정부의 재정지원과 인프라 지원이 많은 영향을 주었다. 1970년대 공동체 개발을 위한 지원 사업이 유발한 문제가 있음에도 불구하고 재정지원을 위한 계획을 수립하고 관리하는 과정에서 지역을 대표할 조직들이 태동했던 것이 사실이다. 이러한 바탕위에서 새로운 환경에 적응하고 새로운 대응 방안을 모색할 역량을 배양하는 것이 중요하다. 따라서 향후 사회적 경제조직을 육성하기 위한 정책의 초점을 일자리창출과 사회서비스 제공에서 지역공동체 개발을 위한 방향으로 전환하는 것도 필요하다.

3. 미래연구의 방향

1) 한국 지역공동체의 다양화에 따른 발전양식 연구

최근 한국사회가 직면한 저출산 · 고령화 등 사회적 환경변화와 신자유주의적 정책기조와 글로벌 경제위기가 촉발한 다양한 위기구조는 경제, 고용, 복지, 돌봄, 교육 등 다양한 영역에서 현실화되고 있다. 이 과정에서 지역 간, 세대 간, 계층 간 격차와 갈등이 커지고 이에 따라 지역공동체가 발전시킨 전통적인 가치와 유대 그리고 경제적 기반을 약화시켰다. 그런데 이러한 위기에 대하여 다양한 지역에서 색다른 시도들이 계속되고 있다. 기업가 정신에 충만한 청년층의 창업열기와 은퇴한 퇴직자의 창업 그리고 지역공동체 구성원들이 나름대로 지역의 활로를 모색하는 공동체 기반 협동조합 또는 사회적 기업의 활동이 활발해지고 있다. 이러한 지역의 변용은 지역의 경제와 사회에 어떤 결과를 초래하며 국가발전을 위해 지역의 다양화를 어떻게 이해해야 하는가에 대한 연구가 필요하다. 각기 다른 발전양식과 경로를 채택한 한국의 지역공동체에 대한 체계적인 자료의 축적이 필요할 것이며 이러한 자료를 토대로 한 심층적인 분석이 필요할 것이다.

2) 민주주의의 심화와 지속가능한 발전의 출발점으로서 지역공동체의 역할 연구의 필요성

최근 한국사회에서 민주화가 심화되면서 국가 관료제의 책임성과 민주성의 제고를 요구하는 시민들의 목소리가 커지고 있다. 이에 따라 국정운영의 구조와 원리에 대한 논의도 활발해졌으며 지역공동체의 참여를 기반으로 한 지역에서의 심의민주주의와 결사체민주주의의 확대가 절실하게 되었다. 지역의 문제를 논의할 때 지역주민과 활동가들이 주도하여 해결책을 마련하는 것은 민주주의가 심화되는 과정에서 반드시 거쳐야 할 실체적 민주주의의 핵심에 해당한다. 그런 의미에서 지역공동체 참여의 과정을 설계하는 것이 중요하게 되었고 지역의 특성에 부합하는 참여의 양식이 무엇인지 규명하는 노력이 필요할 것이다. 아울러 반복되는 글로벌 경제위기와 사회적 위험의 증가 등으로 인해 지속가능한 발전에 대한 욕구도 높아지고 있다. 지역 조직을 중심으로 지역의 이해관계자들이 포용적으로 참여하여 다양한 문제를 논의할 때 지속가능한 발전이 시작될 수 있다. 따라서 지속가능한 발전의 시작으로써 지역공동체가 수행할 수 있는 역할을 새롭게 연구할 필요가 있다.

3) 한국의 지역공동체 발전과정의 역사적 추적

한국에서 최근 나타나고 있는 지역공동체의 부활 현상은 역사적으로 형성된 한국문화의 본질을 이해할 때 설명할 수 있다. 실제로 한국에서 지역공동체 구성원이 스스로 문제해결을 위해 참여하고 결정하는 과정은 오래전부터 시작되었다. 조선시대 율곡 이이를 비롯한 유학자들이 논의한 대동세계(大同世界) 개념은 현대적 의미의 이상적 공동체에 해당하며 동회, 향약, 두레, 계 등의 자치조직으로 구체화되었다. 이러한 전통은 한국의 공동체가 상호부조, 공동출자, 친목도모의 방식으로 발전하는 데 영향을 미쳤다. 1960년대와 1980년대 산업화와 민주화 과정을 거치면서 지역에서 나타난 협동조합과 상호출자 네트워크는 주민들의 참여를 유도하는 중요한 역할을 수행하였다. 1990년대 세계화와 지방화 이후 지역에서의 사회서비스를 확충하고 고용을 증대하는 데도 중요한 역할을 수행하였다. 이처럼 지역공동체의 발전과 참여에 대한 다양한 활동이 한국에서 전개되었음에도 불구하고 한국의 지역이 발전한 과정에 대해서는 충분히 설명되지 못했다. 이 책을 비롯하여 다양한 연구에서 활용된 철학적·이론적 배경이 외국의 학자들의 성과에 의존하는 경향이 있다. 그러나 외국의 환경에서 탄생한 해외이론은 한국의 상황을 설명하기 어려울 수가 있다. 따라서 한국 지역공동체의 발전과정을 역사적으로 설명하고 한국적 이론의 개발하는 것이 중요할 것으로 판단된다.

4) 지역공동체 발전에 대한 국가 간 비교연구

최근 많은 국가의 공동체가 다양한 양식으로 발전하고 있다. 한국과 유사한 역사적 경로를 거쳐 산업화를 달성한 동아시아 국가들의 경우 산업화 이후의 경기침체와 사회적 위험의 상승에 다른 양식으로 대응하고 있다. 한국의 경우 중앙정부의 다양한 지원제도가 활용되는 반면 다른 국가들은 공동체의 가치와 기업가 정신에 의한 발전을 지향하고 있다. 유럽국가는 지역에서 시작하는 사회혁신에 주목하면서 사회적 경제의 네트워크와 거버넌스를 혁신역량과 연계한 발전모형을 지향한다. 반면 개발도상국가에서는 포용적 성장과 역량계발의 출발점으로서 지역공동체에 주목하고 있다. 국가별로 다양한 환경에 부합하는 발전전략을 수립하고 있는 반면 그에 부합하는 비교연구가 충분하지 않은 만큼 지역공동체에서의 참여와 그로 인한 발전에 대한 국가 간 비교연구가 충분히 이루어질 경우 향후 지역과 국가적 맥락에 부합하는 참여정책 수립에 기여할 수 있을 것이다.

곽준혁. (2007). 키케로의 공화주의. 『정치사상연구』, 13(2): 132-154.

곽현근 · 유현숙. (2005). 지역사회 주민조직 참여의 영향요인과 집합적 효능감: 충북 청원군을 대상으로. 『한국사회와 행정연구』, 16(1): 347-376.

구인회. (2005). 빈곤의 동태 분석: 빈곤지속기간과 그 결정요인. 『한국사회복지학』, 57(2): 351-374.

국가인권위원회. (2004). 『사회적 배제의 관점에서 본 빈곤층 실태연구』. 서울: 국가인권위원회.

김경례 · 윤영선. (2015). 사회적경제에서 공동체운동의 가능성과 한계: 광주지역 사회적 기업, 마을기업, 협동조합을 중심으로. 『지역사회연구』, 23(2): 1-25.

김기태. (2013). 한국협동조합의 역사 및 동향. http://www.coops.or.kr에서 검색.

김범수 · 김현희. (2005). 안성의료생활협동조합 실무자들의 참여과정에 관한 연구: 초창기 실무자인 의료인을 중심으로. 『한국사회복지행정학』, 7(1): 137-172.

김선희. (2009). 주민자치 의료복지모델로서 의료생협에 대한 탐색적 평가: 안성의료생협 사례분석을 중심으로. 『지방행정연구』, 23(1): 119-155.

김영 · 하창현. (2002). 지역불균형 성장에 따른 인구 및 산업분포 패턴 분석: 회귀분석을 이용한 경남지역의 공간구조분석을 중심으로. 『국토계획』, 37(6): 51-64.

김익식. (2001). 지방정부. 하태권 외, 『현대한국정부론』, 413-492. 서울: 법문사.

김재홍 · 이재기. (2012). 사회적 기업에 대한 정부지원금의 고용창출 효과분석. 『지방정부연구』, 16(3): 135-163.

김재훈. (2007). 참여정부의 균형발전정책 평가: 균특회계 지역개발계정을 중심으로. 『한국행정학보』, 41(4): 113-128.

김정인. (2011). The Impacts of Social Capital on Civic Participative Institution's Effectiveness. 『한국행정논집』, 23(3): 1007-1031.

김진경. (2015). 『포용적 성장과 빈곤감소』. 제26회 개발협력포럼. 한국국제협력단.

김태일. (2009). 불균형성장론 관점에서 본 정부의 역할. 『정부학연구』, 15(2): 217-236.

김필두 · 류영아. (2009). 『지방자치단체의 국가정책 집행 실효성 확보를 위한 사례연구』. 서울: 한국지방행정연구원.

김형빈. (2008). 참여정부 국가균형발전정책 성과 분석. 『한국행정학보』, 42(3): 313-332.

김혜정 · 이승종. (2006). 지역시민사회의 역량과 지방정부의 정책혁신. 『한국행정학보』, 40(4): 101-126.

김효순. (2013). 사회적 기업 활동을 통한 빈곤여성가구주의 취업경험에 관한 탐색적 연구: 임파워먼트 과정을 중심으로. 『한국사회복지학』, 65(1): 175-199.

김희철. (2015). 사회적 기업의 성과분석에 관한 연구. 『대한경영학회지』, 28(7): 1797-1812.

네모토 마사쯔구. (2014). 사회적 경제 네트워크를 통한 로컬푸드 운동의 활성화 방안: 한 · 일 비교를 중심으로. 『지방정부연구』, 18(1): 57-73.

노동부. (2008). 『'일을 통한 복지' 실현을 위한 고용지원서비스 발전방안』. 서울: 노동부.

대외경제정책연구원. (2012). 『동부아리카 2개국(에티오피아, 케냐)의 사회경제개발 역량강화를 위한 협력방안 연구』, 서울: 대외경제정책연구원.

도수관 · 박경하. (2014). 사회적 기업에 대한 재정지원과 고용창출간의 관계 분석: 2007~2011년 인증 사회적 기업을 중심으로. 『한국행정학보』, 48(3): 499-524.

문태현. (2011). 심의민주주의적 정책결정을 위한 제도화 방향. 『한국행정논집』, 23(1): 45-65.
미우라 히로키. (2013). 사회혁신 담론에서 행위자 개념에 관한 고찰. 『한국정치학회보』, 47(5): 341-36.
박병현. (2001). 사회 배제와 하층계급의 개념고찰과 이들 개념들의 한국 빈곤정책에의 함의. 『한국사회복지학』, 45(5): 185-219.
박종민. (2003). 사회자본과 민주주의: 집단가입, 사회신뢰 및 민주시민성을 중심으로. 『정부학연구』, 9(1): 120-151.
박진희. (2015). 재난 위험 사회의 위험 관리 전략의 새로운 모색: 회복탄력성(Resilience)과 시민성(Citizenship) 향상을 중심으로. 『환경철학』, 19: 91-118.
박희봉 · 김명환. (2001). 우리나라 지역사회의 사회자본 증진에 관한 연구: 사회자본 측정과 분석을 위한 시도. 『한국정치학회보』, 34(4): 219-237.
박희봉 · 이희창 · 김종래 · 유재원 · 한인희 · 차일근 · 김철수 · 박병래. (2005). 사회자본과 정치참여: 한 · 중 · 일 3국 수도권 주민의 의식조사 분석. 『한국정책과학회보』, 9(4): 547-575.
서문기. (2008). 한국사회의 발전경험과 국가의 역할에 관한 연구: 중앙공무원의 의식조사를 중심으로. 『국제지역연구』, 17(3): 1-25.
서병훈. (2005). 『자유론』. 서울: 책세상.
손용석. (2015). 시대의 기억: 대한민국 첫 반상회 실시. 〈한국일보〉 2015년 5월 28일.
송경재. (2007). 한국의 사회적 자본과 시민참여. 『국가전략』, 13(4): 101-127.
송창용 · 성양경. (2009). 지역 공동체 활성화를 통한 일자리 창출. 『The HRD Review』, Summer: 107-129.
신명호 · 이아름. (2013). 원주 지역 협동조합의 생성과 지속가능성에 영향을 미치는 요인: 사회적 자본의 관점에서 본 네트워크의 효용. 『정신문화연구』, 36(4): 32-57.
신무섭. (1978). 율곡의 행정사상: 성학집요 「위정편」을 중심으로. 『행정논총』, 16(1): 1157-1166.
신선영 · 한상일 · 정소윤. (2014). Mobilizing Community Assets in Tikapur,

Nepal: Applying Asset-based Community Development Strategy. 『남아시아연구』, 20(2): 227-252.

심보선·강윤주. (2010). 참여형 문화예술활동의 유형 및 사회적 기능 분석: 성남시 문화클럽의 사례를 중심으로. 『경제와사회』, 87: 134-171.

심재권. (2008). 저출산·고령화의 인구구조변화에 따른 농촌과 도시 지역의 산업구조변화 비교분석. 『한국정책과학학회보』, 12(2): 125-146.

안병영·정무권. (2007). 민주주의, 평등, 그리고 행정: 한국행정 연구를 위한 이론적·경험적 함의를 찾아서. 『한국행정학보』, 41(3): 1-40.

양재진. (2005). 발전이후 발전주의론: 한국 발전국가의 성장, 위기, 그리고 미래. 『한국행정학보』, 39(1): 1-18.

오단이·정무성. (2015). 지역사회문제 해결을 위해 창업한 사회적 기업가가 바라본 한국 중간지원조직 연구: 지속가능한 사회적 기업 활성화를 위해. 『한국사회복지행정학』, 17(1): 189-212.

유달영. (1998). 『협동과 사회복지』. 서울: 홍익제.

유석춘·장미혜. (1998). 한국의 비영리·비정부 영역과 사회발전: 연구집단의 역할을 중심으로. 『동서연구』, 10(2): 121-144.

유석춘·장미혜. (2002). 사회자본과 한국사회. 『사회발전연구』, 8: 88-125.

윤두섭·오승은. (2005). 『사회적 자본이 지방정부 외부역량에 미치는 영향』. 한국행정학회 2005년 하계공동학술대회. 한국행정학회.

윤영석·이병훈·박준기. (2013). 농가의 고령화가 소득불평등에 미치는 영향: 연령효과의 실증분석을 중심으로. 『농촌경제』, 36(3): 33-51.

이금순·김수암·조한범·Lee, L. (2008). 『국제 개발이론 현황』. 서울: 통일연구원.

이수철·황재훈. (2011). 케냐 빈곤의 정치경제학 조망. 『지역발전연구』, 20(2): 25-51.

이승종·김대욱·김혜정·노승용·모설문·서재호·안성호·오승은·유희숙·최영출. (2015). 『근린자치제도론』. 서울: 박영사.

이영아. (2009). 지역역량 강화에 영향을 미치는 주민참여 요소 분석. 『한국

지역지리학회지』, 15(2): 261-272.
이용탁. (2011). 사회적 기업가정신과 성과와의 관련성에 관한 연구. 『인적자원관리연구』, 18: 129-150.
이은경. (2013). 영국의 지역공동체 기반 혁신. 『과학기술정책』, 23(4): 58-69.
이준웅 · 김은미 · 문태준. (2005). 사회자본 형성의 커뮤니케이션 기초: 대중매체 이용이 신뢰, 사회 연계망 활동 및 사회정치적 참여에 미치는 영향. 『한국언론학보』, 49(3): 234-261.
이준원. (2002). 한국 지방정치의 모형화를 위한 시론. 『정부학연구』, 8(2): 252-291.
이지은 · 이재완 · 이승종. (2015). 지역공동체의식이 커뮤니티 비즈니스 참여에 미치는 효과에 관한 연구: 서울시 관악구 지역주민을 대상으로. 『한국지방자치학회보』, 27(2): 29-55.
이창기 · 박종관. (2005). 도시지역 사회자본의 실태와 증진에 관한 연구: 대전 · 천안지역을 중심으로. 『한국사회와 행정연구』, 16(2): 191-210.
이현정. (2015). 에티오피아의 참여적 개발: 농촌개발사업을 중심으로. 『국제 · 지역연구』, 24(1): 115-144.
이현주 · 조성숙. (2012). 지역사회복지 역할 제고를 위한 사회적 기업의 과제. 『한국지역사회복지학』, 42: 211-229.
이홍직 · 유지영. (2007). 세 가지 빈곤 측정 유형에 관한 비교: 빈곤율, 빈곤격차, 빈곤격차제곱. 『사회과학연구』, 23(1): 365-386.
임의영. (2015). 경합공간(agonistic space)으로서 공론영역과 행정: C. Mouffe의 급진민주주의를 중심으로. 『행정논총』, 53(2): 1-25.
임한성. (2013). 『새마을운동 세계화를 한 시범사업 현황과 개선방안: 지역사회 역량강화를 중심으로』. 구미: 경운대학교 새마을아카데미.
임현진. (2006). 한국의 발전경험과 대안 모색: 새로운 발전모델을 찾아서. 『한국사회학』, 40(1): 297-332.
장수찬. (2002). 한국사회에 나타난 악순환의 사이클: 결사체 참여, 사회자본, 그리고 정부신뢰. 『한국정치학회보』, 36(1): 87-112.
전영평 · 최준호 · 이곤수. (2003). 한국의 지방자치와 주민참여: 대구지역의 참여 실태를 중심으로. 『행정논총』, 41(2): 53-83.

정규호. (2012). 한국 도시공동체운동의 전개과정과 협력형 모델의 의미. 『정신문화연구』, 35(2): 7-34.

정무권. (2011). 행정민주주의와 공공성: 심의 민주주의와의 접목. 『사회과학연구』, 50(2): 33-80.

정무권. (2012). 위험사회론과 사회적 위험의 역동성: 사회적 위험의 거시적 연구를 위한 비판적 검토. 『한국사회와 행정연구』, 23(2): 195-224.

정무권·한상일. (2008). 한국 중앙정부의 학습조직 구조로서 인프라, 시스템, 문화의 상호관계: 구조방정식을 통한 효능감과 만족감에 대한 효과분석. 『한국행정학보』, 42(1): 97-122.

조명래. (2007). 『지속가능한 균형발전을 위한 지역공동체의 회복과 구성』. 지역문화발전과 지역공동체 형성전략 모색 토론회. 국토연구원.

조상미·권소일·김수정. (2012). 조직요인은 사회적 기업의 성과에 영향을 미치는가? 『한국사회복지학』, 64(3): 29-50.

최근열. (2002). 주민자치센터의 활성화방안: 대구 광역시 북구를 중심으로. 『행정논총』, 40(2): 135-166.

최병두. (2002). 신도시주의 또는 새로운 도시화. 『공간과사회』, 17: 215-239.

최석만. (1995). 한국인의 연고주의 실태와 전망. 『비교한국학』, 1: 115-130.

하미승·강황선. (2002). 정부의 정책파트너로서의 지역사회구축에 관한 연구. 『한국정책학회보』, 11(4): 47-74.

하연섭. (2002). 신제도주의의 최근 경향: 이론적 자기 혁신과 수렴. 『한국행정학보』, 36(4): 339-359.

한국고용정보원. (2007). 『사회적일자리 창출사업 실태와 개선방안』. 서울: 한국고용정보원.

한국의료생활협동조합연합회. (2013). 의료생협이란. http://www.medcoop.or.kr에서 검색.

한상일. (2003). 미국 근린참여제도의 유형별 분석과 한국의 주민참여에 대한 함의. 『한국행정학보』, 37(3): 159-180.

한상일·김경희. (2014). 한국 사회적 기업의 지역자산 활용: 자산기반 지역공동체발전 관점에서의 사회적 기업 활성화 방안 모색. 『지방행정연구』, 27(3): 153-180.

한상일 · 정소윤. (2014). 관료제와 행정민주주의: 한국적 맥락에서의 공공가치의 실현을 위한 제도적 설계. 『정부학연구』, 20(2): 3-33.

허정연. (2015). '지식 트라이앵글'로 수평적 협력: 유럽식 혁신의 힘 어디서 나오나. 『이코노미스트』, 1275: 38-39.

황덕순. (2000). 『빈곤 및 실업극복의 대안으로서 사회적 일자리 창출의 의미와 전망』. 빈곤과 실업극복을 위한 국제포럼. 성공회대학교 · 한국노동연구원 · 한국보건사회연구원.

ABCD Institute. (2005). *Discovering Community Power: A Guide to Mobilizing Local Assets and Your Organizations Capacity*. Evanston, IL: Asset-Based Community Development Institute.

Abizadeh, A. (2001). Banishing the Particular: Rousseau on Rhetoric, Patrie, and the Passions. *Political Theory*, 29(4): 556-582.

Adler, P. S. & Kwon, S. (2002). Social Capital: Prospects for a New Concept. *Academy of Management Review*, 27(1): 17-40.

Ajzen, I. (2001). Nature and Operation of Attitudes. *Annual Review of Psychology*, 52(1): 27-58.

Ansell, C. & Gash, A. (2008). Collaborative Governance in Theory and Practice. *Journal of Public Administration Research and Theory*, 18(4): 543-571.

Astley, W. G. & Fombrun, C. J. (1983). Collective Strategy: Social Ecology of Organizational Environments. *Academy of Management Review*, 8(4): 576-587.

Austin, J., Wei-Skillern, J., Leonard H. B. & Stevenson H. H. (2007). *Entrepreneurship in the Social Sector*. Thousand Oaks: Sage Publications.

Baker W. (1990). Market Networks and Corporate Behavior. *American Journal of Sociology*, 96(3): 589–625.

Balabanis, G., Stables, R. E., & Philips, H. C. (1997). Market Orientation in the Top 200 British Charity Organizations and Its Impact on Their Performance. *European Journal of Marketing*,

31(8): 583-603.

Ballet, J., Bazim, D., Dubois, L. & Mahieu, F. (2014). *Freedom, Responsibility and Economics of the Person*. London: Routledge.

Baron, R. M. & Kenny, D. A. (1986). Variable Distinction in Social Psychological Research: Conceptual, Strategic, and Statistical Considerations. The Moderator-Mediator. *Journal of Personality and Social Psychology*, 51: 1173-1182.

Bates, F. & Bacon, L. (1972). The Community as a Social System. *Social Forces*, 50: 371-379.

Baum, H. S. (1999). Community Organizations Recruiting Community Participation: Predicaments in Planning. *Journal of Planning Education and Research*, 18(3): 187-199.

Bellah, R. N., Madsen, R., Sullivan, W. M., Swidler, A. & Tipton, S. M. (1985). *Habits of the Heart: Individualism and Commitment in American Life*. Berkeley, CA: University of California Press.

Belliveau, M. A., O' Reilly III, C. A. & Wade, J. B. (1996). Social Capital at the Top: Effects of Social Similarity and Status on CEO Compensation. *Academy of Management Journal*, 39(6): 1568-1593.

Bender, T. (1978). *Community and Social Change in America*. New Brunswick, NJ: Rutgers University Press.

Bentham, J. (2011). 『도덕과 입법의 원리 서설』, 고정식 (역). 서울: 나남, *An Introduction to the Principles of Morals and Legislation*. London: T. Payne. 1789.

Berry, J. M., Portney, K. E. & Thomson, K. (1993). *The Rebirth of Urban Democracy*. Washington, DC: The Brookings Institution.

Bidet, E. & Eum, H. S. (2011). Social Enterprise in South Korea: History and Diversity. *Social Enterprise Journal*, 7(1): 69-85.

Blair, T. (1998). *The Third Way: New Politics for the New Century*. London: The Fabian Society.

Bourdieu, P. (1985). The Forms of Capital. In J. G. Richardson (ed.), *Handbook of Theory and Research for the Sociology of Education* (pp.241-58). New York, NY: Greenwood.

Box, R. C. (2004). Experiments with Local Federalism: Secession and the Neighborhood Council Movement in Los Angeles. *American*

Review of Public Administration, 34(3): 259.

Boxman, E. A., De Graaf, P. M. & Flap, H. D. (1991). The Impact of Social and Human Capital on the Income Attainment of Dutch Managers. *Social Networks*, 13(1): 51-73.

Brady, H. S., Verba, S. & Scholzman, K. L. (1995). Beyond SES: A Resource Model of Political Participation. *American Political Science Review*, 89(2): 271-294.

Brehm, J. & Rahn, W. (1997). Individual-level Evidence for the Causes and Consequences of Social Capital. *American Journal of Political Science*, 999-1023.

Brennan, M. A. (2007). The Development of Community in the West of Ireland: A Return to Killala Twenty Years on. *Community Development Journal*, 42(3): 330-374.

Brennan, M. A. (2008). Conceptualizing Resiliency: An Interactional Perspective for Community and Youth Development. *Child Care in Practice*, 14(1): 55-64.

Bridger, J. C. & Alter, T. R. (2008). An Interactional Approach to Place-based Development. *Community Development: Journal of the Community Development Society*, 39(1): 99-111.

Bridger, J. C. & Luloff, A. E. (1999). Toward an Interactional Approach to Sustainable Community Development. *Journal of Rural Studies*, 15(4): 377-387.

Brinkerhoff, D. W. & Goldsmith. A. A. (1990). *Institutional Sustainability in Agriculture and Rural Development*. New York, NY: Praeger Publishers.

Bryson, J. M. (2001). *Strategic Planning for Public and Nonprofit Organizations: A Guide to Strengthening and Sustaining Organizational Achievement*. Hoboken, NJ: John Wiley & Sons.

Buchanan, J. M. & Tullock, G. (1962). *The Calculus of Consent*. Ann Arbor, MI: The University of Michigan Press.

Burns, D., Hambleton, R. & Hoggett, P. (1994). *The Politics of Decentralisation*. Basingstock: MacMillan.

Burt, R. S. (1997a). A Note on Social Capital and Network Content. *Social Networks*, 19(4): 355-373.

Burt, R. S. (1997b). The Contingent Value of the Social Capital.

Administrative Science Quarterly, 42: 339-365.

Burton, P. (2003). *Community Involvement in Neighborhood Regeneration: Stairway to Heaven or Road to Nowhere?*. Glasgow: ESRC Centre for Neighbourhood Research.

Busia County Government. (2013). *Busia County Integrated Development Plan (2013-2017)*. Busia County, Kenya: Busia County Government.

Büthe, T. (2002). Taking Temporality Seriously: Modeling History and the Use of Narratives as Evidence, *American Political Science Quarterly*, 96(3): 481-493.

Calder, G. (2003). 'Communitarianism and New Labour' (www.whb.co.uk/socialissues)

Census 1970 [Data file]. Washington, DC: U.S. Census Bureau.

Census 2000 (Summary File 1) [Data file]. Washington, DC: U.S. Census Bureau.

Chambon, J.-L., David, A. & Devevey, J-M. (1982). *Les Innovations Sociales*. Paris: Presses Universitaires de France.

Chaskin, R. J. & Garg, S. (1997). The Issue of Governance in Neighborhood-based Initiatives. *Urban Affairs Review*, 32(5): 631-661.

Chaskin, R. J. (1997). Perspectives on Neighborhood and Community: A Review of the Literature. *Social Service Review*, 71(4): 521-547.

Chaskin, R. J. (2001). Building Community Capacity: A Definitional Framework and Case Studies from a Comprehensive Community Initiative. *Urban Affairs Review*, 36(3): 291-323.

Chaskin, R. J., Brown, P., Venkatesh, S. A. & Vidal, A. (2001). *Building Community Capacity: Modern Application of Social Work*. New York, NY: Aldine.

Chung, Moo-Kwon. (2001). *Rolling Back the Korean State: How Much Has Changed. Paper presented at the 2001 Meeting of the IPSA Section of Structure of Governance.* University of Oklahoma, March 30-31, 2001.

Cicero, M. T. (1989). 『키케로의 의무론: 그의 아들에게 보낸 편지』, 허승일(역). 서울: 서광사, *De Officiis*. 44 BC.

City of Seattle. (1994). *Neighborhood Organizing*. Seattle, WA: Seattle Department of Neighborhoods.

Cohen, J. (1989). Deliberative Democracy and Democratic Legitimacy. In A. Hamlin & P. Pettit (Eds.), *The Good Polity* (pp.17-34). Oxford: Blackwell.

Coleman, J. D. (1990). *Foundations of Social Theory*. Cambridge, MA: Harvard University Press.

Cooper, L. (1999). *Rousseau, Nature and the Problem of the Good Life.* University Park, PA: Pennsylvania State University Press.

Cooper, T. L. & Musso, J. A. (1999). The Potential for Neighborhood Council Involvement in American Metropolitan Governance. *International Journal of Organizational Theory and Behavior*, 2(1/2): 199-232.

Cooper, T. L., Musso, J. A. & Kitsuse, A. (2000, July 7). Neighborhood Councils Aren't Made in a Day. *Los Angeles Times*, B9.

Craig, G., Mayo, M., Popple, K., Shaw, M. & Taylor, M. (Eds.). (2011). *The Community Development Reader*. Bristol: The Policy Press.

CRISES. (2004). *An Introduction to CRISES*. from www.crises.uqam.ca/pages/ fr/docs/P_CRISES_ang(mai04).pdf.

Dahl, R. A. & Tufte, E. R. (1973). *Size and Democracy*. Stanford, CA: Stanford University Press.

Dahl, R. A. (1956). *A Preface to Democratic Theory*. Chicago, Il: University of Chicago Press.

Dale, A. & Newman, L. (2010). Social Capital: A Necessary and Sufficient Condition for Sustainable Community Development?. *Community Development Journal*, 45(1): 5-21.

Daskalaki, M., Hjorth, D. & Mair, J. (2015). Are Entrepreneurship, Communities, and Social Transformation Related?. *Journal of Management Inquiry*, 24(4): 419-423.

Dees, J. G. & Anderson, B. B. (2006). Framing a Theory of Social Entrepreneurship: Building on Two Schools of Practice and Thought. *Research on Social Entrepreneurship: Understanding and Contributing to an Emerging Field*, 1(3): 39-66.

Defourny, J. & Nyssens, M. (2008). Social Enterprise in Europe: Recent Trends and Developments. *Social enterprise journal*, 4(3): 202-228.

Defourny, J. (2001). From Third Sector to Social Enterprise. *The*

Emergence of Social Enterprise, 1-28.

Dekker, P. & Uslaner, E. M. (2001). *Social Capital and Participation in Everyday Life*. London: Routledge.

Denzau, A. & Munger, M. C. (1986). Legislatures and Interest Groups: How Unorganized Interests Get Represented. *American Political Science Review*, 80(1): 89-106.

Doherty, B., Thompson, J. & Low, C. (2006). A Framework for the Governance of Social Enterprise. *International Journal of Social Economics*, 33(5/6): 376-385.

Drucker, P. (1985). *Innovation and Entrepreneurship*. New York, NY: Harper Collins Publishers, Inc.

Dues, M. & Brown, M. (2004). *Boxing Plato's Shadow: An Introduction to the Study of Human Communication*. Boston: The McGraw-Hill Companies, Inc.

Early, C. P. (1993). East Meets West Meets Mideast: Further Explorations of Collectivistic and Individualistic Work Groups. *Academy of Management Journal*, 36(2): 319-348.

Edquist, C. & Johnson, B. (1997). Institutions and Organizations in Systems of Innovations. In C. Ediquist (ed.), *The Systems of Innovation: Technologies, Institutions and Organisations* (pp.41-63). London and Washington: Pinter Publishers.

Etzioni, A. (1988). *The Moral Dimension: Toward a New Economics*. New York, NY: The Free Press.

European Commission. (2013). *Guide to Social Innovation*. Luxembourg: Publications Office of the European Union.

Field, A. (2005). *Discovering Statistics with SPSS*. London: Sage.

Fredericksen, P. & London, R. (2000). Disconnect in the Hollow State: The Pivotal Role of Organizational Capacity in Community-based Development Organizations. *Public Administration Review*, 60(3): 230-239.

Fukuda-Parr, S., Lopes, C. & Malik, K. (2002). *Capacity for Development: New Solutions to Old Problems*. New York, NY: United Nations Development Programme.

Fukuyama, F. (1995). Social Capital and the Global Economy. *Foreign Affairs*, 74: 89-103.

Fukuyama, F. (1997). Social Capital and the Modern Capitalist Economy: Creating a High Trust Workplace. *Stern Business Magazine*, 4(1): 1-16.

Galliano, R. (2003). Social Economy Entrepreneurship and Local Development. North Milan Development Agency. from http://unpan1.un.org/intradoc/groups/public/documents/NISPAcee/UNPAN012901.pdf (Retrieved on 19 May 2014).

Gaventa, J., Morrissey, J. & Edwards, W. (1995). Empowering People : Goal and Realities. *Forum for Applied Research and Public Policy*, 10: 116-121.

Goldenberg, M (2004). *Social Innovation in Canada: How the Non-profit Sector Serves Canadians--and How It Can Serve Them Better*. Ottawa, ON: Canadian Policy Research Networks (CPRN).

Hamlyn, D. W. (1987). *A History of Western Philosophy*. New York, NY: Viking Penguin Inc.

Han, S., Chung, M. & Park, M. (2014). Local Stakeholder Involvement and Social Innovation in Korean Co-operatives: The Cases pf Wonju and Ansung Cities. *Community Development Journal*, 49(2): 327-343.

Hawley, A. H. (1950). *Human Ecology: A Theory of Community Structure*, New York, NY: Ronald Press.

Held, D. (1995). *Models of Democracy*. Stanford, CA: Stanford University Press.

Hillary, G. (1968). *Communal Organizations: A Study of Local Societies*. Chicago, IL: University of Chicago Press.

Himbara, D. (1993). Myths and Realities of Kenyan Capitalism. *Journal of African Political Economy*, 31(1): 93-107.

Hirsch, D. (2001). *Learning to Innovate: Learning Region*. Paris: OECD.

Hirst, P. & Bader, V. (2001). *Associative Democracy: The Real Third Way*. London: Routledge.

Hobbes, T. (1981). *Leviathan*. New York, NY: Penguin Classics.

Hockerts, K. (2015). The Social Entrepreneurial Antecedents Scale (SEAS): A Validation Study. *Social Enterprise Journal*, 11(3): 260-280.

Hooghe, M. & Stolle, D. (2003). Participation in Voluntary

Associations and Value Indicators: The Effect of Current and Previous Participation Experiences. *Nonprofit and Voluntary Sector Quarterly,* 32(1): 47-69.

Howaldt, J. & Schwarz, M. (2010). *Social Innovation: Concepts, Research Fields and International Trends*. Sozialforschungsstelle Dortmund: IMA/ZLW.

Hoy, S. M. (2010). *Ellen Gates Starr: Her Later Years*. Chicago, IL: Chicago History Museum.

Huho, J. M. & Cosonei, R. C. (2014). Understanding Extreme Climatic Events for Economic Development in Kenya. *IOSR Journal of Environmental Science, Toxicology and Food Technology*, 8(2): 14-25.

Huho, J. M. (2015). Vulnerability of Women in Natural Calamities in Kenya: The Bunyala Floods Experiences. *Advances in Social Science Research Journal*, 2(3): 282-286.

Huntington, S. P. (1968). *Political Order in Changing Societies*. New Haven, CT: Yale University Press.

Huntington, S. P. (1975). The Democratic Distemper. *Public Interest*, 41: 9-18.

Hurh, W. M. (1998). *The Korean Americans*. Westport, CT: Greenwood Press.

Inglehart, R. (1997). *Modernization and Postmodernization: Cultural, Economic, and Political Change in 43 Societies*. Princeton, NJ: Princeton University Press.

Innobasque. (2013). *RESINDEX: Regional Social Innovation Index.* Bizkaia, Spain: Innobasque, Basque Innovation Agency.

International Monetary Fund. (2015). *Report for Selected Countries and Subjects*. Washington, DC: International Monetary Fund.

Joyce, P. D. (1999). *Transforming Tensions: Politics, Protest and Violence in Black-Korean Conflict*. Unpublished Doctoral Dissertation, Harvard University, CAmbridge, MA.

Kenya National Bureau of Statistics. (2010). *2009 Kenya Population and Housing Census: Vol II Population and Household Distribution by Socio-economic Characteristics*. Nairobi: Kenya National Bureau of Statistics.

Kim, B. H. (1995). Issue of Community-based Joint Economic Ventures.

In E. Yu & E. T. Chang (Eds.), *Multiethnic Coalition Building in Los Angeles (pp.*149-158). Los Angeles, CA: California State University Press.

Knight, L. W. (2005). *Citizen: Jane Addams and the Struggle for Democracy*. Chicago, IL: University of Chicago Press.

Knoke, D. (1999). Organizational Networks and Corporate Social Capital. In R. T. A. Leenders & S. M. Gabbay (Eds.), *Corporate Social Capital and Liability* (pp. 17-42). Boston: Kluwer.

Kolzow, D. R. & Pittman, R. H. (2009). The Global Economy and Community Development. In R. Phillips & R. H. Pittman (Eds.), *An Introduction to Community Development* (pp. 324-338). New York, NY: Routledge.

Kotler, M. (1969). *Neighborhood Government: The Local Foundations of Political Life*. New York, NY: The Bobbs-Merrill Company, Inc.

Kretzmann, J. P. & McKnight, J. L. (1993). *Building Communities from the Inside Out: A Path Toward Finding and Mobilizing a Community's Asset.* Chicago, IL: ACTA Publications.

LACRA (2003). Overview of Redevelopment in Los Angeles, from http://www. ci.la.ca.us/CRA/craindex2.html

Lassibille, G., Tan, J., Jesse, C. & Nguyen, T. V. (2010). Managing for Results in Primary Education in Madagascar: Evaluating the Impact of Selected Workflow Interventions. *World Bank Economic Review*, 24(2): 303-329.

Laville, J. L.(2009). Supporting the Social and Solidarity Economy in the European Union. In A. Amin (Ed.), *The Social Economy: International Perspectives on Economic Solidarity* (pp. 232-252). New York, NY: Zed Books.

Library of Congress. (2007). *Country Profile: Kenya*. Washington, DC: Library of Congress.

Liu, G., Takeda, S. & Ko, W. (2014). Strategic Orientation and Social Enterprise Performance. *Nonprofit and Voluntary Sector Quarterly*, 43(3): 480-501.

Locke, J. (1997). *An Essay Concerning Human Understanding.* New York, NY: Penguin Books.

Low, C. (2006). A Framework for the Governance of Social Enterprise.

International Journal of Social Economics, 33(5/6): 376-385.

Luloff, A. E. & Swanson, L. (1995). Community Agency and Disaffection: Enhancing Collective Resources. In L. J. Bealieu & D. L. Mulkey (Eds.), *Investing in People: The Human Capital Needs of Rural America* (pp. 351-372). Boulder, CO: Westview.

Lundvall, B. A. (1992). *National Innovation System: Towards a Theory of Innovation and Interactive Learning*. London: Pinter.

Macpherson, C. B. (1962). *The Political Theory of Possessive Individualism: Hobbes to Locke.* Oxford: Oxford University Press.

Mair, J. & Noboa, E. (2006). *Social entrepreneurship: How Intentions to Create a Social Venture Are Formed.* In J. Mair & J. Robinson & K. Hockerts (Eds.), *Social Entrepreneurship* (pp. 121-135). London: Palgrave Macmillan.

Mansuri, G. and Rao, V. (2004). Community-based and -driven Development: A Critical Review. *World Bank Research Observer*, 19(1): 1-39.

Marsick, V. J. & Watkins, K. E. (1999). *Facilitating Learning Organizations: Making Learning Count*. Brookfield, VT: Gower.

Marsick, V. J. & Watkins, K. E. (2003). Demonstrating the Value of an Organization's Learning Culture: the Dimensions of the Learning Organization Questionnaire. *Advances in Developing Human Resources*, 5(2): 132-151.

Mason, C., Kirkbride, J. & Bryde, D. (2007). From Stakeholders to Institutions: the Changing Face of Social Enterprise Governance Theory. *Management Decision*, 45(2): 284-301.

Massey, D. S., Arango, J., Hugo, G., Kouaouci, A., Pellegrino, A. & Taylor, J. E. (1994). International Migration Theory: The North American Case. *Population and Development Review*, 20(4): 699-751.

Mattessich, P. (2009). Social Capital and Community Building. In R. Phillips & R. Pittman (Eds.), *An Introduction to Community Development (pp.49-57)*. New York, NY: Routledge.

McKnight, J. & Block, P. (2010). *The Abundant Community: Awakening the Power of Families and Neighborhoods*. San Francisco, CA: Berrett-Koehler Publishers, Inc.

McKnight, J. (1995). *The Careless Society: Community and Its Counterfeits.* New York, NY: Basic Books.

Mill, J. S. (1848). *Principles of Political Economy with Some of Their Applications to Social Philosophy*. London: John W. Parker and Son.

Mill, J. S. (1859). *On Liberty*. London: John W. Parker and Son.

Mill, J. S. (1862). *Considerations on Representative Government*. New York, NY: Harper and Brothers.

Mill, J. S. (1910). *The Letters of John Stuart Mill*. New York, NY: Longmans, Green and Company.

Mill, J. S. (1963). *Collected Works of John Stuart Mill*, Toronto: University of Toronto Press.

Moynihan, D. P. (1969). *Maximum Feasible Misunderstanding: Community Action in the War on Poverty*. London: Free Press.

Münkner, H. (2004). Multi-stakeholder Co-operatives and Their Legal Framework. In C. Borzaga & R. Spear (Eds.), *Trends and Challenges for Co-operatives and Social Enterprises in Developed and Transition Countries* (pp. 49-82). Trento, Italy: Edizioni31.

Musso, J. M., Weare, C., Bryer, T. & Cooper, T. L. (2011). Towards "Strong Democracy" in Global Cities? Social Capital Building, Theory-Driven Reform, and the Los Angeles Neighborhood Council Experience. *Public Administration Review*, 71(1): 102-111.

Nahapiet, J. & Ghoshal, S. (1998). Social Capital, Intellectual Capital and the Organizational Advantage. *Academy of Management Review*, 23: 242-266.

Newton, K. (1999). Social Capital and Democracy in Modern Europe. In J. W. van Deth, M. Maraffi, K. Newton & P. F. Whiteley (Eds.). *Social Capital and European Democracy* (pp. 3-24). London: Routledge.

Nicholls, A. & Murdock, A. (Eds.) (2012). *Social Innovation: Blurring Boundaries to Reconfigure Markets*. New York, NY: Palgrave Macmillan.

Noya, A. (2009). *Transforming Innovation to Address Social Challenges*. Paris: OECD.

O'Connor, A. (1999). Swimming Against the Tide: A Brief History of

Federal Policy in Poor Communities. In R. F. Ferguson & W. T. Dickens (Eds.), *Urban Problems and Community Development* (pp. 77-137). Washington, DC: Brookings Institution Press.

OECD. (2001a). *Citizen as Partners: OECD Handbook on Information, Consultation and Public Participation in Policy-Making*. Paris: OECD.

OECD. (2001b). *Learning to Innovate: Learning Regions*. Paris: OECD.

OECD. (2001c). *Cities and Regions in the New Learning Economy*. Paris: OECD.

OECD. (2009). *A New Economy?: The Changing Role of Innovation and Information Technology in Growth*. Paris: OECD

OECD. (2011). *Fostering Innovation to Address Social Challenges*. Paris: OECD.

Park, R. E. (1915). The City: Suggestions for the Investigation of Human Behavior in the City. *American Journal of Sociology*, 20: 577-612.

Pateman, C. (1970). *Participation and Democratic Theory.* Cambridge: Cambridge University Press.

Pennar, K. & Mueller, T. (1997). The Ties that Lead to Prosperity. *Business Week*, 15(1): 153-154.

Peredo, A. M. & Chrisman, J. J. (2006). Toward a Theory of Community-based Enterprise. *Academy of Management Review*, 31(2): 309-328.

Perkins, D. D., Florin, P., Rich, R. C., Wandersman, A. & Chavis, D. M. (1990). Participation and the Social and Physical Environment of Residential Blocks: Crime and Community Context. *American Journal of Community Psychology*, 18: 83-115.

Perry, J. L. (1996). Measuring Public Service Motivation: An Assessment of Construct Reliability and Validity. *Journal of Public Administration Research and Theory*, 6(1): 5-22.

Pfahl, S. (2005). Institutional Sustainability. *International Journal of Sustainable Development*, 8(1/2): 80-96.

Phillips, R. & Pottman, R. H. (2009). *An Introduction to Community Development*. London: Routledge.

Picalo, J., (2002). A Blossoming Bohemia. *Los Angeles Times*, January

20: E1, E3.

Portes, A. (1998). Social Capital: Its Origins and Applications in Modern Sociology. *Annual Review of Sociology*, 24: 1-24.

Portes, A. & Sensenbrenner, J. (1993). Embeddedness and Immigration: Notes on the Social Determinants of Economic Action. *American Journal of Sociology*, 98: 1320-1350.

Putnam, R. D. (1993a). *Making Democracy Work: Civic Traditions in Modern Italy*. Princeton, NJ: Princeton University Press.

Putnam, R. D. (1993b). The Prosperous Community: Social Capital and Public Life. *The American Prospect*, 13: 35-42.

Putnam, R. D. (1995). Bowing Alone: America's Declining Social Capital. *Journal of Democracy,* 6: 65-78.

Randall, Jr., J. H. (1960). *Aristotle*. New York, NY: Columbia University Press.

Rich, M. J. (1993). *Federal Policymaking and the Poor: National Goals, Local Choices, and Distributional Outcomes*. Princeton, NJ: Princeton University Press.

Robinson, Jr., J. W. & Green, G. P. (2011). *Introduction to Community Development*. Thousand Oaks, CA: Sage Publications, Inc.

Robson, J. M. (1968). *The Improvement of Mankind: The Social and Political Thought of John Stuart Mill*. Toronto: Toronto Univ. Press.

Rousseau, J. (1968). *The Social Contract.* New York, NY: Penguine Classics.

Rubin, H. J. & Rubin, I. (2001). *Community Organizing and Development*. New York, NY: Allyn & Bacon.

Sampson, R. J., Morenoff, J. & Earls, F. (1999). Beyond Social Capital: Spatial Dynamics of Collective Efficacy for Children. *American Sociological Review*, 64: 633-660.

Scerri, A. & James, P. (2010). Communities of Citizens and 'Indicators' of Sustainability. *Community Development Journal*, 45(2): 219-36.

Schiff, M. (1992). Social Capital, Labor Mobility, and Welfare: The Impact of Uniting States. *Rationality and Society*, 4(2): 157-175.

Schmitter, P. C. & Karl, T. L. (1996). What Democracy Is... and Is Not. *Journal of Democracy*, 2(3): 75-88.

Schmitter, P. C. and O'Donnell, G. (1986). Illusions about Consolidation. *Journal of Democracy*, 7(2): 35-52.

Schumpeter, J. (1946). *Capitalism, Socialism and Democracy*. London: Allen and Urwin.

Schumpeter, J. (1950). The March into Socialism. *The American Economic Review*, 40(2): 446-456.

Sen, A. (1985). *Commodities and Capabilities*. New York, NY: Elsevier Science Pub. Co.

Sepulveda, L. (2015). Social Enterprise–a New Phenomenon in the Field of Economic and Social Welfare?. *Social Policy & Administration*, 49(7): 842-861.

Simpson, L., Wood, L. & Daws, L. (2003). Community Capacity Building: Starting with People not Projects. *Community Development Journal*, 38(4): 277-286.

Sirianni, C. & Friedland, L. (2001). *Civic Innovation in America: Community Empowerment, Public Policy, and the Movement for Civic Renewal*. Berkeley: University of California Press.

Ssweamala, F. M., Sperber, E., Zimmerman, J. M. & Karimli, L. (2010). The Potential of Asset-based Development Strategies for Poverty Alleviation in Sub-Saharan Africa. *International Journal of Social Welfare*, 19(4): 433-443.

Swanson, L. (2001). Rural Policy and Direct Local Participation: Democracy, Inclusiveness, Collective Agency, and Locality-based Policy. *Rural Sociology*, 66: 1-21.

Tabachnick, B. G. & Fidell, L. S. (2006). *Using Multivariate Statistics*. New York, NY: Allyn & Bacon.

The World Commission on Environment and Development. (1987). *Our Common Future*. Oxford: Oxford University Press.

Thomas, C. Y. (1996). Capital Markets, Financial Markets and Social Capital (An Essay on Economic Theory and Economic Ideas). *Social and Economic Studies*, 1-23.

Thomson, K. (2001). *From Neighborhood to Nation: The Democratic Foundations of Civil Society*. Lebanon: University Press of New England.

Tolstoy, L. (2009). 『안나 카레니나 1』, 연진희 (역). 서울: 민음사, Анна

Каренина, Москва: Художественная литература, 1878.
United Nations Development Programme. (2009). *Capacity Development: A UNDP Primer*. New York, NY: UNDP.
United Nations. (2014). *Human Development Report 2014*. New York, NY: United Nations.
Urban Institute. (1995). *Federal Funds, Local Choices: An Evaluation of the Community Development Block Grant Program*. Washington, DC: US Department of Housing and Urban Development.
USAID. (2014). *Household and Community Experiences and Perceptions on Climate Change Impacts Due to Floods, and Expectations on Policy in Bunyala Sub-county, Western Kenya*. Washington, DC: USAID.
US Department of Housing and Urban Development. (1995). *Federal Funds, Local Choices: An Evaluation of the Community Development Block Grant Program*. Washington, DC: HUD.
Vanecko, J. J. (1969). Community Mobilization and Institutional Change: The Influence on the CAP in Large Cities. *Social Science Quarterly*, 50: 609-630.
Verba, S. & Nie, N. H. (1972). *Participation in America: Political Democracy and Social Equality*. New York, NY: Harper & Row.
Warren, M. (1992). Democratic Theory and Self-Transformation. *American Political Science Review*, 86: 8-23.
Warren, R. (1978). *The Community in America*. Chicago: Rand McNally.
Weerawardena, J., Mort, G. S., Liesch, P. W. & Knight, G. (2007). Conceptualizing Accelerated Internationalization in the Born Global Firm: A Dynamic Capabilities Perspective. *Journal of world business*, 42(3): 294-306.
Wilkinson, K. (1991). *The Community in Rural America*. New York, NY: Greenwood.
Woolcock, M. (1998). Social Capital and Economic Development: Toward a Theoretical Synthesis and Policy Frame Network. *Theory and Society*, 27: 151-208.
World Bank. (2012). *Kenya Economic Update: Kenya at Work*. Nairobi, Kenya: The World Bank.
Young, H. P. (2011). The Dynamics of Social Innovation. *Proceedings of the National Academy of Sciences*, 108(4): 21285-21291.

아산재단연구총서

- 001 전환기의 중국경제
  김윤환 외 | 단국대 경제학과
- 002 폴란드 경제의 변천 개혁과 그 전망
  김광수 | 숭실대 경제학과
- 003 재소한인
  이광규 외 | 서울대 인류학과
- 004 소련산림과 임업
  홍성천 외 | 경북대 임학과
- 005 아세안의 정치경제
  김국진 외 | 외교안보연구원
- 006 태국의 사회변동과 경제발전
  최석만 외 | 전남대 사회학과
- 007 중국의 사회경제 통계분석
  신한풍 외 | 고려대 통계학과
- 008 중국의 정치와 경제
  박두복 외 | 외교안보연구원
- 009 동유럽의 개혁과 시장경제의 도입
  허만 외 | 부산대 사범대학
- 010 동유럽의 개혁운동
  박영신 | 연세대 사회학과
- 011 현대 러시아 연구
  기연수 외 | 한국외대 노어과
- 012 전략적 선택과 기업의 국제경쟁력
  이장호 | 서강대 경영대학
- 013 협동사회의 정착과 정부의 역할
  이종범 외 | 고려대 행정학과
- 014 한국 제조기업 생산성의 동적 분석
  노부호 외 | 중앙대 경영대학
- 015 분배의 정의
  변형윤 외 | 서울대 경제학과
- 016 도덕적 행동의 강화
  이훈구 외 | 연세대 심리학과
- 017 관료부패와 통제
  김해동 외 | 서울대 행정대학원
- 018 한국경제의 내실 있는 성장
  정창영 외 | 연세대 경제학과
- 019 한국국민정신운동의 역사와 발전방향
  박수명 외 | 부산대 사범대학
- 020 한국대학생의 가치성향과 상담효과
  이영희 외 | 숙명여대 교육학과
- 021 가출청소년과 학교관리체제
  안창규 외 | 부산대 교육학과
- 022 동북아 정세변화와 한 · 일관계
  한승조 외 | 고려대 정치외교학과
- 023 언론과 부정부패
  정대철 외 | 한양대 신문방송학과
- 024 한국의 고등학교 교육
  이원호 외 | 부산대 교육학과
- 025 가족과 방송
  김학수 외 | 서강대 신문방송학과
- 026 재정개혁의 전망과 재산세제의 개편과제
  오연천 | 서울대 행정대학원
- 027 청소년을 위한 전자게임 프로그램의 규제 및 평가체계 개발
  박혜원 외 | 울산대 가정관리학과
- 028 정신장애자 가족의 사회심리적 특성
  이근후 외 | 이화여대 의과대학
- 029 가족의 관계역동성과 문제인식
  이광규 외 | 서울대 인류학과
- 030 현대인과 한국전통음식
  승정자 | 숙명여대 식품영양학과
- 031 기업의 초고속정보통신망활용
  안중호 | 서울대 경영학과
- 032 지역발전을 위한 교육자치제의 개선방안
  김남순 | 조선대 사범대학
- 033 전환기의 공무원 가치관
  조경호 | 울산대 행정학과
- 034 지방자치와 사회복지의 과제
  김영모 | 중앙대 사회복지학과
- 035 WTO체제하의 지방중소기업 지원정책
  최명주 외 | 계명대 통상학부
- 036 현대한국의 시민운동
  이효선 | 중앙대 사회학과
- 037 기업 세계화의 단계 및 정도의 측정
  허영도 외 | 울산대 경영학과
- 038 가족복지를 위한 가족주치의 시범사업의 효과
  이혜리 외 | 연세대 가정의학교실
- 039 한국대학생의 삶의 만족도
  김재은 외 | 이화여대 교육심리학과
- 040 지역경제와 지역산업구조의 개편방향
  정기화 외 | 전남대 경제학부
- 041 중국기업의 소유형태별 경영특성
  노철화 외 | 부산대 무역학과
- 042 남북한의 인성 · 사상교육
  한승조 외 | 고려대 정치외교학과
- 043 연계적 뇌기능 조언을 위한 의료용 멀티미디어 시스템의 설계
  유선국 | 연세대 의용공학교실
- 044 다민족국가의 민족문제와 한인사회
  최협 외 | 전남대 인류학과
- 045 저소득층지역 청소년 여가문화와 소집단 활성화
  박문수 외 | 서강대 사회학과
- 046 삶의 질의 국제비교와 지역간 비교분석
  이재기 외 | 울산대 경제학과

047 21세기 지역주민의 삶의 질
양종회 외 | 성균관대 사회학과

048 삶의 질에 대한 국가간 비교
조명한 외 | 서울대 심리학과

049 외국인 노동자의 노사관계와 사회적 적응
석현호 외 | 성균관대 사회학과

050 한국의 사법제도와 발전 모델
정종섭 | 건국대 법학과

051 고령화사회와 중상층 노인의 사회활동
조성남 외 | 이화여대 사회학과

052 한국의 서비스 시장 개방정책
한홍렬 | 한양대 경제학부

053 한국과 AFTA간의 교역증진 및 경제 협력방안
손일태 외 | 경희대 경제통상학부

054 물류비 절감을 위한 무역업체의 정보화전략
이영수 외 | 경북대 경제통상학부

055 사회주의 체제전환과 사회정책
오정수 외 | 충남대 사회복지학과

056 남북통일 이후 농업생산체계 개편
홍성규 외 | 건국대 농업경제학과

057 국제화와 세계화
하영선 외 | 서울대 외교학과

058 IMF 개혁정책의 평가와 한국경제의 신(新) 패러다임
조동근 | 명지대 경제학과

059 구조개혁과 실업대책
박동운 | 단국대 경제무역학부

060 21세기 신노사관계
심윤종 외 | 성균관대 사회학과

061 학교에서의 집단 따돌림
이춘재 외 | 가톨릭대 심리학과

062 한국노인의 정신건강실태와 건강증진
조맹제 외 | 서울대 의과대학

063 혁명과 개혁 속의 중국 농민
김광억 | 서울대 인류학과

064 중국의 경제환경과 한국기업의 진출 전략
지용희 외 | 서강대 경영학과

065 김대중 대통령의 시스템 사고
김동환 | 중앙대 공공정책학부

066 실업과 가족해체
최일섭 외 | 서울대 사회복지학과

067 합리적 부채비율 조정방안
오상근 | 동아대 경제학과

068 한국 중산층의 생활문화
문숙재 외 | 이화여대 소비자 · 인간발달학과

069 계층간 갈등상태에서 최적소득세
김진욱 | 건국대 경상학부

070 글로벌 경쟁력 제고를 위한 기업전략과 조직구축
이만우 외 | 고려대 경영학과

071 의료보험과 국민연금의 관리효율화를 위한 통합방안
사공진 외 | 한양대 경제학부

072 정부개혁의 과제와 전략
박우서 외 | 연세대 행정학과

073 책임운영기관 제도에 관한 비교분석
김근세 | 가톨릭대 행정학과

074 새로운 패러다임하에서의 한국기업의 바람직한 지배구조
최운열 외 | 서강대 경영학과

075 현대 한국사회의 계층구조
양춘 외 | 고려대 사회학과

076 한국의 산업정책과 산업구조조정
강인수 | 숙명여대 경제학부

077 기업구조조정
김석진 | 경북대 경영학부

078 지식경영을 위한 인적자원 개발 및 관리체계
장영철 | 경희대 경영학부

079 뉴 비즈니스 모델
전성현 | 국민대 정보관리학부

080 중산층의 정체성과 소비문화
함인희 외 | 이화여대 사회학과

081 외국관광객 유치를 위한 마케팅 전략
박상규 | 강원대 경영학과

082 한국인의 세대별 문학의식
이동순 | 영남대 국문과

083 공공부문의 효율성 평가와 측정
김재홍 외 | 울산대 사회과학부

084 한국 청소년의 정치의식과 형성요인
김광웅 외 | 숙명여대 아동복지학과

085 한국 대학생의 정치의식
배한동 | 경북대 윤리교육과

086 산업의 정보화와 산업발전
이기동 | 계명대 통상학부

087 한국 제조업의 고용조정 분석
이종원 외 | 성균관대 경제학부

088 지식자산에 대한 경영전략적 평가모형 개발
배재학 외 | 울산대 컴퓨터 · 정보통신공학부

089 관광사업을 위한 한국적 이미지의 휴식복 개발
채금석 | 숙명여대 의류학과

090 한국 정치제도의 개혁
신정현 | 경희대 사회과학부

091 e비즈니스와 아웃소싱 전략
정승화 외 | 연세대 경영학과

092 집단 따돌림의 진단 및 치료방안
홍준표 | 중앙대 인간생활환경학과

093 16대 총선과 낙선운동
조기숙 | 이화여대 국제대학원

094 부동층 유권자 행태 분석
진영재 | 연세대 정치외교학과

095 사이버 공동체의 성공요인
이재관 | 숭실대 경영학부

096 온라인 소비자 행동의 이론과 실증
윤성준 | 경기대 경영학부

144 중등 도덕교육의 현실과 문제
손동현 외 | 성균관대 철학과

145 사이버공동체 발전론
이명식 | 상명대 경영학과

146 남북경협 확대에 대비한 북한 담보제도의 정비방안
박훤일 | 경희대 법과대학

147 한국 공무원 인사제도 개혁
김판석 | 연세대 행정학과

148 교사화법 교육
임칠성 외 | 전남대 국어교육과

149 세계화의 문화정치학
임혁백 외 | 고려대 정치외교학과

150 효과적인 e-SCM을 위한 의사결정조정 시스템 모형
이원준 | 성균관대 경영학부

151 환경거버넌스
김종순 외 | 건국대 행정학과

152 자동차산업의 인적자원관리
이덕로 | 서원대 경영학부

153 한국과 영국 간 지식기반산업 비교
이명호 | 한국외대 경영학과

154 한국 벤처기업의 기술네트워킹 및 기술마케팅 전략
장영일 | 인제대 경영학부

155 회사변호사의 윤리
오승종 | 성균관대 법과대학

156 미디어교육론
이정춘 | 중앙대 신문방송학과

157 조선시대 서원과 양반
윤희면 | 전남대 역사교육과

158 환경문제와 철학
박찬국 | 서울대 철학과

159 노인보건복지 이론과 실제
김명 외 | 이화여대 보건교육학과

160 북한의 법체계
권재열 외 | 숭실대 법학과

161 생명공학기술의 안전성 확보에 관한 법적 고찰
이재협 | 경희대 법학부

162 청소년복지학
김성이 외 | 이화여대 사회복지학과

163 변화하는 세계, 변화하는 복지국가
조영훈 | 동의대 사회복지학과

164 의리의 윤리와 한국의 유교문화
김낙진 | 진주교대 도덕교육과

165 미국의 통상정책과 통상법
윤충원 | 전북대 무역학과

166 사회복지 프로그램 평가
김학주 | 경상대 사회복지학과

167 환경주의와 지속가능한 발전
정대연 | 제주대 사회학과

168 무역과 환경
김기홍 외 | 경기대 경제학부

169 산업계 유해폐기물의 위험과 관리
김금수 | 호서대 경상학부

170 백범 김구의 지적 계발과정 탐색
문용린 | 서울대 교육학과

171 태평양전쟁 발발 이후 일제의 인적 지배와 그리스도교계의 대응
윤선자 | 전남대 사학과

172 거버넌스 상황에서 갈등관리를 위한 대체적 분쟁해결제도
서순복 | 광주대 법정학부

173 시장경제의 유형과 민주주의
최배근 | 건국대 경상학부

174 일본고전소설 총론
김현정 | 국립한국전통문화학교

175 국어 교육을 위한 국어 문법론
이관규 | 홍익대 국어교육과

176 율곡의 군주론
전세영 | 부산교대 윤리교육과

177 동북아시아 환경협력
정서용 | 명지대 법학과

178 기후변화협약과 기후정책
신의순 외 | 연세대 경제학과

179 인터넷과 국제 학술정보 네트워크-하이퍼링크 분석
박한우 | 영남대 언론정보학과

180 국내 기업복지의 활성화 방안
최수찬 | 연세대 사회복지대학원

181 세계화와 인간안보
김우상 외 | 연세대 정치외교학과

182 세계문화유산 종묘 이야기
지두환 | 국민대 국사학과

183 한국 평생교육의 사회철학적 과제
곽삼근 | 이화여대 교육학과

184 강점모델
정순둘 | 이화여대 사회복지학과

185 글로벌시대의 계약법
박영복 | 한국외대 법과대학

186 배심제와 시민의 사법참여
안경환 | 서울대 법학과

187 동북아공동체
김재한 | 한림대 정치외교학과

188 정치 참여와 탈물질주의
김욱 | 배재대 정치외교학과

189 퍼지전문가회로망을 이용한 금융기관의 사이버 기업여신결정 지원시스템의 개발
권혁대 | 목원대 경영학과

190 환경정책과 환경법
송인성 | 전남대 지역개발학과

191 포스트모던 시대의 평생교육학
한숭희 | 서울대 교육학과

192 현대 한국인의 세대경험과 문화
박길성 외 | 고려대 사회학과

193 서구의 근로연계복지
김종일 | 건국대 사회복지학과

194 사회복지운동론
현외성 | 경남대 사회복지학과

195 외국의 역모기지 사례
유선종 | 건국대 부동산학과

196 옛이야기와 어린이문학
이지호 | 진주교대 국어교육학과

197 노인사회복지관광의 정책과제와 방안
김창수 | 경기대 관광학부

198 복지서비스의 민간위탁 시스템 분석
김순양 | 영남대 행정학부

199 새로운 빈곤층의 대두와 정부의 정책과제
김진욱 | 건국대 경제학과

200 문화행정론
김정수 | 한양대 행정학과

201 스칸디나비아 노인용 코하우징의 계획과 적용
최정신 외 | 가톨릭대 생활과학부

202 북한의 자연생태계
공우석 | 경희대 지리학과

203 통계로 이해하는 러시아
전홍찬 | 부산대 정치외교학과

204 사회복지법인의 경영과 회계
이동규 | 충남대 회계학과

205 의약분업 정책과정
차흥봉 | 한림대 사회복지학과

206 지역공동체와 평생교육
오혁진 | 동의대 평생교육학부

207 아동보호서비스의 실제
한미현 | 백석대 사회복지학부

208 그린마케팅
박재기 | 충남대 경영학부

209 아동권리와 아동복지
이혜원 | 성공회대 사회복지학과

210 국제 이주와 인도인 디아스포라
김경학 | 전남대 인류학과

211 질병과 의료의 사회학
조병희 | 서울대 보건대학원

212 북한이탈주민의 사회통합을 위한 지역복지실천의 모색
이기영 | 부산대 사회복지학과

213 치매노인케어론
조유향 | 초당대 간호학과

214 노인상담입문
서혜경 외 | 한림대 대학원 사회복지학과

215 '통일 이후 통일과정'으로서의 독일 통일영화
이준서 | 이화여대 독어독문학과

216 중국의 사회보장
오정수 | 충남대 사회복지학과

217 환경자원의 경제적 가치와 환경오염의 사회적 비용
김재홍 | 울산대 사회과학부

218 사회복지프로그램의 경제적 평가방법
박창제 외 | 상주대 사회복지학과

219 자유의지와 결정론
안건훈 | 강원대 철학과

220 심리학자들이 쓴 행복한 결혼의 심리학
채규만 외 | 성신여대 심리학과

221 현대 해석학 강의
양해림 | 충남대 철학과

222 한국인의 주거 빈곤과 공공주택
하성규 | 중앙대 도시및지역계획학과

223 IMF 경제위기와 한국 출산력의 변화
김두섭 | 한양대 사회학과

224 동아시아의 영토분쟁과 국제법
이석우 | 인하대 법학부

225 독일 복지국가와 사회복지서비스
정재훈 | 서울여대 사회사업학과

226 사회복지사를 위한 실용 비모수통계
엄명용 | 성균관대 사회복지학과

227 피해자학 연구
이윤호 | 동국대 경찰행정학과

228 광고언어창작론
박영준 외 | 부경대 국어국문학과

229 환경규제 패러다임의 전환
한철 | 한남대 법학과

230 고령사회의 노동환경변화와 고용 시스템의 문제점 및 법적 대응
고준기 | 국립군산대 법학과

231 세계화와 소득불평등
이성균 외 | 울산대 사회과학부

232 유비쿼터스 사회의 이해
안중호 외 | 서울대 경영학과

233 국제환경책임법론
박병도 | 건국대 법학과

234 한국의 선거와 민주주의
윤종빈 | 명지대 정치외교학과

235 한국 시민운동의 구조와 동학
조대엽 외 | 고려대 사회학과

236 또래관계
송영혜 | 대구대 재활심리학과

237 해외 한국기업과 현지인 노동자
석현호 외 | 에스코이아학술문화재단

238 독일 국가복지에서 민간복지단체의 역할과 의미
차성환 외 | 한일장신대 사회복지학부

239 청정공학
조정호 | 동양대 생명화학공학과

240 한국전통연희론
심상교 | 부산교육대 국어교육학과

241 정신장애와 가족
서미경 | 경상대 사회복지학부

242 빈곤통계의 작성과 활용
김주환 | 동국대 정보통계학과

243 인터넷과 한국정치
강원택 | 숭실대 정치외교학과

244 북한의 시장경제이행
정영화 외 | 서경대 법학과

245 시스템사고로 본 지속가능한 도시
문태훈 | 중앙대 도시및지역계획학과

246 실버산업과 유비쿼터스 컴퓨팅
고일상 | 전남대 경영학부

247 재활상담과 사례관리
나운환 | 대구대 직업재활학과

248 영유아교육기관에서의 장애 이해 교육
유수옥 | 우석대 유아특수교육과

249 장애의 사회적 의미와 사회통합
박수경 | 대진대 사회복지학과

250 경제분석의 수리적 기초
조인성 | 공주대 경제통상학부

251 비영리부문의 비교연구
김승현 | 서울산업대 행정학과

252 고등교육경제학
반상진 | 전북대 교육학과

253 과학윤리교육의 이론과 방법
조희형 | 강원대 과학교육학부

254 결혼이민자가족의 이해
김오남 | 대불대 사회복지학과

255 동아시아 국가의 공공부조
신동면 | 경희대 사회과학부

256 특수아동 진단 및 평가
이나미 | 대불대 특수교육과

257 계약형 사회복지와 권리옹호시스템
이명현 | 경북대 상주캠퍼스 사회복지학과

258 실내공기질 및 위해성 관리
양원호 | 대구가톨릭대 산업보건학과

259 충남 방언 문법
한영목 | 충남대 국어국문학과

260 교육권론
노기호 | 군산대 법학과

261 도시경관계획론
임승빈 | 서울대 조경 · 지역시스템공학부

262 교통의 새로운 패러다임
김형철 | 경원대 도시계획 · 조경학부

263 노인의 삶의 질 향상을 위한 주거환경 디자인
천진희 | 상명대 디자인대학 실내디자인전공

264 사회복지와 문화
박병현 | 부산대 사회복지학과

265 장애인복지의 이론과 실제
이선우 | 인제대 사회복지학과

266 창의성 개발을 위한 디자인교육 콘텐츠
김선영 | 인천가톨릭대 조형예술대학 환경디자인학과

267 구성주의 사회복지 실천 기술론
고미영 | 서울신학대 사회복지학과

268 장애아교육학
김기흥 | 부산교육대 유아교육과

269 지역사회복지와 자원부문
한상진 외 | 울산대 사회학과

270 환경관리회계
육근효 | 부산외국어대 회계학부

271 인권 관점에서 보는 장애인복지
유동철 | 동의대 사회복지학과

272 정신증상
송지영 | 경희대 의과대학병원 신경정신과

273 사이버공간의 사회심리학
이성식 외 | 숭실대 정보사회학과

274 노인에 대한 사회적 돌봄과 돌봄서비스의 질 보장
최희경 | 신라대 가족노인복지학과

275 아동 심리치료의 실제
신현균 | 전남대 심리학과

276 사회복지와 위험관리
노충래 | 이화여대 사회복지전문대학원

277 국제 탄소시장의 이해
양승룡 | 고려대 식품자원경제학과

278 타자의 초상
신문수 | 서울대 영어교육과

279 한국정치와 환경정치
나정원 | 강원대 정치외교학과

280 북한이주민
윤인진 | 고려대 사회학과

281 음주의 사회경제적 비용
정우진 외 | 연세대 보건대학원

282 지방정치와 동북아 도시거버넌스
박재욱 | 신라대 행정학과

283 노숙인 복지론
남기철 | 동덕여대 사회복지학과

284 유럽통합과정과 지역협력
이규영 | 서강대 국제대학원

285 사회복지재정 연구
지은구 | 계명대 사회과학대학 사회복지학과

286 지역사회 교육개혁을 위한 시민사회 조직의 참여
김영화 | 홍익대 교육학과

287 복지사회를 대비한 국민연금의 구조개혁
박영석 외 | 서강대 경영학부

288 한미 FTA 지재권 협상에 따른 의약품 분야 사회후생 변화
오근엽 | 충남대 무역학과

289 산업입지, 환경 그리고 지역경제
이기동 외 | 계명대 국제통상학과

290 감성지능 개발을 통한 삶의 질 향상
김경수 외 | 전남대 경영학부

291 교육복지론
이용교 외 | 광주대 사회복지학부

292 인간과 행복에 대한 철학적 성찰
박찬국 | 서울대 철학과

293 유럽연합의 사회통합 사례와 교훈
이무성 | 명지대 정치외교학과

294 민영화와 사회후생
이상호 | 전남대 경제학부

295 북한의 교육학 체계 연구
최영표 외 | 동신대 교육대학원

296 한국 지속가능발전의 구조와 변동
정대연 | 제주대 사회학과

297 우리나라의 공익 연계 마케팅에 관한 연구
임승희 | 전주대 경영학부

298 시각장애인복지론
김영일 | 조선대 특수교육과

299 그린에너지와 환경촉매
정석진 | 경희대 화학공학과

300 취약학교 초등학생을 위한 온라인 보건교육 프로그램
박경옥 | 이화여대 보건관리학과

301 신탁제도를 통한 고령자의 보호와 지원
최수정 | 서강대 법학전문대학원

302 사회적 약자계층에 대한 실태분석 및 정책방안
이은우 외 | 울산대 경제학과

303 한류 문화와 동북아 공동체
최혜실 | 경희대 국어국문학과

304 노동유연화와 해고보호법
권혁 | 부산대 법학전문대학원

305 사회복지 위험관리의 이해
박미은 | 한남대 사회복지학과

306 의료기관의 회계와 세무
노준화 | 충남대 경영학부

307 여성인적자원의 전문성 확보를 위한 경력개발
백지연 | 이화여대 국제사무학과

308 정신병리
강선경 | 서강대 신학대학원

309 바다의 반란 적조
윤양호 | 전남대 해양기술학부

310 한국 장애인 복지 발달사
이성규 | 서울시립대 사회복지학과

311 서양예술 속의 동양 탐색
진상범 | 전북대 독어독문학과

312 한국인의 도덕성 발달 진단
문용린 | 서울대 교육학과

313 영국정치와 국가복지
고세훈 | 고려대 공공행정학부

314 인간학적 사유를 여는 중도 · 중복장애 교육학
이숙정 | 단국대 특수교육과

315 개별화 교육과정
이소현 | 이화여대 특수교육과

316 인간의 긍정적 성품
권석만 | 서울대 심리학과

317 지방자치와 지역여성의 전망
이혜숙 | 경상대 사회학과

318 한국 현대 노년소설 연구
전흥남 | 한려대 교양학부

319 정보격차 해소를 위한 창의적 정보교육 프로그램
이영준 외 | 한국교원대 컴퓨터교육과

320 한국 가족과 젠더
손승영 | 동덕여대 교양학부

321 한국의 복지혼합
김진욱 | 서강대 신학대학원

322 사회자본과 자원봉사
김태룡 외 | 상지대 행정학과

323 농촌교육복지연구
박삼철 | 단국대 교양학부

324 사회정체성 평가 차원에 대한 국제비교조사
이명진 | 고려대 사회학과

325 캐나다 복지국가 연구
조영훈 | 동의대 사회복지학과

326 한국의 소수자운동과 인권정책
전영평 외 | 서울대 행정대학원

327 한국과 미국의 보육서비스 전달체계와 품질 비교분석
김근세 외 | 성균관대 국정관리대학원

328 한국사회의 소득불평등과 국민 의료이용
이용재 | 호서대 사회복지학과

329 정보시대의 인간안보
조화순 | 연세대 정치외교학과

330 가족의 사회경제적 특성과 아동발달
김광혁 | 전주대 사회복지학과

331 초 · 중 · 고등학생의 학업소진 진행과정 및 경로분석
이상민 | 고려대 교육학과

332 다문화사회의 사법통역
이지은 | 이화여대 통역번역대학원

333 동아시아 지역주의
유현석 | 경희대 정치외교학과

334 환경친화적 공공시설관리와 지역공동체의 삶의 질
이소영 | 중앙대 실내디자인 · 주거환경학과

335 의료보험의 법정책
김나경 | 성신여대 법과대학

336 양극화 시대 가족해체와 청소년의 적응에 관한 한국과 미국의 비교 연구
오승환 외 | 울산대 사회복지학과

337 기업의 사회적 책임과 지역경제사회 발전 연구
허영도 외 | 울산대 경영학부

338 노인의 삶의 질 향상을 위한 온라인 소셜 네트워크 구축 방안
김진우 | 연세대 경영학과

339 청소년 생활역량
윤명희 외 | 동의대 평생교육학과

340 외국인 배우자의 다양성과 국제결혼의 안정성
김두섭 | 한양대 사회학과

341 정보인권의 규범구체화
이민영 | 가톨릭대 법학과

342 한국 사회복지실천의 고유성
최성재 외 | 서울대 사회복지학과

343 스웨덴의 환경책임 실천모형
최희경 | 경북대 행정학부

344 자율운동과 주거공동체
윤수종 | 전남대 사회학과

345 한국인의 공공봉사동기
김상묵 | 서울과학기술대 행정학과

346 한국 이혼가정 아동의 성장
김혜숙 | 경인교육대 교육학과

347 동양 사상과 노인 복지
홍승표 외 | 계명대 사회학과

348 노동과 사회보장의 연계
오문완 | 울산대 법학과

349 학습장애 위험군 아동의 조기선별을 위한 읽기검사 표준화 연구
김애화 외 | 단국대 특수교육학과

350 신 · 재생에너지에 기초한 녹색성장과 사회통합
김인호 | 이화여대 법학전문대학원

351 문화교류역량과 다문화 경영이 기업 경영성과에 미치는 영향
임병학 외 | 부산외대 경영학부

352 빈곤영유아의 발달과 적응
정익중 외 | 이화여대 사회복지학과

353 민사법질서와 인권
양천수 | 영남대 법학전문대학원

354 성년후견제도와 사회복지제도의 연계
신권철 | 서울시립대 법학전문대학원

355 한국 다문화사회의 이방인
김순양 | 영남대 행정학과

356 현대 시민사회와 소비자계약법
이병준 | 한국외대 법학전문대학원

357 개인의 사회적 정보보호를 위한 공공 정보서비스 개선 연구
장항배 | 상명대 경영학과

358 여성교육투자에 대한 교육경제학적 탐색
백일우 외 | 연세대 교육학부

359 사회적 기업과 지속가능한 지역발전
임업 외 | 연세대 도시공학과

360 다문화가정 구성원에 대한 투트랙 한국어 교육방안 연구
박시균 | 군산대 국어국문학과

361 아시아의 빈곤과 한국기업의 역할
한인수 | 충남대 경영학부

362 유치원 · 초등학교 연계 환경교육
박희숙 | 공주대 유아교육학과

363 비정규 고용과 사회정책
구인회 외 | 서울대 사회복지학과

364 사생활의 자유에 관한 비교법적 연구
이창현 | 서강대 법학전문대학원

365 다중융합 환경 기반의 미디어스킨을 활용한 문화콘텐츠 디자인 적용방안에 관한 연구
오문석 외 | 광운대 미디어영상학부

366 북한이탈주민 여성의 성인식 관련 기초조사
한인영 외 | 이화여대 사회복지학과

367 노인주택 파노라마
유선종 | 건국대 부동산학과

368 시설보호 청년의 적응
정선욱 | 덕성여대 사회복지학과

369 다수 집단과 소수 집단의 심리
김혜숙 | 아주대 심리학과

370 바이오 휴머니티
권택영 | 경희대 영어학부

371 프랑스 다문화교육의 이해
이경수 | 상명대 불어교육과

372 한 · 중 서비스산업의 비교분석과 교역 확대 방안
김상호 | 리츠메이칸 아시아태평양대 국제경영학부

373 현대의학에 있어서 생명의 시간과 인간의 존엄
김학태 | 한국외대 법학전문대학원

374 0~3세 영유아의 영상물 과몰입 실태조사 및 정신건강증진 프로그램 개발과 적용
이경숙 | 한신대 재활학과

375 복지국가의 조세와 정치
양재진 외 | 연세대 행정학과

376 청소년기 자살행위 실태와 관련 요인
박선희 | 경희대 간호과학대학

377 기술혁신에 따른 지역 간 정보격차
최정혜 외 | 연세대 경영대학

378 한국 사회의 이중구조와 생애주기적 불평등
안상훈 편 | 서울대 사회복지학과

379 소비자의 친환경행동에 영향을 미치는 사회적 · 경제적 가치에 대한 고찰
송재기 | 텍사스테크대 경영학과

380 어머니 양육행동 관련 변인들과 유아 사회정서행동 간의 구조모형 분석
심숙영 | 숙명여대 원격대학원

381 조선족 여성, 동남아시아 여성 그리고 새터민의 적응 유형 분석 및 삶의 질 향상 방안 모색
정태연 | 중앙대 심리학과

382 세계의 연금, 한국의 연금
허만형 | 중앙대 공공인재학부

아산재단연구보고서

001 한국인의 도덕성 연구
배해수 | 고려대 국문학과

002 산업화와 청소년 진로
이원호 | 울산대 교육학과

003 공동체의식과 시민운동
김영섭 | 한양대 행정학과

004 한국청년의 삶의 의미 충족도와 만족적 태도
안정수 | 경희대 철학과

005 중국조선족의 사회발전과 한 · 중관계의 위상
손장권 | 고려대 사회학과

006 해송림 "솔껍질깍지벌레"의 천적 및 주요 종의 생태
김규진 | 전남대 농생물학과

007 사회정의와 실천윤리
박종대 | 서강대 철학과

008 동구개혁의 영향
김달중 | 연세대 정치외교학과

009 한국청소년의 의식세계
김문조 | 고려대 사회학과

010 고강도 철근 콘크리트 구조의 실용화
정헌수 | 중앙대 건축학과

011 신기술의 연관형태 및 출현예측의 구조모형
권철신 | 성균관대 산업공학과

012 민간기업의 연구개발을 위한 조세정책
권영훈 | 한양대 경제학부

013 기술개발 활성화방안
송승구 | 울산대 화학공학부

014 부패의 현상과 진단
이문조 | 영남대 정치외교학부

015 연구투자의 지역적 편중화와 부산지역의 기초과학연구 활성화방안
윤웅찬 | 부산대 화학과

016 GATT의 신구 덤핑방지협정과 그 대응 방안
전창원 | 동국대 무역학과

017 한국사회의 도덕성 제고를 위한 진단과 처방
황경식 | 서울대 철학과

018 새로운 노사관계 방향
이진규 외 | 고려대 경영학과

019 21세기 동북아 정세예측과 한국의 전략적 대응방안
최평길 외 | 연세대 행정학과

020 소련의 한국에 대한 정책목표분석
신승권 | 한양대 정치외교학과

021 메모리 커패시터용 $Pb(Zr_xTi_{1-x})O_3$ 강유전체 박막의 제작과 특성
장지근 외 | 단국대 전자공학과

022 러시아 국제법학의 전통
김용구 | 서울대 외교학과

023 유럽연합의 현황과 전망
김동현 외 | 성균관대 행정학과

024 중국의 정치동원
송영우 외 | 건국대 정치외교학과

025 산업적 활용을 위한 이동로보트 시스템의 개발
박민용 외 | 연세대 전자공학과

026 중국조선족의 정치사회화과정과 동화적 국민통합의 방향
전인영 외 | 이화여대 사회생활학과

027 공적부조의 이론과 실제
최일섭 외 | 서울대 사회복지학과

028 대외통상환경의 변화와 법제개편
서헌제 | 중앙대 법학과

029 기업금융의 국제화
최생림 | 한양대 경영학부

030 자동차부품공업의 노사관계
김호진 외 | 고려대 행정학과

031 산업화 과정에서의 한국가족의 실태와 전망
정창수 외 | 성균관대 사회학과

032 공무원 가치관 실태와 정립방안
배병룡 외 | 경상대 행정학과

033 해외귀국청소년의 국내적응연구
이장영 | 국민대 사회학과

034 초고속정보통신망에서 LAN서비스 제공방안
이재용 | 연세대 전자공학과

035 WTO체제의 정책적 대응
김병진 외 | 경희대 행정학과

036 유럽의 통합정치
최수경 외 | 충남대 정치외교학과

037 유기질폐기물을 이용한 고단백사료원인 조류의 생산공정
최정우 외 | 서강대 화학공학과

038 초고속정보통신망의 수용성과 정책방향
박영상 외 | 한양대 신문방송학과

039 중국의 강남사회와 한중교섭
조영록 외 | 동국대 사학과

040 세계화시대의 사회 · 문화의식
신행철 외 | 제주대 사회학과

041 국내 외국인 노동자의 문제와 대책
성규탁 외 | 연세대 사회복지학과

042 노인인력 활용정책과 프로그램
김정후 외 | 강원대 법과대학

043 한일간 학술교류 현황과 활성화방안
정홍익 외 | 서울대 행정대학원

044 계량모형에 의한 한일 경제관계의 이해
김명직 외 | 한양대 경제학부

045 직장인의 음주행태와 삶의 질
진기남 외 | 연세대 보건행정학과

046 유통정보 시스템의 구조와 설계
정용길 | 충남대 경영학과

047 남북통일 이후 사회통합을 위한 교육의 역할
안기성 외 | 고려대 교육학과

048 대중음악에 심취한 청소년들의 심리적 특성
김인경 외 | 연세대 인간행동연구소

049 멀티미디어 시스템을 활용한 교육환경의 개선방안
김한일 | 제주대 컴퓨터교육학과

050 탈냉전기 한일관계의 쟁점
최상룡 | 고려대 정치외교학과

051 자치시대 새로운 '삶의 질' 지표의 모색
김형기 외 | 경북대 경제통상학부

052 유럽통합의 역내외 협력과 갈등
이호재 외 | 고려대 정치외교학과

053 21세기를 대비한 신노사관계
김재원 | 한양대 경제학부

054 대학의 시간제학생 등록제
안규철 외 | 전남대 교육학과

055 21세기에 대비한 방송통신정책
한진만 외 | 강원대 신문방송학과

056 주민참여를 통한 혐오시설 관리운영방안
박균성 외 | 경희대 법학부

057 여성의 정치적 권리인식과 정치참여
전경옥 외 | 숙명여대 정치외교학과

058 한국인 위장질환과 식생활 · 환경요인 및 *H. pylori* 감염과의 관계
이양자 외 | 연세대 식품영양학과

059 학생과 시민의 자원봉사활동
윤정일 외 | 서울대 교육학과

060 동북아 환경문제와 지역환경협력의 모색
신연재 외 | 울산대 정치외교학과

061 노인 자원봉사활동을 통한 사회통합 프로그램 개발
김동배 | 연세대 사회복지학과

062 물류정보 시스템
김태현 | 연세대 경영학과

063 전자식 문서교환을 이용한 항공화물 운송체계
민재형 | 서강대 경영학과

064 청소년과 성
이근후 | 이화여대 의과대학

065 민족통합과 무궁화호 위성의 남북한 공동활용방안
방정배 | 성균관대 신문방송학과

066 채식주의가 20대 여성의 영양상태와 에스트로겐 대사에 미치는 영향
성미경 | 숙명여대 식품영양학과

067 가상정보공간을 통한 지역개발 활성화 전략
유재천 외 | 한림대 언론정보학부

068 조산아 관리현황 및 정책수립 방안
박상기 외 | 조선대 의과대학

069 남북한관의 의식조사와 통일교육 개선 방안
김동규 외 | 고려대 북한학과

070 동양 전통 자연사상 탐구
장동순 | 충남대 환경공학과

071 초고속정보망의 시뮬레이터 구현
한기준 | 경북대 컴퓨터공학과

072 유통원가 시스템의 유효성
정다미 | 명지대 경영학과

073 국악과 문화관광의 만남
정익준 외 | 동아대 국제관광통상학부

074 기업의 지식경영 활용사례
김창은 | 명지대 산업공학과

075 선진국과 한국의 직업교육 · 훈련제도의 특성과 한계
정주연 | 고려대 경제학과

076 제주지역 성인 여성의 자원봉사활동
이상철 외 | 제주대 사회학과

077 M&A와 문화충돌 관리
박원우 | 서울대 경영학과

078 폐금속광산 인근 주민들의 중금속 오염실태
정종학 외 | 영남대 의학과

079 북한 농촌 · 농업실태와 인력자원개발 시스템을 통한 북한 농민의 구호방안
박성열 | 건국대 교육공학과

080 중소 소매점의 경쟁력과 소매성과
채명수 외 | 한국외대 무역학과

081 고령자를 위한 쾌적한 실내온도와 착의량의 설정
정운선 | 안동대 의류학과

082 지역문화 이벤트 PR
박종민 | 경희대 언론정보학부

083 인터넷 지역정보화의 실태와 전략
유평준 외 | 연세대 행정학과

084 여성 삶의 질 향상을 위한 사회교육 활성화 방안
김양희 | 중앙대 가족복지학과

085 벤처기업과 벤처금융
강대석 외 | 충남대 무역학과

086 구조조정기에 있어서 실업대책과 사회 안전망 구축
박천익 | 대구대 경제학과

087 한국 유아의 조기교육
이명조 외 | 한국외대 교육대학원

088 남북한 경제공동체 형성전략
이상만 | 중앙대 경제학과

089 지방자치회계의 투명성과 주민의 알 권리
권찬태 외 | 경북대 경영학부

090 정치지도자의 정책리더십
이해영 | 경일대 행정학과

091 경제위기와 한국인의 복지의식
신광영 외 | 중앙대 사회학과

092 북한의 노동
김강식 | 한국항공대 경영학과

093 우리나라 중소기업의 정보기술 활용 현황과 경쟁력 강화를 위한 제안
정승호 | 부산외대 정보시스템학과

094 인간배아복제의 법적 · 윤리적 문제점과 그 해결방안
최병규 | 한경대 법학부

095 가치변화에 따른 투표행태
조찬래 외 | 충남대 정치외교학과

096 인터넷 경매에서의 계약체결과 소비자 보호
이기수 외 | 고려대 법과대학

097 세계화시대 남북한 통합의 방향과 과제
윤민재 | 서울대 사회발전연구소

098 글로벌 시대 지방정부의 문화마케팅 전략
박흥식 | 중앙대 행정학과

099 대졸여성실업의 실태분석 및 대학-노동시장 간 효율적 연계방안
이은우 외 | 울산대 사회과학부

100 그린 투어리즘의 분석
이응진 | 대구대 관광학부

101 지방자치단체장의 부정부패
오일환 | 한양대 아태지역연구센터

102 산업화가 유교체제하 중국여성의 지위에 미친 영향
천성림 | 배재대 사회과학연구소

103 움직이는 말하기
유혜숙 외 | 나사렛대 교양학부

104 장애학생을 위한 특수교육공학의 활용
김용욱 | 대구대 중등특수교육과

105 지식기반사회의 평생교육 이해와 평생교육 프로그램 개발
박성열 | 건국대 교육공학과

106 N세대의 미술교육
김동철 | 대구교육대 미술교육학과

107 노후계획과 투자
권택호 | 여수대 국제통상학과

108 영화산업
양영철 | 경성대 연극영화학부

109 동유럽의 변혁과 언론의 역할
정대수 | 경남대 정치언론학부

110 환율, 임금, 물가가 국제경쟁력 및 수출입산업에 미치는 영향
하인봉 | 경북대 경제통상학부

111 일본기업의 기술혁신 전략
위정현 | 중앙대 상경학부

112 노후보장정책과 역저당연금제도
조덕호 외 | 대구대 행정학과

113 유비쿼터스 라이프와 미래 사회
김석수 | 한남대 멀티미디어공학과

114 죽음과 관련된 생명윤리적 문제들
구인회 | 가톨릭의과대 인문사회과학교실

115 경제적 세계화와 빈곤문제, 그리고 국가
김준현 | 한일장신대 인문사회과학부

116 한국의 세계불교유산
김종명 | 한국학중앙연구원 한국학대학원

117 복지레저서비스론
고태규 | 한림대 국제학부

118 자생적 철학체계로서 인간중심철학
선우현 | 청주교대 윤리교육과

119 전략적 통합과 한반도 평화체제
김승채 | 고려대 정책대학원

120 환경사법론
전경운 | 경희대 법학부

121 인터넷 자료를 통해 본 한국의 이혼문화와 사회복지
성정현 외 | 협성대 사회복지학과

122 유럽연합의 사회정책에 관한 연구
문진영 | 서강대 신학대학원 사회복지학과

123 여성건강의 통합적 관점
김혜원 | 관동대 간호학과

124 복잡계 네트워크 과학
강병남 | 서울대 물리천문학부

125 경제적인 3세대 전원주택 개발
박근준 | 호서대 건축공학과

126 사회복지와 인적자원개발
이상일 | 인제대 국제경상학부